傅鳳英 注譯

新譯性命圭旨

三民書局

國家圖書館出版品預行編目資料

新譯性命圭旨／傅鳳英注譯.——初版六刷.——臺北市：三民，2022
面； 公分.——(古籍今注新譯叢書)

ISBN 978-957-14-4290-7 （平裝）
1.道教－修煉 2.氣功

235.2 94013043

古籍今注新譯叢書

新譯性命圭旨

注譯者 | 傅鳳英
發行人 | 劉振強
出版者 | 三民書局股份有限公司
地　址 | 臺北市復興北路 386 號 (復北門市)
　　　 | 臺北市重慶南路一段 61 號 (重南門市)
電　話 | (02)25006600
網　址 | 三民網路書店 https://www.sanmin.com.tw

出版日期 | 初版一刷 2005 年 10 月
　　　　 | 初版六刷 2022 年 10 月
書籍編號 | S032780
ISBN | 978-957-14-4290-7

刊印古籍今注新譯叢書緣起

劉振強

人類歷史發展，每至偏執一端，往而不返的關頭，總有一股新興的反本運動繼起，要求回顧過往的源頭，從中汲取新生的創造力量。孔子所謂的述而不作，溫故知新，以及西方文藝復興所強調的再生精神，都體現了創造源頭這股日新不竭的力量。古典之所以重要，古籍之所以不可不讀，正在這層尋本與啟示的意義上。處於現代世界而倡言讀古書，並不是迷信傳統，更不是故步自封；而是當我們愈懂得聆聽來自根源的聲音，我們就愈懂得如何向歷史追問，也就愈能夠清醒正對當世的苦厄。要擴大心量，冥契古今心靈，會通宇宙精神，不能不由學會讀古書這一層根本的工夫做起。

基於這樣的想法，本局自草創以來，即懷著注譯傳統重要典籍的理想，由第一部的四書做起，希望藉由文字障礙的掃除，幫助有心的讀者，打開禁錮於古老話語中的豐沛寶藏。我們工作的原則是「兼取諸家，直注明解」。一方面熔鑄眾說，擇善而從；一方面也力求明白可喻，達到學術普及化的要求。叢書自陸續出刊以來，頗受各界的喜愛，使我們得到很大的鼓勵，也有信心繼續推廣這項工作。隨著海峽兩岸的交流，我們注譯的成員，也由臺灣各大學的教授，擴及大陸各有專長的學者。陣容的充實，使我們有更多的資源，整理更多樣化的古籍。兼採經、史、子、集四部的要典，重拾對通才器識的重視，將是我們進一步工作的目標。

古籍的注譯，固然是一件繁難的工作，但其實也只是整個工作的開端而已，最後的完成與意義的賦予，全賴讀者的閱讀與自得自證。我們期望這項工作能有助於為世界文化的未來匯流，注入一股源頭活水；也希望各界博雅君子不吝指正，讓我們的步伐能夠更堅穩地走下去。

性命圭旨序

余方蚤歲慕道。夫海內有性命圭旨。稔聞竊未
見其書也。如何、迨茲庚戌季春獲與閑若濟二
兄見示圖冊。頌讀之暇。迺儀尹眞人之高弟手
筆。不然者。從何以識其書之所自哉。故嘗論道
每以中和金丹二集。物色眞仙。謂其玄宗書汗
牛充棟。孳乳浸多、獨未見圖論兼該、工夫次第。
精義超格。昺若日星。茂有如是書。雋永直凝夫
龍虎參同悟眞諸經。同途合轍。嗟嗟瑯函秘帙
學者就是着鞭。何處非一超直入。業紹人天師
種。繇色身而證法身。從生生而達無生。則理之

相契。固如是。與疇克曰小補之哉。雖然、知而修
之謂之聖人。知而不修是謂愚夫。此與閑若濟
二兄之用心若此、而昕斯夕斯、融通妙諦。亟商
取以鏤刊之。僅將盡大地人頂踵下針。掃除傍
門陋習。徹退三舍矣。屬余序。聊述數言。應之以
此。

康熙上章閹茂病月穀旦紫中李樸書于守中
堂

序

性命圭旨、不著譔人。相傳爲尹眞人高弟之筆也。向來行本絕少。殷君惟一藏弆有年。曹子若濟見而悅之。攜示周子輿閑。欣然共賞。重授剞劂。則錢子羽振董其成焉。書竣而問序於予。予於斯道。蓋嚮往而未能至。何敢贊一辭。雖然、竊有述焉。自三教鼎立。異說聱牙。隱若敵國。日相撞也。是書獨揭大道。而儒釋妙義。發揮旁通。要之以中。合之以一。而盡性至命之理。殊途同歸。微獨柱下五千。囊括靡遺。并六十四卦、四十二章、無不纍若貫珠矣。就道家論之。則有九十六種外道。三千六百旁門。好貨之徒。喜談爐火。漁色之子。艷語彼家。固猥鄙無足數已。即熊經鳥伸。龍吟虎嘯。總屬形容。無關本體。近一方士。教人伏氣捻訣。頃刻開關。忽笑忽啼。四肢搖戰。見者駴其風狂。而彼方詡爲神術。良可哀矣。是書一掃繁蕪。務撮標本。致虛守靜。翕聚先天。其于撥邪反正。誠中流一壺也。至其精要。尤在眞意一說。蓋人身眞意。是爲眞土。動極而靜。此意屬陰。是爲己土。靜極而動。此意屬陽。是爲戊土。煉己土者。得離日之汞。煉戊土者。得坎月之鉛。鉛汞既歸。金丹自結。戊己者。重土之象也。斯其有取於圭旨乎。作者深思。直與黃庭相表裏。周子修而廣之。皷韝發昧。功亦巨矣。殷曹二子。俱善養生主者。而予顧爲豐於饒舌。其亦莊生所云言者不知也夫。

皆

康熙己酉孟夏吳門尤侗譔

刻性命圭旨緣起

里有吳思鳴氏得性命圭旨于新安唐太史家葢尹眞人高第弟子所述也藏之有年一日出示豐于居士居士見而悅之謂其節次功夫咸臻玄妙而繪圖立論尤見精工誠玄門之秘典也因相與公諸同志欲予一言爲引予旣從事聖脩雅尙圓極一乘不談此道久矣以其所操說者無非爲色身計也色身有限法性無邊夫安得大脩行人以法界爲身者而與之談性命哉舍法界無性命亦無身心如法圓脩直紹人

天師種彼以七尺爲軀一腔論心者縱有脩持皆結業耳于一超直入無當焉聞之師云脩行法門有二種一從法界歸攝色身一從色身透出法界從法界攝色身華嚴尙矣從色身出法界楞嚴諸經有焉圭旨所陳大都從色身而出者夫果出法界矣方且粉碎虛空有甚身心可論因指見月得道忘詮是在善脩者自契居士流通之意無亦見及此歟予不負其流通善念併思鳴氏寶藏初心遂述緣起質之有道萬歷

乙卯夏仲新安震初子佘永寧常吉書

題尹眞人性命圭旨全書

是書出尹眞人高弟手筆。蓋述其師之意而全演之。中間所載諸圖說、及脩行節次功夫。可謂詳且盡矣。玄家書汗牛充棟。而直指微妙。無踰此編。棲眞者儻能藉此而入道。不亦希有事哉。友人余常吉爲明德宗孫。而於玄教。不無少補。謂其所重者我身。卽長生久視。終、不離壽者相也。其見確已。乃獨於是書而引之諄諄。然指人一超直入。以紹人天師種。豈其無故而漫云然。夫有所受之也。則由長生而達生生。以生生而

證無生。奚不可者。殊途同歸。百慮一致。道豈有二乎哉。高皇論三教云。天下無二道。聖人無兩心。大哉皇言。斯其至矣凡爲皇之民者。一意憲章。莫敢倍上可也。嗟嗟世人。流浪生死。輒置性命於罔顧。得此爲之一警覺焉。其有造於身心者不小矣。書院流通。眞人師弟定必加持贊歎。

仁文主人鄒元標書

新譯性命圭旨 目次

導讀

一 作者及書名

《性命圭旨》，又稱《性命雙修萬神圭旨》，相傳是明代中期出現的一部專門論述道教內丹學的經典。像大多數道經一樣，此書著者不詳，托為尹真人高弟子所著，因此有關《性命圭旨》的成書年代以及著者也一直是個懸案。

根據此書前附有的康熙間刊行時尤侗作的〈序〉、佘永寧於明萬曆乙卯年（西元一六一五年）所寫的〈刻性命圭旨緣起〉以及仁文主人鄒元標為此次重刻寫的〈題尹真人性命圭旨全書〉這三篇序，應該說，此書成書年代最晚在明代，在明代萬曆年間就已經在社會上流傳開來。但它的廣泛流行，卻在清代。關於此書的作者，各篇序中均只提一句是「尹真人高弟子」，至於姓甚名誰，卻不得而知。其師尹真人，也不知為何許人。書中〈邪正說〉中有一段話：「幸吾師尹真人出，欲續大道之一絲，以復無名之古教。於是剪除繁蕪，撮其樞要，掃諸譬喻，獨露真詮，標摘正理，按圖立象。」第一節口訣〈涵養本原救護命寶〉中也有一句話：「昔尹師指出修行正路一條，叫人打從源頭做起。」第九節口訣〈本體虛空超出三界〉中也有一句話：「直到吾師尹公者出，以其夙植靈根，更得教外別傳之旨。」均提到尹真人，但有關尹真人的事跡和作者自身的情況，都沒有提及。根據書中的思想及引用的文獻，作者對於儒道釋各家學說均有較深的造詣。作者廣徵博引，對道家各家丹經和儒佛主要經典都很熟悉，對儒道佛各家理論精髓都有很深的研究。據說還有另外兩部傳世的丹籍，如《尹真人皇極闔闢仙經》、《尹真人寥陽殿問答編》也是出自尹真人或其弟子之手。

「性命」是中國傳統哲學的一對基本範疇，儒道各家皆談性命，但各家解釋不盡相同。道家的性命思想成為道教性命理論的基礎，是道教內丹學的核心思想。內丹學對性命二字探討最為深刻，一般以氣為命，以神為性，故性命指神氣。內丹學以性命雙修為基本工夫，以盡性了命為修煉的終極目標，因之又稱為性命之學。《性命圭旨》全名為《性命雙修萬神圭旨》，重在闡述性命雙修秘訣，因此名之「性命雙修」。「圭旨」一般理解為與「圭臬」相近，是準則、規範的意思；清初文學家尤侗對「圭」字的解釋則別有新意，他認為「圭」字由上「土」下「土」二土相合而成（五行中的「土」，丹經中稱為「意土」、「真土」，代表「真意」，也叫「媒」、「黃婆」），這兩個「土」都指人的真意而言，而「真意」一說是全書的「精要」。尤侗可能是受了《性命圭旨》中〈真土根心說〉的啟發，無論如何，這種解釋倒是切中了本書的要旨。「萬神」兩字則說明此書並非一家之言，而是集各家之大成者。書名簡稱為《性命圭旨》，可見是對其涵義的濃縮。本書就是以性命雙修為圭旨，融儒釋道三教內修要旨於一爐，集性命雙修玄理於一帙，博採眾家之說。書中首標〈三聖圖〉，以詩贊老子、釋迦、孔子三聖，有明顯的三教合一思想特徵。

二　本書結構

本書主要借助諸圖說，以圖配文，闡述內丹修煉的基本理論和功法。全書四卷，文字及圖文相配四十六篇，插圖五十四幅。全書按《周易》的元、亨、利、貞分排為四集，從頭至尾成一個整體。元集為總論，該集總結了內丹學有關原理及方法，闡述了各種內丹功法的術語和基本思想，概括介紹了內丹學的理論要旨。本集插圖九幅，圖說十九篇，文字六篇，內容包括道、性命、死生、邪正等內丹學的基本理論以及藥物、鼎器、修煉及結丹飛升等內丹修煉主要程序節次。亨、利、貞三集為性命雙修的九節口訣次第解說，詳細講述了內丹功法「築基煉己、煉精化氣、煉氣化神、煉神還虛、煉虛合道」的全過程，將歸集眾家功法和口訣，從實際修煉的先後次序入手，循序漸進的介紹行立坐臥四式的基本功理功法，將仙家修煉步驟和方法，做了系統全面的介紹，內容前後相貫、理法兼併、充實而詳盡。亨集介紹了內丹修煉功夫的前三步，即：涵養本原救護命寶；安神祖竅翕聚先天；蟄藏氣穴眾妙歸根。另外，作者還對「玉液煉形」之法及胎息法作了較為詳細的介紹。利集介紹了中三節，即：天人合發採藥歸壺；乾坤交媾去礦留金；靈丹入鼎長養聖胎，這集重點是對火候問題作了專門討論。貞集介紹後三節，即：嬰兒現形出離苦海；移神內院端拱冥心；本體虛空超出三界，這三節屬於內丹修煉中的較高層次，開始由有形進入無形。九節功法，圖文並茂，形象直觀，尤其是通過圖像的直觀演示和引導，有助於更深入了解。每節附有口訣，旨在竭力把內丹功法通俗化，讓一般人能夠接受，使「後之有志於道者，再不為丹經所惑」。

三　思想淵源

道教是我國土生土長的宗教，它有一個顯著的特點，即強調以術證道。道家方術雜而繁多，其中丹道便是諸多方術中較為重要的一種。丹道包括外丹道和內丹道，《性命圭旨》論述的是內丹道。內丹道或內丹煉養術在我國古代源遠流長，其起源可追溯到道教產生以前。

內丹學的文化淵源可追溯到道教產生以前仙道方術和各家學說。原始宗教中古人在進行祭祀、驅病時使用的一套諸如針砭、導引、行氣、吐納、輕歌曼舞等動以及包括各種姿勢的行氣導引動等各種古代煉養方術，成為內丹術可以追溯的最樸素形態，是內丹學實踐探索的源泉。另外，先秦時期的《老子》、《莊子》等著作是為內丹學的理論和功法奠定基礎的著作。道教自東漢誕生之後，吸收和凝煉了大量民間煉養之術，因此其修煉方術顯得雜而多端，魚目混珠，真偽難辨，其中丹道便是諸多方術中較為重要的一種。

道教外丹道到唐代，慢慢盛極而衰，由於內外機緣成熟，丹道學開始出現由燒製外丹向人體內煉轉變的趨勢。內丹道的發展在進入宋代以後，開始深入的吸收融合佛、儒兩家修心煉性的理論成分，在性命雙修的原則下，結合不同的修行者，出現了許多不同的修煉途徑及各種流派，理論和功夫均逐漸達到了較高的層次。道家「內丹術」在這段時間中，無論在理論還是功法方面都進一步完善。

進入明代以來，道教更加走向世俗化，內丹道的流傳更加廣泛，在社會中的影響也越來越大。當時在社會下層傳授內丹學的主要是經過南北合流之後的全真派，內丹道的各派在當時已趨向各派合流，基本上統一到全真道門下，這時的全真道是道教各派綜合的產物。《性命圭旨》一書正是在此背景之下，承繼當時丹道發展的合流之風，綜合各家各派之長，融合三家相通之說，拒斥各種旁門外道，化廋辭隱語為通俗，變隱秘之學為公開探討，對於正本清源、排除誤解、步入正道鋪平了道路。另外其圖文並茂、形象直觀的形式有助於人們進一步了解玄冥難測的內丹學義理，也對內丹學的普及化和通俗化起了很大的作用。

四 本書特點

首先，圖文並茂、形象直觀的形式有助於人們進一步了解玄冥難測的內丹學義理，使得內丹學進一步通俗化、普及化。《性命圭旨》在形式上一反唐宋以來單純以文字傳道的傳統，大量採用以人體自身為基礎的插圖和文字結合的形式來形象直觀的展示內丹道關於藥物、鼎爐、火候等的實質內涵及功理、功法。這一形式的開創給後世留下了深遠影響，清代以來的許多內丹經典都採用這種圖文並茂的形式，好多甚至直接照搬《性命圭旨》的插圖。

其次，「掃諸譬喻，獨露真詮」的特點有利於將內丹學由以前的隱秘之學變為公開之學，有利於內丹學研究的進一步深入。我國歷代的丹經卷帙浩繁，但真偽並存。自古就有「至人難遇，口訣難聞。」之說。真正的修道典籍一方面為防止非人得之，欺世盜名，害人禍己；一方面怕洩露天機，招致天譴，因此關鍵之處「多為譬辭隱語，使學者眩目惑心，以致中途退步。」而對於初入道者，往往疲於究竟而最終難窺其真面目，甚至誤入邪途而走火入魔。自元代以來，內丹大師就開始改變這種做法，對內丹學進行公開討論。《性命圭旨》一書繼承這種做法並將其推向極致。為使「後之有志於道者，再不為丹經所惑。」《性命圭旨》大破以往的戒規禁律，「剪除繁蕪，撮其樞要，掃諸譬喻，獨露真詮。」將千古內修之秘訣，披露筆端。特別是有關內丹修煉的藥物、火候、時機、功夫等，以往的丹經往往是秘而不宣，重重設譬，一般人讀起來如墜雲裏霧裏，摸不著頭緒，《性命圭旨》對這類問題都做了具體公開的討論。

最後，《性命圭旨》在繼承內丹前輩的基礎上，綜合了佛家特別是禪宗解脫論、儒家的心性論等，使得內丹學理論進一步深化。《性命圭旨》將傳統的性命雙修基礎上的「三關」修煉擴展到四個階段，在「煉神還虛」的基礎上加了「煉虛合道」這一環節，並以最後打破虛空、與道合一作為最終的超越境界，進一步拓展了內丹道的終極境界。同時，作者在論述內丹道時，特別注重參證佛理及儒家的典籍文獻。例如書中多處引用和肯定佛家禪師、高僧如空照禪師、智覺禪師、海月禪師等有關煉心方面的言論。在論及內丹修行的功夫時，配有〈行禪圖〉、〈立禪圖〉、〈坐禪圖〉、〈臥禪圖〉等插圖，這就承認了行禪、立禪、坐禪、臥禪的佛家禪修功夫與內丹修行有異曲同工之妙。書中還廣引《金剛經》、《法藏經》、《華嚴經》、《維摩經》等佛教重要經典的思想，以佛證道，以佛教的義理來切合內丹道的證道功夫。對儒家的經典文獻，作者也很有研究。書中大量引用先秦古籍特別是道家典籍中的道論思想以及宋明儒者的心性理論來論證內丹道理論。總之，作者這裏的「三教合一」決不是表面上的簡單的合一，而是在深層義理上達到合一。

五　思想價值

自宋代以來，隨著內丹煉養術在社會上的廣泛流行，各種各樣的問題也隨之接踵而來。派別林立導致各派各持己見，相互對立，互相攻擊，很難達成一致；同時，各種旁門左道也魚目混珠，大肆猖獗，邪說怪論，一時紛起，真偽難辨。另外注解和闡發內丹典籍的各種書籍也紛紛問世，廣為傳播，其中不乏有人對典籍曲解甚至篡改，並借此欺世盜名，害人禍己。在這段時期，儒、釋、道三家也形成三教鼎立的局面，互有借鑒和吸收，但彼此之間又頗多誤解和微詞，誰是誰非，相持不下。內丹道發展到這個階段，無論從理論上還是實踐上都迫切需要更高形態的理論體系出現，為有志於內丹道者提供更加充分、合理的理論指導以及正確的煉養途徑，澄清正誤、辨明是非，以免誤入歧途。《性命圭旨》一書在以下方面都體現了其集大成的特點。

首先，解決了道教內丹術和所謂「旁門小術」的關係問題。內丹術與民間流行的各種煉養術之間的區別和聯繫，這是當時面臨的一個重要問題。《性命圭旨》對這一問題專門進行了澄清，具體內容在第三章「性命觀」中有專節探討。

其次，對來自佛教的指責作出了積極回應。自元代以來儘管儒道釋三教逐漸呈融合的趨勢，但三教鼎立、各派異說、相互貶斥的情況依然存在，儘管三教在理論上互有吸收和借鑒，但仍需在更高義理層次上對其融合作進一步的闡述和論證。《性命圭旨》一書就是在保持道教自身傳統特色的前提下，吸取佛教特別是禪宗以及宋明心性學，強調性與命相互依存，身與心缺一不可，堅持性命雙修，兩者不可偏廢，但又非常重視修養心性的重要性，並通過把道教修煉從「術」的層次提高到「證道」的層次，在最高義理上使儒道佛三家的思想得以融合。

再次，對內丹終極超越境界的進一步提升。唐宋以來，內丹道一般都是以煉精化氣、煉氣化神、煉神還虛的三關修煉作為內丹修煉的基本程序。在這一程序中，煉神還虛被認為是最終的超越境界。隨著內丹學理論的進一步深入，後世的內丹家們對此看法逐漸有所質疑，其質疑的焦點是內丹修煉的最終境界問題。傳統的煉神還虛的境界儘管以空靈之「虛」為最後附著處，但總有滯於虛的嫌疑，滯於「虛」，就仍然有個實在的去處，境界仍然不夠高玄。《性命圭旨》一書的作者也持這一看法，在第九節口訣「本體虛空超出三界」中集中討論了這一問題。他明確提出修煉不能僅滯於虛空，最後要連虛空也粉碎，「虛空粉碎，方露全真」、「與虛空同體，方為了當。」並進一步提出「更有煉虛一著，當於言外求之。」而本書作者深得煉虛合道之旨，認為煉神還虛還只是「第二義」，還沒有達到老子至上至真的道的境界，煉虛合道才是修道的「第一義」。「本體虛空超出三界」的思想豐富和發展了內丹學思想。在以往內丹道煉精化氣、煉氣化神、煉神還虛三關修煉的基礎上，主張「煉虛合道」的最終超越境界。認為「體太虛之體以為體，便是有箇太虛在。」故須連「虛心空」也無，才能上升到道的境界。作者在討論這一問題時，廣泛引用儒、道、佛各家前輩的經典言論，並加以分析和梳理，為此理論提供依據，這也體現了集大成的特點。

六 版本、注本

《性命圭旨》一書著出之後，歷史上曾先後刊刻和影印多次。〈刻性命圭旨緣起〉文後署有「萬曆乙卯夏仲新安震初子佘永寧常吉書」，則其初刻本行於明萬曆四十三年（西元一六一五年）。二十世紀八九十年代又多次影印和出版，版本各異。

現存主要版本有：

1. 上海古籍出版社一九八九年影印出版清康熙年間的版本。
2. 中醫古籍出版社一九九〇年影印出版北大圖書館藏乾隆癸丑刻本寶仁堂藏版。
3. 上海江東茂記書局重校民國刊本。
4. 臺北自由出版社一九八一年出版蕭天石主編《道藏精華》第一集之五收入。
5. 山西人民出版社一九八八年出版屈麗平點校清代尤侗撰版。
6. 浙江古籍出版社一九八九年影印出版民國守一子、丁寶福主編《道教精華錄》第七集收入。
7. 中國人民大學出版社一九九〇年出版徐兆仁主編《東方修道文庫》收入。
8. 北京藍天出版社一九九八年出版《傳世名著百部三十道佛名著》收入。
9. 中國華僑出版社一九九九年出版馮國超、夏于全主編《中華藏書百部》卷三收入。
10. 吉林人民出版社一九九九年出版《中國傳統文化讀本》收入。
11. 成都巴蜀書社出版胡道靜等主編《藏外道書》——攝養類收入。
12. 北京白雲觀影印本（出版社、出版年代不詳）。

注本：

1. 北京教育科學出版社一九九三年出版韋溪、鍾夏《性命圭旨全書：文白對照》。
2. 北京人民體育出版社一九九三年出版李建章《性命圭旨白話解》。

本書以中醫古籍出版社一九九〇年影印出版北大圖書館藏乾隆癸丑刻本寶仁堂藏版為藍本，參照其他各種版本，排比優劣，對標點明顯錯誤之處根據自己的理解予以改正。

三聖圖

具大總持門若儒道釋之度我度他皆從這裏

金臺玉局繞彤雲上有真
人稱老君八十一化長生
訣五千餘言不朽文

陀羅門啟真如出
圓覺海中光慧日
靈山會上說真言
滿舌蓮花古文佛

六經刪定古文章洙泗源
深教澤長繼往開來參造
化大成至聖文宣王

能知真實際而天地人之自造自化只在此中

大道說

【題解】本篇旨在通過道教的重要概念「氣」將宇宙生成圖式和人體生成過程聯繫起來，將個體和道聯繫起來，將內丹修煉從「術」的層次提高到「證道」的層次。

庖羲❶上聖畫八卦❷以示人，使萬世之下知有養生之道。

廣成子❸謂黃帝❹曰：「至陰肅肅，至陽赫赫；赫赫發乎地，肅肅出乎天。」❺我為汝遂❻於大明❼之上矣，至彼至陽之原也；為汝入於窈冥❽之門矣，至彼至陰之原也。」

軒轅再拜曰：「廣成子之謂天❾矣。」

【注釋】❶庖羲　即伏羲，又名庖犧或包犧，也稱宓羲、伏戲，為古代傳說中的部落首領，相傳八卦最初為伏羲所畫。❷八卦　《周易》中象徵天道運行和人事變化的八種不同性質類型的基本單位，即乾（☰）、兌（☱）、離（☲）、震（☳）、巽（☴）、坎（☵）、艮（☶）、坤（☷），相傳為伏羲所畫。《易・繫辭下》：「古者包犧氏之王天下也，仰則觀象於天，俯則觀法於地，觀鳥獸之文與地之宜，近取諸身，遠取諸物，於是始作八卦，以通神明之德，以類萬物之情。」❸廣成子　相傳為上古時之真人隱士，軒轅黃帝晚年曾在崆峒山向他問長生久視之道。❹黃帝　號軒轅氏，傳說中中原各族的共同祖先，和「炎帝」一起成為中華民族最古老的祖先，此後中國人一直以「炎黃子孫」自稱。唐王瓘撰《廣黃帝本行記》中記述有軒轅黃帝晚年尋真訪隱，曾問道於廣成子，最後得道成真的故事。❺至陰肅肅四句　語出《莊子・田子方》。托為老子向孔子講「遊心於物之初」時講到的。至陰，純陰之氣。至陽，純陽之氣。古人認為陰陽二氣交通融合而生成宇宙萬物。一般認為火為純陽，水為純陰，火自天，水自地。故高亨認為此句中「天、地」二字應交換，似可取。肅肅，寒冷之意。赫赫，形容炎熱。❻遂　原指田間水溝，後引申為通達，此處為引申義。❼大明　指日，日為宇宙間最大的光明之物，故古人稱之為大明。❽窅冥　指幽寂深遠的境界。❾天　在中國傳統思想中，天有三種涵義：一是人格神；二是自然界；三是用作修飾帶有必然性的東西。道家的「天」大多指自然之天。此處指自然之道，即自然運行變化的規律。

【語　譯】大聖伏羲畫八卦並公之於眾，使普天之下都知有養生之道。

廣成子對黃帝說：「純陰寒冷，純陽炎熱；炎熱出於天，寒冷出於地。我讓你通達大明之上純陽產生的地方，讓你悟徹幽寂深遠之處純陰產生的地方。」

軒轅黃帝拜了又拜說：「廣成子談的是自然之道。」

周公鷂《易》❶曰：「君子終日乾乾」❷。孔子「翼」❸曰：「終日乾乾，反復道也。」❹

夫道也，位天地、育萬物❺曰道；揭日月、生五行❻曰道；多於恆河沙數曰道；孤獨則無一侶曰道；直入鴻濛❼而歸溟涬曰道；善集造化❽而頓超聖凡曰道；目下機境未兆而突爾靈通曰道；眼前生殺分明而無能逃避曰道；處卑微而大尊貴曰道；居幽暗而極高明曰道；細入剎塵曰道；大包天地曰道；從無到有曰道；作佛成仙曰道；……。佛經五千四十八卷也說不到了處；《中庸》❾三十三章也說不到窮處；《道德》❿五千餘言也說不到極處。道也者，果何謂也？一言以定之曰：氣⑪也。

【注釋】❶周公鷂易　周公，名旦，周文王之子，曾輔助武王滅紂，建立周朝。鷂，占卜的文辭。易，即《周易》，相傳為周人所作卜筮之書，儒家重要經典之一，又稱《易經》。❷君子終日乾乾　語出《周易》乾卦（☰）九三爻辭。乾乾，勤勉努力。❸翼　即「十翼」，包括〈彖傳〉（上下）、〈象傳〉（上下）、〈繫辭〉（上下）、〈文言〉、〈說卦〉、〈序卦〉、〈雜卦〉，又叫《易傳》，為儒家解經的著作，相傳為孔子所作。《史記・孔子世家》：「孔子晚而喜《易》，序〈彖〉、〈繫〉、〈象〉、〈說卦〉、〈文言〉，讀《易》韋編三絕，曰：假我數年，若是，我遇《易》則彬彬矣。」但近現代學者大都認為非為一人所作、非成書於同一時代。❹終日乾乾二句　語出《易・大傳》之〈象傳〉，是對上句爻辭的解釋。❺位天地育萬物　語出《中庸》：「致中和，天地位焉，萬物育焉。」❻五行　指金、木、水、火、土五種構成天地萬物的基本因素。五行觀念起源甚古，後形成陰陽五行說，其要旨是相生相剋原理。道教將五行觀念納入其理論體系。內丹家尤重五行學說，將其引入煉丹實踐。❼鴻濛　又作「鴻蒙」，指宇宙形成前的混沌狀態。和下文的「溟涬」、「蟠集」、「溟溟涬涬」、「窅窅莫測」、「氤氳」、「混混沌沌」、「恍惚」等均是描述宇宙萬物產生之初，先天元氣未分之前潛藏隱晦、幽寂深遠、相互激盪、隱藏生機、渾然如一的原始運動狀態。❽造化　語出《莊子・大宗師》：「今一以天地為大鑪，以造化為大冶，惡乎往而不可哉。」指大自然的創造化育。造則成物，化則無常。道教以此描述自然界內部運動，以修煉內丹奪天地之造化，認為內丹學可以突破生老病死的人體自然發展規律限制，以返老還童。❾中庸　儒家重要經典之一，原為《禮記》中的一篇，後單獨成書，和《大學》、《論語》、《孟子》一起合稱為「四書」，傳為孔子之孫子思所著。❿道德　即《道德經》，又叫《老子》，道家重要經典之一。相傳春秋末期周朝史官老聃失去官職後，離開周王朝去秦國，過函谷關時，應關尹子要求，撰寫《道德經》；或認為成書於戰國。全書五千言，敘述道家效法自然、清靜無為的修身處世之道。⑪氣　氣的概念範圍廣闊，包括後天的自然界雲霧之氣、人體呼吸之氣、陰陽五行之氣、生命運動之氣、精神靈秀之氣以及先天的精氣、元氣、道氣等。在道教哲學中，氣是道的存在狀態，是事物不同層次間的中介，是組成有形之物的「質料」。在內丹學中，氣是形和神的中間層次，聯繫著先天和後天。道家和道教哲學認為氣變而有形，形變而有生，「通天下者一氣耳」，人在氣中，氣在人中，萬物皆須以氣為生，氣由道化生而來，氣又能聚生天、地、人和萬物。道書中有關祖氣、元氣、氣之祖宗、混沌一氣、自然一氣、太一真氣、真一之氣等說法，都可看作是道的物化。

【語　譯】周公《易經》爻辭說：「君子終日自強不息。」孔子《易傳》說：「終日自強不息，反復切合於道。」

所謂道，使天地各得其位、養育萬物的是道；顯現日月、生出五行的是道；多到比恆河沙數還多的是道；少到孤單無一伴侶的是道；直入先天混沌而又歸溟濛狀態的是道；善集一切造化而能頓超聖凡的是道；當下徵兆未顯而能頓悟靈明的是道；眼前生死分明而不能逃避的是道；處卑微地位反能顯其尊貴的是道；居幽遠暗昧卻能通徹光明之境的是道；小到能入微塵的是道；大到能包羅天地的是道；從無到有的是道；作佛成仙的是道……佛經五千四十八卷也說不到了處；《中庸》三十三章也說不到窮處；《道德經》五千餘言也說不到極處。道，究竟是什麼？用一個字概括，就是：氣。

原夫一氣蟠集，溟溟涬涬，窅窅莫測，氤氳活動，含靈至妙。是為太乙❶，是為未始之始也，是為道也，故曰無始。

夫天地之有始也，一氣動盪，虛無開合，雌雄感召，黑白交凝，有無相射，混混沌沌，沖虛至聖，包元含靈，神明變化，恍惚立極。是為太易，是為有始之始也，是謂「道生一」❷也，是曰元始。

夫天地之太極也，一氣斯析，真宰自判，交映羅列，萬靈肅護，陰陽判分。是為太極，是為「一生二」也，是曰虛皇。

陰陽既判，天地位焉，人乃育焉。是謂「二生三」也，是曰混元。

陽之清者升上而煥麗也，則日月星辰布焉。故天左運，三光右旋。陽之清者騰上而會於陽也，故風雲動而雷雨作焉。陰之濁者重滯而就地也，則海嶽奠峙而五穀草木昌焉。故巖岫出雲，山澤通氣。陰陽之氣閉而不通也，則霜雪結而凍冰焉。陰之濁者積沍而下凝也，穴巖幽藏而深邃。故五穀八石❸以錯雜焉。天地之中，陰陽正氣之所交焉。聖人焉，仙佛焉，庶民焉，賢愚壽夭，實所宰焉。胎卵濕化❹，無有息焉。是為六合❺也，是謂「三生萬物」也。

【注釋】❶太乙　與後文「太易」、「太極」都是元氣發展的不同階段的名稱。道教早期經典《太平經》、唐代的《元氣論》等均有不同的分法和名稱，以次描述宇宙創生演化及人體生成說。《性命圭旨》中：「太乙」代表「未始之始」的「始」，相當於「道」的階段，又叫「無始」；「太易」代表「有始之始」的「始」，相當於「道生一」的階段，又叫「元始」；「太極」代表「陰陽判分」時的狀態，相當於「一生二」的階段，又叫「虛皇」；「天地位，人乃育」的狀態，相當於「二生三」的階段，又叫「混元」；「六合」之內，萬物化生，相當於「三生萬物」階段。❷道生一　全句為「道生一、一生二、二生三、三生萬物」，最早出自《道德經》，後被道教吸收發揮融入其宇宙觀和煉養理論，是道教闡述宇宙生成圖式和人體生成論的重要理論根據。❸八石　道教煉丹的八種礦質材料，即丹砂、雄黃、雌黃、空青、硫黃、雲母、戎鹽、硝石。❹胎卵濕化　佛教把眾生按出生方式分為四類，即胎生、卵生、濕生、化生。胎生，指從母胎出生，如人、畜；卵生，由卵而生，如鳥；濕生，由濕氣中生，如飛蛾等；化生，由過去的業力忽然而生，如地獄的眾生。❺六合　天地四方稱六合。

【語　譯】宇宙的原始狀態是一團混沌未分的元氣，莽莽蒼蒼，幽冥莫測，相互激盪，包含靈氣，玄妙至極。這叫「太乙」，是宇宙生成前最原始的狀態，是「道」，又叫「無始」。

天地之始，元氣流動激盪，虛空之境忽開忽合，陰陽二氣相互感召，晝夜交替，有無相生，混混沌沌，至太虛之境，達神聖之極，包藏生機，含攝靈氣，神妙玄明，變化無窮，恍恍惚惚，天地立極。這叫「太易」，是天地開始形成時的初始狀態，是「道生一」，又叫「元始」。

天地之太極，混沌之氣分陰分陽，天地判分，交相輝映，彼此羅列，萬物肅穆待分，陰陽兩相分離。這叫「太極」，是「一生二」，又叫「虛皇」。

陰陽二氣即相分離，天地創立，人類於是產生。這是「二生三」，又叫「混元」。

陽氣中輕清之氣上升而煥發光彩，則日月星辰分布其中。所以天向左轉，日月星辰向右旋。陽氣中輕清之氣升騰而會於陽，則風雲運動而雷雨興作。陰氣中重濁之氣凝滯於地，則江河山川現而五穀草木生。所以山巒間雲霧產生，山澤間氣息相通。陰陽二氣閉塞不通，則霜雪凝結而水凍成冰。陰氣中混濁之氣積聚凝結，則巖穴幽暗隱藏而深邃無底。所以五穀八石錯雜其中。天地之中，陰陽二氣相互交合，聖人啊，仙佛啊，百姓啊，賢良、愚笨、長壽、短命的，都由它主宰。胎生、卵生、濕生、化生，永不停息。這就是「六合」，是「三生萬物」。

人稟絪緼❶之氣而生而長，至於二八之年，則九三之陽❷乃純。當是時也，豈非上德之大人乎？忽天一朝謀報渾敦❸之德者至，乃日鑿一竅，則九二之陽蹄驟奔蹶而去之六二之中矣。由是乾不能純而破於離，坤有所含而實於坎❹。

若夫至聖神人，能知道體太極之所以判，能知死生根本之所以始，能知乾坤陰陽之所以乘，能知天玄地牝之所以交；是以法乾坤之體，效坎離之用，握陰陽之柄，過生死之關，取坎中之陽，填離中之陰，離陰既實，則復純白為乾矣。

斯時補足乾元，復全渾敦，以全親之所生，以全天之所賦，是為囫囫圇圇一箇完人也。再加向上功夫，精進不怠，則金丹❺成而聖胎圓，聖胎圓而真人❻現，真人出現，變化無窮，隱顯莫測，而與鍾、呂、王、馬❼並駕，亦又何難？

奈何世人不明此道，盛不知養，衰不知救，日復一日，陽盡陰純，死而為鬼。故紫陽真人❽曰：「嗟夫，人身難得，光陰易遷，罔測修短，安逃業報❾？不自及早省悟，惟只甘分待終；若臨期一念有差，立墮三塗惡趣❿，則動經塵劫⓫，無有出期。當此之時，雖悔何及？古三教聖人⓬，以性命學開方便門⓭，教人熏修，以脫生死。」儒家之教，教人順性命以還造化，其道公；禪宗之教，教人幻性命以超大覺，其意高；老氏之教，教人修性命以得長生，其旨切。教雖分三，其道一也。

【注釋】❶絪縕　又稱「氤氳」，《廣雅》釋為「元氣」。絪縕指一種孕育著動盪和矛盾的氣的混沌未分狀態。最早見於《易・繫辭下》：「天地絪縕，萬物化醇。」❷九三之陽　在《周易》中，陽爻用「九」表示，陰爻用「六」表示；爻位是卦象從下到上的位置，分別用「一、二、……六」表示；「九三」表示第三爻位為陽爻，第三位在卦象中居陽位，「九三之陽」指「九三」為陽爻陽位，即純陽。下文「六二」為陰爻陰位，即純陰。道教以二八十六歲為純陽之體，之後陽衰陰盛，至八八六十四歲陽盡陰純，為純陰之體。❸渾敦　也稱渾沌、混沌，此處指典故「渾沌之死」，出自《莊子・應帝王》。混沌指中央之帝，原沒有七竅，相傳其友人南海之帝和北海之帝為報答他的恩情，為之開鑿七竅，日鑿一竅，七日後混沌死。莊子以此喻人應順其自然，反對違背自然。道教以此典為例，反對有為提倡無為。❹乾不能純而破於離二句　和後文「取坎中之陽，填離中之陰，離陰既實，則復純白為乾矣。」是道家修煉中的「取坎填離術」。內丹學認為後天的坎（☵）、離（☲）二卦是由先天的乾（☰）、坤（☷）兩卦中間的陰陽兩爻互換位置造成的，因之丹功修煉要求將坎卦中的陽爻再抽回來，填入離卦中陰爻的位置上，使之恢復到先天乾卦的純陽之體。❺金丹　內金丹之簡稱。道教以人體的精氣神為藥物煉製仙丹，實指凝練精氣神的功夫。❻真人　即修真得道的仙人，與仙人統稱為仙真，最受道教徒的尊崇，視為修煉的目的。❼鍾呂王馬　即鍾離權、呂洞賓、王重陽和馬丹陽，均為得道真人。鍾離權、呂洞賓分別為「八仙」之一，呂為鍾弟子；王重陽為全真道創始人，其弟子馬丹陽，是全真教七真人之一。❽紫陽真人　即張伯端，號紫陽，道教南宗紫陽派的鼻祖，著有《悟真篇》。❾業報　原為佛教名詞。業，分為身業、口業、意業「三業」，即行為、言論、思想等一切身心活動。由身、口、意三者而來的或善（善業）或惡（惡業）的行為，可引來以後的果報，即業報。❿三途惡趣　指地獄、餓鬼、畜生，又叫「三惡道」或「三惡趣」，這是生命存在之十界中最低的三種，由惡業所招致。眾生作惡事，則墮入與之對應的「三途」：即火途、刀途、血途。⓫動經塵劫　據《楞嚴經》：「縱經塵劫，終不能得。」則「動」應為「縱」。劫，佛教認為宇宙的一成一毀為一劫，塵劫、萬劫等均指極長的時間。⓬三教聖人　指儒教聖人孔子、道教教主老子、佛祖釋迦牟尼。⓭方便門　佛教認為入佛有三種門，即智慧門、慈悲門、方便門。能知進退為智，知空、無我之理為慧；拔苦為慈，與樂為悲；正直為方，先人後己為便。此處泛指入道成佛之門徑。

【語　譯】人稟受陰陽二氣而成長，到了十六歲，則為純陽之體。這時，難道不是上根利器之人嗎？忽然有一天，（南北海之帝）為了謀報中央之帝渾沌的恩情（為之開鑿七竅），每天開一竅，最後身中陽氣盡陰氣純（七日後渾沌死）。於是，乾卦（☰）中間的陽爻變為陰爻而成為離卦（☲），坤卦（☷）中間的陰爻變為陽爻而成為坎卦（☵）。

像那些修為層次較高的人，能知道本體、太極等分離的原因，能知生死輪迴的根源，能知乾坤陰陽何以會互變，能知天地陰陽何以會交會；所以他們以乾坤為體，以坎離為用，把握陰陽的根本，超脫生死的關口，取坎卦中的陽爻填補離卦中的陰爻，離卦中的陰爻變成陽爻後，就又變成純陽之乾卦了。

這時補足人身的純陽之氣，恢復渾沌的初始狀態，以保全父母所生之身、天地所賦之靈性，成為混混沌沌一個完人。再加上勤勉不怠的精進功夫，則金丹煉成而聖胎具備，聖胎具備則得道成真，得道成真則應變無窮，或隱或顯、神奇莫測，與鍾離權、呂洞賓、王重陽、馬丹陽並駕齊驅，又有什麼難？

無奈世人不明白這個道理，身強體壯時不知保養，日漸衰弱時不知補救，日復一日，則身中陽氣盡而陰氣純，最後死後變為鬼。所以紫陽真人說：「唉！人身難得，光陰易遷，妄加猜測人生的長短，怎麼能逃脫業報輪迴呢？如不及早醒悟，只有甘心認命等死；再如臨死前有一念之差，就立即墮入『三惡道』中，歷經無量無邊劫難，沒有解脫之時。到這時，悔之晚矣。所以儒釋道三教聖人，倡導性命之學，廣開方便之門，教人焚香持戒、修養真性，以超脫生死。」儒教教人順應性命而回歸自然，其理公允；佛教教人視性命為虛幻而徹悟真諦，其義高深；道教教人性命雙修而長生不死，其旨意切合道。教雖分為三，但所求之道是一致的。

儒之聖教曰：安汝止❶，欽厥止❷，艮其止，止其所❸；緝熙敬止❹，在止至善❺；黃中通理，正位居體❻；思不出位❼，立不易方❽；居天下之廣居，立天下之正位，行天下之大道❾；渾然在中，粹然至善；誠盡處，腔子裏樂處；方寸神明之舍，道義之門；活潑潑的，樂在其中；肫肫其仁，淵淵其淵，浩浩其天❿；天不歸仁⓫，退藏於密⓬；何思何慮之天，不識不知之地……難以悉記。要而言之，無非為此性命之道也。

【注　釋】❶安汝止　語出《尚書・皋陶謨》，是禹對舜說的話，意思是要安於本心。止，心之所止。❷欽厥止　語出《尚書・太甲上》，是伊尹告訴商王太甲的話。欽，恭敬；敬重。厥，其。止，至；到。意思是要重視自己所要達到的目的。❸艮其止二句　語出《易・大傳》：「〈彖〉曰：艮其止，止其所也。上下敵應，不相與也。」這是〈彖傳〉對艮卦（䷳）卦辭的解釋。艮，卦名，〈彖傳〉釋為「止」。前一個「止」〈彖傳〉據朱熹說釋為「背」，認為「背」古做「北」，因形近而誤為「止」；後一個「止」為停止之意；這句話〈彖傳〉釋為罷官去職，意思是止於所當止。❹緝熙敬止　語出《詩經・大雅・文王》。緝，和睦。熙，光明。敬，嚴肅；慎重。止，語氣助詞。❺在止至善　語出《大學》：「大學之道，在明明德，在親民，在止於至善。」舊說稱之為「大學」的三綱領。❻黃中通理二句　語出《易・大傳・坤》：「〈文言〉曰：黃中通理，正位居體，美在其中，而暢於四支，發於事業，美之至也。」這是〈文言〉對坤卦（䷁）六五爻辭「黃裳元吉」的解釋。「黃」為美麗之色，「黃中」指美德。「體」疑為「禮」。六五居上卦之中位，象徵人以正道居其中。❼思不出位　語出《易・大傳》：「〈象〉曰：兼山，艮。君子以思不出其位。」這是〈象傳〉對艮卦（䷳）卦象和卦名的解釋。❽立不易方　語出《易・大傳》：「〈象〉曰：雷風，恆。君子以立不易方。」這是〈象傳〉對恆卦（䷟）卦象和卦名的解釋。❾居天下之廣居三句　語出《孟子・滕文公下》。朱熹釋為居仁、立禮、行義。均指行正道。❿肫肫其仁三句　語出《中庸》。肫肫，誠懇貌。淵淵，深靜貌。浩浩，廣闊貌。⓫天不歸仁　語出《老子・五章》：「天地不仁，以萬物為芻狗。」王弼注：「天地任自然，無為無造，萬物自相治理，故不仁也。仁者，必造立施化，有恩有為。」⓬退藏於密　語出《周易・繫辭上》：「六爻之義易以貢，聖人以此洗心，退藏於密，吉凶於民同患。」即收斂內心，含藏不露。

【語　譯】儒教說：安靜你的本心，敬重自己要達到的目的，該止時就止；光明正大又謹慎，達到至善至美的境界；胸懷中和美德而通曉事理，以正道居其位；考慮問題不超出自己的範圍，立身行事不輕易改變準則；居天下之廣居，立天下之正位，行天下之大道；渾然一體而居中庸之位，精純無雜而達至善之德；誠心盡意之時，其樂無比；心是神明寄寓之所，道義產生之門；活潑潑的，樂在其中；（聖人）仁德之誠摯，深靜如水，廣大如天；天不有意顯耀，而退藏於靜密之處；天本來無思無慮，地本來無識無知……難以一一記述，簡而言之，無非是講性命之道。

道之玄教曰：玄牝之門，天地之根❶；生身處❷，復命關❸；金丹之母，玄關之竅❹，凝結之所，呼吸之根；甲乙壇，戊己戶❺；心源性海，靈府靈臺；蓬萊島，硃砂鼎，偃月爐；神室氣穴，土釜谷神，靈根把柄；坎離交媾之鄉，千變萬化之祖，生死不相關之地，鬼神覷不破之機……難以悉記。要而言之，無非為此性命之道。

【注　釋】❶玄牝之門二句　語出《老子・六章》：「谷神不死，是謂玄牝。玄牝之門，是謂天地根。」玄為深奧幽遠，牝為母性。道教中借稱大道無形的創生力量，宇宙萬物產生的根源。內丹學有時隱喻女陰，指人出生之處。以下均是道教內丹煉丹術語，是有關人體關竅氣穴的多種異名。內丹學把在意守時得氣之處稱為丹田，分為上丹田、中丹田、下丹田，這是最主要的關竅氣穴，各有多種不同的叫法。內丹煉丹須有三要件：藥物、鼎爐、火候。藥物指人體先天生命元素，可以扶正祛病，維持人的生機。一般指人體的精、氣、神「三寶」，丹家先煉後天精氣神促生先天藥物；火候指煉丹時意念及呼吸運用的程度，意念為「火」，呼吸為「風」；鼎爐為丹家煉藥的地方，藥物起止之處為爐，升上之處為鼎。這是以外丹術語喻內丹煉丹之處，所以這些關竅形象的被稱為「門」、「根」、「關」、「竅」、「壇」、「爐」、「海」、「臺」、「島」、「鼎」、「穴」、「把柄」等。❷生身處　即「玄牝之門」，或認為即丹田。❸復命關　又名「歸根竅」。語出《老子・十六章》：「夫物芸芸，各復歸其根；歸根曰靜，是謂復命。」❹玄關之竅　也叫「玄關一竅」，丹家之秘，又有玄牝、玄牝之門、虛無窟子、偃月爐、西南鄉、戊己門、谷神、天地根等異名。丹家因師傳不同，對其理解不一，有的認為其無定位，有的認為有定位，如有的以二腎為玄竅，有的以臍為玄竅，有的以兩眉之間的印堂為玄竅。❺戊己戶　根據內丹術語，「戶」應為「爐」之訛誤。

【語　譯】道教說：玄牝之門戶，天地之根源；生身之處所，復命之關口；金丹之母體，玄關之竅穴，精氣神凝結之處所，呼吸之根；甲乙壇，戊己爐；心源性海，靈府靈臺；蓬萊島，硃砂鼎，偃月爐；神室氣穴，土釜谷神，靈根把柄；坎離交媾的故鄉，千變萬化的先祖，生死不相關的地方，鬼神窺探不破的機關……難以一一記述，簡而言之，無非是講性命之道。

釋之禪教曰：不二法門❶，甚深法界❷；虛空藏，寂滅海，真實地，總持門；彼岸❸淨土，真境心地；極樂國，如來❹藏，舍利子❺，菩薩❻地，光明藏，圓覺海，般若❼岸，法王城；西方天堂，空中真際；這箇❽；三摩地❾，華藏海；陀羅尼門，不動道場，波羅蜜地……難以悉記。要而言之，無非為此性命之道也。

【注　釋】❶不二法門　佛教語。語出《維摩經》。「不二」指超越一切相對的兩端而顯現的絕對境地；「法門」指途徑。以下均是佛教用語，「門」、「界」、「海」、「地」、「國」、「藏」、「岸」、「城」、「天堂」等是形象化說法。❷法界　佛家語，有多種意思。這裏法者諸法之義，界者邊際之義，窮極諸法的邊際，故稱法界。❸彼岸　指超越生死之境界，與「此岸」相對。此岸指迷界，有生死；彼岸指悟界，不生不滅。下文「寂滅海」、「真實地」、「極樂國」、「般若岸」、「西方天堂」等都是其異名。佛教主張修行可以由生死苦惱的此岸，到涅槃安樂的彼岸。❹如來　佛十號之一。「如」者本來的樣子，「來」者顯現。「如來」指了悟真理而顯現於世的人。佛乘真如之道，來成正覺，來垂化三界眾生。❺舍利子　傳說佛祖釋迦牟尼死後焚燒，其骨不化，光瑩堅固，世間無物能損壞，有的如五色珠子，有的如花，白色為骨舍利，赤色為血肉舍利，黑色為髮舍利，也有雜色的，那是綜合而成。後造塔珍藏，取名「舍利子」。後泛指佛、菩薩、羅漢、高僧等寂滅後火化的靈骨，菩薩以下，其堅度便相應減少。❻菩薩　菩提薩埵之簡稱。這裏泛指上求佛道和下化眾生的大聖人。❼般若　又名「波若」、「波羅若」等，譯為慧、智慧、明等，指通達真理的無上妙慧。❽這箇　佛教「自性」的代名詞，也叫「那箇」、「伊」、「本來面目」、「無位真人」、「自己」等。❾三摩地　也叫三昧、三摩提、三摩帝等，即住心於一境而不散亂的意思。

【語　譯】佛教說：能直見聖道的不二法門，窮極諸法的深幽法界；含藏一切功德的虛空之藏，度脫生死的寂滅之海，真實不虛妄之地，能總持無量佛法的法門；脫離煩惱和生死的彼岸淨土，通達真理境界的心地；極樂世界的國土，隱藏於煩惱身中的本來清淨的如來法身，修戒定慧的功德結晶而成的舍利子，菩薩階地，如來光明的寶庫，圓滿本真覺性之海，明見一切事物及道理的高深智慧可達之般若岸，能自在教化眾生的法王之城；西方極樂天堂，空中至極平等的真實之際；這個；住心於一境而不散亂的三摩地，蓮華藏世界之海；持善止惡的陀羅尼法門，不動明王佛之道場，脫離生死苦惱度到涅槃安樂的彼岸……難以一一記述，簡而言之，無非是講性命之道。

儒曰：存心養性❶；道曰：修心煉性；釋曰：明心見性。心性者，本體也。儒之執中❷者，執此本體之中也；道之守中者，守此本體之中也；釋之空中者，本體之中本洞然而空也。道之得一❸者，得此本體之一也；釋之歸一者，歸此本體之一也；儒之一貫者，以此本體之一而貫之。余於是而知，不執中，不一貫，其能聖而孔子乎？不守中，不得一，其能玄而老子乎？不空中，不歸一，其能禪而釋迦乎？

唯此本體，以其虛空無朕，強名曰中；以其露出端倪，強名曰一。言而中，即一之藏也，一，即中之用也。故天得此而天天，地得此而地地，人得此而人人，而天、地、人之大道，原於此也；皇得此而皇皇，帝得此而帝帝，王得此而王王，而皇、帝、王之大道，原於此也；聖得此而聖聖，玄得此而玄玄，禪得此而禪禪，而聖、玄、禪之大道，原於此也。

帝皇之得道者，若羲農❹黃帝焉；仕隱而得道者，若老莊❺關令❻焉；侯王而得道者，若子房❼淮南❽焉；山巖而得道者，若鍾呂希夷❾焉……道之在天地間，成仙作佛者，歷歷不可以指數也。伏覩總仙之傳，始知自古以來，沖舉者十萬餘人；拔宅❿者八千餘處；奇若子晉⓫之驂鸞、琴高⓬之控鯉；壽若李脫⓭之八百、安期⓮之三千；或住世而留影；或厭世而尸解⓯；復有道成而隱，但為身謀，不肯遺名於世間者，豈勝道哉？是以深山妙窟，代不乏人，或隱或顯，寧具知乎？

【注釋】❶存心養性　語出《孟子．盡心上》：「存其心，養其性，所以事天也。」對於「心」與「性」關係的討論貫穿於整個中國傳統哲學，遍布儒道釋各家的理論著作中。「心」即心靈；「性」指人之本性。儒家主張「存心養性」。孟子以「良知」、「良能」論心，性根於心，「盡心」就能「知性」，「知性」就能「知天」。孟子提倡的「養浩然之氣」是存心養性的最好說明。佛教各宗皆談心性，禪宗認為「自心即是真性（佛性）」，「明心見性」，能頓悟成佛。道教吸取儒釋心性論，心性並舉，稱悟道為明心見性，修道為「修心煉性」。心的本來狀態即真心、平常心，是一種清虛、空寂狀態；性之真性超出三界之外，與真心一樣，實質為空。心性學說在道教修煉理論中得到了體驗。❷執中　語出《尚書．大禹謨》：「人心惟危，道心惟微，惟精惟一，允執厥中。」儒家視為堯舜禹心心相傳的個人修養和治理國家的原則，稱為「十六字真傳」。「危」則要安，「微」則要明，離不開中和之道。這一思想對道教影響深遠，成為內丹中派的修煉要訣。「中」是中國傳統哲學的重要概念。儒家堅守「中」。孔子和孟子把「中」、「中庸」、「中道」看作同等概念，認為它是一種最高行為規範；「中」的觀點也是《易傳》的重要思想：「中以為志」、「中以為行」；儒家的重要經典《中庸》更是把「中」看作一切的根本：「中也者，天下之大本也。」總之，「中」被理解成不偏不倚、無過無不及的中庸之道。道家主張「守中」，即在至靜之中求得「中」的境界：「多言數窮，不如守中。」（《老子・五章》）「中」在道學思想中至少有以下多種涵義：一是「中」即為「正」，即正道；二是「中」即為「度」，要知止知足；三是「中」即為「虛」，虛中含生機；四是「中」即為「機」，要善於抓住時機。內丹學把「中」解為「中和」、「元氣」、「丹田」、「玄關一竅」，指修煉時意守的重點。佛教哲學講「中觀」、「中道」，以突出一個「中」字。佛教不著「空」、「有」兩邊，謂之中道。天台及禪宗講「三際托空」，即前際念頭過去，後際念頭還沒來，這中間是空的，也是在「中」字上做文章，叫「空中」。❸得一　語出《老子・三十九章》：「昔之得一者：天得一以清，地得一以寧，神得一以靈，谷得一以盈，萬物得一以生，侯王得一以為天下貞。」「得一」即得道。「一」是中國傳統哲學的重要範疇。老子的「道生一」，實際上是「道」即「一」，老子把它看作是世界的本源。道教在堅持「一」的本源性的同時，對其作了發揮和改造，「守一」被道教視為成仙的重要途徑，「守一」就是意守心性本體，使自身的精氣合而為一，以求得長生久視之道，即「得一」。儒家也講「一」，孔子說：「吾道一以貫之」（《論語・里仁》）。這裏「一」指儒家倡導的「忠恕之道」，落實到實踐層面就是「中庸之道」，無論是個人修養還是修身齊家，都應以此「一」貫之。佛教講「歸一」，即歸道，也就是歸到心性本體，歸到真心（佛心）。❹羲農　即伏羲和神農。神農，傳說中的古帝名，古代農業和醫藥的開山鼻祖。一說神農和黃帝為同一人。❺老莊　即老子和莊子。莊子，戰國時期道家學派代表人物，老子思想的繼承者，歷史上「老莊」並稱，對道教影響很大。❻關令　春秋時期人，早期道家學派代表人物之一，道書中稱為「關令尹喜」，一說關尹為職務，學界或稱「關尹子」。傳說他有天看見紫氣東來，說會有聖人到，後果然遇見老子，為他作《道德經》。❼子房　即張良，漢高祖劉邦之謀士，因佐漢亡秦滅楚，以功封諸侯。道教傳說他為得道之人。❽淮南　即劉安，漢高祖劉邦之孫，封為淮南王，編撰《淮南子》一書。《神仙傳》有「雞犬升天」的故事，說他修煉成仙，臨升天時將吃剩的丹藥灑在庭院裏，雞犬吃了也一同升入仙界。❾鍾呂希夷　即鍾離權、呂洞賓、陳摶。陳摶，五代宋初道士，字圖南，號扶搖子，賜號「希夷先生」。❿拔宅　出自典故「拔宅飛升」。傳說許旌陽得道成仙後，舉家四十二口，拔宅上升而去。後人多用此典比喻全家成仙。⓫子晉　即王子晉，又名王子喬，為周靈王太子，傳說他得道後曾乘白鶴而升天。⓬琴高　周末趙人，精於長生久視之道，曾乘鯉遊於深淵。⓭李脫　西漢時蜀人，傳說得道後久居世間達八百年，人稱「李八百」。⓮安期　即安期生，先秦方術之士，道教傳說中的仙人，據說他長壽達三千歲。⓯尸解　指留屍於世而自己卻化仙而去，或不留遺體，只假託一物（如衣等）遺世而升天。道教認為尸解而死不是真死，而是托死化仙去。

【語譯】儒教叫「存心養性」；道教叫「修心煉性」；佛教叫「明心見性」。所謂心性，就是本體。儒教講的「執中」，就是堅守這個本體「中」；道教講的「守中」，就是意守這個本體「中」；佛教講的「空中」，指這個本體本來就是虛空不實的。道教講的「得一」，就是得這個本體「一」；佛教講的「歸一」，就是歸這個本體「一」；儒教講的「一貫」，就是以這個本體「一」來貫穿。我由此知道，不「執中」，不「一貫」，能有成聖的孔子嗎？不「守中」，不「得一」，能有知玄的老子嗎？不「空中」，不「歸一」，能有得禪定的釋迦牟尼嗎？

只這個本體，由於它虛空無形跡，才勉強叫做「中」；由於它又顯露一絲端倪，又勉強叫做「一」。說「中」，指「一」的隱性狀態，說「一」，指「中」的顯用狀態。所以，天得此本體成為天，地得此本體成為地，人得此本體成為人，而天道、地道、人道，均源於此本體；皇得此本體成為皇，帝得此本體成為帝，王得此本體成為王，而皇道、帝道、王道，均源於此。儒得此本體而成聖，道得此本體而知玄，佛得此本體而得禪定，而聖道、玄道、禪道，均源於此。

古代帝王中得道的，如伏羲、神農、黃帝；棄仕途而歸隱後得道的，如老子、莊子、關尹子；侯王將相中得道的，如張良（子房）、劉安（淮南）；隱逸於山林中得道的，如鍾離權、呂洞賓、陳摶……大道常存於天地之間，成仙成佛的，數不勝數。拜讀列仙的傳記，才知道自古以來，得道升天的有十萬多人；舉家成仙飛升的有八千多處；神奇的如子晉駕馭鸞鳥而行、琴高乘鯉遊於深淵；長壽的如李脫住世八百年、安期生高壽三千歲；有的入世而名重一時；有的厭世而獨留形骸；還有得道後而隱居，出於自己的考慮，不肯留名於世間的，怎麼能數得清呢？因此，深山洞穴中，世世都有得道的人，有的隱居，有的現世，怎麼能全部知道呢？

古之王公大人，折節下士，秖為有道存爾。周子❶曰「天地間至尊者道，至貴者德，至難得者人；人而至難得者，道德有於身而已矣。」先哲云：「人身難得今已得，大道難明今已明。此身不向今生度，更向何生度此身。」世人不明此身虛幻，是四大❷假合之物耳。速如水上之漚，瞬若石中之火。人壽雖曰百年，迨其七十固以希矣！

今以有限易摧之身，日逐無涯不測之事，一息不來，倏然長往，命未告終，真靈已投入別殼矣。當斯之時，雖榮居極品，祿享千鍾，家豐無價之珠，室富傾城之美，悉皆抛下，非己有也。所有與之偕行者，平昔所作罪業而已。故云：「萬般將不去，惟有業隨身。」《回光集》云：「千年鐵樹花開易，一失人身再復難。」《悟真篇》❸云：「試問堆金等山嶽，無常❹買得不來麼？」呂純陽云：「萬劫千生得箇人，須知先世種來因。速覺悟，出迷津，莫使輪迴受苦辛。」張紫陽云：「休叫燭被風吹滅，六道輪迴❺莫怨天。」三復斯語，能不憮然失乎？

【注釋】❶周子　即周敦頤，北宋理學家，晚年在廬山建溪書堂講學，世稱濂溪先生。有《太極圖說》傳世。❷四大　佛教以地、水、風、火為四大，認為一切事物皆由四大假合而成，人身中也有四大。道教吸取佛教之說。❸悟真篇　北宋張伯端撰，是對「萬古丹經王」——《參同契》的闡釋和發揮，是書以性命雙修、先修命後修性為特徵，對後世影響很大，歷代道士皆推崇其為內丹經典著作。❹無常　佛教認為，世間一切皆不能久住，均處於生滅成壞之中，叫無常。此處指「無常鬼」，佛教宣稱人死時有無常鬼來勾魂。道教也沿用此概念。❺六道輪迴　原為佛教用語。佛教認為眾生因其生前善惡行為而有六種輪迴轉生的趨向：即天、阿修羅、人、地獄、餓鬼、畜生，叫「六道」或「六趣」。道教沿用此概念，叫人生前行善去惡，以獲得好的輪迴報應。

【語譯】古代的王公大人們，能屈己待下，只因為有道在。周敦頤說：「天地間最尊的是道，最貴的是德，最難得的是人：人最難得的是道德具於自身。」先哲說：「人身難得現在已得，大道難明現在已明。此身不在今生去度，又等到哪輩子去度呢？」世人不明白人身本是虛幻，是地、水、風、火假合之物。快得像水上的氣泡（瞬間即逝），短得像燧石中的火星（一閃即滅）。人的壽命雖說可以到百年，但能到七十歲的已經很少了。

今以有限而易耗盡的人身，日日追逐無盡而又難測的世事，一絲氣息上不來，頃刻間一去不復返，生命還沒完全消失，但真靈已投胎別處了。到這時，雖然官居高位，享受千鍾之俸祿，家財萬貫，美女如雲，但都得拋下，不再為自己所有。所有隨他而去的，只有平時造下的罪業而已。所以說：「萬般將不去，惟有業隨身。」《回光集》說：「鐵樹千年開一次花還容易等到，人一旦死後再生難上加難。」《悟真篇》說：「試問家中堆金如山，能不能收買得了無常鬼？」呂純陽說：「歷經千代萬世才能修成人，應該知道這是前生種的因。儘快覺悟，走出迷津，別再墮入生死輪迴中去受苦辛。」張紫陽說：「不要讓生命之燭被世俗之風吹滅，否則，輾轉於六道輪迴中可不要怨天。」反覆體味這些話，怎能不讓人悵然若失呢？

夫人欲免輪迴而不墮於世網❶者，莫若修煉金丹為升天之靈梯、超凡之徑路也。其道至簡至易，雖愚昧小人得而行之，亦立躋聖域。奈何世之修真者，志道而不專精，專精而不勤久，是以學者眾而成者寡也。《尚書》❷曰：「知之非艱，行之惟艱。」《道經》曰：「上士聞道，勤而行之。」聞而不行，道安能成？

陳泥丸❸曰：「我昔修行得真訣，晝夜功夫無斷絕，一朝行滿人不知，四面皆成夜光❹闕。」馬丹陽曰：「師恩深重終難報，誓死環牆煉至真。」二公念生死事大，無常迅速，發勇猛心，辦精進力，若不立此大計，安能脫樊籠而超霄漢者哉？

呂祖有云：「辛勤二三年，快樂千萬劫。」蓋天有時而傾，地有時而陷，山有時而摧，海有時而竭。唯道成之後，乘飛龍，駕紫霧，翱翔天外，逍遙太虛❺，數❻不得而限之，命不得而拘之，真常本體，無有盡時。回顧世間之樂，何樂如之？

嘗稽《道德經》曰：「雖拱璧以先駟馬，不如坐進此道。」❼此予道說之所由作也。

【注釋】❶世網　原指社會制度和風俗習慣對人的束縛，引申為塵世，與下文「樊籠」（也叫羅網）意思相近。❷尚書　現存最早的有關古代政事記載的典章文獻彙編。尚即上，尚書即上古的史書之意。《尚書》是一部古代的重要文獻，儒家思想的重要來源。據《尚書・說命中》，下文所引句中「知之非艱」應為「非知之艱」。❸陳泥丸　即陳楠，字南木，號翠虛，宋代南宗內丹家，因常摶土為人治病，人稱「陳泥丸」。❹夜光　珠名，一說夜光為道教傳說中的靈芝名。❺太虛　語出《莊子・知北遊》：「是以不過乎崑崙，不遊乎太虛。」此處「太虛」指寥廓的太空，但唐代成玄英釋為「深玄之理」。後張載對其做了重要發揮，「太虛」被視為氣的一種無形和清虛狀態。❻數　數的涵義有三，一是自然之理，二是技術、方術，三是氣數、定數。此處指劫數、定數、命運，與下句中「命」意思相近，指人生世事的吉凶禍福皆由天命或某種不可知的力量所決定。
❼雖拱璧以先駟馬二句　語出《老子·六十二章》，「雖」後脫「有」字。拱璧，合抱之璧，指大璧。駟馬，古代四匹馬駕一輛車，叫駟馬。

【語　譯】人想要免於生死輪迴而不墮於塵世，只有修煉金丹才是升天的靈梯、超凡入聖的捷徑。金丹之道極為簡單也極為容易，即使是愚昧無知的人得到它並身體力行的去做，也會很快升入聖界。無奈世間的修真者，有志於道的卻不專精，專精的又不能持之以恆，所以學道者多而得道者少。《尚書》說：「知道它並不難，而實行就很難。」《道德經》說：「上根利器之人聽說道，就堅持去修持。」聽說了但不去修持，道怎能修成呢？

陳泥丸說：「我曾經修性時獲得丹道真訣，日夜修習從未斷絕，有朝一日功行圓滿卻無人知曉，但我的四周都變成了夜光珠般的宮闕。」馬丹陽說：「師傅恩德深重終難報答，只有誓死面壁修煉成真。」陳、馬二公考慮到生死事關重大，生死成壞變化迅速，於是發大願，勤修行，如果不立此大志，怎能逃脫塵世的羈絆而超越雲霄之外呢？

呂洞賓說：「辛苦二三年，快樂千萬劫。」因為天有傾覆的時候，地有陷塌的時候，山有摧崩的時候，海有枯竭的時候。但得道之後，可以乘飛龍，駕紫霧，翱翔於天外，逍遙於太空，劫數限制不了他，命運拘留不了他，真實常在的心性本體，沒有消亡之日。回顧塵世的快樂，那種能與此相比呢？

我曾經查閱《道德經》，說：「雖然有先大璧後駟馬的儀禮去進獻，還不如用道去進獻。」這正是我著道說的由來。

【說　明】本篇以〈大道說〉為題，對內丹學的基本理論問題進行了專門探討。首先對「道」作了這樣的描述：「夫道也，位天地、育萬物曰道；揭日月、生五行曰道；多於恆河沙數曰道；孤獨則無一侶曰道；直入鴻濛而歸溟涬曰道；善集造化而頓超聖凡曰道；目下機境未兆而突爾靈通曰道；眼前生殺分明而無能逃避曰道；處卑微而大尊貴曰道；居幽暗而極高明曰道；細入剎塵曰道；大包天地曰道；從無到有曰道；作佛成仙曰道。」這裏融合了儒道釋三教的道論。但下文最後又說：「道也者，果何謂也？一言以定之曰：氣也。」「氣」是內丹道理論的立論基礎，這種將道歸結為氣的做法，仍然是以道家的道論為本位的，將儒釋的道論納入到道家道論的模式之中。這裏的「氣」是先天之氣，是宇宙創生前的虛空狀態。道論中關於宇宙生成模式「道生一、一生二、二生三、三生萬物。」中，「道生一」的「一」即先天混沌一氣，也稱「太乙真氣」，後經陰陽分判等一系列過程形成天地萬物和人。

人的生成也和宇宙的創生圖式相感應，人稟先天太乙真氣而生，後經一系列變化，到最後元氣耗盡，這是人的自然生命過程。內丹學是要逆轉這一生命過程，認為宇宙演化和人體生命都可以從逆的方面進行反演，以人體的精、氣、神為修煉對象，以意守丹田等為入手功夫，以一系列關竅為符號來描述修煉過程，經歷「煉精化氣、煉氣化神、煉神還虛、煉虛還道」的修煉程序，最終返回先天狀態。

性命說

【題解】本篇將道家內丹修煉要旨歸於「性命雙修」，並將其提高到最終要了證大道，與虛空同體，達到空靈虛豁的了證境界作為終極歸宿。

夫學之大，莫大於性命。性命之說，不名於世也久矣。何謂之性？元始真如❶、一靈炯炯是也；何謂之命？先天至精、一氣絪氳是也。然有性便有命，有命便有性，性命原不可分。但以其在天則謂之命，在人則謂之性，性命實非有兩。況性無命不立，命無性不存，而性命之理又渾然合一者哉。故《易》曰：「乾道變化，各正性命。」❷《中庸》曰：「天命之謂性。」❸此之謂也。

乃玄門專以氣為命，以修命為宗，以水府求玄❹立教。故詳言命而略言性，是不知性也，究亦不知命。禪家專以神為性，以修性為宗，以離宮修定❺立教。故詳言性而略言命，是不知命也，究亦不知性也。豈知性命本不相離，道釋原無二致，神氣雖有二用，性命則當雙修也哉。

【注　釋】❶真如　原為佛教用語。佛教認為用語言、思維等表達事物的真相，總不免有所增減，不能恰到好處，要表示其真實，只能用照本來樣子的「如」來形容。《成唯識論》卷九：「真謂真實，顯非虛妄；如謂如常，表無變異。謂此真實於一切位，常如其性，故曰真如。」「法界」、「法性」、「實際」、「這個」等都是真如的異名。道教借此概念指道性、真性。❷乾道變化二句　語出《易・彖傳》，是對乾卦（☰）卦辭的解釋。乾道，天道，即自然之道。萬物皆受自然之道的支配，適應自然之道而變化運動，各得其性命之正。這裏把「性」、「命」連在一起同等看待，《十三經注疏》解釋是：「性者天生之質，若剛柔遲速之別；命者人所稟受，若貴賤夭壽之屬是也。」❸天命之謂性　語出《中庸》。「天命」在中國哲學中有不同的解釋，一是人格神之天的命令、意志；二是自然之天的規律；三是先天自然稟賦。此處取第三義，認為性與命是同一問題的兩個方面，人性從天賦而言為命，從人受而言為性。宋以後理學家多發揮《中庸》之義。❹水府求玄　指以調節呼吸為主煉形煉氣的命功。水府，指腎，以腎主水，故稱。❺離宮修定　指以調節意識為主修煉心神的性功。離宮，指心神，以心主火，八卦中以坎為水，離為火，故心稱離宮。

【語　譯】要說學問再大，沒有大過性命之學的。關於性命的學說，不明於世的時間已很久了。

什麼是性？宇宙創生之初的真如本性，光亮燦爛的一絲靈光；什麼是命？人生之時精純無雜的元精，混沌未分的元氣。這樣有性便有命，有命便有性，性與命原本不可分。但因其從天賦而言叫命，從人稟受而言叫性，性和命實際上並非兩個。況且性沒有命則無處安置，命沒有性則無法自存，而性命之理又是渾然合一的。所以《易經》說：「乾道變化，各正性命。」《中庸》說：「天命之謂性。」說的就是這個道理。

然而一般的道教專門以氣為命，以修命為宗旨，用以調節呼吸為主煉形煉氣的命功來立教，所以命談得多而性談得少，這是不懂得性，說到底也是不懂得命。佛教專門以神為性，以修性為宗旨，用以調節意識為主修煉心神的性功來立教，所以性談得多而命談得少，這是不懂得命，說到底也是不懂得性。殊不知性與命本不相離，道教佛教原本並無不同，神與氣雖然作用不同，但性和命是應當一併修煉的。

唯賢人❶之學，存心以養性，修身以立命❷；聖人之學，盡性而至命❸。謂性者神之始，神本於性，而性則未始神，神所由以靈；命者氣之始，氣本於命，而命則未始氣，氣所由以生。

身中之精❹，寂然不動，蓋剛健中正純粹精者❺存，乃性之所寄也，為命之根矣；心中之神❻，感而遂通❼，蓋喜怒哀懼愛惡欲❽者存，乃命之所寄也，為性之樞也。性而心也，而一神之中炯；命而身也，而一氣之周流。故身心，精神❾之舍也；而精神，性命之根也。性之造化係乎心，命之造化係乎身。見解知識，出於心哉，思慮念想，心役性也；舉動應酬，出於身哉，語默視聽，身累命也。命有身累，則有生死；性受心役，則有去來。有生死，不能至命也；有去來，不能盡性也。

故盈天地間皆是生氣❿，參贊兩間，化育萬物⓫，其命之流行不息者乎，蓋生之理，具於命也；盈天地間皆是靈覺，明光上下，照臨日月，其性之炳然⓬而不昧者乎，蓋覺之靈，本於性也。未始性而能性我之性者，性之始也；未始命而能命我之命者，命之始也。

【注釋】❶賢人　指有德才之人。儒家通常以「聖賢」並稱，泛指德行出眾的人。下文「聖人」指具最高德行的人。道教佛教亦稱得道成真者為聖人。❷存心以養性二句　語出《孟子・盡心上》：「存其心，養其性，所以事天也；夭壽不貳，修身以俟之，所以立命也。」孟子主張修身知性以立命，指出了由心—性—命的修養路線。❸盡性而至命　語出《易・說卦》：「窮理盡性以至於命。」張載的《正蒙》三十中也有：「五十窮理盡性，至天之命。」這裏體現了由理—性—命的修養路線。❹精　本義為細末、微小之義，後成為中國哲學重要範疇，指構成萬物的一種極精靈細微的物質。老莊把「精」與「道」聯繫起來，作為道化生萬物的因素。道教醫學和內丹學將精氣神並稱「三寶」，認為是人體生命的三種基本因素。「精」指人體中的精華，是軀體中的生命物質，有先天和後天之分。後天的精指以精液為主的多種內分泌物質和激素；先天的精指以性功能為主的人體本有的自然功能，先天的精是在無為狀態下自然本能產生的，稱作元精。此處指先天元精。❺剛健中正純粹精者　語出《易・繫辭上》：「大哉乾元，剛健中正，純粹精也。」是對乾卦（☰）的解釋。絲無雜曰純，米無雜曰粹，氣至細曰精。意為剛健中正純粹至極。❻神　中國傳統哲學重要範疇，有多義：一指神靈；二指奇妙莫測的變化；三指精神的簡稱；四指變化的動力和功能。道教內丹學中「神」指意識，有先天後天之分。後天的神指「識神」，即常意識；先天的神指下文的「元神」，即元意識。先天的神是一種極端清醒卻毫無思慮的狀態，是一點本來自我的虛靈慧光。內丹入手功夫以精為基礎，氣為動力，神為主宰。此處指先天元神。❼感而遂通　語出《易・繫辭上》：「易無思也，無為也，寂然不動，感而遂通天下之故，非天下之至神，其誰能與於此？」此處意為有所感則通達。❽喜怒哀懼愛惡欲　即佛教所謂「七情」，指人的七種心理狀態。❾精神　中國哲學表示意識的概念之一，常簡名為「神」。「精」本指精氣，「神」本指精氣的活動和由此產生的「神明」。此處指本意。後有將「精神」和「肉體」、「物質」對舉，泛指一般的心意、智慮和心理活動。❿生氣　此處指元氣。元氣蘊含一片生機，可以化育萬物生長，故稱。⓫參贊兩間二句　語出《中庸》：「可以贊天地之化育，則可以與天地參。」「參」即與天地並立為三；「贊」即贊助、幫助；「兩間」指天地之間。⓬炳然　光耀、顯明的樣子。

【語　譯】賢人的學說，主張存心養性，修身立命；聖人的學說，主張盡性至命。認為性是神的本始，神源於性，而性是未曾顯現的神，神依性而有靈；命是氣的本始，氣源於命，而命是未曾顯現的氣，氣依命而產生。

身中的元精，寂然不動，是剛健中正純粹至極的東西存在之處，是性所寄存的地方，是命的根本；心中的元神，感應則通達，是喜、怒、哀、懼、愛、惡、欲「七情」存在之處，是命所寄存的地方，是性的關鍵。由性表現為心，再表現為一絲光亮的神明；由命表現為身，再表現為一股周流不息的氣。所以說身心，是精神寄存之處；而精神，則是性命的根源。性的活動與心相關聯，命的活動與身相關聯。見解知識是發自心，而思慮念想是心在役使性；舉動應酬是出自身，而語默視聽是身在牽累命。命有身的牽累，則有生有死；性受心的役使，則有去有來。有生有死，則不能達到命的極致；有去有來，則不能充分發揮天賦之性。

所以充滿天地之間的，是蘊含一片生機的氣，能參助天地，養育萬物，命在其中周流不息，生育的機理，就包含在命中；充滿天地之間的，是蘊含一絲靈氣的明覺，能亮通天地，照徹日月，性在其中光亮而不昏暗，明覺的靈性，就根源於性中。未曾有性時我的本來之性存在，這是性的初始狀態；未曾有命時我的本來之命存在，這是命的初始狀態。

天竅❶圓而藏性，地竅方而藏命。稟虛靈以成性，中天地以立命❷。性成命立，其中有神。命蒂元氣，性根元神。潛神於心，聚氣於身，其中有道。性有氣質之性，有天賦之性❸；命有分定之命，有形氣之命。君子修天賦之性，克氣質之性；修形氣之命，付❹分定之命。分言之則二，合言之則一，其中有理。

是以神不離氣，氣不離神，吾身之神氣合，而後吾身之性命見矣；性不離命，命不離性，吾身之性命合，而後吾身未始性之性、未始命之命見矣。夫未始性之性、未始命之命❺，乃是吾之真性命也。我之真性命，即天地之真性命，亦即虛空❻之真性命也。

故聖賢持戒定慧❼而虛其心，煉精氣神而保其身。身保則命基永固，心虛則性體❽常明。性常明則無來無去，命永固則何死何生？況死而去者，僅僅形骸耳。而我之真性命，則通晝夜、配天地、徹古今者，何嘗少有泯滅也哉。

【注釋】❶天竅 指天。下文「地竅」指地。古人認為天圓地方。這裏「天竅」喻心，「地竅」喻身。❷中天地以立命 語出《左傳》成公十三年：「民受天地之中以生，所謂命也。」即稟受天地中和之氣而立命。❸性有氣質之性二句 宋明理學將人性分為氣質之性（或叫所稟之性、聖之謂性）和天賦之性（或叫天地之性、天命之性、義理之性）。「氣質之性」指與生俱來的自然屬性，是天賦之性的基礎；「天賦之性」指宇宙萬物共有的本性。宋明理學家認為，在有天地之前先有理存在，而後才有氣的流行。天賦之性至善至美，因為它合乎先天的理；氣質之性有善有惡，因為它雜有後天對氣的稟受，每個人稟受不同，性亦不同。下文「分定之命」和「形氣之命」區別同上，分定之命對應氣質之性，形氣之命對應天賦之性。❹付 《說文》釋為「與也，從寸持物對人」，即給予之義，此處引申為克服，與上文「克」同義。❺未始性之性未始命之命 未曾有性時的性（即天賦之性），未曾有命時的命（即形氣之命）。❻虛空 「虛」是道家、道教及內丹學的基本概念。宇宙創生前空無的太虛境界，無形無象，稱為「虛」。道家、道教及內丹學將「虛」作為宇宙的原始狀態及修煉的最高境界。「空」原為佛教用語，指宇宙萬物虛幻不實，一切現象都由因緣和合而成，乍生乍滅，沒有自身的規定性。道教借此概念表示道的存在形態，道教往往將「虛」、「空」、「無」並訓，但「虛空」並不是虛無或空無。❼戒定慧 佛教稱「三學」，是佛教修行方法的總稱。「戒」即戒律，抑惡修善；「定」即禪定，心於一境，止息萬念；「慧」即智慧，如理思維，照見真理。修戒定慧分別可以斷滅貪、嗔、痴「三毒」，三者的關係是依「戒」而資「定」，依「定」而發「慧」，依「慧」而證理斷惑。❽性體 即前文「靈覺」、「元神」、「天賦之性」、「未始性之性」、「真性命」等，本文用「元始真如」、「虛靈」、「神」等描述性，表明性與神相互溝通，性體即通神體，又通虛體，玄虛之妙，靈通無方。下文「真常之性命」、「乾元」、「真靈」、「虛空本體」、「這箇」、「太虛」、「本來妙覺」等都是指這一性體。

【語譯】天為圓而潛藏著性，地為方而潛藏著命。人稟受虛空靈氣形成性，稟受天地中和之氣形成命。性成命立，其中蘊藏著神。命結蒂於元氣，性根源於元神。神潛藏於心，氣聚集於身，其中蘊藏著道。性有氣質之性，有天賦之性；命有分定之命，有形氣之命。君子應修養天賦之性，克制氣質之性；修煉形氣之命，克服分定之命。分開說是兩回事，合起來說是一回事，其中蘊藏著理。

因此神離不開氣，氣離不開神，人身中神氣相合，人身中性命也就出現了；性離不開命，命離不開性，人身中性命相合，則人身中天賦的性命也就出現了。天賦的性命，是人的真性命。人的真性命，即是天地的真性命，也是虛空的真性命。

所以聖賢持守戒、定、慧「三學」虛靜心靈，修煉精、氣、神「三寶」保養身體。身體得保，命的基礎就永遠穩固；心無雜念，神性本體就永遠靈明。神性本體永遠靈明就沒有來和去，命的基礎永遠穩固就無所謂生和死。就算死後消亡的，也僅僅是肉體形骸罷了，而人的真性命則通達日夜、匹配天地、貫穿古今，哪有一絲泯滅呢？

嘗觀之草木焉：歸根復命❶，而性在其中矣；性而神也則花，花而實也，而命又在其中矣。自形中之神以入神中之性，此之謂歸根復命。又嘗譬之男女搆精焉：而一點之善❷落於子宮者，氣合之而為命也，而性即存於其間。其即一陰一陽之相摶，而一點落於黃中❸之中以成性。乃妙合而凝，不測之神乎！此之謂性命妙合。

奈妙合之道不明。修性者遺命，且并率性❹之竅妙不得而知之，矧❺能煉之乎？非流於狂蕩，則失於空寂❻，不知其命，末後何歸？修命者遺性，且并造命❼

之功夫不得而知之，矧能守之乎？非執於有為，則失於無為，不知其性，劫運何逃？即二氏之初，亦其如是乎？吾聞釋迦生於西方，亦得金丹之道，是性命兼修，為最上乘法❽，號曰「金仙」❾。呂祖亦曰：「只知性，不知命，此是修行第一病。只修祖性不修丹，萬劫陰靈難入聖。」

豈但如今之導引❿者流，而以形骸為性命焉已哉。又豈但如今煉神煉氣者流，而以神氣為性命焉已哉。又豈但如今修性修命者流，而以性命為性命焉已哉。是皆不惟無益於性命，而且有害於性命。不知性命之真，良可嘆也！

故嘗論之，人在母腹，呼吸相含，是以母之性命為性命，而非自為性命⓫。至於出胞斷蒂，而後自為性命，然亦非真常之性命也。必於自為性命中，而養成乾元面目，露出一點真靈。形依神，形不壞；神依性，神不滅。知性而盡性，盡性而至命。乃所謂虛空本體，無有盡時。天地有壞，這箇不壞，而能重立性命，再造乾坤者也。故道家不知此，則謂之傍門；釋氏不知此，則謂之外道。又焉能合天地之德，而與太虛同體哉？

噫！知此而性命之說無餘旨矣。

【注　釋】❶歸根復命　語出《老子・十六章》：「萬物並作，吾以觀復。夫物芸芸，各復歸其根。歸根曰靜，是謂復命。」道化生出天、地、人和萬物，但最終都要經過大自然的大循環，返回到原始的生生之源的道，返回虛靜的本初狀態。內丹學的「返老還童」就是模擬宇宙的反演過程，回到「父母未生前」的狀態，實際上也指向虛靜的道回歸。❷一點之善　內丹學認為宇宙中的元始先天太一真氣（含有先天的宇宙信息，道教叫元神，佛教叫阿賴耶識），在父母兩性交合時被招攝進母腹之中，形成胎元，將性命寓於其中。❸黃中　關竅名。古代以黃色為中央之色、正色，「黃中」、「黃家」、「黃庭」等均指修丹的重要關竅。具體位置依各家理解不定。丹家所說的關竅似乎有所指，但又不能僅僅理解為某一特定穴位，而側重的是在修丹中的功能。❹率性　語出《中庸》：「天命之謂性，率性之謂道，修道之謂教。」即循其天賦本性而行。❺矧　況且。❻非流於狂蕩二句　指修煉中的兩種極端傾向。「狂蕩」即放任自流；「空寂」即死寂。道教修煉講「率性」，但不是放任自流、散亂；講守空，但不是死寂、昏沉，而要「執中」。下文「有作」、「無為」類似，修煉中有時雖以「無為」為主，但也要按需要穿插「有為」的功法；修煉功法本是一種有意識的自我鍛鍊，但「有為」中有「無為」。所以道教修煉即反對「執於有作」，也反對「失於無為」，主張有為、無為相結合的「中道」。這裏體現了道教中派「性命雙修」、堅持「中道」的特徵。❼造命　道教內丹家認為，內丹修煉功夫是一種人體生命返還工程，就是奪天地之造化，返老還童，返回到先天虛無之道。道教提出的「我命在我不在天」就是強調通過修煉，掌握自己的命運。下文「重立性命，再造乾坤」即此義。❽最上乘法　法，原為佛教名詞，泛指現實世界的一切現象，包括物質的和精神的、本體的和現象的，如「百法」、「萬法」、「一切法」等。佛教的教義、教規等稱為「佛法」。道教沿用此概念，泛指修丹道之法。「上乘法」指所有法中最上等的法。「乘」有運度之義，指引導眾生從生死此岸到涅槃彼岸的修持方法、途徑和教說。❾金仙　道教指出陽神的內丹家。又《慧命經》：「金仙者，即《華嚴經》世尊之所自稱也。」此處指後者。❿導引　或指內功修煉的總稱，或僅指動功修煉而言。「導」、「引」兩字原意相近，古代均可作疏通、導解講；「引」有伸展、引而使之之義。後者所指的「導引」是修煉者以自力引動肢體所做的俯仰屈伸運動，以鍛鍊形體的一種養生術。道教根據古人所謂「流水不腐，戶樞不蠹」的道理，認為人體也應當運動，通過運動，可以幫助消化，通利關節，促進血液循環，達到祛病延年的目的。後醫學家和神仙家分別從治病和養生的目的出發，將它和行氣術相結合養生，相繼將它發展為導引術，使之流傳於世，成為道教各派共同修習的方術之一，如「五禽戲」等都是民間流傳的導引術。⓫人在母腹四句　需要注意，嬰兒在母腹之中，僅有所謂「胎息」，即外氣不入內氣不出，口鼻並沒有呼吸的感覺。所以此處「呼吸相含」並非嬰兒和母親相互呼吸，因後文緊接著明確說「是以母之性命為性命，而非自為性命」，所以也可以說「是以母之呼吸為呼吸，而非自為呼吸」，「含」字側重於指母親呼吸含藏嬰兒呼吸之意。同理，本書亨集第一節口訣「退藏沐浴工夫」中「原人受生之初，在胞胎內，隨母呼吸，受氣而成」幾句也需要注意，「隨母呼吸」並非隨著母親的呼吸而呼吸，因後文緊接著說只是「我（嬰兒）之氣通母之氣，母之氣通天地之氣，天地之氣通太虛之氣，竅竅相通，無有隔閡。」只有到一朝分娩，後天開始主事，嬰兒才有後天呼吸。關於這個問題，還可參見陳攖寧《孫不二女功內丹次第詩》注：「嬰兒在胎，僅有胎息，鼻不呼吸，乃至初出胎時，大哭一聲，而外界之空氣乘隙自鼻而入，於是後天之呼吸遂操吾人生命之權」。內丹修煉所謂「復歸嬰兒」就是指通過一系列修煉達到嬰兒般感覺不到鼻呼吸的「胎息」狀態。

【語譯】我曾觀察花草樹木的生長情形：都是循環往復、最終返回到虛靜的初始本原，而性蘊含在其中；性表現為神就開花，花開後結果實時命又包含在種子中。由形體中的神歸附到神中的性，這就叫「歸根復命」。又如男女交合的情形：一滴精液落於子宮中，招攝先天元氣形成命，而性就蘊含在裏面了。這就是陰陽和合，先天元氣被招攝進子宮中形成性。實在是神妙相合、奇妙莫測，這就是性命的奇妙結合。

無奈這種性命神妙結合的道理不明於世。修煉性功的遺棄了命功，並且連性功就是循其天賦本性這一訣竅也不得而知，又怎麼能煉成性呢？這樣不是流於狂蕩，就是失於空寂，不懂得命，最後歸於何處呢？修煉命功的遺棄了性功，並且連命功就是再造生命這一功夫也不得而知，又怎麼能守住命呢？這樣不是執著於有為，就是失於無為，不懂得性，劫運如何逃脫呢？在釋迦牟尼和老子立教之初，難道也是這樣的嗎？我聽說釋迦牟尼生在西方，也曾深得修煉金丹之道，以性命雙修，為最上等的功法，道成後還自稱為「金仙」。呂純陽也說：「只知道修煉性功，不知道修煉命功，這是修行的第一病。只修先天元性而不修內丹，歷經萬世劫運的陰靈還是難以入於聖者的境界。」

哪裏只像如今那些所謂煉導引術的，錯把肉體當作性命罷了。又哪裏只像如今那些所謂煉神煉氣的，錯把神氣當作性命罷了。還有哪裏只像如今那些所謂修性修命的，錯把後天的性命當先天的性命罷了。這些都不但無益於性命，反而有害於性命。不懂得什麼是真實常在的性命，實在是可嘆啊！

所以我曾經說，人在母親腹中，其呼吸包含在母親的呼吸中，是以母親的性命為性命，而不是自己獨立存在性命。直到一朝分娩，才獨立存在性命，但這還不是真實常在的性命。一定要在自己存在的性命中，修養成先天純陽性體，顯露出一絲真實靈性。形體和神相互依存，則形體不壞；神和性相互依存，則神永不滅。由知性到盡性，再由盡性到至命。這就是「虛空本體」，永遠沒有窮盡的時候。天地有毀滅的時候，而「這個」（虛空本體）不會毀滅，並且能重立性命、再造乾坤。道教中有不明這個道理的，被斥為「傍門」；佛教中有不明這個道理的，被斥為「外道」。又怎麼能與天地本性相合，與太虛融為一體呢？

唉！說到這裏，關於性命的道理再沒有什麼可說的了。

【說　明】「性命說」歷來是道教極為重視的修道理論基礎，成熟形態的道教內丹學各門派皆主張雙修性命，但在修性修命的先後、主次及下手處等方面則各持己見。作者在此對儒道釋三教「性命之說」之精華進行提煉、概括、吸收，最後形成以「守中」（即守「性命之根」）為核心的性命雙修內修學說。作者還對當時社會上出現的丹法作了綜述、評論，認為所謂「旁門左道」致命之處皆是「不知性命之真」，並以此為警戒，在諸法中辯明得失，以利取捨，最後以「性命雙修，為最上乘法。」接引後學，直入道岸。

內丹功法的最大特徵，就是在人身中模擬道家宇宙反演的規律，將老子的道家哲學變成自己的生命體驗，使人體的小宇宙和自然界的大宇宙進行天人感應，以「道法自然」原則修煉成道。作者在此強調以性功煉心、以命功煉形的「性命雙修」，並以了證大道、與太虛同體，最終達到空靈虛豁的道的境界為內丹修煉的最後歸宿。這種通過將人道和天道相貫通的方式，使內丹道直接與天道相溝通，為內丹道的成立提供了形而上的理論基礎。

死生說

【題解】本篇以道教關於生死的學說為基礎，糅合佛教生死學說的精華，捨棄二者表面層次的差別，從更高的義理層次上尋求二者的切合點，並詳細勾畫了道教「順則生人，逆則成仙」的內丹學原理。

大眾好生惡死，以莫識死生故。生從何來？死從何去？徒在生前奔馳謀作，致大虧生道，不得逍遙❶。故於死後渺茫淪落，不甚破死門，竟墮輪轉。所以仙佛出世，汲汲❷以一大事因緣❸，使人知去來處，徐徐引出生死苦海❹。

《易・繫》曰：「原始要終，故知死生之說❺。」蓋無始之始，強名乾元，即本來妙覺；無終之終，強名道岸❻，即無餘涅槃❼。生而生也，而其所以生者，固在於此；至死而死也，而其所以不死者，亦在於此。此而不知，則未有不隨生而存，隨死而亡者，沉溺惡道，出沒無期。生則是第八識神阿賴耶❽主之，死亦是第八識神阿賴耶主之。投胎則此識先來，捨身則此識後去，故曰：「此後來先作主公」。

經頌曰：「善業從下冷，惡業從上冷，二皆至於心，一處同時捨。」❾當此之際，如生龜解殼，活蟹落湯。地水火風，各自分散。而神即離形，但看世界與潑墨相似，東西莫辯，上下不知。只見有緣之處，一點妄明❿；見明色⓫發，明見想成；流愛為種，納想為胎；入母宮中，稟氣受質。氣則頓具四大，漸成諸根；心則頓具四蘊，漸成諸識。

【注釋】❶逍遙　語出《莊子・逍遙遊》，指精神的絕對自由的境界，即忘卻苦樂、得失、毀譽，泯同是非、泯滅物我的分界對立，達到真人、至人、聖人的境界，自然無為，與道合一。莊子的〈逍遙遊〉對後世道教和整個社會產生了深遠的影響，成為名士高人追求的最高境界，也是普通人自我慰藉的精神蔭庇。❷汲汲　心情急切的樣子。❸因緣　佛教最基本的概念。「因」是招致結果的直接原因；「緣」是輔助「因」而使結果生起的原因。《中論》：「眾因緣生法，我說即是無，亦為是假名，亦是中道義。未曾有一法，不從因緣生，是故一切法，無不是空者。」此處「因緣」即「緣起」之義，即生和死並不單獨存在，生是依一定原因和條件和合而成，死也是依一定原因和條件而滅去。道佛二教均以死生為一件大事，故此處「一大事」指「生死」。❹生死苦海　生死輪迴的世界，充滿著苦痛煩惱，汪洋無涯，猶如大海。佛道二教以此揭示人世間的痛苦，認為反求諸己，勤於修習，才能擺脫這些痛苦，達到最高境界。《靈寶經》云：「苦海無邊，回頭是岸。」❺原始要終二句　語出《易・繫辭上》：「原始反終，故知死生之說。」原，考察；推究。要，即「反」，探求之義。考察萬物之始，故知其所以生；探求萬物之終，故知其所以死。❻道岸　指沒有生死煩惱的寂靜境地，即「彼岸」。佛教認為能徹底解決宇宙人生問題者有四條神聖的真理，叫「四聖諦」或「四諦」，即苦、寂、滅、道。苦諦即世間一切皆是苦；集諦即苦惱是種種原因積集而成；滅諦即斷除苦惱的原因；道諦即導致寂滅覺悟境地的實踐。此處「道岸」指「道諦」達到的境界。❼無餘涅槃　「涅槃」原為佛教名詞，舊譯為「泥洹」、「涅槃那」、「泥畔」等，漢譯為「滅」、「滅滅」、「寂滅」、「圓寂」、「解脫」等，指佛教經長期修習所要達到的一種理想的精神境界，即是對生死諸苦及煩惱的徹底斷滅，而住於永恆寂靜的安樂境地。後人把僧人逝世稱為「入涅槃」，故涅槃通常又成為死亡的代稱。「涅槃」分類很多，一般分為「有餘涅槃」和「無餘涅槃」兩種：有餘涅槃指仍然殘留著生命軀體而證得的涅槃；無餘涅槃指死後不再受生而證得的涅槃，是涅槃的最高境界。❽阿賴耶　佛教名詞。

法相唯識宗認為我們生命中活動著「八識」，即眼、耳、鼻、舌、身、意、末那識、阿賴耶識。阿賴耶識為第八識，故也稱第八識阿賴耶識。前七識為現行識，它們的生起以第八識為基礎，故後者又稱為「根本識」，此識是一種被覆蔽著的潛在的意識，匿藏在心的最底層，含有生滅的種子，是人生死的根源。道教內丹學將人的意識分為三個層次：即常意識、潛意識、元意識。常意識即日常心理表層的思維活動，內丹家稱為「識神」；潛意識即隱藏在心理深層的欲望，可誘發各種欲望、夢境、幻覺、靈感、直覺、精神病等心理狀態；元意識是一種極端清醒卻毫無思維的心理狀態，是人類心理的最深層次，內丹學稱作「元神」，相當於佛教唯識學指的「阿賴耶識」，內丹家又把它叫做「元性」、「先天之性」、「一點靈明」、「主人公」等。下文「此後來先作主公」之「主公」即此意。內丹功法實際上就是控制和調節人的身心系統，凝煉常意識，淨化潛意識，發掘元意識的一套心理程序（胡孚琛《道學通論》）。但凡丹家所指煉神，即煉「元神」。❾善業從下冷四句　佛教有種說法，即人死之時，所作的善業使人從下到上變冷，惡業則使人從上到下變冷，到心處融合，人就將死。❿妄明　即佛教所謂「妄心」，與「真心」相對。「真心」也稱「清虛心」、「冷淡心」，即真實不妄的心靈，指眾生本來具足的如來藏自性清淨心，是心的本來狀態，是成佛的最高主體性，是世界的本源；「妄心」也稱「人心」、「塵心」，即虛妄心識，是眾生對境起分別心，也可稱為「妄念」。

⓫色　佛教用語。指具有形相、被生成的、有質礙並能變壞的物質現象。「色」和下句的「想」都屬「五蘊」，與「心法」相對稱為「色法」，泛指由地、水、火、風「四大」所造成的一切事物（包括人的形體）。佛教認為，人的存在是由色（物質性）、受（感覺）、想（表象）、行（意念）、識（意識）五種基本因素和合而成，叫「五蘊」或「五陰」。「色」是身體；「受」、「想」、「行」、「識」即下句的「四蘊」，則是心的作用，合起來即是身、心，構成我們的生命存在。身則包含具有認識機能的六種感官，即眼（視根）、耳（聽根）、鼻（嗅根）、舌（味根）、身（觸根）、意（念慮之根），成為「六根」；「根」即生之意，識則依根而生，因此心則具有與六根對應的六種認識機能，即眼識、耳識、鼻識、舌識、身識、意識，稱為「六識」。

【語　譯】眾人都喜好生而厭惡死，是沒悟透死生的原故。生從何處來？死又到何處去？只在生前一味的奔波操勞，與養生之道背道而馳，無法達到逍遙自在的境界。所以死了以後，靈魂沒有目標的四處漂落，無法逃脫生死之門，最後還是墮入生死輪迴之中。所以仙佛降臨人間，心情迫切的勸度眾生明瞭生死因緣，明瞭生來死去的地方，漸漸將他們引出生死苦海。

《易．繫辭上》說：「推究事物的本源和歸宿，就可知關於死生的道理。」生是沒有開始的開始，勉強叫「乾元」，即先天本始的神妙靈覺；死是沒有終結的終結，勉強叫「道岸」，即擺脫生死輪迴的涅槃最高境界。生命開始產生，它之所以能產生，原因固然在這裏；到死而終結，但它之所以又不會消亡，原因也在這裏。如果不懂得這一點，就沒有不隨著生而存在、隨著死而消亡的，最後沉溺於惡道之中，生死輪迴沒有盡頭。生是由第八識神阿賴耶識主宰，死也是由第八識神阿賴耶識主宰。投胎時這個識先潛藏在其中，身死時這個識並不隨之而去，所以說：「此後來先作主公。」

有經的偈頌說：「人死之時，所作的善業則使人從下到上變冷，所作的惡業則使人從上到下變冷，上下一齊冷到心，生命就在此處完結了。」到這個時候，就好像生龜除去殼甲，活蟹掉到沸水裏，構成人軀體的地、水、火、風「四大」各自分散。這時神脫離形體，世界對它來說只像潑墨般模糊一片，辨不清東西，分不清上下。機緣一到，有妄念生；有妄念則色身產生，妄念一動則意識形成；引入愛欲為種，吸納意識入胎；進入母親子宮中，稟受氣質。氣則頓時具備地、水、火、風「四大」，再逐漸形成各種識根；心則頓時具備受、想、行、識「四蘊」，再逐漸形成各種心識。

十月胎完，及期而育。地覆天翻，人驚胞破，如行山巔蹶仆之狀，頭懸足撐而出，囫圇一聲，天命真元，著於祖竅❶。晝居二目而藏於泥丸❷，夜潛兩腎❸而蓄於丹鼎❹。乳以養其五臟❺，氣則沖乎六腑。骨弱如綿，肉滑如飴，精之至也；視而不瞬，哮而不嗄，和之至也❻。此乃赤子混沌，純靜無知，屬陰，䷁坤卦❼。

自一歲至三歲，長元氣六十四銖❽，一陽生乎䷗復卦。至五歲，又長元氣六十四銖，二陽生乎䷒臨卦。至八歲，又長元氣六十四銖，三陽生乎䷊泰卦。至十歲，又長元氣六十四銖，四陽生乎䷡大壯。至十三歲，又長元氣六十四銖，五陽生乎䷪夬卦。至十六歲，又長元氣六十四銖，六陽是為䷀乾卦。盜天地三百六十銖之正氣，原父母二十四銖之祖氣，共得三百八十四銖，以全周天之造化，而為一斤之數也。此時純陽既備，微陰未萌，精氣充實，如得師指，修煉性命，立可成功矣。

自此以後，欲情一動，元氣即泄，不知禁忌，貪戀無已。故由十六至二十四歲，耗元氣六十四銖，應乎䷫姤卦。一陰初生，品物咸章[9]，淳澆朴散[10]，去本雖未遠，履霜之戒[11]已見於初爻。若勤修煉，可謂不遠復者矣。

至三十二歲，耗元氣六十四銖，應乎䷠遯卦。二陰浸長，陽德漸消，欲慮蜂起，真源流蕩。然而血氣方剛，志力果敢，若勤修煉，則建立丹基，亦易為力。

至四十歲，又耗元氣六十四銖，應乎䷋否卦。天地不交，二氣各復其所[12]。陰用事於內，陽失位於外。若勤修煉，則危者可安，亡者可保。

至四十八歲，又耗元氣六十四銖，應乎䷓觀卦。二陽在外而陽德微，重陰上行而陰氣盛。若勤修煉，則可抑方盛之陰柔，扶向微之陽德。

至五十六歲，又耗元氣六十四銖，應乎䷖剝卦。五陰並升乎上，一陽將反乎下。陰氣橫潰，陽力僅存。若勤修煉，如續火於將窮之木，布雨於垂槁之苗。

至六十四歲，卦氣已週，所得天地父母之元氣三百八十四銖，而為一斤之數者，耗散已盡，復返於☷坤。純陰用事，陽氣未萌。若勤修煉，時時採藥⑬，時時栽接，則陰極而能生陽，窮上而能反下，革柔為剛，還老為強矣。於此時不遇至人，汲汲修煉，雖保餘年，皆藉穀精以培後天之精氣，無復有先天之元氣矣，安能長生不死哉？

【注釋】❶祖竅　又稱「祖宮」、「神氣穴」、「玄牝」等，為性命之根，先天祖氣存養之處，故名。本書後面繪有〈安神祖竅圖〉詳述祖竅內涵。❷泥丸　又稱「泥丸宮」，即上丹田。其穴為百會穴，在頭頂正中，是修煉時運用火候重要的起止部位。以現代生理學，泥丸宮位置是頭頂正中的松果腺體，具有分泌機能，與人體發育、生命力強弱、智力高低、生殖器官功能代謝等有密切關係。❸腎　五臟中，腎有納氣、藏精、主骨、生髓、供給各部器官能量等極為重要的功能，對人體的生長發育及繁衍後代有根基和源泉的作用，故丹家視為先天之本。❹丹鼎　燒煉丹藥的地方，內丹家指丹田。丹田有上、中、下之分，此處指下丹田。「祖竅」、「泥丸」、「腎」、「丹鼎」等都是煉丹的重要關竅，本書後面均有詳述。❺五臟　人體主要器官，即肝、心、脾、肺、腎。常與下句的「六腑」連稱，後者指膽、胃、小腸、大腸、左膀胱、右膀胱；或將前面左右膀胱合一，再加三焦，稱為六腑。❻骨弱如綿六句　語出《老子・五十五章》：「骨弱筋柔而握固，未知牝牡之合而朘作，精之至也；終日號而不嗄，和之至也。」「飴」即糖漿，形容軟，「精之至」是形容精神狀態飽滿；「嗄」即啞，「和之至」是形容心靈凝聚和諧的狀態。這是對下文「赤子」的狀態描述。「赤子」混沌未分，童心未蒙，道家和道教用此來比喻修養的最高境界，即能返回到初生嬰兒般的純真柔和，「復歸於樸」、「復歸於嬰兒」、「復歸於道」均指此意。❼坤卦　初生的嬰兒童心混沌一片，單純平靜，無知無覺，屬純陰；坤卦（☷）六爻全是陰爻，代表純陰，所以用它來表示嬰兒初生時的狀態。同理，乾卦（☰）六爻全為陽爻，代表純陽，所以用它來表示純陽具備，精氣充實時的狀態。下文陰陽二氣的消長均用陰陽爻的變化以及相應的卦象表示。❽銖　古代重量單位，二十四銖為一兩，十六兩為一斤，故三百八十四銖為一斤。丹功中借指呼吸和意念運用程度的數量計算方式，陳致虛《金丹大要》：「積三百八十四爻，而成六十四卦；積三百八十四銖，而成一十六兩，謂一斤也。斤足卦滿，喻丹之將成也。」古人把天的圓周分為三六五．二五度，一年為三百六十五天，太陽每晝夜移動一度。三百八十四與周天的度數相當接近，故下文說「以全周天之造化，而為一斤之數也。」❾品物咸章　語出《易．彖傳》：「天地相遇，品物咸章也。」是對姤卦卦辭的解釋。品物，各種品類的事物。咸，皆；都。章，同「彰」。茂盛之意。❿淳澆朴散　淳、朴均有質樸的意思；澆、散均有流散的意思。意思是原先的質樸之性開始流散。⓫履霜之戒　語出《易．坤》：「履霜，堅冰至。」高亨釋為「履霜，秋日之象；堅冰，冬日之象。謂人方履霜，而堅冰將至，喻事之有漸也。」意思是「冰凍三尺，非一日之寒。」要防微杜漸，及早預防。⓬天地不交二句　否卦（䷋）上卦為乾（☰），下卦為坤（☷），乾為天，坤為地，天氣輕而上升，不下降；地氣重而下降，不上升，所以說「天地不交，二氣各復其所。」又否卦內卦為坤，外卦為乾，坤為陰，乾為陽，內陰而外陽，所以說「陰用事於內，陽失位於外。」⓭採藥　指內丹煉丹術，修煉靜坐時元精發生，微有感覺即速上運，以正念將元精攝歸丹田，稱「採藥」；下文「栽接」指陰陽雙修丹法接命之術，丹家由桃李等樹木的嫁接而得到啟發，認為人同樣可以男女相互栽接延命。此處「採藥」、「栽接」均泛指修煉。

【語　譯】十月期滿，胎兒長成，出離母腹。好像天翻地覆一般，人驚胞破，好像行走在山的頂尖時突然向前仆倒一樣，頭朝下足朝上倒立著出生，囫圇一聲，先天真元便附著於祖竅。白天居於雙眼後歸藏於泥丸宮；夜間潛藏於兩腎後蓄養在下丹田。乳汁蓄養著五臟，元氣充盈著六腑。骨骼柔軟如絲棉，肌肉細膩如糖漿，這是精氣最充足的緣故；看東西時可以一直不眨眼，不停的號哭嗓子卻不嘶啞，這是心靈最和諧的緣故。這是初生嬰兒混沌未分，純淨無知的狀態，屬陰，用坤卦（䷁）表示。

從一歲到三歲，增長元氣六十四銖，一陽爻生則變為復卦（䷗）。到五歲，又增長元氣六十四銖，二陽爻生則變為臨卦（䷒）。到八歲，又增長元氣六十四銖，三陽爻生則變為泰卦（䷊）。到十歲，又增長元氣六十四銖，四陽爻生則變為大壯卦（䷡）。到十三歲，又增長元氣六十四銖，五陽爻生則變為夬卦（䷪）。到十六歲，又增長元氣六十四銖，六爻全為陽則變為乾卦（䷀）。這樣，盜取天地三百六十銖正氣，招攝父母二十四銖先天元氣，共得三百八十四銖，和周天的度數（三百六十五度）相當接近，且正好成為一斤的數目。這時純陽之體已具備，一絲陰氣都沒有萌發，精氣充實，如果及時得到明師指點，修煉性命，最容易成功。

從此以後，情欲開始萌發，情欲一動，元氣立即洩漏，這時又不懂得有所禁忌，貪戀無已。所以從十六歲到二十四歲，耗散元氣六十四銖，和姤卦（䷫）相應。一陰爻開始生，儘管各方面表現仍然旺盛，但先天質樸本性已逐漸流散，雖說離開初始根本還不遠，但「履霜，堅冰至」的警戒已顯現於初爻。這時如能及時勤於修煉，可以說復返根本還不算遠。

到三十二歲，耗散元氣六十四銖，和遯卦（䷠）相應。二陰爻逐漸生長，陽剛之性逐漸消減，各種欲念蜂擁而起，真性本源流失動盪。但這時正值血氣方剛，意志毅力果斷勇敢，如能及時勤於修煉，則建立煉丹的基礎，也是容易辦到的。

到四十歲，又耗散元氣六十四銖，和否卦（䷋）相應。（乾）天上（坤）地下不相交通，陰陽二氣各復其位。陰氣主於內，陽氣被逐於外。這時如能及時勤於修煉，則可轉危為安，流失的可以得保。

到四十八歲，又耗散元氣六十四銖，和觀卦（䷓）相應。二陽爻在外而陽剛之性已很微弱，四陰爻並重上行而陰氣已很旺盛。這時如能及時勤於修煉，則可抑止正當旺盛的陰柔之氣，扶助趨向微弱的陽剛之性。

到五十六歲，又耗散元氣六十四銖，和剝卦（䷖）相應。五陰爻並升而上，一陽爻即將讓位於下。陰氣橫行氾濫，陽剛之性一絲尚存。這時如能及時勤於修煉，就好像續火於將要熄滅的木材上，施雨於即將乾枯的禾苗上。

到六十四歲，卦象和元氣已循環了一周，從天地父母那裏所得的三百八十四銖元氣，即正好成為一斤的數目，全部耗散一空，又復返到純陰的坤卦（䷁）。這時純陰之氣主於內，陽氣沒有一絲萌發。如能及時勤於修煉，時時「採藥」，時時「栽接」，則陰氣盛到極點反而能生陽，上到極點則能返回到下，所以可以變陰柔為陽剛，還老弱為強壯。到這時如還不遇道高之人接引，抓緊時間修煉，雖然能保住餘年，也全是靠吸收五穀雜糧的精氣來維持後天的精氣，不會再復原先天的元氣了，怎麼能長生不死呢？

此所以虛化神、神化氣、氣化血、血化形、形化嬰、嬰化童、童化少、少化壯、壯化老、老化死、死復化為虛、虛復化為神、神復化為氣、氣復化為物，化化不間，猶環之無窮❶。

夫萬物非欲生，不得不生；萬物非欲死，不得不死。任他塵生塵滅，萬死萬生，不能脫離苦海。劫劫生生，輪迴不絕；無終無始，如汲井輪。三界❷凡夫，無不遭此沉溺。

故世人莫知生從何來，闔參父母未生前死從何來？知來然後知生處。世人莫問死從何去，闔參魂遊魄降❸後生從何去？知去然後知死處。死之機由於生，生之機原於死。無死機不死，無生機不生。生死之機兩相關，世人所以有生死；生死之機不相關，至人所以超生死。有生死者身也，無生死者心也。敦復則心生，迷復則心死。故仙佛愍❹之，說一切眾生❺具有本來一靈真覺，但昏惑不見，使天命之性浪化遷流。轉轉不悟，而世世墮落，失身於異類，透靈於別殼❻，至真性根不復與人。

我當以聖道令眾生永離妄想，能致自身如仙家之長生、佛氏之不死云。

【注　釋】❶化化不間二句　五代譚峭關於自然觀的根本看法。他認為宇宙萬物處於永恆的變化之中，「化化不間，猶環之無窮」，其基本形式是「虛形互化」。「虛」或「太虛」是宇宙萬物的本源和歸宿，萬物由虛化生，又化還為虛。這種虛形互化是自然而然的過程，以順逆兩種方式進行：「道之委也：虛化神，神化氣，氣化形，形生而萬物所以塞也。道之用也：形化氣，氣化神，神化虛，虛明而萬物所以通也。」（《化書・紫極宮碑》）「形化氣，氣化神，神化虛」的過程，是逆反生化的過程，是向生生不已的本原（虛）的回歸，也是心性修養的自然過程。人的修煉就是逆反生化的過程，復歸虛本，即「忘形以養氣，忘氣以養神，忘神以養虛」。譚峭的虛形互化的思想，成為道教內丹術的理論基礎。北宋的陳摶作〈無極圖〉，根據以上將內丹功法概括為「煉精化氣、煉氣化神、煉神還虛」三個階段，將「虛」視為內丹修養的最高境界。本書在第九節口訣〈本體虛空超出三界〉中補充了第四個階段「煉虛合道」，進一步提高了內丹修養的最高境界。❷三界　即欲界、色界、無色界。據佛教的世界觀，三界是眾生所居的世界，是迷界，眾生在其中輪迴流轉，不能出離，所以有「三界凡夫」之說。「欲界」是最低下的界域，具有淫欲和貪欲的眾生都居於此；「色界」在欲界之上，是離淫欲和貪欲的眾生的所居地；「無色界」是最上的領域，斷除各種煩惱和欲望的眾生居於此。道教也有相應的三界說，稱為「道境三界」。❸魂遊魄降　此處指人死。《內經》中說：「魂魄畢具，乃成為人。……精聚則魄具，氣聚則魂具，是為人物之體。至於精竭魄降，則氣散魂遊，而無所知矣。」「魂」、「魄」是內丹學的重要概念，本書後有〈魂魄圖〉詳加論述。❹愍　憐憫；哀憐。❺眾生　佛教用語，古譯作「眾生」，玄奘以後譯作「有情」，又稱「有情眾生」，是對人以及一切具有生命的東西的通稱，但這裏的「生命」主要就感情與意識而言。情是心靈、情意，與「無情」相對，後者指無感覺的草木、山河大地等。❻失身於異類二句　佛教認為人人都有與生俱來的先天本性（佛性），即上句的「一靈真覺」、下句的「至真性根」，只因為出生後被後天所蒙蔽而不得顯現，如不得修煉解脫，則按所作善惡業，在三界（欲界、色界、無色界）和六道（天、人、阿修羅、餓鬼、畜生、地獄）中投胎轉世，生死相續，流轉循環不已。如惡業深重，再無法轉世為人。「異類」、「別殼」均指六道中除人以外的其他眾生。

【語　譯】這就是虛化神、神化氣、氣化血、血化形、形化嬰、嬰化童、童化少、少化壯、壯化老、老化死、死復化為虛、虛復化為神、神復化為氣、氣復化為物，化化不間斷，好像圓環一樣循環無窮。

萬物不是自己要生，是不得不生；萬物也不是自己要死，是不得不死。（萬物不得自己主宰，）任憑事事生滅，歷經萬死萬生，也不能脫離苦海。生生世世，輪迴不盡；無終無始，猶如打水的井輪。三界凡夫，沒有不遭遇此生死沉溺的命運的。

所以世人不知生從何處來，又怎能參知父母未生之前死從何處來？只有了知死的來處才能了知生的來處。世人不追問死從何處去，又怎能參知身死之後生從何處去？只有了知生的去處才能了知死的去處。死的機緣是由於有生，生的機緣是因為有死。無死的機緣就不會有死，無生的機緣就不會有生。生死機緣相互關聯，世人因此才有生死；生死機緣互不相關，至人因此超脫生死。有生死，是因為有身；無生死，是因為有心。復歸於質樸則心性顯現，落於迷惑則心性蒙蔽。所以仙佛哀憐世人，認為一切眾生都有與生俱來的靈明真覺，但由於昏沉迷惑難以顯現，使先天本性浪跡遷化於輪迴之流中。幾經輪轉仍不覺悟，世世墮入惡道之中，投身於異類，寄靈於別殼。至真本性不再轉回人身。

我應當以聖道教化眾生永遠離卻顛倒妄想，能使自身達到如道教的長生不死、佛教的不生不滅。

【說明】「死生說」是任何宗教理論基礎的核心問題，本篇論述了道佛兩家關於生死之說的理論，並認為二者在最高層次上是相通的。佛教認為，人的生死由「阿賴耶識」主宰。人生之初，遊蕩於輪迴流轉中的「阿賴耶識」因一絲妄念，和父母的血氣結合，在母腹中形成胎元，轉為人身；人死之時，「阿賴耶識」依人所作善惡業的不同，脫離人身，繼續在「三界」和「六道」中輪迴。但如能勤於修行，證得涅槃，則能脫離生死輪迴，永恆存在。由此可知，佛教所謂的「不死」，即指「阿賴耶識」不生不滅。

道教認為，宇宙中的先天太乙真氣（相當於佛教的阿賴耶識），在父母交合時被招攝進母腹，形成胎元，將性命寓於其中；到十月懷胎，一朝分娩，先天祖氣斷開，後天氣生，至十六歲精氣最充足；此後「識神」主事，情欲傷身，至六十四歲，元氣消耗殆盡，死到臨期。但如能勤於修煉，保存元氣，培育「元神」，則能免於生死。「元神」（元意識），內丹家稱為宇宙和人體發生之初的「一點靈明」，是一種遺傳的本能意識，是人身真正的「自我」。因此內丹學是一項人體返還工程，也是一套開發自我、認識自我的過程。元意識在人體工程中通過開發和鍛鍊，可以逐步人格化為「陽神」。「陽神」是「元神」的凝聚體，可以脫離人身存在，具有突破時空障礙的巨大神通。內丹家將人的軀體稱作「色身」，將「陽神」稱作「法身」，也叫身外之身。可見，內丹學所說的「長生」，實指「陽神」而言。

「順則生人，逆則成仙。」內丹家就是通過「煉精化氣、煉氣化神、煉神還虛、煉虛合道」的過程，最後返回到虛無之道。返回到虛無之道，內丹就修成了。

邪正說

【題解】本篇以老子的清淨無名之道為基礎，主張「生道合一」，即養生就是修道，並以金丹之道為修行的唯一正道。並歷數種種旁門外道，指明其失真誤人之處，以示警戒。

大道生天生地，天地生人生物；天地人物，一性同體。天有陰陽，地有剛柔，物有牝牡❶，人有男女。有陰陽，斯有日月星辰；有剛柔，斯有山川草木；有牝牡，斯有胎卵濕化；有男女，斯有配偶生育。眾生因配偶有淫慾，因生育有恩愛。有淫慾恩愛，故有魔障❷煩惱❸；有煩惱魔障，故有一切苦厄❹；有一切苦厄，故有生老病死。

是以太上❺蘊好生之德❻，開度世之門；著經立法，教人返朴還淳❼。無欲觀妙，有欲觀竅❽；致虛守靜，歸根復命❾；早復重積，深根固蒂❿；得一守中⓫；虛心實腹，弱志強骨⓬；挫銳解紛，和光同塵⓭；專氣致柔，抱一無離⓮；知雄守雌，知白守黑⓯；閉門塞兌⓰；被褐懷玉⓱。窅窅冥冥，其精日生；恍恍惚惚，其精不泄。日生則日長，不泄則不竭。精能化氣，氣能化神，神能還虛。五行不能盜，陰陽不能制。與道為體，超出天地。此乃老子清靜無名之道⑱也。至漢魏伯陽⑲真人，祖《金碧經》而作《參同契》，始有龍虎鉛汞之名。爰及唐宋，諸仙迭出，丹經燦然。橫說豎說，種種異名，載於丹書，不可勝數。究竟本來，無非吐露同出異名之一物耳。

【注釋】❶牝牡　即雌雄。❷魔障　對佛道有障礙，故名為魔。魔障指一切有害於正道、背離正道的障礙。道教也將內煉過程中出現的偏差（入靜過程因生雜念或欲念而生成的各種幻境）稱為魔，即所謂走火入魔。❸煩惱　又作「惑」。指身、心兩方面的苦惱與混亂的總稱，基本上是一種心理作用。一般來說，佛教以貪嗔痴為煩惱的根本，認為煩惱是修行的大敵，能障害善根的發展，故稱貪（貪欲）、嗔（嗔恚）、痴（愚痴）為「三毒」；又以「三毒」喻火，指能燃燒眾生的身心，使流轉於生死苦海，無有出期，又稱「三衰」；又這三種根本煩惱，污染身心，猶如塵垢，又叫「三垢」。佛教修行首先要斷除煩惱，即消滅「三毒」。❹苦厄　即「苦」，是身心感受到逼迫而形成的苦惱，與「樂」相對。「苦」是佛教的根本觀念，「一切皆苦」是佛教的根本思想。佛教有「八苦」說，即生、老、病、死、愛別離（與所愛的人別離的苦痛）、怨憎會（遇到所怨所憎的人的苦痛）、求不得苦（求而不得的苦痛）、五盛陰苦（由五陰而生的苦痛），這是生命存在的最基本的苦痛。❺太上　原指最古之世，如《禮記・曲禮上》：「太上貴德，其次務施報。」道教以「太上」為最高之意，用以稱呼其神仙體系中最上、最高、最尊之神。道教尊奉老子為其教主，稱之為「太上老君」，也稱「混元皇帝太上老君」，俗稱「太上」。此處指老子。❻好生之德　即老子清靜無為的修心養身之道。他認為生命的價值遠遠高於身外之物的價值，提出了「攝生」、「自愛」、「反樸」等重生觀念，以追求長生久視之道。❼返朴還淳　老子重要的養生之道，即「見素抱樸」、「反樸歸真」。「素」為未染之絲；「樸」為未雕之材，樸素乃是一種未經人工雕琢和污染的自然狀態。老子的「復歸於樸」、「復歸於嬰兒」便強調了這一「反樸歸真」的原則。老子的這一思想成為道教攝生修煉的重要理論根據，以復歸於淳樸的先天本來面目為修煉的目的。❽無欲觀妙二句　語出《老子・一章》，這句歷來有兩種斷法。斷法一：「故常無，欲以觀其妙；常有，欲以觀其徼。」斷法二：「故常無欲，以觀其妙；常有欲，以觀其徼。」「妙」為深微奧妙；「徼」前人有多種理解：⑴歸結、歸終；⑵作「竅」解；⑶作「曒」解；

(4)邊際。這句話因標點讀法不同，意義的解釋也產生了很多差別：持斷法一者，將「無」和「有」對舉，理由是老子的道是「無」和「有」兩種狀態的統一，「妙」和「徼」都是對宇宙原始本體「道」的描述，意思是從「有」和「無」中觀照道的奧妙和端倪。持斷法二者，將「有欲」和「無欲」對舉，以「徼」為「竅」，顯然，「有欲」觀照的不能是具有終極意義的道，「竅」是具體有所指的。此處作者顯然取斷法二，將「有欲」和「無欲」對舉，以「徼」為「竅」。道教中常用「無欲觀妙」指一種高度靜的狀態；「有欲觀竅」指意守關竅。下文「金丹之道……有作以成其始，無為以成其終」，「有作」、「無為」可以「有欲」、「無欲」解，內丹丹法靜功為無為之法，動功為有為之術；性功無為，命功有為。內丹修煉就是以無為為體，以有為為用，有為是達到無為的手段。❾致虛守靜二句　語出《老子・十六章》：「致虛極，守靜篤。……夫物芸芸，各復歸其根。歸根曰靜，是謂復命。」「虛」「靜」都指一種虛無的心境，即內心徹底排除了各種欲望雜念，澄明如止水明鏡。道教將此作為養生修煉的重要方法。「歸根復命」詳見〈大道說〉。❿早復重積二句　語出《老子・五十九章》：「治人事天，莫若嗇。夫為色，是謂早服，早服謂之重積德。重積德……是謂深根固蒂，長生久視之道。」「早服」歷來有兩種理解，(1)服為復，「早服」為早返於道；(2)服作事，「早服」即是早作準備。此處為「早復」，顯然取第一義。老子把「嗇」看作是養生治國的重要原則。道教吸取這一理論，認為修道方法之一要蓄養精氣神，摒除欲念雜慮，才能使生命根深本固，達到長生久視之目的，最終返歸於先天之道。⓫得一守中　詳見〈大道說〉。道教後來以「抱一守中」為丹家意守要訣，本書後於〈安神祖竅圖〉詳述。⓬虛心實腹二句　語出《老子・三章》：「是以聖人之治，虛其心，實其腹，弱其志，強其骨，常使民無知無欲，使夫智者不敢為也。」意思是清靜無為，不為外物所惑，注重內蓄，過恬淡樸素的生活。「虛心實腹」成為道教內丹修性修命之術。虛心是性功，是無為之妙；實腹是命功，是有為之功。⓭挫銳解紛二句　語出《老子・五十六章》：「知者不言，言者不知。塞其兌，閉其門；挫其銳，解其紛；和其光，同其塵。是謂玄同。」即消解紛擾，含斂光耀，混同大道。⓮專氣致柔二句　語出《老子・十章》：「載營魄抱一，能無離乎？專氣致柔，能如嬰兒乎？」即集氣到最柔和的境地，形神結合不離，才可臻於道之和諧。道教也以「專氣」、「貴柔」、「抱一」為煉養成仙和應世接物的基本原則。⓯知雄守雌二句　語出《老子・二十八章》：「知其雄，守其雌，為天下谷……知其白，守其黑，為天下式。」即明知何為雄強，卻自甘守於雌弱；明知何謂明亮，卻安於暗昧。這一原則具有以退為進、以柔克剛的特徵。「雄」為進取、剛強的象徵；「雌」為退守、柔順的象徵。內丹學中常以「雄」、「雌」喻陰陽動靜，火龍水虎等；丹法以「白」喻元神等，以「黑」喻原精等，澄心煉精，待時採藥，叫「知白守黑」。⓰閉門塞兌　語出《老子・五十二章》：「塞其兌，閉其門，終身不勤；開其兌，濟其事，終身不救。」

意為去除私欲和妄念的障蔽，內視本明的智慧。道教內丹學以此作為煉丹方法，比如靜坐之時，必須觀鼻閉口合齒等。⑰被褐懷玉　語出《老子・七十章》：「知我者希，則我者貴。是以聖人被褐懷玉。」高明注：「被褐謂衣著粗陋，與俗人無別。懷玉謂身藏其實，又與眾異。即所謂和光而不污其體，同塵而不渝其真，形穢而質真。非有志之士而不得識，故為貴。」「被褐懷玉」成為道家的一種人生態度和修養境界。歷史上記載的得道成真之人，大多都衣服襤褸、容貌奇醜、骯髒不堪。⑱老子清靜無名之道　老子主張清靜無為，並以「無名」形容道（「道常無名，樸」（《老子・三十二章》），所以這裏稱為「清靜無名之道」，即清靜無為之道。⑲魏伯陽　東漢會稽上虞（今浙江上虞）人，著名煉丹術士。所著《周易參同契》，雜糅《易》學、黃老之學，以爐火炮煉為實踐，闡發丹道學說，成為早期道教煉丹術的奠基之作，後被奉為「萬古丹經之王」。依下文，《周易參同契》是參照《金碧經》而作，後者也是當時一部重要的丹經典籍，又名《古文龍虎經》或《金丹金碧潛通訣》，簡稱《龍虎經》或《金碧經》，收入明《正統道藏》太玄部。作者不詳，託名黃帝著。其成書年代歷來被認為早於魏伯陽的《周易參同契》，理由是五代時的彭曉在《周易參同契分章通真義序》中曾記載魏伯陽「得古文《龍虎經》，盡獲妙旨。乃約《周易》，撰《參同契》三篇。」本書此處也說「至漢魏伯陽真人，祖《金碧經》而作《參同契》，始有龍虎鉛汞之名。」據王明先生考證，該經實為唐羊參微《金丹金碧潛通訣》的異名。本書分三十三章或二十六章，其基本內容與《周易參同契》相仿。

【語　譯】大道化生天和地，天地化生人和物。天、地、人、物，本性同一，原於一體。天有陰有陽，地有剛有柔，物有雌有雄，人有男有女。有陰陽，就有日、月、星、辰；有剛柔，就有山、川、草、木；有雌雄，就有胎生、卵生、濕生、化生；有男女，就有配偶生育。眾生因有配偶而生淫慾，因有生育而生恩愛。有淫慾恩愛，所以就有魔障煩惱；有魔障煩惱，所以就有一切苦難；有一切苦難，所以就有生、老、病、死。

因此太上老君蓄藏修心養身之道，廣開度化世人之門；著經立說，教人返回到質樸淳厚的本性。以「無欲」觀照道的微妙，以「有欲」觀照身中關竅；致守心性的虛靈空靜，復歸於萬物的生生之根；及早復歸先天之道就是蓄養本性，生命才會根深本固；深得先天本始之根；持守虛靜無為之道；心靈虛靜腹中飽實，奢欲擯除體魄強壯；不露鋒芒消解紛擾，含斂光耀混通玄道；凝聚精氣以致柔和，抱一守道形神無離；深知雄強卻甘守雌柔，明知明亮卻甘守暗昧；閉起嗜欲的門徑塞住嗜欲的孔竅；靈明本心深藏不露。在窅窅冥冥中，身中元精日日增生；在恍恍惚惚中，身中元精充盈不泄。日日增生則日日見長，充盈不泄則不會耗竭。精能化氣，氣能化神，神能還虛。五行不能盜取，陰陽不能抑制。與大道融為一體，超出天地之外。這就是老子的「清淨無名之道」。

到漢代魏伯陽真人，參照《金碧經》而作《周易參同契》，才開始有龍虎鉛汞這些代號隱名。到了唐宋時期，眾仙輩出，丹經湧現。各家學說，種種異名，都載於丹經之中，不可計數。歸根究底，無非都是吐露同出一源而名稱各異的同一事物罷了。

蓋聖師闡教敷揚，備細詳說，實欲人人領悟，箇箇成真。殊不知名愈眾而事愈繁，書愈多而道愈晦。況多為廋辭❶隱語，孔竅其門，使學者無罅隙可入，往往目眩心搖，輒生望溟之嘆。

幸吾師尹真人出，欲續大道之一絲，以復無名之古教。於是剪除繁蕪，撮其樞要，掃諸譬喻，獨露真詮，標摘正理，按圖立象。不可施於筆者筆之，不可發於語者語之。直指何者是鉛汞❷，何者是龍虎，何者是鼎爐，何者是藥物，何者謂之採取❸，何者謂之抽添，何者謂之溫養，何者謂之火候，何者是真種子，何者是真性命，何者是結胎，何者是了當……歷歷發明，毫髮無隱。後之有志於道者，再不為丹經所惑也。

況丹經子書，汗牛充棟，講理者多，留訣者少。初無下手入門❹，次無採藥結胎，末無極則歸者。後人不識次序，如何湊泊❺得來？不免有攙前越後之差，首顛尾倒之亂。學道一生，不得其門而入者多矣。間有入門者而不知升階，有升階者而不知登堂，有登堂者而不知入室。是以次第功夫❻，乃修真之首務，豈可缺焉？

予最愛藏經❼中四句偈❽曰：「眾生無邊誓願度，煩惱無盡誓願斷，法門無量誓願學，佛道無上誓願成。」世尊亦曰：「度盡眾生，然後作佛。」區區❾由是發一念慈悲❿，罄將師授秘訣徹底掀翻，滿盤托出，以籲徠後之有緣，復返天界而不沉溺於苦海中者，此予之心也。

其一曰：涵養本原，救護命寶。

其二曰：安神祖竅，翕聚先天。

其三曰：蟄藏氣穴，眾妙歸根。

其四曰：天人合發，採藥歸壺。

其五曰：乾坤交媾，去礦留金。

其六曰：靈丹入鼎，長養聖胎。

其七曰：嬰兒現形，出離苦海。

其八曰：移神內院，端拱冥心。

其九曰：本體虛空，超出三界。

於中更有煉形、結胎、火候等諸心法，以全九轉還丹⓫之功。大道口訣⓬，至此吐露盡矣！

【注釋】❶廋辭　隱語，謎語。廋，隱。❷鉛汞　原為外丹煉丹藥物，與後句的「龍虎」均為內丹學中應用較廣的隱語代號，在內丹學中，「龍」喻汞，代表神、性；「虎」喻鉛，代表氣、精。男女雙修派丹法則以龍虎分別指男女雙方。「鉛」即真鉛，代表元精；「汞」即真汞，代表元神。鉛性沉重，內部光亮而外部容易形成一層氧化膜（可起保護作用）而發暗，故借指人身之真情外暗而內明，能禦患伏邪；汞性輕浮，躁而易失，借指人身之靈性虛靈莫測。❸採取　與下文「抽添」、「溫養」、「結胎」、「了當」、「煉形」均指內丹煉養功法或火候。「採取」即採先天之氣的功法；「抽添」即抽鉛添汞之術，抽鉛即提取元精，添汞即消陰長陽，達到純陰；「溫養」即煉養丹藥的功夫，要求火候進退、抽添、增減不宜太躁，須勤節用功；「結胎」又稱「結丹」，指神凝氣住，俱歸丹田，為胎息的初級階段；「了當」即丹家的撒手功夫，本書後有「粉碎虛空，方為了當」之說；「煉形」一般指修煉自身的形體而生長，本書後〈煉形說〉分六類詳細論述。❹入門　和後句的「升階」、「登堂」、「入室」是內丹修煉步驟的形象化說法，分別代表修煉過程依次序進行的不同階段。❺湊泊　聚集；凝結。湊，會合。泊，止息。❻次第功夫　即按順序的修煉功夫。次第，即順序、次序之義。佛教認為種種有為法的事相，不是同時俱存，是依次序而生滅，故稱「次第」。❼藏經　藏，經典的集合。佛教指一切佛教聖典的總稱，包括經、律、論（三藏）及其疏解文獻，是佛教基本典籍的集成。由於它的意思是攝藏釋迦一代所說，故又稱「一代藏經」、「大藏經」。道教一切道書的總集稱道藏。❽四句偈　偈，梵語音譯為伽陀、偈他，即詩、頌。在佛典經、論中，通常有以詩句的形式來表示佛教思想，這即是偈或偈頌。此處四句偈即菩薩所起的「四弘誓願」，又稱「四弘誓」、「四弘願」。此「四弘誓願」源於《心地觀經》卷七：「云何為四？一者誓度眾生；二者誓度一切煩惱；三者誓學一切法門；四者誓證一切佛果。」❾區區　本義為少、小，引申為自稱的謙詞。❿慈悲　原為佛教名詞，梵文意譯。意即佛、菩薩對眾生平等一如的深切關懷。與樂曰慈，即把快樂給與眾生；拔苦為悲，即拔除眾生的苦惱。《大智度論》卷二七：「大慈與一切眾生樂，大悲拔一切眾生苦；大慈以喜樂因緣與眾生，大悲以離苦因緣與眾生。」「慈」由梵語「朋友」一詞轉變而來，即最高的友情之意；「悲」梵語原意是「感嘆」，感嘆人生的苦惱而發悲願。二者合起來的慈悲心願，稱慈悲心。我國民間廣為流傳的觀世音菩薩就是慈悲的代表。⓫九轉還丹　內丹家借以描述丹功由後天返先天的過程，即用內煉丹法煉精氣神，使三寶凝結，由後天重返先天，恢復童真時期生命充沛的狀態，返老還童，進入一個更高級的生命境界。⓬口訣　道教丹經對丹法不作系統的敘述，用比喻、象徵等隱喻略示端倪，至於師徒之間傳授，往往口口相傳，不作記載，稱為「口傳心授」。為了便於記憶，常用四言、五言、七言韻語歌訣，稱為「口訣」。

【語　譯】聖道之師廣泛闡揚教法使之廣為傳播，完備詳細的加以解說，實在是期望人人能領會體悟，個個能修煉成真。殊不知名目越多而事情越繁雜，經書越多而大道越隱晦。況且大多都為代號隱語，進入的門徑如孔竅般幽深，使有志於道者無從下手，往往眼花意亂，只能望洋興嘆。

幸虧我的師傅尹真人出來，目的是接續已隱晦不明的大道，以恢復「老子清淨無名」的古教。於是刪掉繁瑣蕪雜的部分，歸納出核心思想，去除掉各種比喻，只留下講道的真詮，選取正道法理，繪圖輔助解釋。將以往認為不可借助於文字的付諸筆端，不可用語言表達的表達了出來。直接指明什麼是鉛汞，什麼是龍虎，什麼是鼎爐，什麼是藥物，什麼叫做採取，什麼叫做抽添，什麼叫做溫養，什麼叫做火候，什麼是真種子，什麼是真性命，什麼是結胎，什麼是了當……一個個加以清楚說明，沒有一絲一毫保留。後世有志於修道者，再不會被丹經所迷惑了。

況且各種講修丹道的經書，真可謂汗牛充棟，但往往空講理的多，留真訣的少。開始時不知從何處下手，緊接著也不知如何採藥結胎，最後更不知歸向何處。後世之人連修行的次序也不知，怎麼能修成丹道呢？這樣就不可避免的有前後相竄，首尾顛倒的錯亂。學習丹道一輩子，連門都沒入的多了。偶然有入了門的但不知道升階，有升了階的但不知道登堂，有登了堂的但不知道入室。因此修煉的次序，是修真時首先要解決的，怎麼可以缺少呢？

我最愛藏經中四句偈頌：「眾生無邊誓願度，煩惱無盡誓願斷，法門無量誓願學，佛道無上誓願成。」釋迦世尊也說：「度盡眾生，然後作佛。」本人因此發一念慈悲之心，將師傳所傳授的秘訣全盤托出，使之公之於眾，以引導後世之有緣者，使他們重返天界而不沉溺於生死苦海之中，這就是我的心願。

其一說：涵養本原，救護命寶。

其二說：安神祖竅，翕聚先天。

其三說：蟄藏氣穴，眾妙歸根。

其四說：天人合發，採藥歸壺。

其五說：乾坤交媾，去礦留金。

其六說：靈丹入鼎，長養聖胎。

其七說：嬰兒現形，出離苦海。

其八說：移神內院，端拱冥心。

其九說：本體虛空，超出三界。

其中另有煉形、結胎、火候等各種重要心法，以補充九轉還丹之功使之更加完備。修煉大道的口訣，至此全部說盡無遺！

今之道者，峨冠方袍，自足自備，不肯低情下意求師指授大道次第，惟只以盲引盲，趨入傍蹊曲徑。豈知道法三千六百、大丹❶二十四品皆是傍門。獨此金丹一道是條修行正路。除此之外，再無別途可以成仙作佛也。故法華會上，世尊指曰：「唯此一事實，餘二即非真。」尹真人曰：「九十六種外道，三千六百傍門，任他一切皆幻，只我這些是真。」雲房真人曰：「道法三千六百門，人人各執一苗根，誰知些子玄關竅，不在三千六百門。」

蓋玄關大道，難遇易成而見功遲；傍門小術❷，易學難成而見效速。是以貪財好色之徒，往往迷而不悟。其中有好爐火❸者，有好彼家❹者，有視頂門❺者，有守臍蒂者，有運雙睛者，有守印堂者，有摩臍輪❻者，有搖夾脊者，有兜外腎❼者，有轉轆轤者，有三峰採戰❽者，有食乳對爐者，有閉息行氣❾者，有屈伸引導者，有三田還返❿者，有雙提金井者，有晒背臥冰⓫者，有餌芝服術⓬者，有納氣嚥津⓭者，有內視存想⓮者，有休糧辟穀⓯者，有忍寒食穢者，有搬精運氣者，有觀鼻調息者，有離妻入山者，有定觀鑒形者，有熊經鳥伸⓰者，有餐霞服氣⓱者，有長坐不臥者，有打七煉魔者，有禪定不語者，有齋戒斷味者，有夢遊仙境者，有默朝上帝者，有密咒⓲驅邪者，有見聞轉誦者，有食己精為還元者，有捏尾閭為閉關者，有煉小便為秋石者，有採女經為紅鉛⓳者，有扶陽用胞衣而煉紫河車⓴者，有閉關用黑鉛而鑄雌雄劍㉑者，有閉目冥心而行八段錦㉒者，有吐故納新而行六字氣㉓者，有面壁而志在降龍伏虎㉔者，有輕舉而思以駕鳳驂螭㉕者，有吞精噏華以翕日月者，有布罡履斗㉖以窺星辰者，有依卦爻之序而朝屯暮蒙㉗者，有售黃白之術㉘而燒茆弄火者，有希慕長生不死者，有馳志白日飛昇者，有著相㉙執而不化者，有著空流而不返者，有持戒定慧而望解脫者，有祛貪嗔痴而思清靜者，有生而願超西域者，有死而願登天堂者……似此泯泯棼棼，難以悉舉。

【注　釋】❶大丹　即大還丹。「還丹」、「大丹」、「金丹」有區別。清劉一明《修真辨難》認為，還丹為「還其本源，後天返先天」；而大丹為「修其原本，無象中生實相」，得還丹後，「本數雖足，若不經火煅煉，不能以無形生有形，以無質生有質。故必於還丹之後，重安爐，復立鼎，以鉛投汞，以汞養鉛，用天然真火煅煉成真，變為金剛不壞之物，與天地並久，與日月爭光，方能全的一箇原本。否則還丹已就，而不修大丹，雖有原本，必不堅固，終有得而復失之時。」金丹喻人本來圓明之靈性，是內丹修煉的最高境界。「金象徵堅剛永久不壞之物，丹象徵圓滿光淨無虧之物。」《道樞・金液龍虎篇》稱大丹之名有二十四種，所以說「大丹二十四品」。後「二十四」成為表示大丹數目之多的固定用法。文中「法三千六百」、「九十六種外道」、「三千六百傍門」用法同。❷傍門小術　即背離正道的修行方法，也叫「旁門邪經」、「旁門外道」。以下所列五十八種就是被內丹斥為「旁門外道」的各種修煉術，有存思法、導引法、氣法、健身術、占驗術、修仙術、法術、房中術、外丹黃白術等，儘管大都能起強身健體的作用，但終不能得道成丹。❸爐火　指外丹黃白術，因迷於爐火等，以煉金石為目的，被道家斥為旁門。❹彼家　又稱「他家」，與「我家」相對。道教修煉常有「彼家我家」之說。解釋有三：一，認為煉丹藥物自外來。先天元精在童年以後逐漸消耗，如「我家」本有之物竟為「他家」（後天）所有。內丹修煉應返本歸原，變「他家」歸「我家」。二，性為主為我，命為賓為他。內丹修煉就是要既了命又了性。三，視同類異性為他家。如清修派以陰陽派為「彼家」，陰陽派以女方為「彼家」。所以執著於一端的「彼家」被內丹家斥為外道。❺視頂門　即下文的「默朝上帝法」，與下面「守臍蒂」、「運雙睛」、「守印堂」均指靜坐時運用意念內視穴位的修煉方法，被內丹家斥為小術。頂門即上丹田；臍蒂為臍部下丹田。❻摩臍輪　與下面「搖夾脊」、「兜外腎」、「轉轆轤」均指運氣時配合動作按摩推拿的健身術。摩臍輪、兜外腎法大體為靜坐調息，先搓熱雙手，然後按摩臍部穴位和兜擦兩腎部位，本法具有補腎固氣、壯陽生精的作用；夾脊在背脊之下、肛門之上，統會一身之氣血，和玉枕及下文的尾閭是內氣沿督脈由下上行時較難通過的三處，故稱「三關」，搖動夾脊使氣運通可療痔瘡；轉轆轤即運氣時擺動肩膀繞肩肘轉動，如打井水時轉動轆轤。❼兜外腎　即搐外腎，《靈寶畢法》：「搐外腎者，是收膀胱之氣於內。」即丹家內煉下手功夫，《靈寶畢法》：「艮卦陽氣微，故微作導引伸縮，咽津摩面，而散火於四體，以養元氣。乾卦陽氣散，故咽心氣，搐外腎，以合腎氣，使三火聚而為一，以聚元氣，故曰聚散水火，使跟厚牢固也。」❽三峰採戰　道教房中養生術。道教房中家把女性的口腔、雙乳、陰部分別稱為上中下「三峰」，即「紅蓮峰」、「雙薺峰」、「紫芝峰」，稱這三個部位的分泌物為修煉內丹的「三峰大藥」。古代某些房中術流派把與之交合的稱為敵人，把交合稱為交戰，故把以採集和吸取對方精華為目的的性行為稱為「採戰」。下句「食乳對爐」也是類似以採吸乳汁為主的房中術。❾閉息行氣　指靜坐時配合調息的運氣法。閉息，即閉氣，指在吸氣後停閉呼氣，以延長吸氣，是一種潛呼吸，以多吸少呼為目的。下文「搬精運氣」也屬於氣法。❿三田還返　指靜坐時意守上、中、下三丹田，使精氣返回凝聚於此。⓫晒背臥冰　道教描述得道之人能夠超越時空界限，擺脫周圍環境的限制，入水不溺，入火不傷，虎狼刀槍等都傷不了他。所以，「晒背臥冰」與下文的「忍寒食穢」都是以此為修煉得道的途徑。⓬餌芝服術　指服食靈芝、丹藥等藥餌以求長生的養生方法。⓭納氣嚥津　指靜坐時將舌舐上腭久則唾津生滿口，配合運氣吞嚥。道教修煉術認為模仿胎兒口津內嚥，即能改善體質，健康長壽。「嚥津」又稱「胎食」。⓮內視存想　指靜坐時閉目用慧心內觀想像體內某一對象，並結合行氣周流的修煉法。下文「觀鼻調息」、「定觀鑒形」、「閉目冥心」均屬於這類存視法。⓯休糧辟穀　道教認為人修煉到一定程度，就會不思飲食、不會睡覺，以服氣靜坐代替。下文的「長坐不臥」、「禪定不語」、「齋戒斷味」即此法。⓰熊經鳥伸　語出《莊子・刻意》：「吹呴呼吸，吐故納新，熊經鳥伸，為壽而已矣。此導引之士，養形之人，彭祖壽考者之所好也。」這是一種模仿熊吊頸鳥伸展的健身術。⓱餐霞服氣　指一種以服食、採吸自然界之雲霞霧氣調攝自身的服氣法。下文「吞精咽華以翕日月」即「食日月精光法」，也是此類以存想服食日月精華以調攝自身的方法。⓲密咒　咒即「祝」，道教法術的主要手段之一，指一種相信它能通神達靈、引起外物變化的神秘語言，被視為至秘，一般應用於治病、祛邪等場合。密咒即在漢語中沒有明白涵義的咒語或內心默念的心咒。下文「見聞轉誦」也指此類在齋醮中誦念經文的儀式。⓳紅鉛　與文中「秋石」、「黑鉛」均為煉外丹藥物。內丹家常借用外丹術語描述煉丹的過程，「紅鉛」、「黑鉛」一般喻元精元氣。內丹家以男子精液、女子經血為修煉內丹的大藥。文中「食己精為還元」、「煉小便為秋石」、「採女經為紅鉛」均為此類煉法。⓴紫河車　河車，指身中真氣，因氣流通全身，如車在河中運行，故名。紫河車指煉得金丹後，能出凡入聖、化聖離俗、金光萬道，故稱。㉑雌雄劍　據稱能辟水中蛟龍水神的神劍。內丹以此喻金丹。「開關用黑鉛而鑄雌雄劍」指打通身中各關以精氣養神。㉒八段錦　道教導引術，由八節修煉動作編成，因為它的八節歌訣易記、術式簡單，且各節都有與內臟相關聯的有效作用，因此人們如對絲織品「錦」那樣歡迎它，愛護它，故名。㉓六字氣　即六字氣訣，道教以呼氣配合默念字音的調氣法，能結合臟腑，祛除病邪，又稱「祛病延年六字訣」、「六字延壽訣」。即噓（肝）、呵（心）、呼（脾）、呬（肺）、吹（腎）、嘻（膽）。㉔降龍伏虎　指內丹丹法，龍為鉛為元神，虎為汞為元精。陰陽和合，雌雄感召，水火凝結，龍虎降而鉛汞伏，則互凝為丹。㉕駕鳳驂螭　詳見〈大道說〉「子晉」條。㉖布罡履斗　即「踏罡布斗」，道教施法最重要的步伐形式。「斗」即北斗，古代天文坐標中以北極為天極，北極星下的北斗星隨時運轉，被視作居中為樞紐。「布罡」指步伐軌跡有如斗形。「罡」原意為北斗杓最末一顆星，北斗指向其最具體的一點，就是罡。「踏罡」指行步時隨斗運轉。㉗朝屯暮蒙　以八卦排列序次的卦爻象變化表示進火、退符的內聯火候卦象。屯卦（䷂）為萬物始生之意，喻早晨；蒙卦（䷃）為萬物初成之意，喻晚上。丹家以「朝屯暮蒙」喻煉丹時火候、呼吸等的運用之妙，屯卦初產，蒙卦已成。㉘黃白之術　又叫「金丹術」、「外丹黃白術」。煉丹術有兩類：以人體內的精氣神為藥物煉丹的叫「內丹術」；以礦物為藥物煉丹的叫「外丹術」。在道書裏，黃白是金銀的隱名，方士們試圖將一般金屬銅、鐵、鉛等點化為貴金屬金銀，發展出人工製造藥金、藥銀的方術，稱作「黃白術」。也即是煉金術。㉙著相　與下文「著空」均指修煉時兩種極端傾向。「著相」指修道時執著於色身或身上某一形相；「著空」指淪於頑空寂滅之道。《通文關》將此二者列為修煉時必須打通的關口，認為「修真之道乃先天之道，能以有形化無形，無象生實象，奪造化，竊陰陽，逆氣機，非同一切在色身上做功夫者可比」；「著於頑空則虛而不實，不能了道。如不究道之源流，不辨理之是非，僅僅灰心止念，忘物忘形，不可能復初歸根，了性了命，與道合真」。

【語　譯】如今的所謂修道者，戴高帽穿方袍，自我滿足，不肯虛心請教真師傳授金丹大道的修行次序功夫，只能以盲引盲，落入歪門邪道。哪裏知道道法三千六百種、大丹二十四種，都是「旁門」，只有修煉金丹之道才是修行的正道。除此之外，再沒有別的途徑可以成仙作佛。所以在法華會上，釋迦世尊指出：「唯此一事實，餘二即非真。」尹真人也說：「九十六種外道，三千六百傍門，任他一切皆幻，只我這些是真。」雲房真人也說：「道法三千六百門，人人各執一苗根，誰知些子玄關竅，不在三千六百門。」

玄關大道，雖然難以遇到但容易成功可見效慢；傍門小術，雖然容易學到但難以成功可見效快。因此貪財好色的人，往往迷而不悟。其中有喜好修煉「爐火」的，有喜好修煉「彼家」的，有內視頂門的，有意守臍門的，有運轉雙眼的，有意守印堂的，有按摩臍部的，有搖擺夾脊的，有兜擦外腎的，有輪轉雙臂的，有煉「三峰採戰」術的，有煉「食乳對爐」的，有閉息行氣的，有屈伸引導的，有煉「三田還返」術的，有雙手提金井的，有毒曬背部臥於寒冰的，有服食藥餌的，有納氣嚥津的，有內視存想的，有休糧辟穀的，有忍受嚴寒食用污穢的，有搬精運氣的，有觀鼻調息的，有定觀鑒形的，有煉「熊經鳥伸」術的，有吸食雲霞霧氣的，有長坐不睡的，有打七煉魔的，有禪定不語的，有齋戒不食的，有夢遊仙境的，有煉「默朝上帝」法的，有用密咒驅邪的，有得訣轉誦的，有吸食自己精液來返本還元的，有捏尾閭來閉關的，有用小便煉秋石的，有採集女經煉紅鉛的，有扶陽用胞衣而煉「紫河車」的，有開關用黑鉛而鑄「雌雄劍」的，有閉目冥心而練「八段錦」的，有吐故納新而持「六字氣訣」的，有面壁而志在「降龍伏虎」的，有輕舉而思以駕鳳驂螭的，有吞嚥日月精華與之融通的，有布罡履斗以觀星辰的，有按卦爻順序運用「朝屯暮蒙」的，有兜售黃白之術而燒茅草點火的，有羨慕長生不死的，有立志白日飛升的，有著於色相而執迷不化的，有著於空寂而流連忘返的，有持守戒、定、慧「三學」而期望解脫的，有祛除貪、嗔、痴「三毒」而想要清靜的，有生前發願超升「西方極樂世界」的，有死後想登天堂的……像這樣形形色色，難以一一舉例。

道釋者流，執此一術一訣，便謂金丹大道止於是矣。吁！此輩如管中窺豹，井底觀天，妄引百端，支離萬狀，卒將至道破段分門，以迷指迷，盲修瞎煉。不肯自思己錯，更將錯路教人。是以王良器作〈破迷歌〉，陳泥丸作〈羅浮吟〉，鍾離翁作〈正道歌〉，歷舉傍門諸術之非，以救錯行邪徑之失也。

於中亦有數條，可以攻疾病、捄❶老殘，益算延年、住世安樂。間或亦有超脫者，不過成箇蓬島仙❷、羅漢果❸耳。故傅大士云：「饒經八萬劫，終是落空亡。此乃小乘❹功夫，不合大道全體。」故張平叔云：「學仙須是學天仙，惟有金丹最的端。」

蓋金丹之道，簡而不繁。以虛無為體，以清靜為用。有作以成其始，無為以成其終。從首至尾，並無高遠難行之事。奈何世人，道在邇而求諸遠，事在易而求諸難。背明投暗，不亦惑乎？

夫金者，堅之稱；丹者，圓之喻。是人毗盧❺、性海、乾元面目。世尊名之空不空，如來藏❻。老君號之玄又玄，眾妙門❼。以此而言道，謂之無上至尊之道；以此而言法，謂之最上一乘之法。三教聖賢，皆從此出。修行正路，孰有正於此哉？

予之本懷，正欲乘此皇極昭明之世，與群生同種乾元之因，共結龍華❽之伴。故作此說而挽邪歸正，并吾師所授諸圖訣竅，明明指出，俾諸學者印證丹經，一覽而無疑矣！

【注釋】❶捄 同「救」。救助。❷蓬島仙 蓬島，即今山東省蓬萊山，古代傳說中的「三神山」（方丈、瀛洲、蓬萊）之一，傳說上面有仙人及長生不死藥。此山以素稱「人間仙境」的「蓬萊閣」而聞名。「蓬島仙」即居於此處的神仙。道教認為仙有差等，如天仙、地仙、散仙、人仙、鬼仙等，蓬島仙大體屬於散仙類，不是仙中的最高層次。❸羅漢果 即阿羅漢果。阿羅漢，梵語音譯，又譯作「阿羅呵」、「阿羅訶」等，漢譯作應供、應，略稱為「羅漢」。果，指修行所達到的最高點、覺悟的階位。在小乘佛教，阿羅漢即是斷除了一切煩惱而入涅槃，達到修行的最高階段的人，而小乘所能達到的最高階位，即是阿羅漢果。大乘佛教則認為小乘的阿羅漢並不是修行的最高境界，無法與大乘的境界相比。❹小乘 佛教用語，與「大乘」對稱，原意為「小的車乘」，即只能載個別的人，不能載大眾。這是佛教中保守的一派，只強調個別度化，以成佛為個人的事，基本上與他人無涉。這派被強調無窮度化和普遍度化的自稱為「大乘」的一派貶稱為小乘。大乘指能將眾生從煩惱之此岸載至覺悟之彼岸之教法，屬於菩薩的法門，以救世利他為宗旨，最高的果位是佛果。小乘之名，原係大乘佛教徒對原始佛教與部派佛教之貶稱，其後學術界沿用之，並無褒貶意。其教義主要以自求解脫為目標。❺毗盧 佛教用語。梵文音譯，又叫「毗盧舍那」、「毗盧遮那」，漢譯為遍一切處、光明遍照、光輝的東西之意，其原意為太陽，象徵佛智的廣大無邊。此處喻金丹。❻如來藏 佛教用語，通常被視為真如、佛性的異名。指隱藏於一切眾生之貪嗔煩惱中自性清淨如來法身，又稱「自性清淨心」，是眾生超越的平等本有的成佛的可能性，故又稱「如來藏自性清淨心」。此處喻金丹。❼玄又玄二句 語出《老子・一章》：「此兩者同出而異名，同謂之玄，玄之又玄，眾妙之門。」謂道為天地萬物化生的源頭。內丹學以「眾妙之門」常指玄關一竅。此處喻金丹。❽龍華 樹名，樹高、闊各四十里，華枝如龍頭，故名。據說釋迦牟尼滅後五十六億七千萬年，彌勒菩薩出現於世，在龍華樹下得覺悟，而向人說法，後人稱為龍華會。後人以「結龍華之伴」喻與同道同修共證。

【語譯】所謂的道士和尚之流，執守其中的一術一訣，便以為金丹大道不過如此而已。唉！這種人就好像在管中窺豹，井底觀天，胡亂拼湊，支離破碎，最後將正道分門立派，以迷指迷，盲修瞎煉。不但不肯反思自己的錯誤，反而將別人也引上錯路。因此王良器作〈破迷歌〉，陳泥丸作〈羅浮吟〉，鍾離翁作〈破迷正道歌〉，一一列舉各種傍門外道的錯誤之處，以挽救錯誤行徑導致的過失。

這些功法中也有幾條，可以驅除疾病、救老助殘，延年益壽、留於世而享安樂。偶然也有因此超脫的，最終也不過成個蓬島仙、羅漢果罷了。所以傅大士說：「飽經八萬劫，終是落空亡。此乃小乘功夫，不合大道全體。」所以張平叔說：「學仙須是學天仙，惟有金丹最的端。」

金丹之道，簡而不繁。以虛無為體，以清靜為用。以有作為開始，以無為終結。從頭到尾，並沒有高深難辦的事。無奈世人，大道本來在自身卻向遠處求，事情本來容易卻搞得很複雜。背棄光明之道而投向黑暗，不是太糊塗了嗎？

所謂金，是剛堅的意思；所謂丹，是比喻圓。今人稱為「毗盧」、「性海」、「乾元面目」。釋迦世尊稱作「空不空，如來藏」。老子稱作「玄又玄，眾妙門」。以金丹之道為道，叫做無上至尊之道；以金丹之道為法，叫做最上一乘之法。儒釋道三教的聖賢，都因修煉此道而出。修行的正路，哪有比這還正的呢？

我的本意，是想乘這開明盛世，與眾生同種「乾元」的種子，共同結為「龍華」的伴侶。所以作〈邪正說〉以挽邪歸正，一併連我的師傅所傳授的各種插圖訣竅，清清楚楚指出來，以幫助修道之士和其他丹經相互印證，一覽而無疑慮啊！

【說　明】老子的《道德經》所涉及到的內容包羅萬象，融養生、修道、立身、處世、治國為一體，特別在攝生修煉方面有極高的功夫境界，有一系列的修煉理論和方法，如：「致虛守靜」、「歸根復命」、「得一」、「守中」、「虛心實腹」、「專氣致柔」、「抱一」、「少私寡欲」等修煉精氣神的要訣。「致虛極，守靜篤」體現了老子的功夫境界，也是煉神功夫的要訣。精足氣和是道教內丹修煉的目標。後世的內丹學實際上就是以「致虛極，守靜篤」為法訣，以「歸根復命」為原理形成自己的理論體系，道教把老子的道視為金丹大道，原因就在這裏。道教繼承了老子學說，主張「生道合一」，通過在修煉中體認到道的境界，逐步達到與道同體。

因此，僅僅為延年益壽、長生久視而進行的諸如吐納、存思、意守、導引等種種功夫，儘管也在一定程度上能起到強身健體的作用，但終不合大道，被丹家一概斥為「旁門小術」。更何況那些只能蠱惑人心、敗壞風俗、招搖撞騙、聚斂錢財的歪門邪道，更是與金丹大道背道而馳，不僅無益，反而禍害無窮，被內丹正道斥為異端。道教內丹學，絕非以上的「一術一訣」，而是以人體作為試驗場，以開發人體潛能，達到人與宇宙自然本性的契合，與道同體作為修煉目標。

普照圖・反照圖・時照圖・內照圖（附圖說）

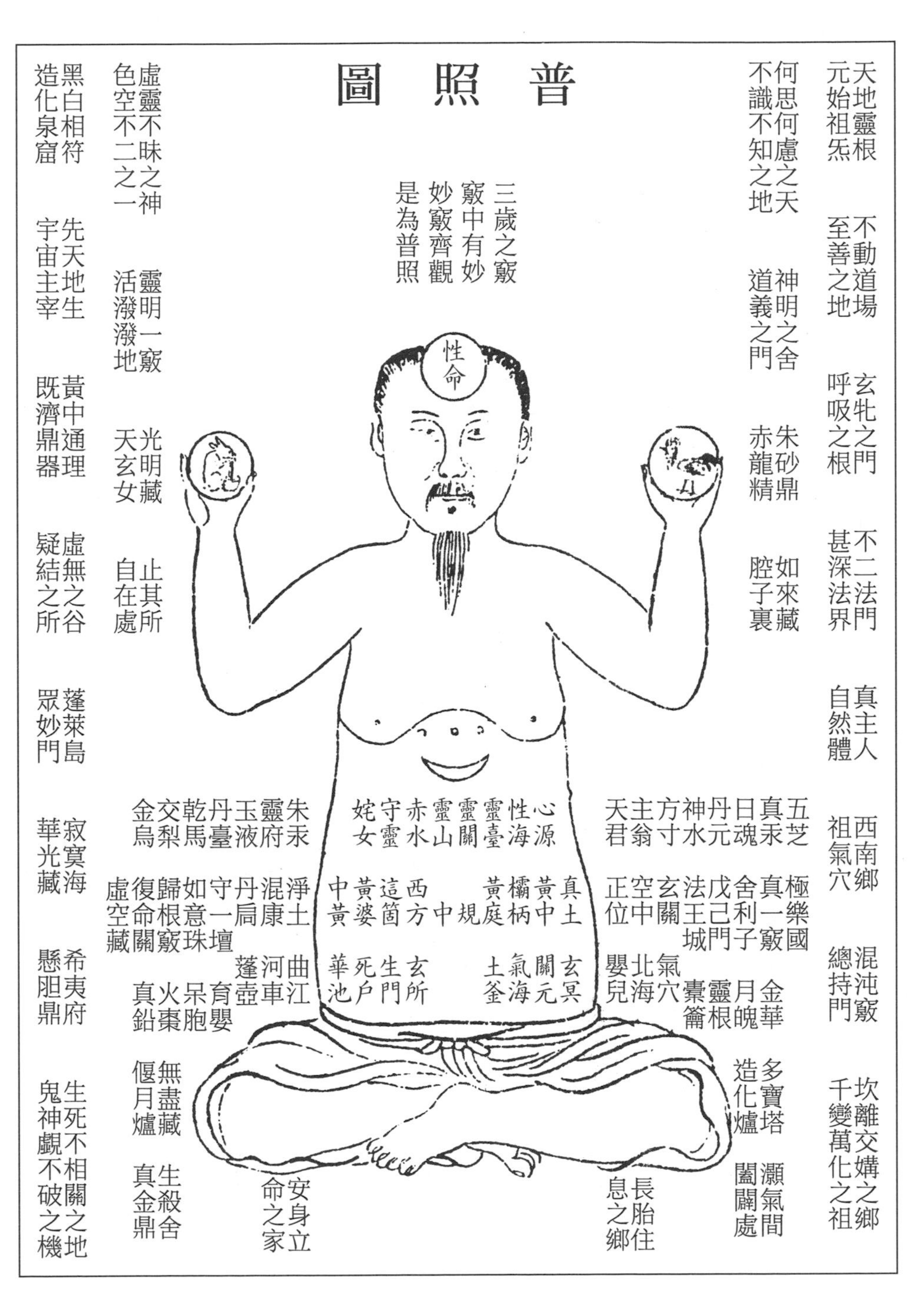

反照圖

崑崙頂 清虛府 上天關 交感宮 三摩地 最高鋒 崆峒山 玄室 黃房 天宮 真際 上島 天根 玄門 彼岸 瑤池 泥丸 天谷 天堂 內院 紫府 寥天 帝乙 甑山 天符 玄都 祝融峯 太微宮 摩尼珠 上丹田 紫金城 流珠宮 玉京山 紫清宮 太淵池

翠微宮 圓覺海 中一宮 陀羅尼門 腦血之瓊房 魂精之王室

上土釜 威光鼎 般若岸 波羅蜜地 百靈之命宅 津液之山源

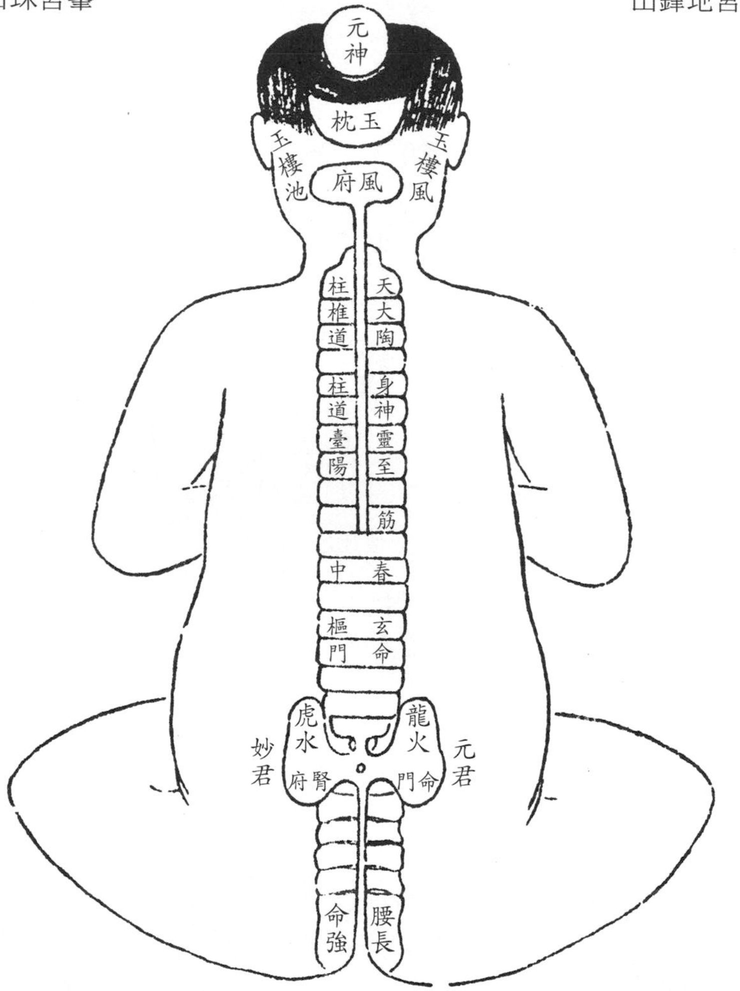

元神 玉枕 玉樓池 玉樓風 風府 天柱 大椎 陶道 身柱 神道 靈臺 至陽 筋 春中 玄樞 命門 龍火 虎水 元君 妙君 命門 腎府 腰長 命強

天人合發之祝 十母胎之路 九重鐵鼓 太玄關 尾閭穴 朝天嶺 氣海門 曹溪路 三岔口 平易穴 咸池 陰端 禁門 會陽 長強 魄門 地軸 陰蹻 桃康 人門 鬼路 會陰 穀道 龍虎穴 三岔骨 虎危穴 河車路 上天梯 生死穴 藏金斗 三足金蟾 陰陽變化之鄉 任督交接之處

圖照時

人之元氣逐日發生子時復氣到尾閭丑時臨氣到腎堂寅時泰氣到玄樞卯時大壯氣到夾脊辰時夬氣到陶道巳時乾氣到玉枕午時姤氣到泥丸未時遯氣到明堂申時否氣到膻中酉時觀氣到中浣戌時剝氣到神闕亥時坤氣而歸於氣海矣

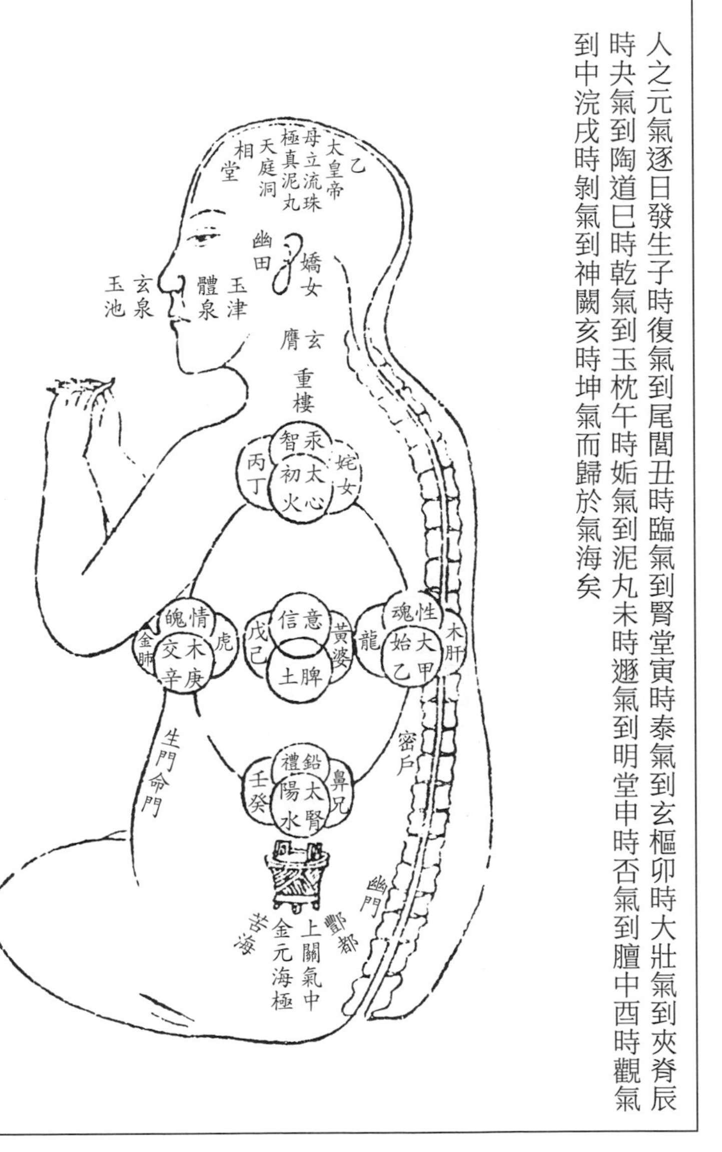

人身有任督二脈為陰陽之總任脈者起於中極之下循腹裏上關元至咽喉屬陰脈之海督脈者起於下極之腧穿脊裏上風府循額至鼻屬陽脈之海鹿運尾閭蓋能通其督脈也龜納鼻息蓋能通其任脈也人能通此二脈則百脈皆通而無疾矣

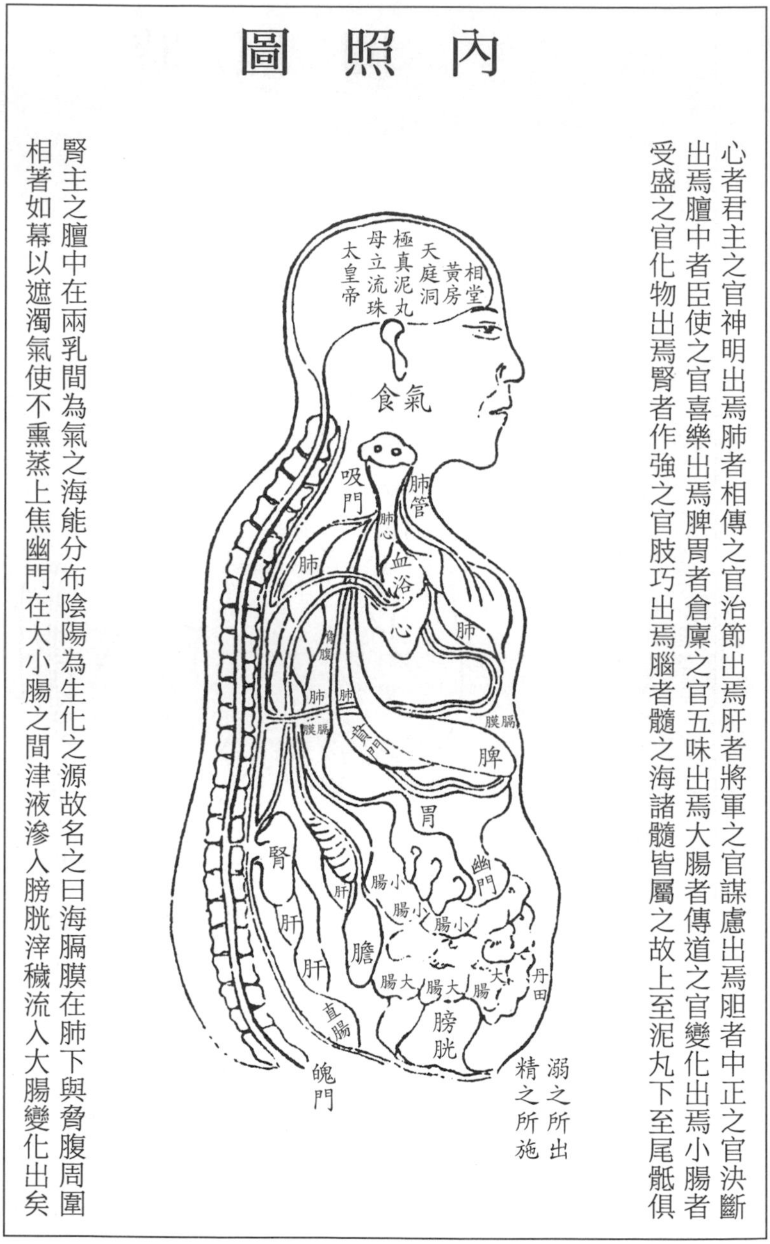
內照圖
心者君主之官神明出焉肺者相傳之官治節出焉肝者將軍之官謀慮出焉胆者中正之官決斷
出焉膻中者臣使之官喜樂出焉脾胃者倉廩之官五味出焉大腸者傳道之官變化出焉小腸者
受盛之官化物出焉腎者作強之官肢巧出焉腦者髓之海諸髓皆屬之故上至泥丸下至尾骶俱
腎主之膻中在兩乳間為氣之海能分布陰陽為生化之源故名之曰海膈膜在肺下與脅腹周圍
相著如幕以遮濁氣使不熏蒸上焦幽門在大小腸之間津液滲入膀胱滓穢流入大腸變化出矣
相堂
黃房
天庭洞
極真泥丸
母立流珠
太皇帝
食氣
吸門
肺管
肺心
血浴
肺
心
肺
膜腸
脾
胃
腎
幽門
小腸
肝
膽
大腸
丹田
直腸
膀胱
魄門
溺之所出
精之所施

【題解】本篇以四幅插圖——〈普照圖〉、〈反照圖〉、〈時照圖〉、〈內照圖〉並配以文字，詳細指明人身中重要關竅的具體位置及其在修煉中的重要作用。

〈普照圖〉之上一層者，直指心源性海之竅；中一層者，直指黃中正位之竅；

下一層者，直指關元氣海之竅。此謂前三關也。〈返照圖〉之下一層者，指出尾閭太玄之竅；中一層者，指出夾脊雙關之竅；上一層者，指出天谷泥丸之竅。此謂後三關也。丹陽云：「前三三，後三三❶，收拾起，一擔擔。」是此意也。〈時照圖〉者，發明陽生陰降之機，四象環中❷之妙。〈內照圖〉者，指示五臟六腑、二十四椎❸、任督兩脈❹，使內觀者知有下手處。

若人不明竅而言修，猶人未能立而言行也。從古諸仙，皆口口相傳，心心相授，不敢明將此竅示人，是懼泄天機❺之故耳。吾師尹公，開佛之正知見❻，等眾生如一子，繪此四圖接引❼後之迷者，意在普度有緣，同出生死苦海。

【注釋】❶前三三二句　即上文提到的「前三關」和「後三關」，因每關有三個穴位，故叫「三三」。是呼吸時升降氣的主要途徑。丹家認為此前後三關俱通，則陰陽之氣升降順通，元氣則周流全身，任督二脈才能打通。❷四象環中　原指五行中土位於中央，金、木、水、火布於四方。此處指以戊己為中，以甲乙、丙丁、庚辛、壬癸四時環繞。詳見〈時照圖〉。❸二十四椎　內丹以人的脊椎骨由二十四節組成，其內隱三關，即前文「後三關」。從下起第一節為尾閭關，叫下關；到十八節夾脊關為中關；直至頂門（玉枕）為上關。❹任督兩脈　人身奇經八脈中之兩脈，詳見〈時照圖〉。任脈有總管全身陰經的作用，為「陰經之海」；督脈有總督全身陽經的作用，為「陽經之海」。道家以任督兩脈為精氣之源，攝生之本。❺泄天機　仙道秘訣傳非其人稱「泄天機」。道教師徒傳承的道法秘訣往往秘不示人，如公之於眾，則被視為對至尊之道的不尊和褻瀆，因而修道之人常有「天機不可洩」的警告。❻正知見　佛教用語，即對佛教義理的正確認識。❼接引　與下句「普度」均為佛教用語，指佛菩薩憐憫眾生沉浮於生死苦海，故廣施法力，接取引導、普救群生，使脫離生死與煩惱苦海。

【語　譯】〈普照圖〉的上面一層，直接指出心源竅（也叫）性海等竅的部位；中間一層，直接指出黃中竅（也叫）正位等竅的部位；下面一層，直接指出關元竅（也叫）氣海等竅的部位。這叫「前三關」。〈返照圖〉的下面一層，指出尾閭關（也叫）太玄等關的部位；中間一層，指出夾脊關（也叫）雙關等關的部位；上面一層，指出天谷關（也叫）泥丸等關的部位。這叫「後三關」。馬丹陽說：「前三三，後三三，收拾起，一擔擔。」就是講這個意思。〈時照圖〉，是闡明陽氣上升陰氣下降的機理，以及四象環中之妙用。〈內照圖〉，指示五臟六腑、二十四椎、任督兩脈，使修煉者反觀內視時知道有下手的地方。

如果修煉者不明白關竅位置和妙用而談修煉，就好比人還不會站立而談走路一樣。自古以來的諸位仙真，都以口口相傳，心心相授，不敢公開的把這些關竅指示給人，是怕犯洩露天機的禁忌的原因。我的師傅尹公，廣開仙佛的正確知見，對眾生一視同仁，繪製了這四幅插圖以接引後世迷而不悟的人，目的在於普度有緣人，一同走出生死苦海。

【說　明】〈普照圖〉題名取義，正如圖中所說「三藏之竅，竅中有妙，妙竅齊觀，是為普照。」即不僅要知道各竅的位置，更要懂得它們的妙用。本圖主要介紹所謂「前三關」，是任脈降氣的路徑。圖中三排分別為三關的多種異名。

〈反照圖〉主要介紹所謂「後三關」，是督脈升氣的路徑。

〈時照圖〉主要介紹元氣循督脈到任脈運行的過程，認為「人能通此二脈，則百脈皆通，而無疾矣」。

〈內照圖〉分別介紹人身五臟六腑、二十四椎等的位置和作用，如「心」為「君主之官」，是「神明」所出的地方。

太極發揮

太極圖

此〇者釋曰圓覺道曰金丹儒曰太極所謂無極而太極者不可極而極之謂也凡人始生之初一點靈光而所以主張乎形骸者太極也父母未生以前一片太虛而所以不屬乎形骸者無極也度師曰欲識本來真面目未生身處一輪明

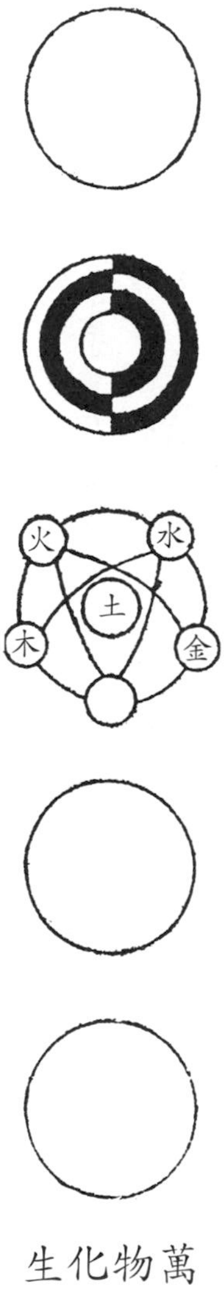

尹公曰太極有一理自運行而言則曰時候雖天地不外乎一息自凝結而言則曰真種雖一黍可包乎天地宿蟄歸根宴息杳冥是為時候太極孕子結實交媾結胎是為真種太極人能保完二極而無失則可以長生不死豈止盡年令終而已哉！

【題解】本篇通過〈太極圖〉，勾畫了由太極到陰陽、陰陽相交、五行相生相剋直至萬物化生的全過程，並將這一宇宙生成模式和人體生成論相結合，以此闡述道教煉養理論。

大哉，吾身之太極❶！生生化化，與天地終；長生不化，超出天地。戒傷生，忌惡化，可以盡年❷，可以令終；絕其生，斷其化，可以長生，可以不死。盡年令終，與凡夫異；長生不死，與仙佛同。兩者皆從太極中出，而作用不同。

人皆知太極在未有天地萬物之先，而不知既有天地萬物，各有太極具焉。太極有時候，有真種。未有天地萬物之太極，在戌亥二會❸，有此二會，太極斯有一元造化。每年太極，在九月十月，有此兩月，太極斯有一年造化。每月太極，在二十六至三十，有此五日，太極斯有一月造化。每日太極，在戌亥二時❹，有此二時，太極斯有一日造化。一時太極，在窈窈冥冥二候，有此二候，太極斯有一時造化。

動物太極，在宿蟄孕字❺。植物太極，在歸根結實。人身太極，在晏息❻窈冥、交媾結胎。交媾有時，調養有法，不傷太極，此盡年令終之道，時入窈冥，保完太極，此乃長生不死。盡年令終之道，亦有毀壞；長生不死之道，可以成仙，可以作佛，終無毀壞。豈直異於凡夫，別於草木禽獸云乎哉？

【注釋】❶太極　中國哲學重要概念。原意為至大至極，極至而無以加的意思。語出《莊子·大宗師》：「夫道，在太極之先而不為高，在六極之下而不為深。」這裏太極是對道之高的描述。《周易·繫辭上》：「易有太極，是生兩儀，兩儀生四象，四象生八卦。」這裏太極成為宇宙創生之初的原始本體。道教吸收上述理論，形成宇宙創生學說，太極為整個宇宙化生的本體。宋初陳摶製〈無極圖〉闡述煉養理論，太極成為內丹學的重要概念，用以指修煉的最高境界，如此處太極就指金丹。❷盡年　即盡終天年。古人認為，人的正常壽命（稱天年）應是一百二十歲，享盡這個壽命叫盡天年。後句「令終」同上，指不遭禍患，能善終。❸會　宋代象數學者邵雍《皇極經世書》中，以三十年為一世，十二世為一運，三十運為一會，十二會為一元。元、會、運、世均為時間單位。另外，《素問・藏象論》中，以五天為一候，三候為一氣，六氣為一時，四時為一年。時、候也為時間單位。此文以「元」、「會」、「年」、「月」、「日」、「時」、「候」等為時間的計算單位。❹戌亥二時　戌亥，地支的第十一、十二位。戌亥二時一般指晚上七—九、九—十一時。❺宿蟄孕字　蟄，冬眠；動物伏藏不食。字，生子、養育。意為動物的整個生息孕育過程。❻晏息　也作「偃息」、「宴息」。晏，同「宴」或「偃」。安逸；安閒。晏息意為安然靜息。

【語　譯】偉大啊，我們自身的太極！如不斷地創生化育，則可以與天地相始終；如長生不死，則可以超出天地。避免損傷生命，防止禍患害身，則可以享盡天年，可以得到善終；杜絕其生生，斷除其化化，則可以長生，可以不死。盡天年而得善終，則與凡夫相異；長生不死，則與仙佛等同。這兩種結果都出自我們自身的太極，但作用不同。

人人都知道太極先於天地萬物而存在，但不知道一旦天地萬物產生，則各自都有各自的太極具備其中。太極有「時候」，有「真種」。沒有天地萬物之前的太極，在戌亥二會，有這二會，太極就有了一元的創造化育。每年的太極，在九月十月，有這兩月，太極就有了一年的創造化育。每月的太極，在二十六至三十，有這五日，太極就有了一月的創造化育。每日的太極，在戌亥二時，有這二時，太極就有了一日的創造化育。一時的太極，在窈窈冥冥二候，有這二候，太極就有了一時的創造化育。

動物的太極，在眠藏孕育的過程中。植物的太極，在葉落歸根蒂結果實的過程中。人身的太極，在安然靜息於窈冥之境、交合結胎的過程中。交合能抓住時機，調養能得法，不損傷身中的太極，這樣才能盡天年而得善終；斷絕淫欲，時時虛靜，保全太極，這樣才能長生不死。盡天年而得善終之道，身體仍有毀壞；長生不死之道，可以成仙，可以作佛，就永遠沒有了毀壞。哪像前者僅僅是和凡夫相異，和草木禽獸有別呢？

【說　明】〈太極圖〉淵於道教修煉之圖〈無極圖〉，北宋周敦頤將之改為天地萬物生成模式，並撰《太極圖說》加以說明。據說周敦頤的《太極圖說》首句為「自無極而為太極」，今傳《太極圖說》是南宋朱熹改定的，朱熹認為周敦頤以太極本於無極，有將無極、太極分為兩物的嫌疑。朱熹將首句改為「無極而太極」，則無極、太極成為一個問題的兩個方面，意在發揮其「無形而有理」的理學思想。

本書作者顯然吸取了「無極而太極」的思想，認為「無極而太極」是「不可極而極」的意思，而不是太極之上另有個無極在，並用符號「○」表示。「○」這一符號源於〈太極圖〉最上面的圓圈，後成為道教的內煉符號，道家以此比喻金丹；佛家喻之為圓覺，即真如，意為本來真性永劫不壞，如金之堅，丹之圓，愈煉愈明；儒家喻之為太極，太極初非別物，只是本來一點靈光。此三者實際上是體同而名異。無極和太極二者的區別僅如圖中文所說「凡人始生之初，一點靈光，而所以主張乎形骸者，太極也；父母未生以前，一片太虛，而所以不屬乎形骸者，無極也。」實際上也是體一而用二。

太極有兩個方面的作用：從能主宰萬物生滅變化的「運行」這個意義上，稱之為「時候」；從能結實孕育、交媾結胎的「凝結」這個意義上，稱之為「真種」，此兩者完好無損，則才能修煉有成。

中心圖（附圖說）

中心圖

天之極上處至地之極下處總八萬四千里自天之極上處至地之上四萬二千里自地之上至地之極下處亦四萬二千里人身亦然故曰天地之間亦曰黃中黃乃土之正色而仁在其中矣故曰安土敦仁至於義也禮也智也皆根於此故曰仁義禮智根於心渾然在中粹然至善故曰在止於至善知止而後有定若易之艮其止書之安汝止者止之義一也亦謂之密故曰聖人以此洗心退藏於密其中本虛原與太虛渾而為一故曰聖人與太虛同體

易曰天下何思何慮論語曰天下歸仁此天下下字與天地之間間字天地之心心字皆指此中而言所謂孔顏樂處是也

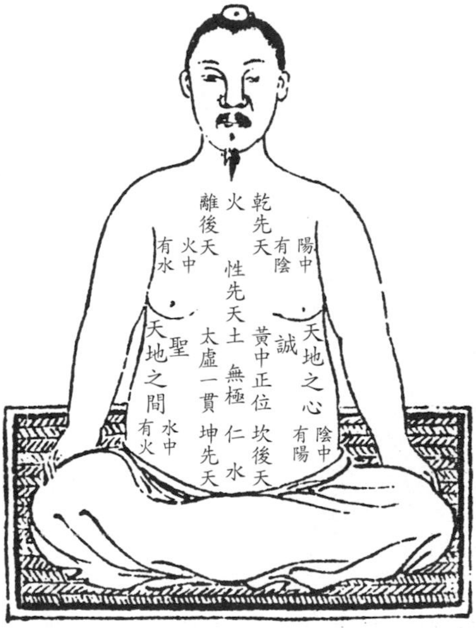

乾之情性在於坤坤之情性在於乾此坎離之所以交而地天之所以泰也若水潤下而火炎上此亦其性情然也若不得乾坤之性情以復其初也則水自水而火自火不升不降不相為用也先天雖不屬氣而太和元氣浩然之氣皆由此中出所謂無氣而生氣也而凡有血氣莫不賴之以生以長而配天配地矣堯舜允執之中即孔子中心之心也心之磨焉心在其中者中心也故中心之中既實則五行之心自虛矣所謂聖人無心而有心者此也

【題解】本篇結合儒家關於「中」的重要思想，並認為儒家強調不偏不倚、無過無不及的「中道」思想，和道教哲學有互通之處，是道教哲學的重要內容。內丹學更是把「中」解為「玄關一竅」，成為丹家入道的法門。

此圖直指人心虛靈不昧一竅❶而說。這箇竅，元是廓然無際、神妙莫測的；元是渾然大中、不偏不倚的；元是粹然至善、純一不雜的。昭昭乎，本是圓明洞徹而無礙。以為有，不覩不聞，奚所有也？以為無，至靈至神，未嘗無也。本無方所，亦無始終。未有天地萬物之先，這箇元是如此；既有天地萬物之後，這箇只是如此。

至無至有，至有至無；乃乾坤❷之靈體，元化之玄樞；人人性命之本原，天下萬物萬事之大本。太易❸所謂太極四象八卦皆由此出。大舜❹之謂中，孔子之謂一；帝王之授受，聖賢之相傳。明此，便是克明峻德❺；知此，便是知《易》❻；見此，便是見道；立此，便是立天下之大本；通此，性由我盡，命由我立，造化盡在我矣！

【注釋】❶虛靈不昧一竅　也叫「玄關一竅」、「靈關一竅」、「祖竅」、「真一竅」等多種異名。為性命之根，先天祖氣存養之處。丹家因師傳不同，對此竅的理解也不一致，大體可確定此竅的特徵為：這一竅，不在身中，不在身外；亦在身內，亦在身外；無形跡可尋，無方所可指。此竅無體有用，在身心靜定之時，方能見得此玄關。丹家往往以一個「中」字為玄關，認為「觀心之法，妙在靈關一竅。」必須心領神會。本書第一節和第二節口訣有詳細介紹。❷乾坤　《周易》之八卦和六十四卦的兩個卦名。乾（☰）坤（☷）兩卦象徵著宇宙間兩類互相對立的事物和屬性，如天地、父母、男女、剛柔等。在《易傳》中，乾坤這兩種對立的性質被看成萬物產生的根源，如《易・乾彖》：「大哉乾元，萬物資始，乃統天。」《易・坤彖》：「至則坤元，萬物資生，乃順承天。」在內丹修煉中，乾坤被喻為鼎爐、陰陽、男女、龍虎、時位等多種稱謂。❸太易　古代指宇宙形成的最初階段和原始混沌狀態，具體階段說法不一。《列子・天瑞》：「夫有性者生於無形，則天地安從生。故曰：有太易，有太初，有太始，有太素。太易者，未見氣也。」太極為未見氣的階段。有時類似於《易傳》中的太極。❹大舜即舜。傳說中的原始社會部落聯盟首領，與「堯」、「禹」並稱為古代三位明君，因依次禪讓首領職位而著稱。❺克明峻德語出《尚書・堯典》：「克明峻德，以親九族。」克，能夠。明，顯明。此處有任用提拔，以資表彰的意思。峻德，才德兼備的人。才智過人者稱「峻」。❻易　此處可能指《易傳》，書中多次出現「易」均指《易傳》。《周易》之「易」曾被鄭玄釋為簡易、變易、不易三義，此處「知易」釋為「知」此三者之理也可通。

【語　譯】這個圖，直指人身之中心「虛靈不昧一竅」而言。這個竅，原本是空虛而無邊際，是神妙莫測的；原本是渾然一體居於正中、不偏不倚的；原本是純粹極善、精純無雜的。光明啊，原本是圓滿透亮而無滯礙的。說它有，但卻聽不見也看不見，又有什麼呢？說它無，但又表現出極其神妙極其靈明的功能，所以也未嘗無。它本來就沒有固定位置，也沒有開始和終結。在沒有天地萬物之前，這個原本是這樣存在；在有了天地萬物之後，這個只是以這樣存在。

從無到有，從有到無；是乾坤的靈明本體，初始造化的玄妙樞紐；是人人性命的本原，天下萬物萬事的根本。太易所說的太極、四象、八卦等都是由此而產生。是大舜所說的「中」，孔子所說的「一」；帝王以此相互傳受，聖賢以此心口相傳。明白了這個，就能夠任人唯賢；懂得了這個，就是懂得了《易傳》；見了這個，就是見了道；樹立了這個，就是樹立了天下的根本；通曉了這個，則性由我來達到極致，命由我來決定，造化全都在於我了！

【說　明】關於「中」的學說，是中國傳統哲學的重要內容。「中」或「中道」是儒家所堅守的重要思想。在這裏，作者對儒家所推崇的重要典籍《尚書》、《大學》、《中庸》、《論語》、《易傳》等進行了歸納，認為其核心都是講「中」。如：「天下」、「天地之間」、「天地之心」中的「下」、「間」、「心」字，實質都是指「中」而言；「孔顏樂處」處的也是「中道」；「黃中」為人身之正中，仁、義、禮、智皆根於此「中」(也叫心)；「止於至善」、「知止然後有定」、「艮其止」、「安汝止」等中的「止」，都是止於「中」；「聖人以此洗心，退藏於密」中之「此」、「密」都是指「中道」；「中」性本虛，所以「聖人與太虛同體」之「太虛」也指「中道」。《禮記》：「喜怒哀樂之未發謂之中」，「中」在心中，心在其中，所以也叫「中心」，所以「聖人無心而有心」之「有心」，即指此「中心」。

道家哲學也是以「中」為根本特徵。道學以「執一統眾」、「守中致和」為第一諦義；道教以「中和」為教義；內丹家看得最透，將「中」解為「玄關一竅」，以一個「中」字為玄關，涵攝了內丹修煉的關鍵和玄妙之處。

火龍水虎說

【題解】本篇主要介紹內丹學的兩個重要隱語「火龍」和「水虎」的實質和內涵以及在煉丹中的重要作用，並指出與之相關的「金液還丹」實質是五行顛倒、逆修還返的過程。

夫黑鉛、水虎❶者，是天地發生之根，乃有質而有氣也。紅鉛、火龍❷者，是天地發生之本，乃有氣而無質也。有質者，真鉛也，太陰，月之精也，為天地萬物育形之母；無質者，真汞也，太陽，日之光也，為天地萬物發生之父。鉛汞之體，互相孳胤❸，循環不絕，可謂生天、生地、生萬物之祖宗也。

古之至人，知神物❹隱於此，假法象❺而採取太陰之精，設鼎器❻而誘會太陽之氣，使歸神室❼，混混相交，交合不已，孳產無窮。而木中生魂，金中生魄❽，魂魄凝然，化為鄞鄂❾，交結百寶，名曰金液還丹❿。

【注釋】❶黑鉛水虎　皆指「腎氣中之水」，即元精。有多種異名，如真鉛、真虎、太陰、月之精、黃芽、金華、真一之精、玄天神水等。《鍾呂傳道記・論龍虎》：「腎水之中而生氣，氣為真火；火之中，恍恍惚惚而藏真虎。虎不在肺，而生於坎位。」即圖中「五行不順行，虎向水中生。」之意。❷紅鉛火龍　皆指「心液中之氣」，即元神。有多種異名，如真汞、真龍、太陽、日之光、流珠、姹女等。《鍾呂傳道記・論龍虎》：「心火之中而生液，液為真水；水之中，杳杳冥冥而隱真龍。龍不在肝，而出自離宮。」即圖中「五行顛倒術，龍從火裏出。」之意。❸孳胤　孳，繁殖；生育。胤，子嗣；後代。即相互交合、生成之意。❹神物　指以上黑鉛水虎、紅鉛火龍等。因在煉丹中有神妙靈異的作用，故稱。❺法象　指自然界事物現象的總稱。此處指內丹家假借日、月、水、火等自然事物的名稱來喻煉丹。❻鼎器　即鼎爐，是以外丹術語以喻內丹煉藥之處，如丹田。❼神室　位於心腎之間，為丹家煉藥之處。❽木中生魂二句　在五行中，肝屬木，肺屬金，魂、魄分別為肝、肺之神，故稱。❾鄞鄂　指元神，道教內丹以元神為基，又名根蒂。漢魏伯陽《周易參同契》：「混沌相交結，權與樹根基，經營養鄞鄂，凝神以成軀。」女子內丹論養鄞鄂，主要是指調養元神，將其自身的陰血運化為陽氣的過程。❿金液還丹　即肺液還於丹田，而結成的內丹。《鍾呂傳道記・論金丹》：「金液指肺液也，肺液乃胎胞，含龍虎，保送在黃庭之中。大藥將成，抽之肘後，飛起其肺液，以入上宮，而下還丹天，自中丹而還下丹，故曰金液還丹。」

【語　譯】所謂黑鉛、水虎，是天地發生的根源，是既有形質又有氣存在的。所謂紅鉛、火龍，是天地發生的根本，是有氣存在而無形質的。有形質的，是真鉛，是太陰，是月之精華，是天地萬物發育形體的母體；無形質的，是真汞，是太陽，是日之靈光，是天地萬物發生之父體。鉛和汞之間，互相交合、生成，循環不絕，可以說是生天、生地、生萬物的祖宗。

古代的高人，深知（真鉛、真汞等）神物隱藏在這裏，效法（日月水火等）自然事物而採吸太陰之精，設立鼎爐而招誘太陽之氣，使它們都歸於神室，混雜相交，交合不止，繁衍無窮。木（肝）中生出魂，金（肺）中生出魄，魂魄相互凝合，化為鄞鄂（元神），把各種寶物凝合聚結在一起，叫做「金液還丹」。

【說　明】「火龍」、「水虎」實指心中的元神和腎中的元精而言，也就是神、氣。圖中文字「五行顛倒術，龍從火裏出；五行不順行，虎向水中生。」是比喻內丹修煉中五行顛倒、逆修返還的功夫。在五行中，龍屬木，虎屬金，五行順行應是木生火、金生水。在丹法中，在木火相交、金水相合之時，火反而生木，水反而生金，所以說是「五行顛倒術，龍從火裏出；五行不順行，虎向水中生。」也稱「五行錯王，相據以生。」

內丹修煉，實質上就是顛倒五行，逆反先天的過程。清朱元育釋：「常道之五行，俱以順生，如金生水、木生火之類。順流無制，必至精氣耗散，去死不遠，生機轉為殺機，所謂生者死之根也。丹道的五行，全用逆轉，如流珠本是木龍，卻從離火中取出；金華本是金虎，卻從坎水中取出。水火互藏，金木顛倒，方得歸根復命，劫外常存，殺機轉作生機，所謂死者生之根也。故曰：五行錯王，相據以生。」

日烏月兔❶說

日烏月兔圖

姹女捉烏
以吞玉兔
嬰兒驅兔
以吸金烏

日中烏烏乃神神是火
火屬心心為汞汞為離
月中兔兔乃氣氣是藥
藥屬身身為鉛鉛在坎

身心兩箇字是藥也是火採時謂之藥藥
中有火焉煉時謂之火火中有藥焉以火
煉藥而成丹即是以神御氣而成道也

【題解】本篇主要介紹內丹學另外兩個重要隱語「日烏」、「月兔」的實質和內涵及其在煉丹中的重要作用，並強調了精、神相合，神、氣相交的內煉過程。

日者，陽也。陽內含陰，象砂中有汞也。陽無陰則不能自耀其魂。故名曰雌火，乃陽中含陰也。日中有烏，卦屬南方❷，謂之離女，故曰：「日居離位反為女。」❸

月者，陰也。陰內含陽，象鉛中有銀也。陰無陽則不能自熒其魄。故名曰雄金，乃陰中含陽也。月中有兔，卦屬北方，謂之坎男，故曰：「坎配蟾宮卻是男。」❹

無漏云：「鉛求玉兔腦中精，汞取金烏心內血❺，只驅❻二物結成丹，至道不繁無扭捏。」《悟真》云：「先把乾坤❼為鼎器，此摶烏兔藥來烹，既驅二物歸黃道，爭得金丹不解生❽？」二物者，一體也。

【注釋】❶日烏月兔　又稱「日魂月魄」、「金烏玉兔」。相傳日中有三足烏，月中有玉兔，故以「烏」為日的代稱，「兔」為月的代稱。丹家以烏為日，為陽，為離卦（☲），為汞，代表元神，為煉丹之火；以兔為月，為陰，為坎卦（☵），為鉛，代表元精，為煉丹之藥。❷卦屬南方　與下文「卦屬北方」均指日、月在〈文王八卦方位圖〉（即〈後天八卦方位圖〉）中的位置。在八卦中，日屬離卦，月屬坎卦，在〈後天八卦方位圖〉中離卦在南方，坎卦在北方，故稱。❸日居離位反為女　語出張伯端的《悟真篇》。在五行中，日屬火，火在《易經》中為離卦，所以是「日居離位」。《易經》中離卦本為乾卦（☰），因取坤卦（☷）的中爻，其中爻變為陰爻，陽中有陰，叫「中女」或「離女」、「雌火」，所以是「反為女」。「女」、「雌」均代表陰性，故取名。❹坎配蟾宮卻是男　語出張伯端的《悟真篇》。蟾宮是月的別名。在五行中，月屬金，金在《易經》中為坎卦，所以是「坎配蟾宮」。《易經》中坎卦本為坤卦，因取乾卦的中爻，其中爻變為陽爻，陰中有陽，叫「中男」或「坎男」、「雄金」，所以是「卻是男」。「男」、「雄」均代表陽性，故取名。❺鉛求玉兔腦中精二句　鉛、玉兔指元精；汞、金烏指元神。這兩句比喻精氣和合的內結成丹過程。❻驅　導引的代稱。丹經有載金三車的方法，即由尾閭關到夾脊關用羊駕車，比喻用氣的細小緩慢；由夾脊關到玉枕關用鹿駕車，比喻氣行的快速程度；由玉枕關上達泥丸用牛駕車，比喻其用大力能通關，河車三種就來源於此。❼乾坤　本指天地，丹家效法天地而制定位置，安爐於下，立鼎於上。此處指人身頭頂泥丸宮及下腹下丹田為煉丹的鼎爐。❽既驅二物歸黃道二句　二物，指內煉術中相反相成、對立統一的陰陽二方。陳致虛注「二物」為：乾坤、有無、性情、離坎、水火、日月、男女、龍虎、鉛汞、竅妙、玄牝、戊己、烏兔、精氣、龜蛇、彼我、己身、金木、主賓、浮沉、剛柔、劍琴、陰陽。並認為「乾坤為二物之體，鉛汞為二物之真，彼我為二物之分，精氣為二物之用，玄牝為二物之門。」黃道，古代天文學上以太陽運行的軌道為「黃道」。丹家認為人身藥物運行之路有三道：黑（腎）、紅（心）、黃（意土），即紅道為任脈，黑道為督脈，紅黑兩道相互銜接，形成任督兩脈循環的路徑。自會陰直達泥丸，緣督而行，為黃道。紅黑兩道是精氣所由出，是人賴以生存的基礎，又稱為「人道」；黃道只容先天真精、元氣通過，又稱「仙道」。爭得，怎得；怎樣。不解生，解有能、會之意。這句意思是金丹怎麼能煉不成就呢？李白〈月下獨酌〉：「月既不解飲，影徒隨我身。」中的「解」即此意。也有釋「解」為「解除」的，句子意思是二物既在鍋中烹煮，怎麼會不由生到熟呢？兩解似乎都可通。

【語　譯】所謂日，屬陽。陽中包含著陰，取象為砂中包含有汞。陽中如沒有陰就不能顯示其陽性。之所以叫「雌火」，是表示陽中包含陰的意思。日中有三足烏，（在〈後天八卦方位圖〉中）卦位屬南方，又稱作「離女」，所以說：「日居離位反為女。」

所謂月，屬陰。陰中包含著陽，取象為鉛中包含有銀。陰中如沒有陽就不能顯示其陰性。之所以叫「雄金」，是表示陰中包含陽的意思。月中有玉兔，（在〈後天八卦方位圖〉中）卦位屬北方，又稱作「坎男」，所以說：「坎配蟾宮卻是男。」

無漏說：「鉛從玉兔腦中取其精，汞從金烏心中取其血，只需導引這兩藥凝結成丹，丹道並不繁瑣無需造作。」《悟真篇》說：「先效法『乾坤』來設立鼎爐，然後採集金烏和玉兔兩藥來烹煮，既然導引這兩藥歸於黃道，金丹怎麼能煉不成呢？」（神、氣）這兩物，是要結為一體的。

【說　明】「日烏」和「月兔」與上篇的「火龍」和「水虎」一樣，也是指心腎之真氣，為內煉的藥火。也就是元精、元氣，即神、氣，也就是圖中所謂的「身心」。《玉皇心印妙經》云：「上藥三品，神與氣精。」煉丹之藥，就是這三者的合成。正如圖中所說：「身心兩箇字，是藥也是火。採時謂之藥，藥中有火焉。煉時謂之火，火中有藥焉。以火煉藥而成丹，即是以神御氣而成道也。」

大小鼎爐說

大小鼎爐圖

笑汝安名偃月爐
聖人思議費工夫
其中一味長生藥
不與凡人話有無

汝何形象號懸胎
一朵真鉛花正開
只為金丹好消息
取歸鼎內結嬰孩

偃月爐中玉蕊生
硃砂鼎內水銀平
只因火力調和後
種得黃芽漸長成

笑汝安名偃月爐
金丹只此莫他圖
愛河風靜外邊看
方見摩尼一顆珠

汝何形象號懸胎
卻把聲名遍九垓
豈但生人生萬物
做仙做佛要他來

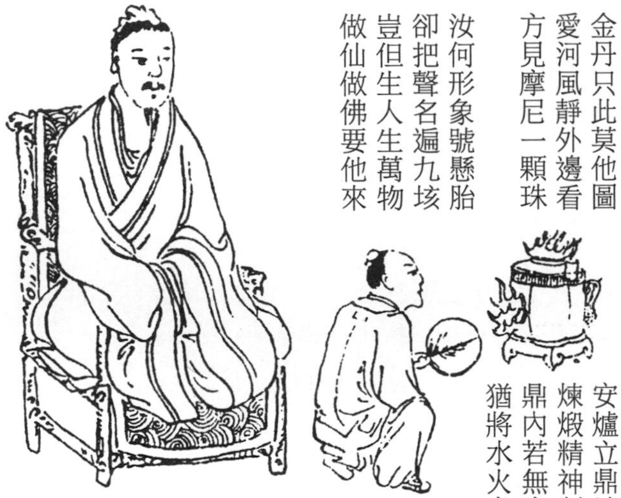

安爐立鼎法乾坤
煉煅精神制魄魂
鼎內若無真種子
猶將水火煮空鐺

【題解】本篇主要介紹內丹修煉的兩個重要過程「小鼎爐」和「大鼎爐」的具體內涵，並在此基礎上介紹了金液大丹的煉丹過程。

凡修金液大丹❶，必先安爐立鼎❷。鼎之為器，匪金匪鐵；爐之為具，匪玉匪石。

黃庭❸為鼎，氣穴❹為爐。黃庭正在氣穴之上，縷絡相連，乃人身百脈交匯之處。鼎卦曰「正位凝命」❺是也。此謂之小鼎爐❻也。

乾位為鼎，坤位為爐❼。鼎中有水銀之陰❽，即火龍性根也；爐內有玉蕊之陽❾，即水虎命蒂也。虎在下，為發火之樞機；龍居上，起騰雲之風浪。若爐內陽升陰降無差，則鼎中天魂地魄❿留戀，青龍與白虎相拘，玉兔與金烏相抱⓫。火候調停⓬，煉成至寶。故青霞子⓭曰：「鼎鼎非金鼎，爐爐非玉爐。火從臍下發，水向頂中符。三姓⓮既會合，二物⓯自相拘。固濟⓰胎不泄，變化在須臾。」此謂之大鼎爐也。

【注　釋】❶金液大丹　即金丹，詳見〈邪正說〉「九轉還丹」條。❷安爐立鼎　這裏借外丹術語喻運火煉藥，精氣和合。一般「爐」指下丹田，「鼎」指上丹田。《悟真篇》云：「安爐立鼎法乾坤，煅煉精華制魄魂。」清劉一明注：「爐所以運火，鼎所以煅藥。金丹之道，法坤之柔順以為爐，循序漸進；效乾之剛健以為鼎，猛烹急煉；能剛能柔，能健能順，志念堅固，愈久愈力。鼎爐穩定，不動不搖，可以採藥運火矣。」❸黃庭　古人認為，黃為中央之色，庭乃四方之中。五行土居中，色尚黃，在人五臟則脾為主。一般喻身體中央、中空之穴。據《黃庭內景玉經》：「黃者中央之色，庭者四方之中也。外指事，即天中、人中、地中；內指事，即腦中、心中、脾中。」其所指部位不定，一般有：⑴脾；⑵上、中、下丹田；⑶僅指上丹田；⑷藏精氣神的神室，實即下丹田；⑸臍內空處；⑹內臟之正中；⑺指目。此處似以上丹田為佳。❹氣穴　據《玄膚論》：「夫氣穴者，乃吾人胎元受氣之初，所稟父母精氣乃成者，即吾人各具之太極也。其名不一，曰氣海，曰關元，曰靈谷，曰下田，曰天根，曰命蒂，曰歸根竅、復命關，即一處也。」即下丹田。❺正位凝命　語出《易・鼎》：「木上有火，鼎。君子以正位凝命。」高亨釋為：「鼎之下卦為巽，上卦為離。巽為木，離為火。然則鼎之卦象是木上有火，乃炊鼎之象，是以卦名曰鼎。鼎之為器，正位而立，始不傾覆，用之煮食物，唯人所命，皆能完成其任務。君子觀其卦象及卦名，從而以鼎為法，持正以居其位，完成君上所予之命令。」❻小鼎爐　大、小鼎爐之分表徵不同修煉階段有不同的鼎爐作用。小鼎爐，指大周天溫養聖胎作用之鼎爐，以下丹田氣穴為爐，黃庭中宮為鼎；大鼎爐為小周天煉藥之鼎爐，以泥丸宮為鼎，下丹田氣穴為爐。❼乾位為鼎二句　內丹效法天地安爐立鼎，鼎在上，爐在下。此處乾位指頭部泥丸宮，坤位指腹部下丹田。❽水銀之陰　水銀，也叫「龍之弦氣」、「火中汞」、「離中之陰」等，即真汞，指元神，即句中「火龍」，為陽中之陰。❾玉蕊之陽　玉蕊，又稱「虎之弦氣」、「坎中真陽」、「水中銀」等，即真鉛，指元精，即句中「水虎」，為陰中之陽。❿天魂地魄　指離中之陰和坎中之陽，即陰陽二氣。⓫青龍與白虎相拘二句　青龍即火龍，白虎即水虎。指真陰與真陽、神與氣互相交媾和合。⓬火候調停　內丹修煉中指運用意念等調節呼吸。⓭青霞子　即蘇元朗，又名蘇玄朗，因曾居青霞谷煉大丹，號稱「青霞子」。《羅浮山志》中記載其生於晉太康年間，曾到過羅浮山，年三百多歲，有《旨道篇》傳世。⓮三姓　又稱「三性」、「三家」、「三物」。在內丹典籍中，一般指元神、元精、元氣或木液、金精、意土。因為木生火，故木液指心火中真陰，又稱「神水」；金生水，故金精指腎水中真陽，又稱「神火」；意指潛意識，用意控制精氣神的凝合修煉，能起中間媒介作用，所以丹經中常稱真意為「媒」或「黃婆」，在五行中為土，故稱意土。有些內丹家認為先天精氣神化為後天身、心、意，故身心意也稱三姓或三家，詳見〈三家相見圖〉。⓯二物　即真陰真陽、元神元精、真鉛真汞。⓰固濟　《金丹問答》釋固濟為：「水火相濟，閉固神室而不可使之泄漏。」《諸真內丹集要》卷中〈金丹類名〉：「外境不入，內境不出，謂之固濟。」

【語譯】凡是修煉金液大丹的，必須先安爐在下立鼎在上。鼎這種器物，不是金的也不是鐵的；爐這種器具，不是玉的也不是石的。

以黃庭為鼎，以氣穴為爐。黃庭正好在氣穴之上，有條條脈絡相連，是人身百脈交匯的地方。《易傳》鼎卦所說的「正位凝命」就是這個意思。這叫小鼎爐。

以乾位（泥丸宮）為鼎，以坤位（下丹田）為爐。陽鼎中有水銀之陰，也就是火龍這種「性根」；陰爐內有玉蕊之陽，也就是水虎這種「命蒂」。虎在下，是引發火的機關；龍居上，掀起騰雲的風浪。如果爐內陽氣上升陰氣下降沒有錯亂，則鼎中天魂地魄（陰陽二氣）相互激盪，青龍與白虎相互和合，玉兔與金烏相互交媾。調節運用火候，最後煉成至寶金液大丹。所以青霞子說：「鼎不是金鼎，爐不是玉爐。火（腎氣）從臍下發出，水（心液）向頂中上浮。精、氣、神『三姓』既相會合，真陰、真陽『二物』自相和合。閉固神室水火相濟使不外泄，變化就在眼前。」這叫大鼎爐。

【說　明】所謂「鼎爐」，原為外丹術煉丹時用以生火和煉藥的主要器具。內丹借用外丹術語以喻煉丹之處。鼎爐的具體位置依各派而不同：丹經上謂上乘丹法以太虛為鼎，太極為爐；上品丹法以天地為鼎爐，中品丹法以乾坤為鼎爐，下品丹法以心腎為鼎爐；陰陽丹法以女子為鼎爐；清淨派以乾首為鼎，坤腹為爐等。鼎爐為煉丹的本根之地，神氣升為鼎，起止為爐，一般以體內丹田穴為安爐立鼎之處。據大小周天的煉丹程序，又有小鼎爐和大鼎爐之分，大小之分是表徵在修煉的不同階段所鍛鍊的部位不同，或同一部位在不同的修煉階段有不同的鼎爐作用。鼎爐異名甚多，「偃月爐」、「硃砂鼎」等都是它的異名。

圖中的幾首詩，以比喻手法分階段介紹了金液大丹修煉的全過程以及鼎爐在其中的重要作用。

內外二藥❶說

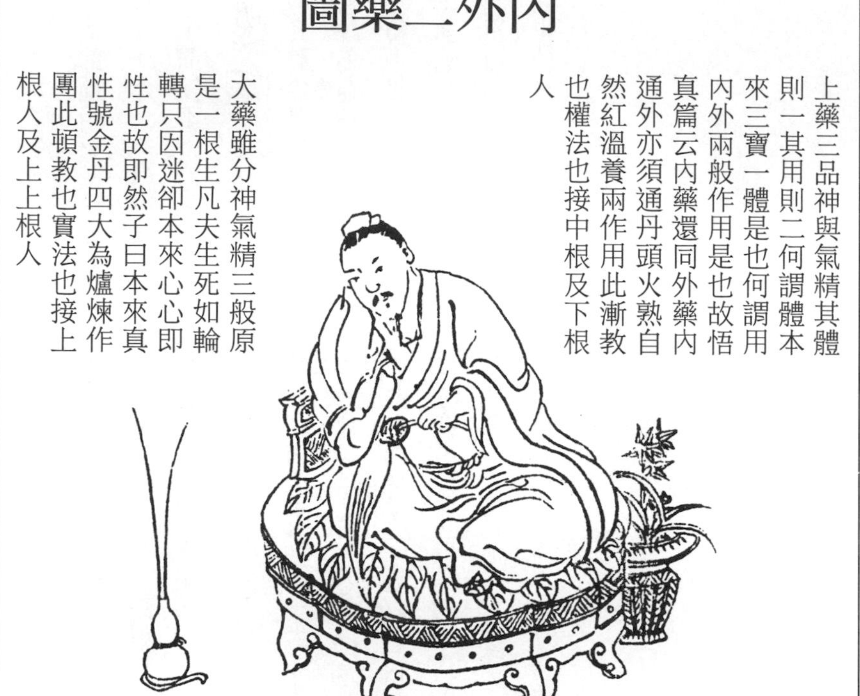
內外二藥圖
上藥三品神與氣精其體則一其用則二何謂體本來三寶一體是也何謂用內外兩般作用是也故悟真篇云內藥還同外藥內通外亦須通丹頭火熟自然紅溫養兩作用此漸教也權法也接中根及下根人
大藥雖分神氣精三般原是一根生凡夫生死如輪轉只因迷卻本來心心即性也故即然子曰本來真性號金丹四大為爐煉作團此頓教也實法也接上根人及上上根人

【題　解】本篇主要介紹了內丹學關於內、外二藥的實質和區別以及在煉丹中的重要作用，並闡明了「先修外藥，後修內藥」、「內外兼修」的內丹學原理。

凡修煉者，先修外藥，後修內藥。若高上之士，夙植靈根，故不煉外藥便煉內藥。

內藥無為無不為❷，外藥有為有以為❸。內藥無形無質而實有，外藥有體有用而實無。外藥可以治病，可以長生久視；內藥可以超越，可以出有入無❹。外藥外陰陽往來，內藥內坎離輻輳。

以外藥言之，交感之精❺，先要不漏；呼吸之氣，更要微微；思慮之神，貴在安靜。以內藥言之，煉精者，煉元精，抽坎中之元陽❻也。元精固，則交感之精自不泄漏。煉氣者，煉元氣，補離中之元陰也。元氣住，則呼吸之氣自不出入。煉神者，煉元神，坎離合體而復乾元。元神凝，則思慮之神自然泰定。內外兼修，成仙必矣！

【注　釋】❶內外二藥　內藥，離中真陰，即先天元精，清淨派則指先天的精氣神；外藥，坎中真陽，陰陽雙修派喻水中金，清淨派則一般指後天的精氣神。或以內外藥表示精、氣、神合凝的程度：煉精化氣初級運煉時稱外藥，初級運煉完成時體內真機所生叫內藥，內外藥合凝後進入煉氣神階段則叫做大藥。❷無為無不為　只有無為才能無不為，有為反而不能為。這是老莊哲學的重要思想，後世道教繼承了這一思想，將之視為接物應世的基本準則乃至全身、修道的境界。語出《老子・三十七章》：「道常無為而無不為。侯王若能守之，萬物將自化。」〈四十八章〉：「損之又損，以至於無為，無為而無不為。」王弼注：「有為則有所失，故無為乃無所不為也。」❸有為有以為　語出《老子・七十五章》：「民之難治，以其上之有為，是以難治。」在老子哲學中，「有為」和「無為」對舉。「有為」是指有意識有目的的活動；「無為」則是順應自然，不妄為。道教吸收「有為」、「無為」是將二者結合起來，二者並不排斥，是層次上的不同。❹出有入無　老子的「道」是形而上的宇宙萬物之原始本體，呈現「有」和「無」兩種狀態，是二者的統一。「無」即宇宙創生前的虛空狀態，稱為「天地之始」，具有質樸性和絕對性；「有」即宇宙創生之際含有一片生機的混沌狀態，稱為「萬物之母」，具有潛在性和無限性，作為道用，它是形而下的法則秩序。道教吸收這一思想，內丹修煉就是要返本歸根、後天返先天、由有為到無為，所以是「出有入無」，即〈順逆三關說〉中的逆關。❺交感之精　與後面「呼吸之氣」、「思慮之神」是指後天的精、氣、神，是煉外藥的元素；後文的「元精」、「元氣」、「元神」為先天的精、氣、神，是煉內藥的元素。內丹煉養講求先天與後天配合，即內藥和外藥混合，從而產生還丹。❻抽坎中之元陽　與後面「補離中之元陰」、「坎離合體而復乾元」是內丹的基本功夫「取坎填離術」，詳見〈大道說〉。指心腎相交、水火相濟，恢復到初生時的純陽之體。

【語　譯】凡是修煉丹道的，必須先修外藥，後修內藥。像那些真精未泄、直修頓法的上根利器之人，則可以不煉外藥便直接煉內藥。

內藥無為而無所不為，外藥有為而有意為之。內藥無形無質卻呈現出「有」，外藥有體有用卻呈現出「無」。外藥可以治病，可以長生久視；內藥可以超越生死，可以出有入無。外藥是後天陰陽相互作用的結果，內藥是先天陰陽相互交媾的結果。

就煉外藥來說，交感之精，先要做到不洩漏；呼吸之氣，更要調節到均勻細微；思慮之神，貴在趨於安寧虛靜。就煉內藥來說，所謂煉精，就是煉元精，即抽取坎中之元陽（腎水中的真陽）。元精保固，則交感之精自然不會洩漏。所謂煉氣，就是煉元氣，即（以坎中之陽）填補離中之元陰（心液中的真陰）。元氣止住，則呼吸之氣自然不會出入。所謂煉神，就是煉元神，即坎離合體（心腎相交）而復歸乾之元陽。元神凝聚，則思慮之神自然趨於平靜。內外兼修，就一定能夠成仙！

【說　明】內丹所謂「藥」，是維持人體生命的元素，丹家以藥物作為煉丹的「三大要件」之一。如圖中文：「上藥三品，神與精氣，其體則一，其用則二。」因精、氣、神有先天後天之分，則藥也有內藥外藥之別。按照內煉理論，煉精化氣為外藥，化氣完成為內藥，由煉精化氣到煉氣化神中間有過渡階段，此時內藥外藥會合凝結，先由外運周天積成外藥，再用神運下丹田促生內藥，在下丹田會合凝結，成為大藥，亦稱「丹田」。這是一般修煉的程序。

對於那些真精未泄，可以不築基，直修頓法的「上根人及上上根人」，則可以不修外藥直接修內藥，即直接煉「元精」、「元氣」、「元神」。

順逆三關說

【題　解】本篇論述了「順則生人，逆則成仙」的內丹學原理，並主要介紹了內丹修煉循序漸進的三個階段：煉精化氣、煉氣化神、煉神還虛，以及與此相關的漸修法和頓修法。

道生一，一生二，二生三，三生萬物，此所謂順去生人生物。今則形化精，精化氣，氣化神，神化虛，此所謂逆來成佛成仙。

初關煉精化氣者，要識天癸❶生時，急急採之。採時須以徘徊之意❷，引火逼金❸，所謂「火逼金行顛倒❹轉，自然鼎內大丹凝。」中關煉氣化神者，乘此火力熾盛，駕動河車❺，自太玄關逆流至天谷穴，氣與神合，然後下降黃房，所謂「乾坤交媾罷，一點落黃庭❻。」上關煉神還虛者，守一抱元❼，以神歸於毗盧性海❽。

蓋三關自有為入無為者，漸法❾也；修上一關兼下二關者，頓法也。若徑做煉神還虛者，功夫到虛極靜篤❿時，精自化氣，氣自化神，即關尹子忘精神而超生⓫之旨也。

【注釋】❶天癸　指內丹修煉中陰極陽生、靜極而動時所生的元精，此處包括男精和女經，是沒洩漏前的先天之氣。❷徘徊之意　指採藥煉丹時應注意調節火候，達到心息相依，不假人力又不放任的意思。即伍沖虛所謂「絕不著意於火，亦不弛意於火。」白玉蟾所謂「採藥動與不動之中，行火候於無為之內。」張三丰所謂「以默以柔存火性，勿忘勿助養靈胎。」❸引火逼金　指以意駕馭呼吸之氣，驅動元氣上升泥丸，運行周天。清柳華陽《金仙證論》：「火者，呼吸之氣也。金者，元氣也。蓋金不能自升，必假火以逼之，使朝於乾宮。」「引火者，即元神呼氣之法，逼者，催也。」❹顛倒　即變順為逆的功法。坎離二卦，陰中有陽，陽中有陰，先天轉為後天法象。丹法須逆行，取坎中之一陽，填離中之一陰，將中爻互換位置，則一成乾體一成坤體，恢復未破之前先天法象。坎水（元精）應下行而迫其上升於泥丸，離火（元神）易上浮而迫其下降於丹田。❺駕動河車　即內煉元陽真氣自尾閭沿督脈上升泥丸，又順任脈降至丹田。尾閭、夾脊、玉枕三關為河車運藥上升之路；泥丸、黃庭、丹田三田為河車運藥下降之路。後句中「太玄關」即尾閭關，「天谷穴」即泥丸宮，「黃房」即黃庭。❻黃庭　也叫「黃金屋」，元神所居之室。陳致虛《金丹大要》認為黃庭即是內鼎神室，「內鼎者，即下丹田在臍之中，臍後腎前，有道之士，只要認取下丹田之極虛為準。」❼守一抱元　指丹家「抱一守中」的意守要訣。本書後面〈安神祖竅圖〉、〈龍虎交媾圖〉有詳細論述。❽毗盧性海　指心神所居之地、金丹結成之所，實即「絳關」或叫「絳宮」，異名甚多，詳見〈普照圖〉。❾漸法　和下句中「頓法」相對，原出佛教之禪宗。道教引用此概念。「頓法」指在修煉中，直接煉高深功夫，或短期內完成本該分幾個階段進行的功法；「漸法」指在修煉中循序漸進，功法步步深入。此處以三關依次修煉為漸法，以直接修上關而初、中二關同時了為頓法。❿虛極靜篤　指內心徹底排除了雜念後絕對虛靜的境界，詳見〈邪正說〉。⓫忘精神而超生　關尹子主張「貴清」的思想，即無欲無識，擺脫物的羈絆，使內心保持虛靜，「澹然獨與神明居」的狀態。

【語　譯】道生一，一生二，二生三，三生萬物，這就是所說的順著去則生人生物。丹道則以形化精，精化氣，氣化神，神化虛，這就是所說的逆著來則成佛成仙。

初關「煉精化氣」，要懂得在元精初發之時，及時採攝。採攝時必須意念和呼吸持續平緩，以意駕馭元氣的運行，即所謂「火逼金行顛倒轉，自然鼎內大丹凝。」中關「煉氣化神」，要乘著意念和呼吸的加強，使正氣周流，從尾閭關沿督脈上升到泥丸宮，在此處氣與神相合，然後順任脈下降到黃庭，即所謂「乾坤交媾罷，一點落黃庭」。上關「煉神還虛」，元神與道合而為一，最後歸於毗盧性海（絳宮）。

這三關，修煉時從有為法（初關）漸次到無為法（上關）的，是漸修法；直接修煉上關則同時完成初、中二關的，是頓修法。如果直接從「煉神還虛」（上關）入手的，功夫達到虛靜之極的境界時，精自然化為氣，氣自然化為神，這即是關尹子所謂「忘精神而超生」的本旨。

【說　明】「順則生人，逆則成仙」是道教內丹修煉的理論基礎，「順逆三關」是對這一理論的具體闡述。張三丰《無根樹》云：「順為凡，逆為仙，只在中間顛倒顛。」顛倒即元精、元神運行軌道的顛倒。「道生一，一生二，二生三，三生萬物」為順行；「形化精，精化氣，氣化神，神化虛」為逆行。內丹家以「三關修煉」阻止「順行」，即通過「煉精化氣」的初關將精化盡只剩下氣和神，為「三歸二」的過程；然後以「煉氣化神」的中關功夫為「二歸一」的過程；最後以「煉神還虛」的上關功夫返還於虛無之道，為「一歸道」的過程，這樣人體沿著逆的方向，返還於虛無之道，內丹就修成了。本書後第九節口訣中，除了以上三關外，還有「煉虛合道」第四關，進一步提高了內煉境界。

盡性了命說

盡性了命圖

人性之善也此言天命之性性相近也此言氣質之性天命之性論其本源氣質之性論其稟受天命之性無不善氣質之性有不善程子曰在天為命在人為性故知性然後能盡性盡性然後能了命性命不二謂之雙修

性命修雙是的傳
杳杳冥冥又玄玄
誰知本體無生死
死死生生孰使然

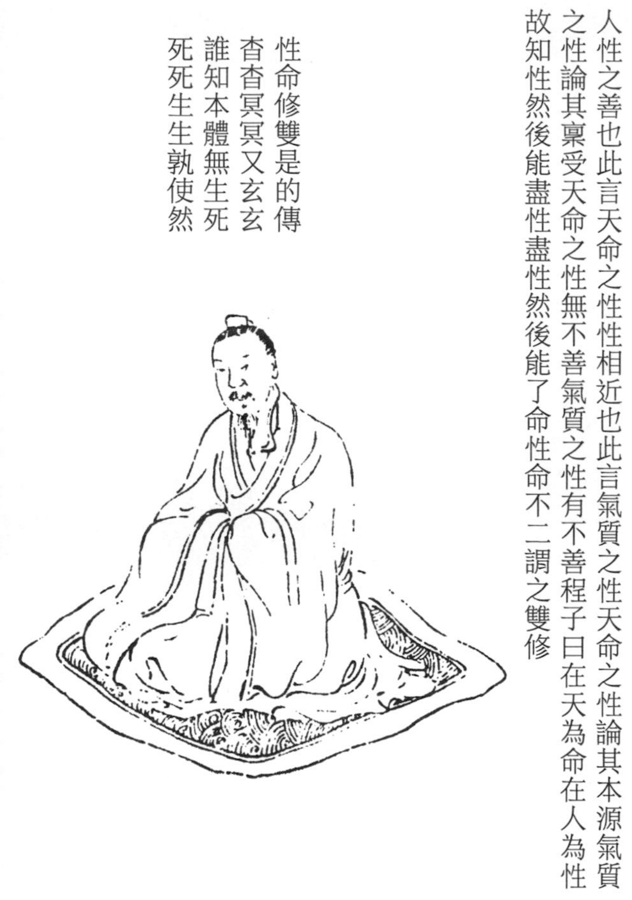

世間萬物本一神也神本至虛道本至無易在其中矣天位乎上地位乎下人物居中自融自化氣在其中矣中天地以立命稟虛靈以成氣立性立命神在其中矣命係乎氣性係乎神潛神於心聚氣於身道在其中矣道者神之主神者氣之主氣者形之主形者生之主無生則形住形住則氣住氣住則神住神住則性珠明矣命實凝矣元神靈矣胎仙成矣性命雙修之道畢矣

【題解】本篇以月的陰晴圓缺的變化為例，形象地說明了內丹學「性命雙修」的修煉理論。

丹田喻日，心中元性喻月。日光自返照月，蓋交會之後，寶體乃生金❶也。月受日氣，故初三生一陽者。丹既居鼎，一點靈光自心常照而無晝夜。一陽生於月之八日，而二陽產矣。二陽者，丹之金氣少旺而元性又少現❷。自二陽生之於望❸，而三陽純矣。三陽純者，是所謂元性盡現而如月之圓也。月既圓矣，十六而一陰生。一陰者，性歸於命之始也。自一陰生至月之二十三，而二陰產矣。二陰者，乃性歸於命三之二也。自二陰生於月之三十日，而三陰全矣。三陰全，乃性盡歸於命也。

方其始也，以命而取性；性全矣，又以性而安命。此是性命雙修大機括❹處。

【注釋】❶寶體乃生金　金指真陽，意為身中真陽之氣產生。❷金氣少旺而元性又少現　此處兩個「少」都同「稍」意。金氣指真陽之氣。❸望　即月之十五。❹大機括　機，即指弓弩上發射箭的機關。括，箭的末端。比喻為關鍵。

【語譯】丹田比作日，心中元性比作月。日光（丹田所聚之元氣）自會回歸感照於月（心中元性），二者相互交會之後，身中就產生真陽之氣。

月（心中元性）接受日氣（丹田所聚之元氣），這就是所謂初三產生一陽。鼎內已經有了煉丹的藥物，就會感到有一點靈光恆常照耀心頭而不分晝夜。從一陽產生到這月的初八日，則二陽產生了。所謂二陽，是指結丹過程中陽氣逐漸旺盛而元性開始現露的階段。自二陽產生到這月的十五，則三陽純全了。所謂三陽純全，是指元性完全現露就好像十五月圓一樣。月圓以後，到十六則會有一陰產生。所謂一陰，是指性歸於命的開始。從一陰產生到這月的二十三，則二陰產生了。所謂二陰，是指性歸於命有三分之二。從二陰產生到這月的三十日，則三陰純全了。所謂三陰純全，是指性完全歸於命。

開始時，是通過修命而取性；等性純全以後，又通過修性而安命。這就是性命雙修的關鍵之處。

【說　明】所謂「盡性了命」，在內丹修煉中，就是將性功做到盡處，徹底入靜，自然氣血和諧，命功因之實際也同時完成。性徹命固，性與命合而為一，從而達到性命雙修的目的。正如圖中文所說：「知性然後能盡性，盡性然後能了命，性命不二，謂之雙修。」

作者以月缺月圓來比喻性命雙修的全過程：真陽初生，喻之為月出；純陽全備，喻之為十五（望）之月圓；陽極陰生，比之為十六之一陰生；陽盡陰全，比之為三十日（晦）之三陰生。此時，則日月合璧，魂魄並交，性命相合。

真土根心說

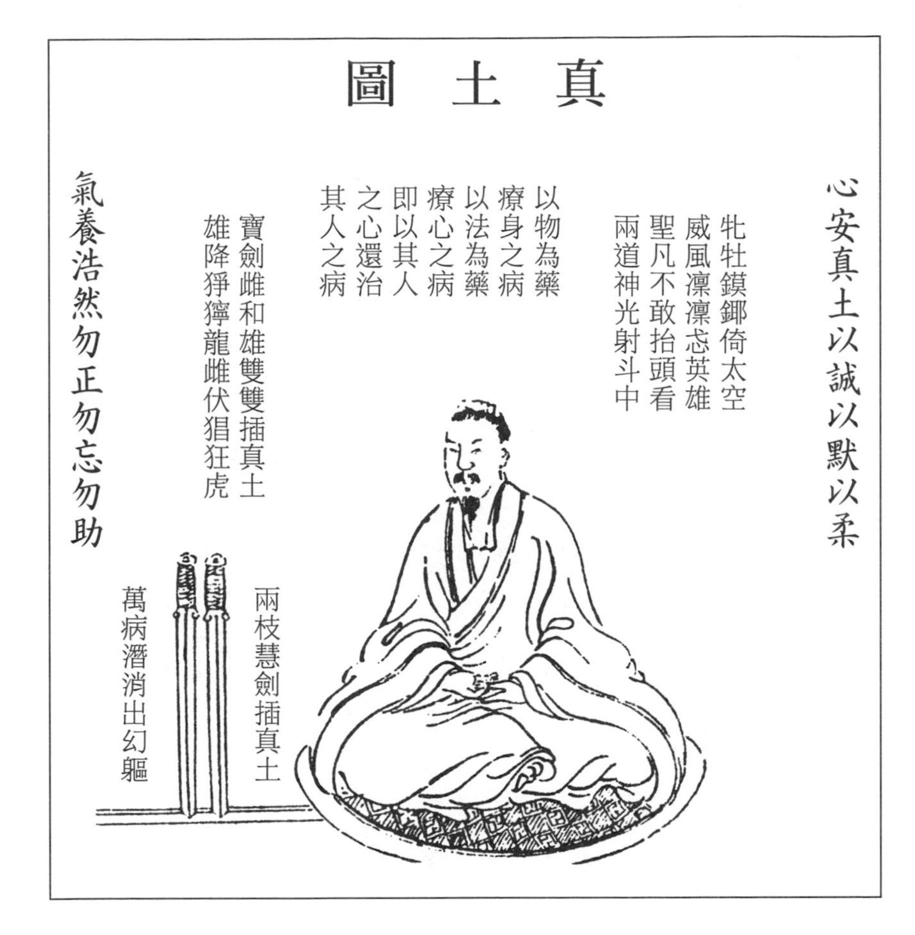
真土圖
心安真土以誠以默以柔
牝牡鏌鋣倚太空
威風凜凜忘英雄
聖凡不敢抬頭看
兩道神光射斗中
以物為藥
療身之病
以法為藥
療心之病
即以其人
之心還治
其人之病
寶劍雌和雄雙雙插真土
雄降猙獰龍雌伏猖狂虎
氣養浩然勿正勿忘勿助
兩枝慧劍插真土
萬病潛消出幻軀

【題　解】本篇主要介紹了內丹學中所說的「真土」這一隱語的真實涵義以及在修煉中的地位和作用。

夫天之氣之所從生者，蓋蘊於天地之土中而無盡藏❶也。人之氣之所從生者，蓋蘊於人身之土中而無盡藏也。故仁義禮智之根根於心，猶草木之根根於土。草木之根根於土，自然暢茂而條達；仁義禮智之根根於心，自然生色而睟面❷。孟子曰：「居移氣，養移體❸。」《大學》曰：「心廣體胖❹」。心既廣矣，體復胖矣，而謂病之不去體者，妄也。至若枝葉之或憔悴而枯槁也，則又如之何？亦惟直從於其根焉而培之、溉之，培之、溉之而生意有不復息❺乎？蓋草木之根病，則枝葉病。若人之心猶草木之根也，心病則身病，心不病則身不病，故身病由於心病。而體胖數語，乃去病之聖藥也。

【注　釋】❶無盡藏　佛教用語，又稱「無盡藏海」、「無盡法藏」。原指儲藏無限財寶之藏，後轉指無窮之功德。《大乘義章》十四：「德廣難窮，名為無盡；無盡之德包含曰藏。」❷生色而睟面　語出《孟子》：「君子所性，仁義禮智根於心，其生色也，睟然見於面，盎於背，施於四體，四體不言而喻。」睟然，形容清和潤澤的樣子。全句意思為：當它們放射出光彩的時候，是那樣清和潤澤而表現在臉上。❸居移氣二句　語出《孟子》：「居移氣，養移體，大哉居乎！」意為居處能改變人的氣質，保養能改變人的體質。❹心廣體胖　語出《大學》：「富潤屋，德潤身，心廣體胖，故君子必誠其意。」胖，大，指安泰舒適的意思，在唐宋以前沒有「肥胖」的意思。❺息　生長；增長。

【語　譯】天之氣之所以能生的因素，蘊藏於天地之「土」中而無窮無盡。人之氣之所以能生的因素，蘊藏於人身之「土」中而無窮無盡。所以仁、義、禮、智的根根植於心，就好像草木的根根植於土。草木的根根植於土，枝葉自然茂盛而軀幹發達；仁、義、禮、智的根根植於心，人自然光彩煥發而清和潤澤。孟子說：「居處能改變人的氣質，保養能改變人的體質。」《大學》說：「心胸寬廣開朗，身體自然安適舒坦」。心胸寬廣開朗，身體安適舒坦，而說疾病能纏身，是無稽之談。如果有的枝葉顯得憔悴而變得枯槁，則又該怎麼辦呢？也只有直接從其根部而培育它、灌溉它，培育它、灌溉它而有生機不轉向旺盛的嗎？草木的根生了病，則枝葉就會生病。人的心就好像草木的根，心生病則身也生病，心不病則身也不病，所以身生病是由於心生病。而上面引的「心廣體胖」等幾句話，乃是去除疾病的聖藥。

【說　明】真土，又稱「真心」、「黃婆」、「真意」。在內煉金丹過程中起鉛和汞的媒合作用。清劉一明《象言破疑》：「黃婆者，中央土母，以其能調陰陽，能和四象，故名黃婆。丹書借此以喻人之真意中真信，能以和性情養精神之義。真意真信，即吾身中之黃婆，所謂『黃中通理』者是也。……夫真土無位，真意無形，無物不生，無理不俱，能以會三家，攢五行，故名黃婆媒聘。」真意實是指一種淨化了的潛意識，是潛藏在意識深層的關於煉丹修仙的欲望和信念。修身之道在於修心，即修此真意。

魂魄說

魂魄圖
魂者氣之神有清有濁口鼻之所以呼吸者呼為陽伸吸為陰屈也魄者精之神有虛有實耳目之所以視聽者視為陽明聽為陰靈也
陽神曰魂陰神曰魄魂之與魄互為室宅
生謂之精氣死謂之魂魄天下公共底謂之鬼神也

【題 解】本篇主要介紹了「魂魄」這一術語在內丹學中的具體所指和真實內涵，並論述了丹法所謂「消魂全魄」的理論。

鬼云為魂，鬼白為魄。云者風，風者木；白者氣，氣者金❶。風散故輕清，輕清者魄從魂升；金風❷故重濁，重濁者魂從魄降。故聖人以魂運魄，眾人以魄攝魂❸。魂晝寓目，魄夜舍肝。寓目能見，舍肝能夢。夢多者，魄制魂；覺多者，魂勝魄。

蓋因魄有精，因精有魂，因魂有神，因神有意，因意有魄❹。五者運行不已，所以我之真心發動❺，造化幾億萬歲，未有窮極。夫核芽相生，不知其幾萬株，天地雖大，不能芽空中之核。雌卵相生，不知其幾萬禽，陰陽雖妙，不能卵無雄之雌。是以聖人，萬物之來，對之以性而不對之以心。性者，心未萌也。無心則無意，無意則無魄，無魄則不受生，而輪迴永息矣。

【注 釋】❶云者風四句 古代以五行對應人的五臟，其中肝屬木而肺屬金。又魂為肝之神，魄為肺之神，故此處以魂為木，魄為金。❷金風 依文意應為「金堅」。❸聖人以魂運魄二句 在五行中，金本剋木。而魂屬木，魄屬金。所以「以魄攝魂」為五行順行，「以魂運魄」為五行不順行或五行顛倒。此即張三丰「順為凡，逆為仙，只在中間顛倒顛。」詳見〈火龍水虎圖〈說〉〉和〈順逆三關圖〈說〉〉。❹因魄有精五句 魄、精、魂、神、意分別屬金、水、木、火、土。上述對應於金生水、水生木、木生火、火生土、土生金。為五行順行的過程。❺真心發動　據李建章先生引證，在歙滌玄閣本中為「偽心流轉」（李建章：《性命圭旨白話解》，北京人民體育出版社，111頁，1993）。依據文意，此處似以「真心發動」為佳。全句的意思：正是因為魄、精、魂、神、意五者的運行不已，才使得人的真心隨之被發動，歷經幾億萬年的創造化育，也沒有窮盡。

【語　譯】鬼云為魂，鬼白為魄。云即風，風（在五行中）屬木；白即氣，氣（在五行中）屬金。風性飄散所以輕而又清，輕而又清則魄跟從魂上升；金性堅固所以重而又濁，重而又濁則魂跟從魄下降。所以聖人以魂來運轉魄，眾人以魄來攝制魂。魂白天居於雙目，魄夜晚居於肝。居於雙目則能有所見，居於肝則能有所夢。有夢的時候多，是魄攝制魂；清醒的時候多，是魂戰勝了魄。

因有了魄才有了精，因有了精才有了魂，因有了魂才有了神，因有了神才有了意，因有了意才有了魄，正是因為（魄、精、魂、神、意）五者的運行不已，才使得人的真心隨之被發動，歷經幾億萬年的創造化育，也沒有窮盡。核仁和新芽之間相互生成，不知道能繁衍幾萬植株，但天地雖大，也不能從空核之中發出新芽。鳥獸和卵之間相互生成，不知道能繁衍幾萬鳥獸，陰陽和合雖有妙用，也不能使無雄的雌性產卵。因此聖人應對萬事萬物，是用本性而不是用心。所謂性，是心沒有萌發的狀態。沒有心就沒有意，沒有意就沒有魄，沒有魄就無所謂生，而輪迴也就永遠停息了。

【說　明】古代醫家所謂「魂魄」，是就人的精神而言。在人的五臟中，肝之神為魂，肺之神為魄。魏伯陽《周易參同契》以「陰神為魂，陽神為魄」，認為「魂之與魄，互為宅室。」「魂魄」後來成為內丹學的重要概念。丹法中的魂魄，與醫家解釋不盡相同。《內經》云：「魂魄畢具，乃成為人。」薛生白注：「氣形盛則魂魄盛，氣形衰則魂魄衰。……精聚則魄聚，氣聚則魂聚，是為人物之體；至於精竭魄降，則氣散魂遊，而無所知矣。」

丹法中另有「消魂全魄」之說，《呂祖全書．元神識神第二》：「魄附識而用，識依魄而生。魄，陰也，識之體也。識不斷，則生生世世魄之變形易質無已矣。惟有魂，神之所藏也。魂，晝寓於目，夜舍於肝。寓目而視，舍肝而夢。夢者，神遊也。九天九地，剎那歷遍。覺則冥冥焉，淵淵焉。拘於形也，即拘於魄也。

故回光所以煉魂，即所以保神，即所以制魄，即所以斷識。古人出世法，煉盡陰滓，以返純乾，不過消魄全魂耳。」因此本文說「聖人以魂運魄，眾人以魄攝魂。」「因魄有精，因精有魂，因魂有神，因神有意，因意有魄。……五者運行不已，所以我之真心發動，造化幾億萬歲，未有窮極。」此即順則生人的過程。「無心則無意，無意則無魄，無魄則不受生，而輪迴永息矣。」此即逆則成仙的過程，也即「消魄全魂」。

蟾光[1]說

蟾光圖
太極以此而生三才父母以此而
育我體我當以此而成還丹孕於
鴻蒙生於坤復圓明閃爍是為蟾
光玉谿子曰剖出太極巴露天地
心虛空闊無涯微月見孤岑
西川岸上抬頭望
一派蟾光蘸碧波
便好下功修二八
殷勤仔細托黃婆

【題　解】本篇以圓月初現作比喻，形象地描述了人的真陽元性初現的情景以及在煉丹過程中及時把握這一時機進行修煉的重要性。

太虛寥廓，皓月粲然。雪浪翻騰，金蟆❷吐耀。人見月之所以明，而曰金精盛則月明焉。孰知金之所以生者，自月而產也。人見金之產於月，而不知月之明本出於日也。

月者，喻元性也。水，喻坎宮❸也。金蟆者，喻一點真陽之竅也。元性喻月，性之用也。性之初見，圓陀陀，光爍爍，狀似流星。蓋氣質之性稍息，而元陽真性就現，如雲開則月現，霧散則暘❹輝。才見此物分明，便是元氣產矣。速急採取，譬之見賊捉賊，毋令再逸。收歸於鼎器之中，則一點元氣蟾光，終不可得而出矣。

【注　釋】❶蟾光　原指月光，此處比喻元陽真性初現。❷金蟆　又稱「金蟾」。傳說月宮中有蟾蜍，故稱月為金蟾、金蟆。❸坎宮　即月宮，又稱「蟾宮」、「坎北子位」，為水中金（元性）所居之宮。因水在〈後天八卦圖〉中居坎位，故以坎宮喻之。❹暘　日出。

【語　譯】太空虛遠寥廓，明月粲然耀目。好像雪浪滾滾翻騰，金蟆口吐光耀。人從表面上看見了月是怎樣變得明亮的，就認為金精旺盛則月就明亮了。哪裏知道金精之所以能存在，是依賴月而產生的。就算人們看見金精是產於月的，但仍不知月之明亮本來出自日。

月，比喻元性。水，比喻坎宮（元性所居之處）。金蟆，比喻一點真陽產生的地方。把元性比喻為月，是就元性的功用而言。元性初現之時，圓陀陀，光爍爍，形狀像夜空中的流星。原來氣質之性稍有停息，則元陽真性就會顯現，如同雲開則月光顯現，霧散則日出生輝。才看見元陽真性顯露，便是元氣產生了。這時應迅速及時採取，就好像見到賊就去捉，不能讓他再逃逸。最後收歸於鼎器之中，那麼這一點元陽真性，就永遠不會得而又失了。

【說　明】蟾光即月光，而月屬陰，是金水之精，即真鉛。所以有「金精盛，則月明焉。」的說法。《悟真篇》卷中：「若問真鉛何處是，蟾光終日照西川。」董德寧《悟真篇正義》：「蟾光者，月彩也，乃金精之華。」

文中以蟾光喻元陽真性初現，「蓋氣質之性稍息，而元陽真性就現，如雲開則月現，霧散則暘輝。才見此物分明，便是元氣產矣。」此時精旺藥盛，是開始採煉藥物的最佳時機。「速急採取，譬之見賊捉賊，毋令再逸。收歸於鼎器之中，則一點元氣蟾光，終不可得而出矣。」所以圖中文說：「太極以此而生三才，父母以此而育我體，我當以此而成還丹。孕於鴻濛，生於坤腹，圓明閃爍，是為蟾光。」

降龍圖
降龍未得豈
成仙降得真
龍丹可圓須
信神仙活手
段一毫頭上
見龍天
頭角崢嶸勢莫當雲收雨霽暗濟藏
從今不許翻潭洞養顆驪珠夜夜光

【題解】此兩篇詳細介紹了內丹學兩個重要術語「降龍」、「伏虎」的實質和內涵，實際上涉及到內丹學重要的「降龍伏虎」丹法。

降龍說

離日為汞，中有己土❶，強名曰龍。其形獰惡，主生人殺人之權，專成仙成佛之道。威能變化，感而遂通。雲行雨施，品物流形❷。乾之九二：「見龍在田，利見大人。」❸子曰：「龍德而正中也」❹。

世人不悟此龍生生之功，每服其害。若人悟而畏之，調而馭之，則能降此獰惡之龍而積至精之汞。降之者，制其心中真火，火性不飛，則龍可制而有得鉛之時。故曰：不積汞，何以取其鉛；不降龍，無以伏其虎。且真鉛真汞，未易相投；而真龍真虎，亦難調服。學道者若能了得這箇字，其他事皆末務也。

【注釋】❶己土　與〈伏虎說〉中「戊土」合稱為「二土」，指人的性、情。性情和合，二土成圭，則丹質成。宋林元鼎《內義丹旨綱目舉要》：「夫所謂根者，又非別物，亦只是神性而已。依時存於室內者，曰戊土，謂之性：一氣循環，感激互生者，曰己土，謂之情。性以攝情，情來歸性，如是則有無相入，隱顯相符，虛實相同，動靜相養，而丹質成矣。」❷雲行雨施二句　語出《易・乾》，原意為天有雲行雨降，從而使萬物受其滋潤，流布成形。這裏形容「龍」的生生之功。❸見龍在田二句　這是乾卦（䷀）九二爻辭，原意為龍由隱而顯，出現在地上，則能見德高位顯之人。這裏用以強調有「龍」始現，才能進行修煉。❹龍德而正中也　這是《易傳》對九二爻辭的解釋。古人認為《易傳》為孔子所作，所以此處托為孔子所說。

【語　譯】離日就是汞，其中有己土（性），勉強叫做龍。其外形猙獰兇惡，主宰生人殺人的權利，專管成仙成佛之道。威武而善於變化，有所感應就能達通。它使雲氣流行雨澤施布，萬物受其滋潤流布成形。乾卦（☰）九二爻辭說：「見龍在田，利見大人。」孔子解釋說：「這是龍純正、中庸的美德」。

世人不明白龍這種不斷生息變化的功用，反而每每接受其危害。如果世人能明白其生生不息的功用而對其危害有所畏懼，用心調理而加以駕馭，則能降伏這龍猙獰兇惡的一面而積聚精純的汞（元神）。所謂降伏，就是遏制心中的真火，火性不飛（雜念不生），則龍可以遏制而可獲得鉛（元精）。所以說：不積汞，何以取其鉛；不降龍，無以伏其虎。況且真鉛真汞，本不易相互投合；而真龍真虎，也很難調服。學道者如果能明瞭「降」這個字的真諦，其他的事都是小事了。

伏虎說

坎月為鉛，中有戊土，強名曰虎。其形猖狂，雖能傷人殺人，卻蘊大乘氣象。舉動風威能變化，叩之則應。含弘光大，品物資生❶。文王重《易》❷曰：「履虎尾，不咥人，亨。」又曰：「履道坦坦，幽人貞吉」。孔子曰：「素履之往，獨行願也。」❸

若人悟而畏之，馴而調之，則能伏此猖狂之虎以產先天之鉛。伏之者，伏身中真水，水源至清，則虎可伏而無咥人之害。故歷代聖師以降龍為煉己，以伏虎為持心。是以純陽翁云：「七返還丹❹在人，先須煉己待時。」紫陽翁云：「若

伏虎圖

採藥尋真到虎溪溪中虎正作雄威
被吾制伏牽歸舍出入將來當馬騎

降龍伏虎也無難
降伏歸來鎖玉關
日月分明烹鼎內
何憂不作大還丹

入虎穴尋虎酪酥其中滋味勝醍醐
自人做到這些處方是乾坤大丈夫

要修成九轉，先須煉己持心。」皆此義也。

【注　釋】❶含弘光大二句　語出《易・彖傳》：「至則坤元，萬物資生，……含弘光大，品物咸亨。」原意為地含容弘大，能生養萬物。❷文王重易　古代認為《周易》的形成是伏羲畫八卦、周文王作卦爻辭、孔子作《易傳》解釋。所引「履虎尾，不咥人，亨。」為履卦（䷉）卦辭，意為人踐虎尾，而虎不傷人，象徵辦事亨通。「履道坦坦，幽人貞吉」為履卦九二爻辭，意為足踏平安之地，如囚人離開監牢，獲得自由。❸素履之往二句　語出《易・象》，是對履卦初九爻辭的解釋，比喻人以樸素坦白的態度行事，則能獨行其志願。❹七返還丹　和後句「九轉」均指內煉過程中的一些重要階段，常以「七返九還」、「七返九轉」合稱。傅金銓注曰：「去而復來，迴旋不斷曰返；先天失落，今又自外返內曰還。」即以九代金（精），以七代火（神），金火同宮，水火既濟，精氣神互化，復返先天，也就是用內煉丹法煉精氣神，使三寶凝結，由後天重返先天，恢復童貞時期生命充沛的狀態。有的丹經認為，人體精氣之升降與天地之氣升降相同，降時歷九個時辰曰九還（九轉），升時歷七個時辰稱七返。

【語　譯】坎月就是鉛，其中有戊土，勉強叫做虎。其外形猖狂，雖然能傷人殺人，卻蘊含著大乘的氣象。舉動威風善於變化，敲打一下則能馬上回應。含容弘大，萬物得以生長發育。文王所作爻辭說：「踩踏虎尾，但虎不傷人，則象徵亨通。」又說：「足踏平坦之地，如囚人（離開監牢重獲自由），自然是吉祥的」。孔子注：「以樸素坦白的態度行事，則能獨行其志願。」

如果世人能明白其大乘氣象和風威變化的功用而對其危害有所畏懼，用心調理而加以駕馭，則能降伏這虎猖狂的一面而積聚先天的鉛（元精）。所謂降伏，就是調伏身中的真水，真水之源至清（心無雜念），則虎可以調伏而不會傷人。所以歷代的聖師把降龍作為煉己，把伏虎作為持心。因此呂洞賓說：「七返還丹在人，先須煉己待時。」紫陽翁云：「若要修成九轉，先須煉己持心。」都是這個意思。

【說　明】這兩篇分別以「降龍說」和「伏虎說」為題，實質上合起來是內丹關於「降龍伏虎」的丹法。在內丹學中，龍為汞、為神、為性；虎為鉛、為氣、為情。「降龍伏虎」即排除心中雜念，控制性情。內丹學中又有「火龍」、「水虎」之說。詳見〈火龍水虎說〉。

三家相見說

【題　解】本篇主要介紹了內丹「三家功法」的實質和內涵，總結了上藥三品神與精氣的交合修煉過程、意土作用以及功夫要點。

身心意謂之三家，三家相見者，胎圓❶也。精氣神謂之三元，三元合一者，丹成也。

攝三歸一，在乎虛靜。虛其心，則神與性合；靜其身，則精與情寂；意大定❷，則三元混一。情合性，謂之金木併❸；精合神，謂之水火交❹；意大定，謂之五行全❺。

然而精化為氣者，由身之不動也；氣化為神者，由心之不動也；神化為虛者，由意之不動也。心若不動，則東三南二同出五❻也；身若不動，則北一西方四共之也；意若不動，則戊己還從生數五也。身心意合，則三家相見，結嬰兒也。

【注釋】❶胎圓　胎，即煉養成的「丹母」，又名「真胎」、「嬰兒」、「金丹」。明伍沖虛《天仙正理真論》：「胎即神、氣耳，非真有嬰兒也，非有形有象也。蓋大丹之成，先以神入乎其氣，後氣來包乎其神，如胎兒在胞中無呼吸又不能無呼吸，生滅之相尚在，出入之迹猶存，若胎孕之將產時，故比喻之曰懷胎、移胎、出胎。」胎圓即陰盡陽純，胎圓丹成。❷大定　佛教用語。指能斷一切妄惑的定。此處指人靜後達到的最高境界。定，與「散」相對，指使心專注於一境而不散亂，或指其凝然寂靜的狀態。❸金木併　因性屬木，情屬金，故稱。❹水火交　即龍虎交媾，因虎即精屬水，龍即神屬火，故稱。❺五行全　指性（木）、情（金）、精（水）、神（火）「四象」，以意（土）和合之。❻東三南二同出五　與後文「北一西方四共之」、「戊己還從生數五」三句，詳見張伯端《悟真篇》。王沐注曰：「東三為木，南二為火，木生火五數成為一家，在人為元神。」「西四為金，北一為水，金生水五數合為一家，在人為元精。」「中宮之土五數，自成一家，調和水火，成為嬰兒。」〈易河圖〉中以內圍一、二、三、四為生數，外圍六、七、八、九、十為成數。五行之生數為：天一生水，地二生火。天三生木，地四生金，天五生土。丹家借此以喻攢簇五行、和合四象、三家相見的結丹過程。

【語　譯】身、心、意稱為「三家」，所謂「三家相見」，就是指聖胎圓滿。精、氣、神稱為「三元」，所謂「三元合一」，就是指大丹成就。

招攝「三家」、「三元」，使之相互合而歸一，關鍵在於能夠做到虛靜。使其心虛，則神與性就能相合；使其身靜，則精與情就能歸於靜寂；意念專注一境而不散亂，則精氣神「三元」混而為一。情與性相合，叫做金木併；精與神相合，叫做水火交；意念專注一境而不散亂，則性（木）、情（金）、精（水）、神（火）經意（土）和合而五行全。

然而所謂精化為氣，要經由身體不動的功夫；所謂氣化為神，要經由內心不動的功夫；所謂神化為虛，要經由意念不動的功夫。內心如果不動，則東三之性和南二之神共同合成五；身如果不動，則北一之精和西方之情四合一為五；意念如果不動，則戊己二土回到原來的生數五。身、心、意相合，則三家相見、結嬰兒。

【說　明】「三家相見」即元精、元神以真意結合，依〈河圖〉，二三為神，一四為精，五為真意。因先天為元精，後天為心；先天為元氣，後天為身；先天為元神，後天為意。所以三家相見也稱「身心意相見」，即精、氣、神會合以意土調和而凝成金丹。

和合四象說

圖象四合和

眼不視而魂在肝耳不聞而精在腎舌不動而神在心鼻不嗅而魄在肺四者無漏則精水神火魂木魄金皆聚於意土之中而謂之和合四象也

天三生木位居東其象為青龍

金水合處木火為侶四者混沌列為龍虎

地二生火位居南其象為朱雀

天一生水位居北其象為玄武

青龍降方蟠白虎朱雀下方拔玄武四象和合入中宮化作一靈歸紫府

地四生金位居西其象為白虎

含眼光凝耳韻調鼻息緘舌氣四大不動使金木水火土俱會於中宮謂之攢簇五行也故曰精神魂魄意攢簇歸坤位靜極見天心自有神明至

【題解】本篇主要介紹了內丹重要功法「和合四象」的實質和內涵以及在煉丹過程中的重要作用。

四象者，青龍、白虎、朱雀、玄武也。五行者，金、木、水、火、土也。龍木生火，同屬乎心❶。心者，象帝之先❷靈妙，本有中之真無也。心若不動，則龍吟風起、朱雀斂翼❸，而元氣聚矣。

虎金生水，同係乎身。身者，歷劫❹以來清靜，自無中之妙有也。身若不動，則虎嘯風生、玄龜潛伏，而元精凝矣。精凝氣聚，則金木水火混融於真土之中，而精神魂魄攢簇於真意之內。

真意者，乾元也。乃天地之母，陰陽之根，水火之本，日月之宗，三才❺之源，五行之祖。萬物賴之以生成，千靈承之以舒慘❻。意若不動，則二物交，三寶❼結，四象和合，五行攢簇。俱會入於中宮而大丹成矣。故紫陽云：「五行全要入中央」，蓋謂此也。

【注釋】❶龍木生火二句　龍本屬木，而生於火。龍、木、火均指心中之神，所以說「同屬乎心」。後文「虎金生水，同係乎身」指虎本屬金，而生於水。虎、金、水均指腎中之氣，所以說「同係乎身」。❷象帝之先　語出《老子・四章》：「道……吾不知誰之子，象帝之先。」意思是「道」似乎在有天帝以前就有了。這裏指「心」，也就是天帝以前的一絲靈妙。❸龍吟風起朱雀斂翼　與後文「虎嘯風生、玄龜潛伏」比喻元氣、元精開始產生，而心神平靜、精不外泄。虎為元精，龍為元神，兩者吟嘯，比喻生沖關之象，所以內丹常稱「龍吟虎嘯」或「龍躍虎騰」。❹歷劫　歷，經歷。劫，梵語，「劫波」的簡稱，指宇宙在時間上的一成一毀。因從成、住、壞、空繼續不息，故又形容不能以年月日時計算的極長時間；又由於「劫」種類較多，每一劫在轉換過程中常有很多災害發生，因此國人常將劫視為災難的同義語，如「劫數難逃」即此意。❺三才　指天、地、人。❻舒慘　又作慘舒，本指心情的舒暢和抑鬱。此處指所有有靈性的東西因此有了悲喜情感。❼三寶　此處指精、氣、神。

【語　譯】所謂四象，就是指青龍、白虎、朱雀、玄武。所謂五行，就是指金、木、水、火、土。

龍本屬木而生於火，同出於心。所謂心，就是似乎天帝產生之前就有的先天靈妙，本是「有」中的「真無」。心如果不動，就好像龍吟風起、朱雀收斂翼翅，而元氣就會逐漸積聚了。

虎本屬金而生於水，同係於身。所謂身，就是指經歷無數塵劫與之俱來本有清靜，是自「無」中而有的「妙有」。身如果不動，就好像虎嘯風生、玄龜潛藏歸伏，而元精就會逐漸凝結了。元精凝結元氣積聚，則金、木、水、火就會混融於真土之中，而精、神、魂、魄就會攢簇於真意之內。

所謂真意，就是乾元（元神）。它是天地之母，陰陽之根，水火之本，日月之宗，天地人三才之源，五行之祖。萬物依賴它而生成，千靈因它而有了情感。意如果不動，則真陰真陽二物就會相交，精氣神三寶就會凝結，青龍、白虎、朱雀、玄武四象就會和合，金、木、水、火、土五行就會攢簇。最後都會聚於中宮而結成大丹。所以張伯端說：「五行全要入中央」，就是指這個意思。

【說　明】「和合四象」，即金（魄）、木（魂）、水（精）、火（神）四象本相間隔，經戊己真土（意）的媒介作用，而能和合於一，凝成真胎。

「四象」又叫青龍、白虎、朱雀、玄武。「天三生木，位居東，其象為青龍」；「地四生金，位居西，其象為白虎」；「地二生火，位居南，其象為朱雀」；「天一生水，位居北，其象為玄武」；「四象和合入中宮，化作一靈歸紫府」。

又圖中以「含眼光，凝耳韻，調鼻息，緘舌氣」為四象，即以「含」為青龍象、「凝」為玄武象、「調」為白虎象、「緘」為朱雀象。

和合四象，也即「使金木水火土俱會於中宮」，「精、神、魂、魄、意攢簇歸坤位」，所以又叫「攢簇五行」。

取坎填離說

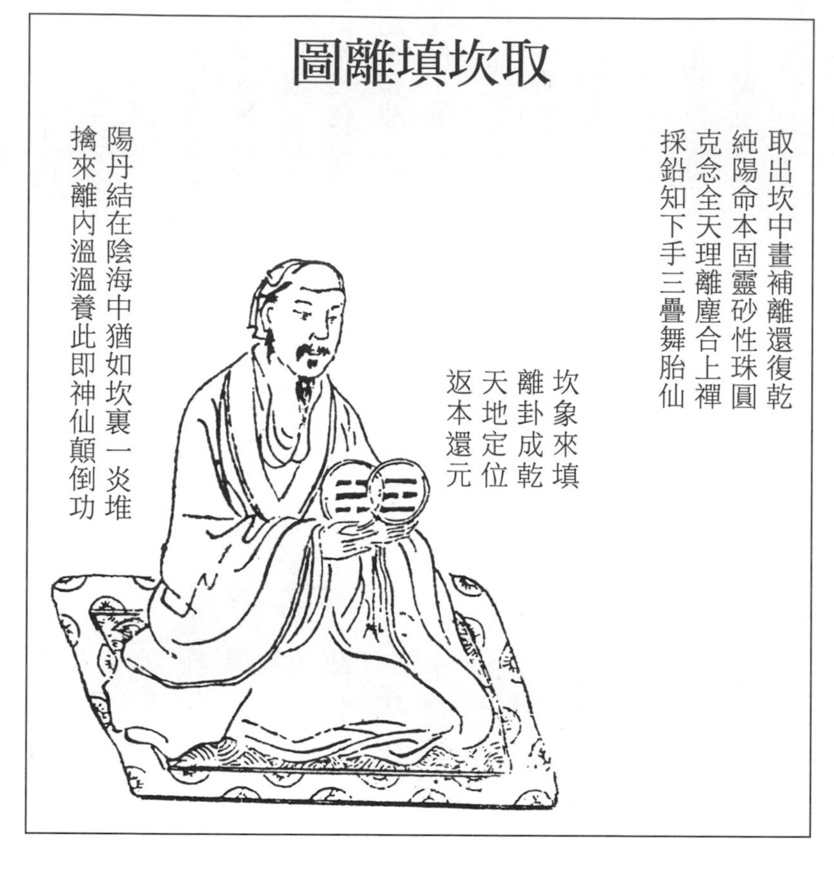

【題　解】本篇主要介紹了「取坎填離」這一內丹學基本功夫的實質和內涵以及修習這一丹法的過程和在內丹修煉中的重要性。

鉛汞者，太極初分，先天之氣也。先天之氣，龍虎初弦❶之氣也。虎居北方坎水之中，而坎中陽爻原屬於乾。劫運未交之先❷，乾因顛蹶馳驟誤陷於坤，乾之中爻損而成離。離本汞居，故曰坎內黃男❸名汞祖也。龍居南方離火之內，而離中陰爻原屬於坤。混沌顛落之後，坤因含受孕育得配於乾，坤之中爻實而為坎。坎本鉛舍，故曰離中玄女是鉛家也。似此男女異室，鉛汞異爐，陰陽不交，則天地否❹矣。聖人以意為黃婆，引坎內黃男，配離中玄女，夫妻一媾，即變純乾，謂之取坎填離，復我先天本體。故《悟真篇》云：「取將坎內中心實，點化離宮腹內陰。」❺正此義也。

【注釋】❶初弦　也叫「上弦」。內丹以月象上下弦來比喻丹道中人體確定採藥行功的火候。劉一明《象言破疑》：「月自晦朔，與日相交，初三微光現象；至初八陰中陽半，有如弓弦，是謂上弦；十六圓滿一陰，胎內微黑現象；二十三陽中陰半，有如弓弦，是謂下弦。」「兩弦者，一陰一陽也。乾剛為陽，坤柔為陰，陰陽相配，乾坤體成，丹元有象，於此可知兩弦之意也。」❷劫運未交之先　與後句「混沌顛落之後」本指宇宙創生之始隱藏著先天信息的混沌未分狀態。此處指男女交媾之後、人體未成之前，但已先天落後天的狀態。❸黃男　與文後「玄女」分別指坎卦中的陽爻和離卦中的陰爻。「黃男」又稱「中男」、「離男」、「雄金」；「玄女」又稱「中女」、「離女」、「雌火」。詳見〈日烏月兔說〉。❹否　閉塞不通。「否泰」本是《周易》的兩個卦名，天地相交，通順叫「泰」；天地不相交，不通順叫「否」。❺取將坎內中心實二句　陰陽丹法以坎卦（☵）為彼家，離卦（☲）為自家，取坎填離為採藥功夫，盜取水中金，以離取坎卦中先天一氣，以鉛伏汞，用外藥合內藥結成金丹大藥。此句就是這一功夫之隱語。中心實，又稱「心中實」，指坎水中陽氣。坎卦初爻、三爻為陰爻，屬虛；中爻為陽爻，屬實，由坤卦（☷）破體而來，故有中心實之說。

【語　譯】所謂鉛汞，就是太極剛剛判分之時的先天之氣。所謂先天之氣，就如月的初弦之時龍（元氣）虎（元精）剛剛產生時的氣。

虎居於北方的坎水之中，而坎卦（☵）中的陽爻原屬於乾卦（☰）。天地未分之前，乾因奔馳跌撞而誤陷於坤卦（☷）中，乾卦的中爻由陽變陰而成離卦（☲）。離原本是汞的居所，所以說坎卦中「黃男」（中爻）叫做汞的始祖。

龍居於南方的離火之內，而離卦中的陰爻原屬於坤卦。混沌之狀態判分之後，坤因含容接受生長發育而得以與乾相配，坤卦的中爻由陰變陽而為坎卦。坎原本是鉛的房舍，所以說離卦中的「玄女」（中爻）是鉛的本家。

像這樣男女不在同一室，鉛汞不在同一爐，陰陽不會相互交合，則天地就不能相通了。聖人以意為黃婆，招引坎內的「黃男」，與離中的「玄女」相配，夫妻一交媾，離就變成了純乾，這就叫做「取坎填離，復我先天本體」。所以《悟真篇》說：「取將坎內中心實，點化離宮腹內陰。」正是這個意思。

【說　明】「取坎填離」，亦稱「坎離交媾」，是內丹學的基本功法和重要理論。內丹學認為後天的坎離二卦是由先天的乾坤二卦中間的陰陽兩爻互換位置造成的。內丹學就是要從後天返回先天，變離為乾，變坎為坤。因此丹功修煉要求將坎卦中的陽爻再抽回來，填入離卦中陰爻的位置上，使之恢復到乾卦的純陽之體，丹家稱為「取坎填離」。因此，內丹修煉即是一種人體返還工程，即由坤卦返回乾卦的返老還童之術。

觀音密咒說

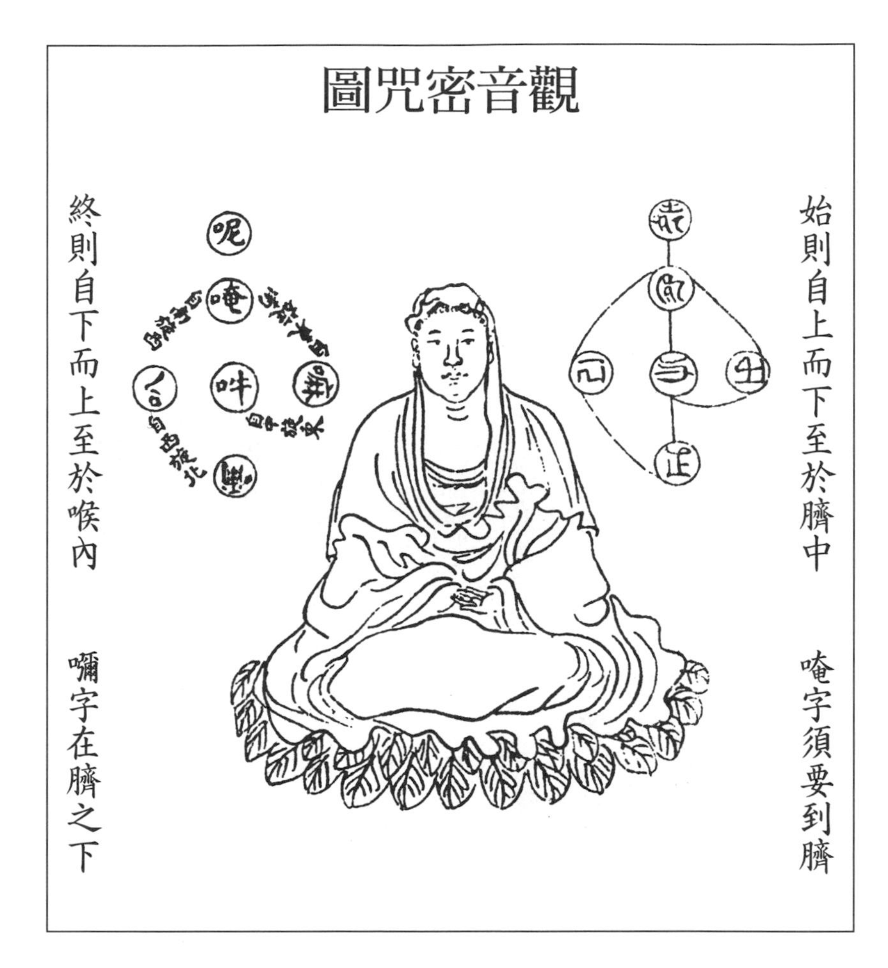

【題解】本篇在介紹佛教所說「觀音六字大明咒」的基礎上，結合道家的內丹修煉理論，總結了道佛融合後的六字誦念秘訣以及在內丹煉丹中的真功用。

此咒是觀音菩薩微妙心印❶。若人書寫「六字大明咒」者，即同書寫三藏法寶❷。若人得念「六字大明咒」者，即同諷誦七軸靈文。又能開智慧門，能救百難苦。三世業冤，悉皆清淨。一切罪障，盡得消除。解脫生死，安樂法身❸。

然而念咒亦有密訣。故第一聲，中而「唵」之，乃以呼吾身毗盧遮那佛；第二聲，東而「嘛」之，乃以呼吾身不動尊佛也；第三聲，南而「呢」之，乃以呼吾身寶生佛也；第四聲，西而「叭」之，乃以呼吾身無量壽佛也；第五聲，北而「咪」之，乃以呼吾身不空成就佛也；第六聲，復上返於喉而作「吽」者，乃以呼吾身大勢至金剛❹也。久則五氣歸元❺，即成就不思議功德❻而證圓通❼也。

【注釋】❶心印　佛教術語。禪宗認為，依語言文字無法表現佛陀內證之果，只能以不立文字、不依言語、直以心為印的方法，故稱心印。心者佛心，印者印可印定之義，以此佛之心印直印於眾生之心，謂之以心傳心。此處指聖觀音之心印。❷三藏法寶　佛教術語。三藏，佛教經典總集，分經、律、論三類。法寶，指佛、法、僧「三寶」中之法寶，即佛所說的三藏十二部等一切教法。諸佛所說之妙法，珍重如世之財寶，故稱「法寶」。又佛家所用的衣缽、錫杖等也叫法寶。此處指前者。❸法身　佛教所說「三身」（法身、報身、應身）之一，又稱自性身、法性身等，是成就佛法的身體，這身體不以物理言，而是精神意義。所以一般和「色身」（也叫生身）相對。色身指物質的肉體、肉身，由地、水、風、火等物質要素合成，會壞滅，沒有永恆性；而法身不隨人的色身的敗滅而消失，卻可長存於天地間。道教借用來指稱道本體及其人格化表徵。作為人格本體法身即是內在於眾生心中的道性，是眾生得道成仙的根本原因和內在根據。❹金剛　極為堅固之意，轉指最上、最勝之意。此處指金剛石般堅固不變壞的身體，也叫「金剛不壞身」或「金剛身」。❺五氣歸元　也叫「五氣朝元」，表示內丹修煉到高級階段，五臟之氣轉化為陽神而上朝內院的景象。古今修煉家對此體認略有不同。本書後有〈五氣朝元圖〉詳細解釋。❻不思議功德　佛教指超越思考和言說的特殊境界，超越一切相對性。功德，《大乘義章》卷九：「功謂功德。善有資潤福利之功，故名為功。此功是其善行家德，名為功德。」一般而言，功德是具體的實際與佛法相應的善事，特別是指能產生實際效果的善事。❼圓通　周圓融通，即周遍充足、無所缺減之意。佛教指絕對的真理周遍的彌漫於諸法之意，這是佛、菩薩的覺悟境界。

【語　譯】這些密咒是觀音菩薩的微妙心印。如果有人書寫這「六字大明咒」，就如同書寫了三藏法寶（一樣有功德）。如果有人得以誦念這「六字大明咒」，就如同諷誦了七卷軸經文（一樣有功德）。這些咒文，又能打開人的智慧門，能教人解脫各種苦難。三世所做的業冤，全部得以消為清淨。一切罪業孽障，全部得以消除。最後從生死中解脫出來，得一安樂法身。

然而念咒也有秘訣。所以第一聲，從中間而發出「唵」的聲音，這是用以呼喚我們身中的毗盧遮那佛（即法身佛）；第二聲，從東而發出「嘛」的聲音，這是用以呼喚我們身中的不動尊佛（表示覺性）；第三聲，從南而發出「呢」的聲音，這是用以呼喚我們身中的寶生佛（表示福德）；第四聲，從西而發出「叭」的聲音，這是用以呼喚我們身中的無量壽佛（表示智慧）；第五聲，從北而發出「咪」的聲音，這是用以呼喚我們身中的不空成就佛（表示事業）；第六聲，又往上復返於喉而發出「吽」的聲音，這是用以呼喚我們身中的總趨勢達到金剛不壞的程度。如此念咒，時間久了則能使五氣化歸為元神，就能成就不思議功德而證得圓通的境界。

【說　明】「觀音密咒」，本為佛教密宗主要咒語，習稱「六字真言」、「六字大明咒」，原為喇嘛教徒所唱的觀音菩薩之心咒，後為一般佛教徒所誦持。依密教所傳，此六字係阿彌陀佛見觀世音菩薩時的讚嘆語，被視為一切福德、智慧及諸行的根本。為西藏地區家喻戶曉之真言，在漢族佛教地區也相當盛行。

這一密咒後被道教吸收，用於修煉。其咒言為：唵、嘛、呢、叭、𠺗、吽。前五個分別喚起「五方佛」，如：唵居中，喚起「毗盧遮那佛」（即法身佛）；嘛居東，喚起「不動尊佛」（也叫阿閦佛，表示覺性）；呢居南，喚起「寶生佛」（表示福德）；叭居西，喚起「無量壽佛」（也叫阿彌陀佛，表示智慧）；𠺗居北，喚起「不空成就佛」（表示事業）；吽居南，位在呢上，得「金剛」之身。所以說「此咒是觀音菩薩微妙心印。若人書寫『六字大明咒』者，即同書寫三藏法寶。若人得念『六字大明咒』者，即同諷誦七軸靈文。又能開智慧門，能救百難苦。三世業冤，悉皆清淨。一切罪障，盡得消除。解脫生死，安樂法身。」

在佛教中，念此「六字真言」要一言一音皆與觀想菩薩、金剛相應。本文繼承了其義，但依內丹學做了修正，認為菩薩金剛皆為自身具有，念咒時要跟運氣、觀想結合起來，「始則自上而下至於臍中。唵字須要到臍。終則自下而上至於喉內。嘛字在臍下。」

九鼎煉心說

九鼎煉心圖
第一轉
措摩心地煉金丹止念當為第一關
念斷自然情識斷須知水靜沒波瀾
第二轉
祖竅開時人杳冥坎離鉛汞自氤氳
天然真火知時煉煉出西乾月半痕
第三轉
外直中通世罕聞推求枝葉不求根
由從此處徐徐進一點靈光漸漸明
第四轉
陽烏海底奮神威正是金丹四轉時
奪得先天真種子河車搬運過曹溪
第五轉
時後金晶飛上來靈光燦爛顖門開
三花聚頂烹龍虎珠落黃庭結聖胎
第六轉
金烏飛入廣寒宮白虎張威待赤龍
赤龍奮力歸金鼎掌握神珠照眼紅
第七轉
十月胎靈已躍然嬰兒法乳要三年
蟄藏住息溫溫養猶龍潭底抱珠眠
第八轉
陽極陰消丹已成神光赫赫耀金庭
脫離苦海分胎出自在崑崙頂上行
第九轉
無丹無火亦無金拋卻鉗鎚沒處尋
還我本來真面目未生身處一輪明

【題解】本篇分階段介紹了內丹所謂「九鼎煉心」丹法的過程以及煉心在整個內丹修煉中的重要作用。

日也者，天之丹❶也；黑而盪之，則日不丹。心也者，人之丹也；物而霾之，則心不丹。故煉丹也者，煉去陰霾之物，以復其心之本體、天命之性之自然也。

天命之性，吾之真金❷也，人人之所必有者。氣質之性，金之濁滓也，上智之所不無者。若以人倫日用❸之火而日煉之，則氣質之性日除。氣質之性日除，則天命之性自見矣。

故五帝三王❹，君也，而以君道而日煉其心；伊傅周召❺，相也，而以相道而日煉其心；孔曾思孟❻，師也，而以師道而日煉其心。無時而不心在於道，無時而不以道而煉其心，此乃古先大聖大賢為學之要法，百煉煉心煉性之明訓也。

【注釋】❶丹　劉一明《象言破疑》：「丹者，圓滿光淨無污之物，古仙借金丹之名，以喻本來圓明真靈之性也。」❷真金　即真性。性在五行中屬金。❸人倫日用　原意為日常生活的原則和內容，此處指人身具有的本性。❹五帝三王　即三皇五帝，古代傳說中的帝王，具體不可考。❺伊傅周召　「伊」指伊尹，商湯時的臣。「傅」指傅說，殷武丁相。「周」指周公，姬姓名旦，周文王之子。「召」指召公，周武王之臣。❻孔曾思孟　即孔子、曾子、子思、孟子。傳說這四人依次為師徒關係，儒家重要經典「四書」一般被認為分別由這四人所作，後被尊為儒家聖人。

【語譯】所謂日，是天的丹；黑影遮蔽而激盪不已，則日不成其為丹。所謂心，是人的丹；物欲滋生而玷污它，則心不成其為丹。所以所謂煉丹，就是煉去黑暗污穢之物，以恢復其心之本體、天命之性之自然之性。

所謂天命之性，是我的真性，是人人所必須具有的。所謂氣質之性，是性中的污濁渣滓，即使是上智之人也在所難免。如果以人所具有的本性而日日加以修煉，則氣質之性日日得以消除。氣質之性日日消除，則天命之性就會自然顯現。

所以五帝三王，身為人君，而以為君之道日日修煉其心；伊尹、傅說、周公、召公，身為將相，而以將相之道日日修煉其心；孔子、曾子、子思、孟子，身為人師，而以為師之道日日修煉其心。由此可見，無時無刻而不把心放於道上，無時無刻而不以道而修煉其心，這是古代的大聖大賢為學的基本方法，反覆煉心煉性的明訓。

【說　明】「九鼎煉心」，是內丹煉心的重要功法。本文用形象化的方法，為每一步設立一鼎，總結為「九鼎煉心法」。清李涵虛在此基礎上，在《九層煉心道言》中將煉心析為九個層次，稱為「九層煉心法」，詳細介紹了這九個步驟：

第一轉是煉未純之心，即煉心養氣之功，此轉為初層煉心法，所以「止念當為第一關」。

第二轉是煉入定之心，即煉心合氣之功，心氣氤氳，打成一片。

第三轉是煉來復之心，即煉心進氣之功，結果是「一點靈光漸漸明」。

第四轉是煉退藏之心，即煉心保氣之功，要「奪得先天真種子」。

第五轉是煉築基之心，即煉心累氣之功，「三花聚頂烹龍虎，珠落黃庭結聖胎」。

第六轉是煉了性之心，即煉心明性之功，煉到金烏入宮、白虎待赤龍、赤龍歸金鼎。

第七轉是煉已明之心，即煉心存神之功，「十月胎靈已躍然，嬰兒法乳要三年。」

第八轉是煉已伏之心，即煉心成神之功，「陽極陰消丹已成」。

第九轉是煉已靈之心使之歸空，即煉心之始末，無以復加，「無丹無火亦無金」、「還我本來真面目，來生身處一輪明。」

八識歸元說

弟兄八箇一人痴獨有一箇最伶俐五箇門前做買賣一箇家中作主依伶俐者即第六意識也此識為五賊之主司乃輪迴之種子三界凡夫無一人不遭此沉溺故圓覺經云先斷無始輪迴根本者斷此意識也痴者指第七傳送識而言主依者即第八阿賴耶識是也此識謂之總報主投胎時是他先來捨身時是他後去故曰去後來先作主公

八識歸元圖

軒轅稱九鼎　如來標八識　太極歸無極

眼識　耳識　鼻識　舌識　身識

意識

第七傳送識

神 大火　妄　魄 大水

魂 大風　真　精 大地

白淨識

第八阿賴耶識執持

境屬風即五識　六識屬波　七識屬浪　八識屬心海

九識屬湛性

八識者皆屬無明色身上事外起九識名曰白淨識不屬無名不落因果不假修證不受一塵故宋門謂之曰實際理地離一切相建化門中不捨一法具足一切實而言之以上八箇識屬漸第九識屬頓何則然色身幻化不假修證法身無相猶虛空故不假修為今以圖象會意揀妄明真勿令認賊為子

【題解】本篇借佛家「八識說」，結合內丹修煉理論，提出了「八識歸元」的丹法理論，借以表示內丹修煉中元神與識神之間的關係。

釋氏謂人之受生，必從父精母血與前生之識神三相合而後成胎。精氣受之父母；識神不受之父母也，蓋從無始劫❶流來，亦謂之生滅性❷。故曰生滅與不生滅和合而成八識也。

蓋造化間有箇萬古不移之真宰，又有箇與時推移之氣運。真宰與氣運合，是謂天命之性。天命之性者，元神也；氣質之性者，識神也。故儒家有變化氣質❸之言，禪宗有返識為智❹之法。今人妄認方寸中有箇昭昭靈靈之物，渾然與物同體，便認為元神在是。殊不知此即死死生生之本，非不生不滅之元神也。噫！識識易，去識難。若不以天命元神戰退無明❺業識❻，終在生滅場❼中，未見有出頭日也。

【注釋】❶無始劫　無始，無有開始。佛教認為諸法皆由因緣所生，故其原始皆不可得，故云無始。後引申為距今極遠的時間。劫，佛教對於時間的觀念，以劫為基礎，來說明世界生成與毀滅的過程，世界的一成一毀為一劫。無始劫指極遠的時間。❷生滅性　佛教認為，一切依因緣和合而有，叫做生；以因緣分散而無，叫做滅。有生有滅，是有為法；無生無滅，是無為法。根據佛教中道思想，一切有為法的生滅，是假生假滅，不是實生實滅，若是實生實滅，便是無生無滅。此處指我們日常的心識（識神）皆有生有滅，沒有常住性，所以叫「生滅性」。而與之相對的「元神」則無生無滅，無生滅性。❸變化氣質　北宋張載語，「為學大益，在求變化氣質。」「唯其能克己，則為能變。」即變「氣質之性」為「天命之性」。❹返識為智　即「轉識成智」。佛教唯識宗認為，修行可以轉凡夫有漏的八識成為佛的四智，即：轉第八識為大圓鏡智；轉第七識為平等性智；轉第六識為妙觀察智；轉前五識為成所作智。❺無明　佛教「十二因緣」的第一支。「明」是智慧、學識；「無明」就是於法無所明，就是「無智」、「煩惱」、「愚痴」。人生的生老病死等一切苦痛，都由無明而來。人生就現實來說，充塞著種種迷妄、執著，這都是無明的表現，因而有無盡的苦痛煩惱。佛教所關心的，就是如何對治這現實的無明，使之變為明而得解脫。❻業識　凡夫的心識。凡夫在迷惑的世界中流轉，因宿業而得的心識。凡夫有業，所以智就變成了識；聖人沒有業，所以識就變成了智。❼生滅場　即六道中的生死輪迴。

【語　譯】佛家認為人稟受生命，必須從父母那裏得到精血並與前生的識神三者結合之後才能形成胎胞。精氣稟受於父母；識神不是稟受於父母，而是從極遠的劫運開始就與之俱來，所以也稱之為「生滅性」。所以說有生滅的與沒有生滅的和合而成八識。

宇宙創造化育中有個萬古不變的真正主宰，又有個隨時間變化而變化的氣運。真宰與氣運結合，這就叫做「天命之性」。天命之性，就是元神；相對的氣質之性，就是識神。所以儒家有改變氣質的說法，禪宗有轉識為智的大法。現在的人錯誤的認為心中有個昭昭靈靈的東西，與人的肉身渾然同體，便認為元神就在那裏。殊不知這不過是死死生生之本，並不是不生不滅的元神。唉！認識這個識神容易，而去掉這個識神太難。如果不以天命元神去戰退無明業識，就會始終淪落在生滅場中，不見有出頭之日。

【說　明】「八識歸元」就是使無明業識皆歸於天命元神元性。「八識」本為佛家術語，唯識宗有眼識、耳識、鼻識、舌識、身識、意識、末那識、阿賴耶識「八識說」，丹家借以表示修丹中元神、識神之間的關係。

八識之前五識是以色、身、香、味、觸、法為感知的對象，也叫「五賊」，即「五箇門前做買賣」的「五箇」；意識是思維活動，即「一箇最伶俐的」、「為五賊之主司，乃輪迴的種子」、「無始輪迴根本」；末那識為深層自我意識，即「弟兄八箇一個痴」的「痴」者；阿賴耶識（藏識）為潛藏的意識種子，即「家中做主依」的「總報主」，「投胎時是他先來，捨身時是他後去」、「去後來先作主公」。

實際上，此前六識皆屬識神，即常意識；末那識為潛意識；阿賴耶識為元意識，即元神。作者認為，佛家所謂「八識皆屬無明色身上事」，屬漸功。色身幻化，不假修正，所以「外起九識，名曰白淨識，不屬無明，不落因果，不假修證，不受一塵……」，所以道家修煉就是「以天命元神戰退無明業識」，獲得「白淨識」（即阿摩羅識）。

五氣朝元說

【題解】本篇在綜合各家的基礎上，以圖說的形式詳細描述了內丹關於「五氣朝元」的過程和圖景。

一氣初判而列二儀，二儀定位而分五常❶，五常異地而各守一方❷，五方異氣而各守一子❸。

青帝之子名龍烟，受甲乙木德之三氣❹；赤帝之子名丹元，受丙丁火德之二氣；白帝之子名皓華，受庚辛金德之四氣；黑帝之子名玄冥，受壬癸水德之一氣；黃帝之子名常存，受戊己土德之五氣。故金得土則生，木得土則旺，水得土則止，火得土則息。

惟聖人知回幾❺之道，得還元之理。於是攢五、簇四、會三、合二而歸一也。蓋身不動則精固，而水朝元；心不動則氣固，而火朝元；真性寂則魂藏，而木朝元；妄情忘則魄伏，而金朝元；四大❻安和則意定，而土朝元。此謂五氣朝元，皆聚於頂也。

【注釋】❶五常　即金、木、水、火、土五行。❷五常異地而各守一方　即五行之位。《鍾呂傳道集・論五行》：「所謂五行之位而曰東、西、南、北、中。」東曰木，南曰火，西曰金，北曰水，中曰土。❸五方異氣而各守一子　即五帝。青帝居東為木為肝、赤帝居南為火為心、白帝居西為金為肺、黑帝居北為水為腎、黃帝居中為土為脾。❹青帝之子名龍烟二句　在〈河圖〉中，五行之「木」與五色中「青」相配，故稱「青帝」；與十天干之「甲乙」相配；與數字「三」相配，故稱「甲乙木德之三氣」。以下各句依次類推。其中，「龍烟」、「丹元」、「皓華」、「玄冥」、「常存」是五帝的異名。❺回幾　與後句中「還元」都指返回本原之意。❻四大　這裏指人的身體。佛教認為，人是由地、水、火、風四大假合而成，故稱人身為「四大」。

【語譯】先天一氣剛剛判分就分列為陰陽兩極，陰陽兩極各定其位就分為五行，五行分屬各地而各守一方位，五個方位稟受不同的氣而各守一子。

青帝之子名為龍烟，稟受了甲乙、木德的三氣；赤帝之子名為丹元，稟受了丙丁、火德的二氣；白帝之子名為皓華，稟受庚辛金德的四氣；黑帝之子名為玄冥，稟受壬癸水德的一氣；黃帝之子名為常存，稟受戊己土德的五氣。所以金得土則生，木得土則旺，水得土則止，火得土則息。

只有聖人知道返本之道，懂得還原之理。於是攢簇五行、和合四象、三家相見、二物合而歸於一。身體不動則元精永固，而水就會朝元；心不動則元氣永固，而火就會朝元；真性靜寂則魂就會潛藏，而木就會朝元；虛妄之情淡忘則魄就會降伏，而金就會朝元；四大假合之身安泰平和則真意就會定，而土就會朝元。這就是所說的五氣朝元，都會聚於頂部。

【說　明】「五氣朝元」表示內丹修煉到高級階段，五臟真氣和合轉化為陽神，朝元聚頂，上朝內院的景象。古今修煉家對此體認略有不同。《鍾呂傳道集·論朝元》將五氣朝元列入大乘超凡入聖法「朝元煉氣」階段；邱處機《大丹直指》認為五氣朝元同於太陽煉形，強調五氣朝真，氣聚而不散；蕭廷芝《金丹大成集》解「五氣朝元」為「五臟真氣上朝於天也。」此類解釋偏於真氣升騰上朝於天宮的景象。

另外，張伯端〈金丹四百字序〉、李道純《中和集》、本書前面〈和合四象說〉、〈觀音密咒說〉對五氣朝元的解釋都偏重於真氣陽神在五臟顯現的景象。本文綜合以上兩種解釋，並以圖說的方式，詳細描述了這一丹法。

待詔說

【題　解】本篇借「待詔說」，形象的比喻了內丹修煉由「煉神還虛」到「煉虛合道」的功力飛躍以及在整個煉丹過程中的重要地位。

九年面壁❶之後，靈臺瑩潔，覺海圓明，性命混融，形神俱妙，與天地合德，與太虛同體。此時，丹道已成，而積功累行不可缺也。蓋道之與德，猶陰之與陽。行之與功，猶目之與足。鍾離翁云：「有功無行如無足，有行無功目不全。功行兩圓足目備，誰云無分作神仙？」是以古仙上聖金丹事成，溫養❷事畢，遊戲人間，和光混俗，隨力建功，遂方解縛，扶危拯厄，救劫匡時，普度群迷，接引後學，道上有功，人間有行。功行滿足，潛伏俟時，只待天書降詔，玉女來迎，駕霧騰雲，直入三清聖境❸。如張紫陽翁《悟真篇》云：「德行修逾八百，陰功積滿三千，寶符❹降詔去朝天，穩駕瓊輿鳳輦。」

【注　釋】❶九年面壁　即禪宗達摩祖師面壁九年的故事。這裏用來比喻內丹修煉煉神還虛的階段、九轉大丹的功夫。劉一明《修真辯難》卷上：「所謂九年者，即九還之義。面壁者，不是定坐，……非旁門靜坐止念，面壁存神，以九年為九轉也。」❷溫養　一種煉養丹藥的功夫。要求火符進退、抽添增減不宜太躁，而須勤節用功，養之以溫溫，存之以綿綿，如龍之養珠，少婦之初孕。按照內丹修煉的不同程度，溫養也有不同的作用。王沐《內丹功法指要》認為九年面壁有六年溫養功夫，這種功夫又以「絕念無想」為要，以致神還虛。❸三清聖境　指道教天神所居的勝境。即：玉清聖境、上清聖境、太清聖境。從道教後來的發展來看，後有三位至上神居於三清境，即：元始天尊（又稱「玉清大帝」）、靈寶天尊（又稱「上清大帝」）、道德天尊（又稱「太上老君」、「混元老君」、「太清大帝」），稱為「三清」。❹寶符　仙人符命。符原為古代調動軍隊、代表一定權位的信物。民間道教模擬符信，托為神仙所頒。

【語　譯】達到九年面壁（即煉神還虛）的功夫之後，靈臺光瑩清潔，覺海圓滿明徹，性命混同融合，形神妙合，與天地合德，與太虛同體。這時，儘管金丹已煉成，但繼續積功德的向上功夫還是不可缺少。道對於德，就好像陰對於陽。行對於功，就好像目對於足。鍾離權說：「有功無行就如同沒有足，有行無功就好像目不全。功行兩方都圓滿就好像足目齊備，誰說沒有福分作神仙？」因此古代諸仙上聖一旦金丹煉成，溫養功夫完畢，則遊戲人間，含斂光耀混同俗世，隨功力建立功德，就方便解除束縛，扶助危險拯救厄苦，救助劫難匡正時世，普度迷界眾生，接引後世學道者，這樣於道上加功，於人間有功行。等功行都滿足，則潛伏等待時機，只等到天書降詔，玉女來迎之時，駕霧騰雲，直接升入三清聖境。正如張紫陽長者《悟真篇》所說：「德行修過八百，陰功積滿三千，等實符降詔之時去朝天，安穩駕瓊鳳等飛升之車。」

【說　明】「詔」本為皇帝的命令和文書。秦以後只限於皇帝下命令用，宋以後只限於皇帝任命高級官員或封爵時用。民間神話有種說法，人要成仙時有「寶詔」、「天書」降臨，然後騰雲駕霧或駕鳳驂鸞，直入仙境。

本文以此比喻內丹修煉達到「九年面壁之後，靈臺瑩潔，覺海圓明，性命混融，形神俱妙，與天地合德，與太虛同體。」的「煉神還虛」階段，儘管「丹道已成，而積功累行不可缺也」。「煉神還虛」階段儘管也是內丹修煉的一種出神入化的理想境界，但還不是修煉的終極目標，內丹修煉還有「煉虛合道」的最上一乘功法。內丹修煉必須經煉虛（合於太虛）才能契合大道，但煉虛主要在於粉碎虛空心，即無心於虛空，本體虛空，才能合於大道。因此，功夫達到「煉神還虛」階段，仍需勤於修煉，待「功行滿足，潛伏俟時，只待天書降詔，玉女來迎，駕霧騰雲，直入三清聖境。」

飛昇說

【題解】本篇以民間盛行的「飛昇」成仙說作比喻，形象地描述了道教修煉最終達到的各種不同境界。

仙有五等❶，佛有三乘❷，修持功行不齊，所以超脫稍異。飛昇沖舉❸者，上也；坐化尸解者，次也；投胎奪舍者，又其次也。

乘龍上昇者，如黃帝、茅濛、王玄甫、韋善俊是也。駕雲上昇者，如楊羲、李筊、藍采和、孫不二是也。控鯉上昇者，如子英、琴高是也。驂鸞上昇者，如子晉、鄧郁是也。跨鶴上昇者，如桓闓、屈處靜是也。御風上昇者，如葛由、武夷君是也。拔宅飛昇者，如何侯、尹喜、淮南王、許旌陽是也。白日沖舉者，如蔡瓊、馮長、馬成子、浮丘伯是也。嘗考列仙譜傳，始知從古至今，成仙者十萬餘人，拔宅者八千餘處。所以純陽翁於景福寺壁間題一聯云：「莫道神仙無學處，古今多少上昇人。」

【注釋】❶仙有五等　古代丹家認為仙是有差等的。葛洪認為仙有三等，從高到低依次為天仙、地仙、尸解仙。鍾離權和呂洞賓又提出仙有五等之說，依次為天仙、神仙、地仙、人仙、鬼仙。王重陽也將仙分為五等，依次為天仙、神仙、地仙、劍仙、鬼仙等。❷佛有三乘　佛家比喻運載眾生超越生死到涅槃彼岸的三種法門，是佛為適應不同根基（如鈍根、中根、利根）之人而設，即聲聞乘（也叫小乘）、緣覺乘（也叫中乘）、菩薩乘（也叫大乘）。❸飛昇沖舉　與後文「坐化尸解」、「投胎奪舍」等都是民間傳說中成仙時飛升的不同方式。詳見〈大道說〉。此處喻修煉達到的不同層次。

【語　譯】道家有仙有五等的說法，佛家有佛有三乘的說法，其實都源於修持功行程度不同，所以超脫方式稍有差異。飛升沖舉的，是最上層次；坐化尸解的，次之；投胎奪舍的，又其次。

乘龍上升的，如黃帝、茅濛、王玄甫、韋善俊等。駕雲上升的，如楊羲、李笈、藍采和、孫不二等是。御風上升的，如子英、琴高等。驂鸞上升的，如子晉、鄧郁等。跨鶴上升的，如桓闓、屈處靜等是。控鯉上升的，如葛由、武夷君等。拔宅飛升的，如何候、尹喜、淮南王、許旌陽等。白日沖舉的，如蔡瓊、馮長、馬成子、浮丘伯等。曾經考查列仙譜傳，才知從古到今，成仙的有十萬餘人，拔宅的有八千餘處。所以呂純陽長者在景福寺壁間題一聯：「莫道神仙無學處，古今多少上昇人。」

【說　明】「白日飛升」即形神俱飛的升仙境界，為修煉者追求的最高目標。道教認為仙有差等，依修行功夫的不同，有不同的飛升方式。外丹盛行時期，多講求形神俱存不死，講求騰雲駕霧的白日飛升。

內丹興起，也講形神俱妙，借用「白日飛升」之說。但內丹所謂的形神俱妙的白日飛升與外丹家所說的在內涵上並不相同。內丹講求心神合於大道即成仙，其身軀並不一定具體現實的與神同飛，卻可以以「化」的形式與神與道同在，即如翁源明〈悟真篇序〉所說「形神俱妙，與道合真，而變化不測。」神冥合於大道，形應神而變化，神升天也就是形升天，形神相合即是性命相合，性命相合即是成仙境界。

圖原本養涵
秘密藏　腔子裏　硃砂鼎　赤龍　神明之舍　道義之門
菩提本性本如如萬法通兮透太虛
自有靈明開般若機緘露處現真如
真心一點原於此無生無滅無終始
精神合道自長生道馭精神真不死
作如是觀清靜種
百千法門
同歸方寸
河沙妙德
盡在心源
照無色界幾千塵
眾妙應須無以觀更將有向竅門看
可名物母明明說兩顆明珠轉三盤
默默無言微更微無言之內有真機
自家竅妙自家會萬里青天一鶴飛
止其所　自在處　光明藏　天玄女　靈明竅　活潑潑地
三點如星布
橫鈎似月鈎
披毛從此出
作佛也由他
心源
性海
真汞
丹元
坤水
日魂
主翁
天君
靈臺
靈關
丹臺
乾馬
靈山
赤水
守靈
姹女
朱汞
靈府
玉液
金烏
何思何慮之天　不識不知之地
千聖一心
萬古一道
天君泰然
百體從令
虛靈不昧之神　色空不二之物

第一節口訣

涵養本原救護命寶內附退藏沐浴、玉液煉形二法

【題解】本口訣是九節口訣中的第一節，詳細介紹內丹修煉的築基功法——涵養本原救護命寶，認為其關鍵是深諳「心地法門」——觀心，並附以退藏沐浴與玉液煉形二法則，認為此二法是互為表裏的兩端功夫，其關鍵在於「一字法門」——勤。

欲修長生，須識所生之本。欲求不死，當明不死之人。故曰：「認得不死人，方纔人不死。」那不死的人，道家呼為鐵漢，釋氏喚作金剛❶，即世人本來妙覺真心❷是也。此心靈靈不昧，了了常知；其體不生不滅，其相無去無來。究之於先，天地之先，莫知其始；窮之於後，天地之後，莫知其終。高而無上，廣不可極，淵而無下，深不可測。乾坤依此而覆載，日月依此而照臨，虛空依此而寬廣，萬靈依此而變通。三教大聖教人修道，是修這箇❸；成仙成佛，也是這箇；戴角披毛❹，也是這箇。聖凡二路，由此而分。出生死，再無別途。登涅槃，唯此一法。然世間萬彙，未有一物不被無常所吞；獨有這箇，無生滅可縛，無色相可窺。

端端正正、停停當當、分分曉曉的，而人自不悟其所本來也。

不悟者何？為有妄心。何謂妄心？蓋為一切眾生，從無始已來，迷卻真心，不自覺知，故受輪轉枉入諸趣❺。原夫真心無妄，性智本明，妙湛元精。由妄瞥起，俄然晦昧，則失彼元精，粘湛發知，故轉智成識❻。形中妄心，名之曰識。心本無知，由識故知；性本無生，由識故生。生身種子，萌蘖❼於茲，開有漏❽華，結生死果。

今人妄認方寸中有箇昭昭靈靈之物，渾然與物同體，便以為元神在是。殊不知此即死死生生之識神，劫劫輪迴之種子耳。故景岑云：「學道之人不悟真，只為從前認識神。無量劫來生死本，痴人喚作本來人❾。」

嗟夫！世人以奴為主而不知，認賊為子而不覺。是以世尊教人先斷無始輪迴根本者，此也。此根既斷，則諸識無依，復我元初常明本體。

【注釋】❶金剛　取意金剛石，其性堅利，為金屬中最堅硬之物，故佛經常以之比喻堅利。這裏作者用「鐵漢」、「金剛」來比喻「真心」。❷真心　即真實之心，指心的本性之理，與下文「妄心」相對。妄心即指錯誤之分別心、虛偽心，即凡夫於現實生活中所生起之虛妄顛倒心。佛經常稱人之本性為「金剛不壞之真心」。❸這箇　佛教「自性」的代名詞，也叫「那箇」、「伊」、「本來面目」、「無位真人」、「自己」等，此處就指「金剛不壞之真心」。❹戴角披毛　泛指各種畜類。這裏指輪迴轉世，墮入畜生道的眾生。❺諸趣　佛教稱眾生所往之國土為「趣」。諸趣，即六道，指天、人、阿修羅、畜生、餓鬼、地獄等六趣的總稱。佛教認為眾生都在這六道中輪迴。❻轉智成識　即由先天無妄之真心（智）轉為後天妄心（識）。佛教認為凡夫只要克服後天之妄心回到先天之真心，即轉識成智，也可直入涅槃之境。❼萌蘖　萌芽；分蘖。❽漏　佛家煩惱的別名。妄念日夜由六根漏泄流注而不止，所以叫做漏，又煩惱能使人漏落於三惡道之中，所以也叫做漏。一切有煩惱之法就叫做有漏法，無煩惱之法就叫做無漏法。❾本來人　即元神。也就是前文的「妙覺真心」和後文的「常明本體」。道教認為元神是人之先天本性，是超越生死的，因此又叫「主人公」、「本來人」，和作為生死輪迴原因的「識神」相對。世人往往錯以「識神」為元神，因此作者指斥為「以奴為主」、「認賊為子」。

【語　譯】要想修煉以求長生，就必須對生命的本原有所了解。要想求得不死，應當明瞭不死的人。所以說「認得不死人，方才人不死」。那不死的人，道家稱之為「鐵漢」，佛家喚作「金剛」，也就是世人與生俱來靈妙明覺的真心。這個心靈明不昏昧，總能明察知曉一切；它的體不生不滅，它的相無去無來。追究它的來源，直追究到天地產生之前，也不能知道它的開始；窮究它的終結，直到天地毀壞之後，也不能知道它的終結。它高得沒有頂限，廣得沒有極限，低得沒有底限，深得不可估量。天地依靠它而覆載萬物，日月依靠它而照臨一切，虛空依靠它而更加寬廣，萬靈依靠它而能夠變通。儒、佛、道三教的大聖教人修道，就是修的這個；成仙成佛，也是成的這個；轉世成戴角披毛的禽獸，也是因為這個。聖、凡兩條路，就是因為「心」的差異而有分別。超脫生死輪迴，除修心之外，再無其他途徑。永離苦海，達到涅槃境界，唯有修心一法。然而世間萬物，沒有一物不是被無常所吞沒的；獨有這個「心」，本身沒有生滅可以被束縛，沒有色相可以被窺見。端端正正、停停當當、分分曉曉的，而人自己卻不解悟它的本來面目。

為什麼不能夠解悟呢？是因為有妄心。什麼叫妄心？因為一切眾生，從無始以來，迷失了真心，而自己又執迷不悟，所以受生死輪轉白白的墮入六道之中。其實追究本原，人的真心本來是無妄的，性智本來是明淨的，稟受靈妙澄清的元精。然而因為妄心突起，真心便立即晦昧不明，元精也隨之失去，使清淨之元精被塵雜所垢染而產生種種知見，所以先天的智就轉變成後天的識。形體中的妄心，就叫做「識」。心本來沒有各種知見，由於有了識所以有了知見；性本來沒有生，由於有了識所以有了生。生身的種子，從此便萌發、蘖生，開出煩惱的花，結出生死輪迴之果。

世人錯誤的認為心中有個昭昭靈靈的東西，渾然與形體同在，便以為「元神」就存在其中。殊不知這其實就是導致生死輪迴的「識神」，是劫劫輪迴的種子罷了。所以景岑說：「學道的人不能覺悟真心，只是因為從前認識神為真心。其實識神是無量劫以來有生死輪迴的根本，可糊塗人把它當作本來的元神。」

可嘆呀！世人把「識神」這個奴當作主人而自己不知道，認「識神」這個賊為親子而自己不覺得。所以世尊教人首先要斷除無始輪迴的根本，就是指斷除這個「識神」。這個根既然斷除了，則各種虛妄之識神沒有了依靠，這樣就可以回復到本來常明的元神本體了。

然而大道茫茫，當從何處下手？是以齊襟必舉領，整網要提綱。昔尹師指出修行正路一條，教人打從源頭❶做起。若源頭潔淨，天理時時現前，識念自然污染不得。譬如杲❷月當空，魍魎❸滅跡。

此一心地法門❹，是古今千聖不易之道。故老子曰：若夫修道，先觀其心。觀心之法，妙在靈關一竅❺。人自受生感氣之初，稟天地一點元陽，化生此竅，以藏元神。其中空空洞洞，至虛至明，乃吾人生生主宰。真所謂有之則生，無之則死。生死盛衰，皆由這箇。

儒曰靈臺，道曰靈關，釋曰靈山❻。三教同一法門，總不外此靈明一竅。

釋教曰：「佛在靈山莫遠求，靈山只在汝心頭。人人有個靈山塔，好向靈山塔下修。」論其所也。

玄教曰：「大道根莖識者希，常人日用孰能知。為君指出神仙窟，一竅彎彎似月眉。」論其形也。

蓋此竅乃神靈之臺，秘密之府，真淨明妙，虛徹靈通，卓然而獨存者也。眾生之本原，故曰心地；諸佛之所得，故曰菩提❼；交徹融攝，故曰法界❽；寂淨常樂，故曰涅槃；不濁不漏，故曰清靜；不妄不變，故曰真如；離過絕非，故曰佛性；護善遮惡，故曰總持❾；隱覆含攝，故曰如來藏；超越玄秘，故曰密嚴國；統眾德而大備，爍群昏而獨照，故曰圓覺❿。其實皆一竅也。背之則凡，順之則聖；迷之則生死始，悟之則輪迴息。

欲息輪迴，莫若體乎至道。欲體至道，莫若觀照本心。欲照本心，應須音眼虛鑒，常教朗月輝明，每向定中慧照⓫。時時保得此七情未發之中⓬，時時全得此八識⓭未染之體。外息諸緣，內絕諸妄。含眼光，凝耳韻，調鼻息，緘舌頭⓮，四肢不動，使眼、耳、鼻、舌、身之五識各返其根，則精、神、魂、魄、意之五靈各安其位。二六時中⓯，眼常要內觀此竅，耳常要逆聽此竅，至於舌準常要對著此竅。運用施為，念念不離此竅；行住坐臥，心心常在此竅。不可剎那忘照，率爾相違。神光一出便收來，造次弗離常在此。即子思所謂「不可須臾離」⑯者是也。

【注　釋】❶源頭　即下文中「心地法門」、「觀心之法」之「心」。❷杲　明亮。❸魍魎　也作「罔兩」、「蝄蜽」。一指傳說中山裏的怪物或水鬼名；一指影子外層的淡影。❹心地法門　原為佛家語。佛教認為，心為萬法之本，能生一切諸法，故曰心地。修行人依心而起行，故曰心地。法門，就是眾生超凡入聖的門戶。此處作者認為「觀心之法」也是道教的「心地法門」。❺靈關一竅　又稱「性海」、「心地」、「靈關」、「靈明一竅」等。為凝煉元神之處，一說指先天之性所居的上丹田。❻靈山　全稱靈鷲山，佛教傳說中為釋迦牟尼佛說《法華經》之會處，後比喻修心之所。這裏作者認為儒家的「靈臺」、道家的「靈關」、佛家的「靈山」均比喻「靈關一竅」。❼菩提　佛家語，意譯為覺、智、知、道等。廣義而言，指斷絕世間煩惱而成就涅槃之智慧。❽法界　佛家語，涵義有多種，一般指事、理而言。法指諸法，界指分界。因諸法各有自體而分界不同，所以叫法界。華嚴宗用法界來表示現象與本體之相即相融的關係。即就現象與本體而言，法界可分為四種，即：事法界、理法界、理事無礙法界、事事無礙法界。❾總持　佛家語，總指總一切法，持指持一切義的意思。❿圓覺　佛家語，圓滿的靈覺，就是人人本具的真心，這個真心，洞徹世間一切事理，了知其真相。⓫定中慧照　定、慧均為佛教「三學」（戒、定、慧）之一，指禪定與智慧。收攝散亂的心意為定；觀察照了一切的事理為慧。佛教認為，修此三學，可以由戒得定，由定發慧，最終獲得無漏道果，所以三學又名為三無漏學。⓬七情未發之中　七情，佛教指喜、怒、哀、樂、愛、惡、欲，也泛指人的各種情緒、欲望等。未發之中，語出《中庸》「喜怒哀樂之未發謂之中」，「中」指無過無不及的狀態。佛教認為「情」是是非的源頭，是利害產生的根源，因此要控制在「中」的狀態。⓭八識　佛家語，佛教的唯識學，把一心分八識，即眼識、耳識、鼻識、舌識、身識、意識、末那識、阿賴耶識。詳見〈八識歸元圖〉。⓮含眼光四句　道教內煉靜養的修煉方法，指返觀內照、閉目塞聽、調息靜默的內斂過程。⓯二六時中　指子、丑、寅、卯、辰、巳六陽時和午、未、申、酉、戌、亥六陰時，即一天十二個時辰。⓰不可須臾離　語出《中庸》：「道也者，不可須臾離也，可離非道也。」

【語　譯】然而，修煉金丹的大道茫茫無邊，該從何處下手修習呢？我們知道，想要使衣襟齊整就必須先舉起衣領，要整理魚網就要提起連綱的總繩。過去尹師傅曾指出修行的正路一條，就是教人必須先從源頭心念上做起。如果做到源頭潔淨、心無雜念，則天理時時現於眼前，識念自然不會受到污染。就好像明月當空朗照之時，各種妖魔鬼怪和影子自然都銷聲匿跡了。

這一心地法門，是古今多少聖賢堅守不變之道。所以老子說：若要修道，必須先觀照本心。觀心的方法，其奧妙就隱藏在靈關一竅中。人在形成生命之初，就稟受天地間一點元陽之氣，然後化生出此靈關一竅，作為元神的歸藏之處。此竅其中空空洞洞，空虛至極又靈明至極，這就是決定人生生不已的主宰。真是所謂有了它則生，沒有它則死。生死盛衰，都由這個來決定。

儒家把它叫做「靈臺」，道家把它叫做「靈關」，佛家把它叫做「靈山」。三教實際都指同一法門，而且總不外乎指這靈明一竅。

佛教說：「佛在靈山不要向外遠求，靈山只在你的心頭。人人都有個自己的靈山塔，好生在自己的靈山塔下修。」這是說靈關一竅的位置。

道教說：「大道的根本明白的人太少，平常人日日用它但誰又能知道它。如今為你指出這一成就神仙的洞窟，就是這恰似一輪彎彎的月牙的靈關一竅。」這是說靈關一竅的形狀。

這一竅是神靈之臺，秘密之府，真淨明妙，虛徹靈通，是卓然超群而獨自存在的。是眾生賴以存在的本原，所以又叫「心地」；是眾佛所受啟發的根源，所以又叫「菩提」；它又是交往通徹圓融涵攝的，所以又叫「法界」；它是寂淨常樂的，所以又叫「涅槃」；沒有污濁斷絕煩惱，所以又叫「清靜」；不虛妄不變遷，所以又叫「真如」；遠離過錯絕盡是非，所以又叫「佛性」；護持善而攔遮惡，所以又叫「總持」；隱蔽覆藏收斂含攝，所以又叫「如來藏」；獨自超越又玄妙神秘，所以又叫「密嚴國」；它能統眾德而自身極其完備，驅除群昏而獨自朗照，所以又叫「圓覺」。其實以上所說都是指這靈關一竅。違背它則成凡，順應它則成聖；迷時則墮入生死輪迴，悟時則擺脫生死輪迴。

想要擺脫生死輪迴，莫過於去體悟至道。想要體悟至道，莫過於去觀照本心。想要觀照本心，應該做到聽之不聞、視之不見，常使內心如明月朗照般光輝明亮，每每在靜定中返觀內照，獲得智慧。時時保全這七情未發時的「中」，時時保全這未被八識污染的本體。對外止息諸種因緣，對內絕盡諸種妄念。含眼光，凝耳韻，調鼻息，緘舌頭，四肢不動，使眼、耳、鼻、舌、身這五識各返歸其根，則精、神、魂、魄、意這五靈也就各安其位。在一天十二個時辰中，眼睛都要內觀這一竅，耳朵常要逆聽這一竅，至於舌頭鼻子常要對著這一竅。運用施為，要念念不離這一竅；行住坐臥，心要常在這一竅。不能有一時忘記內觀返照，不能輕率的和它相離。神光一出便馬上收回來，輕易不離應常守這靈關。這靈關一竅就是子思所說的「須臾不可離」的東西。

先存之以虛其心，次忘之以廓其量。隨時隨處，無礙自在❶。正合《龍虎經》云：「至妙之要，先存後忘。」此又口訣中之口訣也。

然要屏除六識❷，尤在知所先後。意雖為六識之主帥，眼實為五賊❸之先鋒。故古德云：「心是樞機，目為盜賊。欲伏其心，先攝其目。」蓋弩之發動在機，心之緣引在目。機不動則弩住，目不動則心住。

《陰符經》曰：「機在目。」

《道德經》曰：「不見可欲，而心不亂。」❹

《魯論》曰：「非禮勿視。」

朱子曰：「制於外，所以養其中也。」

《金笥寶籙》曰：「眼乃神遊玄牝門❺，抑之於眼使歸心。」

眼守此竅不離，即如來正法眼❻，合涅槃心之秘旨。故《楞嚴經》云：「作是觀者，名為正觀❼；若他觀者，名為邪觀。」

又《觀經・觀心品》云：「三界❽之中，以心為主。能觀心者，究竟解脫；不能觀者，畢竟沉淪。」

《道德》首章云：「常有欲以觀其徼」❾者，觀此竅也。「常無欲以觀其妙」者，觀此竅中之妙也。昔黃帝三月內觀者，觀此也。

太上亦曰：「吾從無量劫❿來，觀心得道，乃至虛無。」觀心非易，止念尤難。是以念頭起處，係人生死之根。

古仙云：「大道教人先止念，念頭不住亦徒然。」

《圓覺經》云：「居一切時，不起妄念。於諸妄心，亦不息滅。住妄想境，不加了知。於無了知，不辨真實。」

《起信論》云：「心若馳散，即便攝來，令住正念⓫。念起即覺，覺之即無。修行妙門，唯在於此。」

虛靖天師云：「不怕念起，只怕覺遲。念起是病，不續是藥。」

當知妄念起於識根，鬪境成妄，非實有體。在眾生時，智劣識強，但名為識；當佛地時，智強識劣，但名為智。祇轉其名，不轉其體。初一心源，廓然妙湛。由知見立知，妄塵生起，故有妄念。若知見無見，則智性真淨，復還妙湛。洞徹精了，而意念既銷。意念既銷，自六識而下莫不皆銷。即文殊所謂「一根既返元，六根⓬成解脫。」既無六根，則無六塵⓭；既無六塵，則無六識；既無六識，則無輪迴種子⓮；既無輪迴種子，則我一點真心獨立無依，空空蕩蕩，光光淨淨，而萬劫常存，永不生滅矣！

【注釋】❶無礙自在　佛家語。無礙，又作無閡、無障礙、無罣礙、無所罣礙。無礙自在，指人的心完全脫離了煩惱的繫縛而通達無礙。❷六識　佛家語，指眼識、耳識、鼻識、舌識、身識、意識。因為是八識中的前六識，故常被稱為「前六識」。❸五賊　指眼識、耳識、鼻識、舌識、身識五識。❹不見可欲二句　語出《老子・三章》，原句為「不見可欲，使民心不亂。」❺玄牝門　語出《老子・六章》：「谷神不死，是謂玄牝。玄牝之門，是謂天地根。」此處指心思雜念生起的地方。❻正法眼　佛家語，又稱「清淨法眼」。意為如來佛的心眼能夠徹見正法，故名正法眼。❼正觀　佛家語，和後文「邪觀」相對。以正慧了知真如稱為正觀；而相比較而言的外道之邪說統稱為「邪觀」。❽三界　佛家語，佛教把凡夫生死往來的世界分為三：欲界、色界、無色界。此三界都是凡夫生死往來的境界，所以佛教修行者以跳出三界為目的。❾常有欲以觀其徼　與後句「常無欲以觀其妙」均語出《老子・一章》，原句為「故常無，欲以觀其妙；常有，欲以觀其徼。」另一種斷法為「故常無欲，以觀其妙；常有欲，以觀其徼。」❿無量劫　佛家語，經歷世界成敗一次為一劫；無量劫，跟後文「萬劫」意思相近，指經歷無數次劫，歷經極長的時間。⓫正念　佛家語，與後文「妄念」相對。即正確的念頭，即時常憶念正道，不使思想行為有錯誤，是佛教的八正道（又名八聖道，即八條聖者的道法：正見、正思惟、正業、正命、正精進、正念、正定）之一；妄念，即虛妄的心念，指凡夫貪著六塵境界之心。佛教認為，能完全離卻妄念，持守正念，就可以進入覺悟的境界。⓬六根　佛家語，即眼、耳、鼻、舌、身、意。眼是視根，耳是聽根，鼻是嗅根，舌是味根，身是觸根，意是念慮之根。根指能生之義，如草木有根，能生枝幹，識依根而生，有六根則能生六識，六識就是六根對色、聲、香、味、觸、法之六塵而生的見聞嗅味覺思的了別作用。⓭六塵　佛家語，即色塵、聲塵、香塵、味塵、觸塵、法塵。塵者染污之義，意指染污人們清淨的心靈，使真性不能顯發。又名六境，即六根所緣之外境。⓮輪迴種子　指導致生死輪迴的惡業種子。種子，原指植物種子，佛教借喻為現象生起之根據。即世間的種種行為在發生過後尚有餘勢潛在地存留著，並成為未來行為生起的原因，或影響未來的行為。初期佛教將促使善惡業及其果報連續不絕的潛在功能，譬喻為種子。

【語　譯】先要存想這一竅，使其本心虛靜，然後再忘掉它，使其更虛靜空廓。隨時隨地，沒有罣礙。這正是《龍虎經》所說：「丹道的要妙，是先存後忘。」這又是口訣中的口訣了。

然而要屏除眼、耳、鼻、舌、身、意六識，尤其要懂得先後次序。六識之中，「意」雖然為統攝六識的主帥，但「眼」實為眼、耳、鼻、舌、身五賊的先鋒。所以古德說：「心是總機關，眼睛是盜賊。想要降伏心，必先收攝眼。」弓箭的發動全在機關，心的牽引全在眼。機關不動則弓箭就不會發射，眼睛不動則心不外馳。

《陰符經》說：「心動關鍵在眼。」

《道德經》說：「眼前沒有可引起貪欲的東西顯現，則心就不會亂。」

《魯論》說：「不符合禮的要求，就不去看。」

朱熹說：「控制眼外的，目的是保養其內心。」

《金笥寶籙》說：「眼是心神游離出玄牝門的方所，所以從眼這裏抑制住，可使之歸於心。」

眼睛守住這一竅而不離，這就是如來的「正法眼」，合乎「涅槃心」秘不外傳的要旨。所以《楞嚴經》說：「作這種觀的，叫做正觀；如果是別種觀的，叫做邪觀。」

又《觀經・觀心品》說：「三界之中，以心為主。能夠觀照本心的，終究能夠解脫；不能觀照心的，畢竟只有沉淪於生死輪迴中。」

《道德經》第一章說：「常有欲以觀其徼」者，就是觀這一竅中的端倪。「常無欲以觀其妙」者，就是觀這一竅中的微妙。過去黃帝內視觀照三月的，也是觀這一竅。

太上老君也說：「我是歷經無數劫而來，通過觀心而得了道，一直達到虛無的境界。」觀心尚且不是一件容易的事，止息雜念則更是難上加難。因此，雜念所生處，就關係到人生死的根本。

古代的仙人說：「大道教人修煉要先止息雜念，如果念頭止不住怎麼修也是徒然。」

《圓覺經》說：「在任何時候，都不起妄念。面對各種妄心，也不去刻意息滅。處於妄想不斷的境地，不加意識去判斷。對於不明瞭的，不去辨明真實。」

《起信論》說：「心如果向外馳散，要及時收攝回來，令其停住於正念。正念起時就覺悟，覺悟後就歸為虛無。修行的神妙門徑，只在於這一點。」

虛靖天師說：「怕的不是妄念起，而只怕覺悟太遲。妄念生起雖是病，但設法斷除妄念卻是藥。」

應當知道妄念起於眼、耳、鼻、舌、身、意六識根，是和色、身、香、味、觸、法六塵相對後形成的妄念，並非實有存在。處於一般眾生的境地，智處於劣勢而識居於強勢，所以只把它叫做「識」；處於佛的境地時，智居於強勢而識處於劣勢，只把它叫做「智」。「轉識成智」只轉「識」名為「智」名，其本來的本體並不變。本初的心源，空廓靈妙清澈。但由於有了知見才有了知，然後妄加判斷隨之生起，所以有了妄念。如果沒有知見，則智的本性真實潔淨，復歸到靈妙清澈的狀態。本源洞徹純粹了，而意念就消失了。意念既然消失了，則從六識到以下沒有不全部消失的。這就是文殊菩薩所說的「一根既然返回本源，六根也就解脫了。」既然沒有六根，則沒有六塵；既然沒有六塵，則沒有六識；既然沒有六識，則沒有輪迴種子；既然沒有輪迴種子，則我的一點真心獨立存在沒有依附，空空蕩蕩，光光淨淨，而萬世常在，永遠不生不滅了！

此法直指人心，一了百當，何等直截，何等簡易。但能培養本原，觀照❶本竅，久則油然心新，浩然氣暢，凝然不動，寂然無思，豁然知空，了然悟性。此所謂「皮膚剝落盡，一真將次見」矣。

工夫至此，自然精神朗發，智慧日生，心性靈通，隱顯自在；自然有一段清寧闔闢之機；自然有一段飛躍活動之趣；自然有一點元陽真氣❷從中而出，降黃庭，入土釜，貫尾閭，穿夾脊，上沖天谷，下達曲江，流通百脈，溉灌三田❸，驅逐一身百竅之陰邪，滌蕩五臟六腑之濁穢。如服善見王❹之藥，眾病咸消；若奏獅子筋之絃，群音頓絕。所以云：「一心療萬病，不假藥方多。」

是知一切諸聖，皆從此心方便門❺入，得成祖佛，為人天之師。凡夫不能證者，由不識自心故。故曰：「海枯終見底，人死不知心。」六道❻群蒙皆此門出，歷千劫而不返，一何痛哉！所以諸佛驚入火宅❼，祖師特地西來，乃至千聖悲嗟，皆為不達唯心❽出要道耳。

如《寶藏論》云：「夫天地之內，宇宙之間，中有一寶，秘在形山❾。識物靈照，內外空然；寂寞難見，其為玄玄。巧出於紫微❿之表，用在於虛無之間。端化不動，獨而無雙。聲出妙響，色吐華容。窮覩無所，寄號空空。唯留其聲，不見其形。唯留其功，不見其容。幽明朗照，物理虛通；森羅寶印，萬象真宗⓫。

其為也形，其寂也冥。本淨非瑩，法爾圓成⑫。光超日月，德越太清⑬。萬物無作，一切無名。轉變天地，自在縱橫。恆沙⑭妙用，混沌⑮而成。誰聞不喜？誰聞不驚？如何以無價之寶，隱於陰入⑯之坑。哀哉哀哉，其為自輕！悲哉悲哉，晦何由明？其寶也，煥煥煌煌，朗照十方⑰；闃⑱寂無物，應用堂堂；應聲應色，應陰應陽。奇物無根，妙用常存。瞬目不見，側耳不聞。其本也冥，其化也形。其為也聖，其用也靈。可謂大道之真精。其精甚靈，萬有之因。凝然常住⑲，與道同倫。」

【注釋】❶觀照　佛家語。觀察照見，即用心光向心中看，向心中照，是一種修慧的方法。❷元陽真氣　即元氣，又稱「玄元始氣」、「元始祖氣」、「先天氣」，道教以之為內煉的基本要素。❸降黃庭八句　內煉過程中真氣的運行路線。黃庭、土釜、尾閭、夾脊、天谷、曲江、三田均指內煉時元氣運行途經的關竅穴位。黃庭、土釜，一般指仙胎結養之處。尾閭，又名「尾骶」，一般認為位於脊椎骨下段，上連髖骨，下到肛門後方。夾脊，又叫「轆轤關」、「雙關」、「附後關」，尹真人《寥陽殿問答編》中指人脊椎二十四節的中間位置。天谷，尹真人《寥陽殿問答編》中就指上丹田，也就是泥丸穴，又稱為「乾頂」、「內院」，認為仙胎結成後就升駐於此。曲江，一指小腸，一指鼻和口之間。古代丹經中以小腸有九盤十二曲，故稱為曲江；後人也有人以鼻口之間為曲江。三田，一般指上、中、下三丹田。總之，所有這些竅穴的具體所指位置在不同的丹經中說法不一，所指也有不同。詳見元集〈普照圖〉和〈反照圖〉。❹善見王　善見，在佛教經典中有時指一佛教修行的山名，又名喜見城，是帝釋天的宮城，在須彌山的絕頂，處於第三十三天。有時指人名。後一般用作譬喻，譬如有藥，名為善見，眾生見者，眾毒悉除。善見王，一說指善見城之王；一說也稱善見藥王，晉《華嚴經》三十七曰：「譬如雪山有大藥王名曰善現，若有見者眼得清淨，若有聞者耳得清淨，若聞香者鼻得清淨，若嘗味者舌得清淨，若有觸者身得清淨。若取彼地土，悉能除滅無量眾病，安穩快樂。」《往生要集》上末曰：「善見藥王滅一切病。」❺方便門　方便，佛教語，意思是隨方因便，以利導人。方便門，佛教指為誘導眾生入於真實之道即入佛的門徑。❻六道　佛家語，指凡俗眾生因善惡業因而流轉輪迴的六種世界。又稱六趣。即地獄、餓鬼、畜生、阿修羅、人、天。其中，地獄、畜生、餓鬼稱三惡道，或三塗。阿修羅、人、天稱三善道。這六道的眾生都是屬於迷的境界，不能脫離生死，這一世生在這一道，下一世又生在另外一道，總之在六道裏頭轉來轉去，像車輪一樣的轉，永遠轉不出去，所以叫做六道輪迴。六道中若不含阿修羅，則稱為五道，或五趣。道，即能通之義。❼火宅　原意為充滿烈火的住宅。佛典中用以比喻煩惱多的眾生世間。迷界眾生所居住之三界（欲界、色界、無色界），好像是一所被火燒著的房子一樣，人們住在裏面，苦不堪言。語出《法華經》七喻中之火宅喻。❽唯心　佛家語，意為一切諸法，唯有內心，無心外之法，是謂唯心；又名唯識，謂世界上的一切事物都是由心識變現出來的。❾形山　即指肉身。人之心性、人之一心乃秘藏於身中者，故佛書中多以「秘在形山」一語指人之心性。❿紫微　天上星座名，道家一般用以指泥丸宮（上丹田）。⓫森羅寶印二句　森羅萬象，指宇宙間存在的各種現象，森然羅列於前。寶印，佛教指三寶中之法寶也，是諸寶中之實寶，堅固不壞，故名寶。真宗，指真實道理之宗旨。佛教相對於別教而言，稱自己為真宗，而各宗均稱自宗為真宗。這裏比喻心是萬物的主宰，強調心的重要性。⓬圓成　佛家語，指眾生具有無量功德，成就圓滿。⓭太清　道教最高仙境「三清境」（玉清、上清、太清）之一。「三清」從其本義上來說是作為「天」、「境」，天上有「三清天」、「三清境」。為三十六天中僅次於大羅天的最高天界，也指神仙所居的最高仙境。後來「三清」由「境」向「尊神」涵義發展，認為「三清境」居住著相應的三神（元始天尊、靈寶天尊、道德天尊），地上的道教宮觀一般都建有「三清殿」，供奉著此三神。此處太清泛指天境。⓮恆沙　佛家語，「恆河沙」的略稱。恆河是印度大河，兩岸多細沙，佛說法時，每以恆河之細沙喻最多之數。⓯混沌　也稱「渾沌」，指元氣未分、天地未形成之前的狀態。《莊子・應帝王》中有「混沌之死」的故事，「混沌」比喻人的原始狀態。⓰陰入　佛教以五陰、十二入、十八界為陰入界（也叫「三科」），專為破除凡夫實我之虛妄而施設。⓱十方　佛經稱東、西、南、北、東南、西南、東北、西北、上、下為十方。這裏泛指四面八方。⓲闃　寂靜；空寂。⓳常住　佛家語，略稱「常」，為「無常」之對稱，指沒有生滅變遷的意思。

【語　譯】這一法門，直接指出修行的要害就是人心，人心一了，百事全了，多麼直截簡易。只要能夠培養本原，觀照本心，久而久之，則其心煥然一新，真氣則充盈通暢，身體凝然不動，心平氣靜而雜念不生，心胸空廓與虛空同體，本性顯現，一目了然。這就是所謂的「皮膚一旦剝落盡，真心就逐漸顯現」。

功夫一旦到此程度，自然精神日見明朗，智慧與日俱生，心性顯露出靈通，或隱或顯隨意自在；自然可以隨意的要麼顯得清朗寧靜，要麼顯露出開開合合的靈動跡象；自然可以顯出一段飛躍活動的意趣；自然會有一點元陽真氣從竅中溢出，先緩緩降於黃庭穴中，然後流入土釜穴，再貫通尾閭，穿過夾脊，上沖上丹田，下達下丹田，使一身百脈暢通無阻，使上、中、下三丹田得以滋養，驅除一身百竅中的陰邪之氣，滌除掉五臟六腑中的濁穢之物。這就像吃了善見王的靈丹妙藥一樣，所有的病立即痊癒；就像一旦奏響獅子筋做成的絃樂器，其他各種聲音立即都會停止。所以說「一心治萬病，不必藥方多。」

因此，所有的仙聖門，都是從「心」這個方便之門入道，最終修成仙聖佛祖，成為天下所有人所宗之師。凡夫俗子之所以有不能修成悟道的，正是因為不識自心的緣故。所以說「海枯終見底，人死不知心」。而墮入天、人、阿修羅、畜生、餓鬼、地獄這六道生死輪迴的愚昧眾生，都是因為不知修心而偏離此方便門，輪迴千世而終不得解脫，實在讓人痛心！所以眾佛紛紛降臨到充滿煩惱的俗界，如來祖師也特地西來，乃至讓眾仙聖們扼腕長嘆不止的，也都正是因為眾生不知道只有修心才是出脫輪迴的正道。

比如《寶藏論》中就說：「在天地之內，宇宙之間，有一寶物（心），隱秘存在於人自身之內。能夠洞察萬物、靈光慧照，內外一片空廓寂然；儘管其形體靜寂不可見，但其妙用卻無窮。它的機巧奧妙出自紫微外面，它的功用出自於虛無之間。其變化萬千卻寂然不動，獨一而無雙。聲音一出，美妙絕響，乍現眼前，如花般鮮豔。但待仔細打量時，又不見形跡，原先它託身的地方，又空空如也。只留下聲音，但看不見它的形狀。只顯現它的功用，卻無法窺見它的相貌。它朗照萬物，幽暗顯明皆顯眼底，它通於人間事理，萬事都顯得虛通無礙。它是主宰萬物的法寶，為萬物之真宗。它的妙用顯現時似乎有形跡可循，但在靜定之時卻顯得窈冥虛無。它本自淨明，無需雕琢，遵循此法則功德圓成。它的光輝超越日月，它的恩德跨越太清之境。萬物自身不動，一切都取決於此無名之道。其可以轉變天地，自在無礙、自由縱橫。其妙用無窮，在混沌未開之時已經存在。誰聽了有這回事不感到喜從天降呢？誰聽了不驚嘆不已呢？怎麼能把這無價之寶，隱陷於陰人之坑！可悲呀，太可悲啦，這是自己看輕自己！可悲呀，太可悲啦，怎樣才能走出黑暗走向光明？此寶光輝耀眼，明照四面八方。靜寂得好像無物，但其功用卻無邊。它可以與聲色相應，與陰陽相合。此寶似乎無根基可循，但妙用卻是常存。轉眼間就看不見蹤影，側耳間就聽不見聲音。其本原冥寂不可尋，其化生之妙用卻實實在在。其造化之功是神聖的，其功用是虛靈的。真可以算得上是大道的真精。此真精異常虛靈，它是產生萬物的原因。凝然不動，常住不滅，與道同體。」

天下最親，莫過心也。百姓日用，而不知心。如魚在海而不知水。故佛經云：「一切眾生，從曠劫來，迷倒本心，不自覺悟。妄認四大❶為身，緣慮為心。譬如百千大海不認，但認一小浮漚❷。以此迷中復迷，妄中起妄，隨境流轉，寓目生情，取捨萬端，無時暫暇。致使起惑造業，循環六道，密網自圍，不能得出。究竟冥初，皆一妄迷真之咎耳。」

故靈潤曰：「妄情牽引何時了，辜負靈臺一點光。」夫靈臺一點光者，即真如、靈知、心也。最玄最妙，通聖通靈，極高明，極廣大。化萬法之王，為群有之體。豎徹三界，橫亙十方。自混沌未闢之前，而已曾有；雖天地既壞之後，而未嘗無。一切境界，皆是心光。若人識得心，大地無寸土。故曰：三界唯心❸。迷人心外求法，至人❹見境❺是心。境是即❻心之境，心是即境之心。對境不迷，逢緣不動，能所[7]互成，一體無異。若能達境唯心，便是悟心成道。覺盡無始[8]妄念，攝境歸心。出纏真如，離垢解脫，永合清淨本然，則不更生山河大地諸有為相[9]。如金出礦，終不更染塵泥；似木成灰，豈有再生枝葉！一得永得，盡未來際[10]，永脫樊籠[11]，長居聖域矣。

雖然此最上一乘大道，若根器[12]利者，一超直入如來地；若根器鈍者，將如之何？必由下學而上達的工夫，漸次引入法門可也。使之行一步，自有一步效驗；升一級，自有一級規模。亦是行遠自邇，登高自卑[13]之意。若不知入門下手工夫，安能遽[14]到了手極則[15]地位？若未能盡心，而安能知性[16]？未能明心，而安能見性[17]？夫明心、盡心之要者，時以善法[18]扶助自心，時以赤水[19]潤澤自心，時以境界淨治自心，時以精進[20]堅固自心，時以忍辱坦蕩自心，時以覺照[21]潔白自心，時以智慧明利自心，時以佛知見[22]開發自心，時以佛平等[23]廣大自心。

故知明心是生死海[24]中之智楫[25]，盡心是煩惱病[26]中之良醫。若昧此心，則永劫輪迴而遺失真性；若明此心，則頓起生死而圓證涅槃。始終不出此心，離此心別無玄妙矣。後面雖有次第工夫，不過是成就這箇而已。

噫！莫看易了，至人難遇，口訣難聞。故張平叔[27]云：「只為丹經無口訣，教君何處結靈胎㉘？」殊不知經中口訣自載，大都秘母言子，不肯分開說破，使人湊泊㉙不來。況多為譬辭隱語，使學者眩目惑心，以致中途退步。余甚憐之，今將丹經、梵典中之口訣一一拈出，留與後人，為破昏黑的照路燈，辨真偽的試金石㉚。

【注釋】❶四大　佛教術語。指地、水、火、風為四種構成物質的基本元素。此處四大指人之身。佛教認為人身也是由地、水、火、風四大構成。❷漚　水的氣泡。❸三界唯心　佛教認為，整個世界分為欲界、色界、無色界三界，此三界中所有的事物都是人們自心的變現，離開心則別無獨立的事物。❹至人　道教對修仙悟道者的尊稱之一。《莊子・齊物論》：「至人神矣！大澤焚而不能熱，河漢沍而不能寒，疾雷破山、飄風振海而不能驚。若然者，乘雲氣，騎日月，而遊乎四海之外，生死無變於己，而況利害之端乎！」莊子至人說被納入道教信仰，如《太上老君內觀經》說：「煉神合道名至人。」《雲笈七籤》說「其神契到故曰至。」❺境　佛家語，即心所遊履和攀緣的境界，如色為眼識所遊履，叫做色境，法為意識所遊履，叫做法境等。❻即　佛家語，指二物融為一體而無差別。即不二不離之義，二物互為表裏、互不相離。又作「相即」。❼能所　即「能」與「所」之並稱。某一動作之主體，稱為能。其動作之客體（對象），稱為所。例如能見物之「眼」，稱為能見；為眼所見之「物」，稱為所見。這裏能、所分別指心與外物。❽無始　佛家語，沒有元始。指一切世間事物如眾生、諸法等皆由因緣生，都沒有開始，比如今生從前世的因緣而來，前世也是從前世而來，依此類推，所有眾生及諸法的原始都無法得知，所以稱無始。❾有為相　有為，跟「無為」相對，為，造作之義，有造作，謂之有為。即因緣所生之事物，統稱「有為」。相，相對於性質、本體等而言者，指表現於外而能想像於心的各種事物的相狀。❿盡未來際　佛家語，指窮盡無限未來之生涯、邊際，即永恆之義，與無限同義。⓫樊籠　原指容納飛鳥禽獸的籠子。木作的叫樊，竹作的叫籠。佛教用來比喻被業煩惱束縛的三界苦海。一切眾生處於三界，被業煩惱所束縛，不得出離，如籠中飛禽，所以叫「樊籠」，又作「煩籠」。所以佛教有「獨超三界出煩籠」的說法。後句中「聖域」與「樊籠」意思相反，指出凡入聖之境。⓬根器　植物之根能生長枝幹花葉，器物能容納東西，但是所生長所容納的，有大小、多寡的不同；而修道者的能力也有高下區別，所以以根器喻之，一般以喻學道者的根器有愚、鈍之差別。⑬行遠自邇二句　語出《中庸》：「辟如行遠必自邇，辟如登高必自卑。」意思是行遠從最近處開始，登高從最低處開始。邇，近。卑，低。⑭遽　迅速。⑮極則　最高準則。這裏指最高境界。⑯若未能盡心二句　盡心、知性出自《孟子・盡心上》：「盡其心者，知其性也。知其性，則知天矣。」性根於心，盡心是知性的前提和條件。⑰未能明心二句　明心見性，佛教禪宗的修持方法，禪宗認為「自心即是真性（佛性）」，所以「明心見性」，即「心」由迷轉悟，悟了自心本性，則能頓悟成佛。⑱善法　即合理益世之法，比如佛教認為五戒十善是世間的善法，三學六度是出世間的善法。這裏泛指合乎「善」的一切道理。⑲赤水　道教指內煉時口中產生的津液。〈陳先生內丹訣〉：「赤水者，心之液是也。」參見〈普照圖〉。⑳精進　「精進」及後句的「忍辱」、「智慧」屬於佛教「六波羅蜜」（也稱「六度」），即六種依次修持可以從生死苦惱此岸得度到涅槃安樂彼岸的法門，即布施、持戒、忍辱、精進、禪定、智慧。比如忍辱能度嗔恚，精進能度懈怠，智慧能度愚痴。㉑覺照　用覺悟的心來觀照一切。㉒佛知見　佛家語，指佛的真如灼見，即了知照見諸法實相理之佛智慧。㉓佛平等　平等，和「差別」相對，指沒有高下貴賤深淺等的差別。佛教認為，眾生都有佛性，所以佛性對人人平等，沒有差別。㉔生死海　佛教認為，眾生沉淪於生死迷界而輪迴無窮，好像汪洋大海一樣，無邊無際，故稱為生死海。㉕智楫　智慧之舟。楫，船槳。㉖煩惱病　煩是擾義，惱是亂義，能擾亂眾生身心，使人心煩意亂的念頭，叫做煩惱。佛教認為，煩惱之於心，如病之於身，故名為病。㉗張平叔　即張伯端，字平叔，號紫陽，稱紫陽仙人。㉘靈胎　金丹異名，又稱「真胎」、「聖胎」。㉙湊泊　攢湊。此處指無法完整全面的理解。㉚試金石　原為長在海底被葉岩包圍住的褐色石膽，經過海水和沙子的逐漸沖刷，以及海水中鹽和鐵、錳等金屬離子由外到內的氧化，最後形成非常細緻的黑色石頭。由於這種石頭會吸附並顯現礦物質的顏色，因此成為早期黃金買賣鑒別級數的關鍵工具，所以被成為試金石。後「試金石」一詞被引申為辨別真假等相對事物的標準和尺度。

【語譯】舉凡天下與人關係最為密切的，莫過於心了。眾生日用離不開它，只是不了解這就是心。就如同魚生活在海裏，卻不知道自己離不開的是水。所以佛經說：「一切眾生，從千世萬代以來，都迷失了本心，自己卻沒有省悟到。虛妄地以地、水、風、火四大假合之身為身，錯以思慮之心當作真心。這就好像面對百千頃的大海不識大海真面目，偏偏選在一個小水泡上費心思。就這樣在迷中更迷，妄中生妄，心隨外境遷移而動搖，目隨外物變化而情生，陷入萬般取捨中，無一時輕閑。致使生出無數迷惑，造下各種業端，陷入六道輪迴之中，用自己親手編織的密網把自己圍困起來，永世不得超脫。追究根源，錯誤就在於因一絲妄念迷惑了本真之心的緣故。」

所以靈潤說：「妄情牽引何時了，辜負靈臺一點光」。所謂「靈臺一點光」，指的就是真如、靈知、心。它最為玄妙，可通聖靈，極為高明，極為廣大。它是造化萬物之王，是世間萬物的本體。它縱通三界，橫貫十方。在混沌未開之前，它就早已存在；就算天地毀壞以後，也不會消亡。一切境界，都是心光的產物。如果人能識得此心，則心外世界則空無一物。所以說：三界唯心。

那些迷失本心的人，是從心外求法。至妙之人，則見到外界萬物知道是心。外物是跟心相即的萬物，心則是跟外物相即的心。面對外物不迷失心，遇到外界因緣不亂動心，心與外物相照互成，二物同體而無差別。如能悟得所有外物都是自心的顯現，便是通過悟心成道了。悟盡所有世間都是因緣所生這個無始的道理，克服妄念，收回外馳之心，從外物的纏縛中解脫出來而悟得真如，超離塵垢而得解脫，求得永遠合於清淨的本來面貌，則不會再生出山河大地等等一切有為相。就如同金從礦土中提煉出，就永遠不再被塵泥所染；就像木已燃成灰，哪能再長出枝葉！真可謂一得永得、一勞永逸，可以窮盡未來世的邊際，永遠超脫塵世樊籠，長久地居於仙聖的境地。

雖然這是最上一乘的修持之道，但如果是稟賦聰慧的人，就會直接躍入如來聖地。如果是稟賦愚鈍的人，將怎麼辦呢？就必須通過後天的修習，自下而上，慢慢獲得上乘功夫，逐漸引入法門。讓他修行一步，自有一步的效驗；讓他悟性提高一級，自有一級應有的規模。也就是行遠路必須從最近處起步，登高必從最低處開始的道理。如果不知道從何處入門、何處下手，怎麼能一下子就達到可以放手的最高境地呢？如果沒有能夠盡人之心，又怎麼能知人之性？不能做到自心自明，又怎麼能洞識本性呢？而明心、盡心的關鍵，就是要時時以最上一乘的道法修持本心，時時以津液潤澤自心，時時以佛的境界淨化陶冶自心，時時以精進堅固內心，時時以忍辱來使自心坦蕩，時時以靈覺明照來潔白自心，時時以智慧開化明朗其心，時時以佛的智慧啟發自心，時時以佛性平等來使自心開闊。

由此可以說明心是脫離生死苦海的智慧之舟，盡心是醫治煩惱病的良醫。如果心蒙昧不明，就會永世墮入輪迴而喪失其本然真性。如果心能清靜明悟，就能馬上超出生死輪迴而圓滿悟道進入涅槃境界。始終不能偏離此心，一旦偏離此心，則別無玄妙可言。後面雖然還有修煉的次序功夫，不過是為了成就本心而已。

唉！不要把這件事看得太容易了，真正的高人是很難遇到的，修道的秘訣也是極難聽到的。所以張平叔說：「只為丹經無口訣，教君何處煉金丹？」殊不知經中本來就載有口訣，只不過大都是關鍵點秘而不言，透露的只是一點枝節，不願分明道破，因此讓世人無法全面完整的理解。更何況大多都是一些謎語和譬喻，使修習者眼花繚亂、心中滿是疑惑，以致不得不半途而廢。我為之感到痛心，現將丹經、佛典中秘而不傳的口訣一一摘出，留給後學者，作為他們在昏暗的修行路上的照路燈，辨別真假的試金石。

太玄真人云：「父母生前一點靈❶，不靈只為結成形。成形罩卻光明種，放下依然徹底清。」

空照禪師云：「這箇分明箇箇同，能包天地運虛空。我今直指真心地，空寂靈知❷是本宗。」

自然居士云：「心如明鏡連天淨，性似寒潭止水同。十二時中❸常覺照，休教昧了主人翁❹。」

智覺禪師云：「菩薩❺從來不離真，自家昧了不相親。若能靜坐回光照，便見生前舊主人。」

三茅真君云：「靈臺湛湛似冰壺，只許元神[6]在裏居。若向此中留一物，豈能證道合清虛？」

天然禪師云：「心本絕塵[7]何用洗，身中無病豈求醫。欲知是佛非身處，明鑒高懸未照時。」

主敬道人云：「未發之前心是性，已發之後性是心。心性源頭參不透，空從往迹費搜尋。」

無心真人云：「妄念纔興神即遷，神遷六賊[8]亂心田。心田既亂身無主，六道輪迴在目前。」

高僧妙虛云：「惺惺一箇主人翁，寂然不動在靈宮。但得此中無罣礙，天然本體自虛空。」

太乙真人云：「一點圓明等太虛，只因念起結成軀。若能放下回光照，依舊清虛一物無。」

《華嚴經》頌云：「有數無數一切劫，菩薩了知即一念。於此善入菩提[9]行，常勤修習不退轉。」

海月禪師云：「六箇門頭一箇關[10]，五門不必更遮攔。從他世事紛紛亂，堂上家尊鎮日安。」

水庵禪師云：「不起一念須彌山[11]，待立當頭著眼看。拈一縷絲輕絆倒，家家門底透長安[12]。」

《大溈智》頌云：「真佛無為在我身，三呼三應太惺惺。若人不悟原由者，塵劫茫茫認識神。」

無垢子偈云，「五蘊[13]山頭一段空，同門出入不相逢。無量劫來賃屋住，到頭不識主人翁。」

惟寬禪師云：「勸君學道莫貪求，萬事無心道合頭。無心始體無心道，體得無心道也休。」

志公和尚云：「頓悟[14]心原開寶藏，隱顯靈蹤現真象。獨行獨坐常巍巍，百億化身[15]無數量。」

默堂禪師云：「應無所住生其心[16]，廓徹圓明處處真。直下頂門[17]開正眼[18]，大千沙界[19]現全身。」

《指玄篇》云：「若得心空苦便無，有何生死有何拘。一朝脫下胎州襖[20]，作箇逍遙大丈夫。」

段真人云：「心內觀心覓本心，心心俱絕見真心。真心明徹通三界，外道天魔㉑不敢侵。」

張遠霄云：「不生不滅本來真，無價夜光人不識。凡夫虛度幾千生，雜在礦中不能出。」

薛道光云：「妙訣五千稱《道德》㉒，真詮三百頌《陰符》㉓。但得心中無一字，不參禪㉔亦是工夫。」

無垢子云：「學道先須識自心，自心深處最難尋。若還尋到無尋處，方悟凡心即佛心。」

逍遙翁云：「掃除六賊淨心基，榮辱悲歡事勿追。專氣致柔㉕窺內景，自然神室產摩尼㉖。」

《弄丸集》云：「天機奧妙難輕吐，顏氏如愚曾氏魯㉗。問渠㉘何處用工夫？只在不聞與不覩。」

張三丰云：「真心浩浩無窮極，無限神仙從裏出。世人耽著小形骸，一顆玄珠㉙迷不識。」

《解迷歌》云：「若要真精無漏洩，須淨靈臺如朗月。靈臺不淨神不清，晝夜功夫休斷絕。」

北塔祚云：「切忌隨他[30]不會他，大[31]隨此語播天涯。真淨性中纔一念，早是千差與萬差。」

橫川拱云：「沿水無緣會逆流，見他苦切故相酧[32]。西來祖意實無意，妄想狂心歇便休。」

草堂禪師云：「斷臂[33]覓心心不得，覓心無得始安心。心安後夜雪庭際，滿目瑤花[34]無處尋。」

佛國禪師云：「心心即佛佛心心，佛佛心心即佛心。心佛悟來無一物，將軍止渴望梅林[35]。」

《華嚴經》偈云：「若人欲識佛境界，當淨其意如虛空。遠離妄想及諸物，令心所向皆無礙。」

《寶積經》頌云：「諸佛從心得解說[36]，心者清淨名無垢[37]。五道[38]鮮潔不受染，有解此者成大道。」

圓悟禪師云：「佛佛道同同至道，心心真契契真心。廓然透出威音[39]外，地久天長海更深。」

世奇首座云：「諸法空故我心空，我心空故諸法同。諸法我心無別體，秖在而今一念[40]中。」

張拙秀才云：「光明[41]寂照遍河沙，凡聖元來共一家。一念不生全體現，六根纔動被雲遮。」

中峰禪師云：「從來至道與心親，學到無心道即真。心道有無俱泯絕，大千世界一間身。」

張無夢云：「心在靈關身有主，氣歸元海壽無窮。」

白沙先生云：「千休千處得，一念一生持。」

彭鶴林云：「神室即是此靈臺，中有長生不死胎。」

永明延壽云：「有念即生死，無念即泥洹[42]。」

胡敬齋云：「無事時不教心空，有事時不教心亂。」

道玄居士云：「一出便收來，即歸須放下。」

羅念奄云：「毋以妄念戕其心，毋以客氣[43]傷元氣。」

莎衣道人云：「心若在腔子裏，念不出總持門[44]。」

白樂天云：「自從苦學空門法，消盡平生種種心。」

淨業禪師云：「動不忘於觀照，靜不忘於止息。」

《韜光集》云：「心在是，念亦在是；動如斯，靜亦如斯。」

沖妙云：「身不動而心自安，心不動而神自守。」

徐無極云：「性從偏處克將去，心自放時收拾來。」

佛印云：「一念動時皆是火，萬緣寂處即生春。」

陶弘景云：「修心要作長生客，煉性當如活死人。」

無著禪師云：「明即明心空寂，見即見性無生。」

《華嚴經》云：「若能諦觀心不二[45]，方見毗盧[46]清淨身。」

《華嚴》頌云：「始從一念終成劫，悉依眾生心想生。」

馬丹陽云：「若能常守彎彎竅，神自靈明氣自充。」

丘長春云：「當時一句師邊得，默默垂簾仔細看。」

慧日禪師云：「一念照了，一念之菩提也，一念妄息，一念之涅槃也。」

以上數語，皆成仙作聖之要，入道入德之門也。昔阿難多聞總持[47]，積歲不登聖果[48]。息緣返照，暫時[49]即證無生[50]。蓋凡夫之心，終日趣[51]外，愈遠愈背。唯返照者，檢情攝念，攝念安心，安心養神，養神歸性。即魏伯陽所謂「金來歸性初，乃得稱還丹㊿」是也。咦！煉礦成金得寶珍，煉情歸性合天真。相逢此理交談者，千萬人中無一人。

【注　釋】❶一點靈　即一點靈明或一靈真性，也即後句的「光明種」，指先天之性。先天之性與從父母那裏稟受的「氣質之性」相合而結成形體，出於氣質之性的各種欲望、情感等使得真性「不靈」。但通過後天的修行，煉去氣質之性而返回先天之性，「心」則由「不靈」轉變為「靈」。❷空寂靈知　佛教以滅去諸識即是「空寂」，即遠離諸法相之寂靜狀態；明心即是「靈知」，即靈妙之知。❸十二時中　道教內丹以人身中十二個時辰，為內煉金丹抽填火候的度數，與月數、年數每每相對。❹主人翁　指本真之心，即前文的「一點靈」，後文「舊主人」同義。❺菩薩　菩提薩埵的簡稱，漢譯為「覺有情」，就是覺悟有情的意思，也就是上求佛道和下化眾生的大聖人。❻元神　又稱「元性」、「先天之性」，真心之主宰，內丹所謂煉神，就指煉此元神。❼塵　佛教將不淨和能污濁人們真性的一切事物統稱為「塵」。❽六賊　即色、聲、香、味、觸、法「六塵」，以眼、耳、鼻、舌、身、意「六根」為媒，能劫奪一切善法，自劫家寶，故喻之為賊。❾菩提　佛教指斷絕世間煩惱而成就涅槃之智慧。這裏泛指佛門。❿六箇門頭一箇關　六箇門頭，即眼、耳、鼻、舌、身、意「六識」。後句中的「五門」即眼、耳、鼻、舌、身「五識」。一箇關，指關閉第六識「意」，佛教認為在六識中，「意」為「六識之主帥」、「五賊之主司」。關閉「意識」，不起妄念，心自主宰。後句的「家尊」即主宰之心。⓫須彌山　印度神話中，屹立於世界中央金輪上的高山。佛教沿用，指聳立於一小世界中央之高山。須彌，梵語，意譯為妙光、妙高。道家有時將頭頂處的泥丸宮比喻為須彌山。⓬長安　我國史上著名古都之一。位於陝西省黃河流域，即今之西安。隋唐時代佛教在此興盛，故長安在我國佛教發展史上具有極重要之地位。這裏以長安喻聖界，意思是如果不起妄念，人人可入聖界。⓭五蘊　蘊是集聚的意思，佛教認為人身並無一自我實體，是由五種東西集合而成，即「五蘊」，即色蘊、受蘊、想蘊、行蘊、識蘊。在此五蘊中，前一種屬於物質，後四種屬於精神，乃是構成人身的五種要素。⓮頓悟　佛教關於證悟成佛的步驟和方法。與「漸悟」相對，指無須長期按次第修習，一旦把握住佛教真理，即可突然覺悟而成佛。⓯化身　佛三身（法身、報身、化身）之一，又名應化身、變化身，指佛菩薩為教化救濟眾生而變化示現的各種形相之身。⓰應無所住生其心　為《金剛般若波羅蜜經》中的名句，又稱無住心、非心。與《般若波羅蜜多心經》中的「空即是色」義同。即不論處於何境，此心皆能無所執著而自然生起。心若有所執著，猶如生根不動，則無法有效掌握一切。故不論於何處，心都不可存有絲毫執著，才能隨時任運自在。中國禪宗六祖慧能於未出家前，於市中販柴為生，偶經一客舍，聞誦《金剛經》，至此語，心即開悟，頓萌出家之志。⑰頂門　佛教傳說中摩醯首羅天具有三眼，其中頂門豎立一眼，超於常人兩眼，具有以智慧徹照一切事理之特殊眼力，故稱頂門眼。後用來比喻卓越之見解。禪林用語中「頂門有眼」、「頂門具一隻眼」，皆作此意。⑱正眼　也叫正法眼，佛的心眼徹見正法，稱正法眼。這裏泛指智慧。⑲沙界　即恆河沙數的世界，佛教常用來指無量無數之佛世界。恆河沙數是形容數目很多。⑳胎州襖　指有生有死的肉身。㉑外道天魔　外道，佛教把佛教以外之一切宗教稱為「外道」，與儒家所謂「異端」、道教所謂「旁門左道」相當。天魔，又稱天子魔、魔天、魔王。因其不喜歡眾生出離三界，故對佛及修道者作種種擾亂。佛教認為，天魔與外道，二者皆喜歡為害佛道。㉒道德　即老子《道德經》，又名《老子》，共五千言。相傳為春秋末期老子所著，歷代道家學者和道教徒皆奉此書為根本經典，後世注釋者眾多，版本各異。㉓陰符　即《陰符經》，全名《黃帝陰符經》，作者及成書年代歷來眾說紛紜，舊題黃帝撰，當為假託，或以為北宋寇謙之撰，黃庭堅、朱熹則認為此書出於唐李筌之手。綜合各家之說，大體可信為唐以前道家古籍，共三百餘字。㉔參禪　佛教禪林用語。指於師家之下坐禪修行，引申為於禪定中參究真理，即學徒透過反究內心、覓求心性的方法，期求明心見性。禪師教導參禪的方式日益靈活多變，為避免學徒趨向理性思惟，往往不准其自佛教經典中探求，而令其在內心自省。或輔以棒喝、拳打腳踢、瞪眼橫眉、斷指斬貓等手段，以激發學徒心中之疑問，逼其斷落意識，達到開悟之境地。㉕專氣致柔　語出《老子．十章》：「專氣致柔，能如嬰兒乎？」意為集氣到最柔和的狀態，後來被道教引用，指退符溫養、柔和酥軟的內煉景象。專，通「摶」。集聚；收斂。㉖摩尼　又作末尼。意譯作珠、寶珠。為珠玉之總稱。佛教傳說摩尼有消除災難、疾病的功能。這裏比喻內丹。㉗顏氏如愚曾氏魯　顏氏即孔子弟子顏回，居貧受困，樂不改志，孔子曾評價他「如愚」；曾氏即孔子弟子曾參，孔子曾評價他「魯」。㉘渠　代詞，表示第三人稱。㉙玄珠　語出《莊子．天地》：「黃帝遊乎赤水之北，遺其玄珠，使離朱索之不得，乃使象罔索而得之。」《悟真篇》中引用這一術語，以玄珠比喻大藥，即由無形之神氣凝結而成的玄而有象的玄丹。丘處機《大丹直指》中說：「……心腎之真陰陽也。二物混合為一，當用意便為子時也。自然凝結，形如黍米之大，每日得一粒，僧人名為舍利，道士號曰玄珠。」㉚他　即「他心」，區別於本真之心，指六道眾生心中的妄念。㉛大　通「泰」。安定。㉜酧　即「酬」，應酬。㉝斷臂　為中國禪宗二祖慧可斷臂以示求法決心之故事。據《景德傳燈錄》卷三記載，慧可未得法前初名神光，於正光元年（西元五二〇年）十二月九日訪嵩山少林寺菩提達磨，懇請師事求法，但達磨祖師始終端坐面壁，不曾跟他說一句話，神光為了表示求道的至誠之心，整夜立於雪中一直到天明，達磨仍沒允許他入室，神光於是自斷左臂，以示求道之決心，最後終被達磨接化。這一斷臂求法故事傳為禪林美談，禪宗典籍多予記載。㉞瑤花　佛教中的塔名，即玉華宮，位於陝西鄜州宜君縣西南，唐玄奘三藏曾於此譯出《大般若經》六百卷。此處泛指佛性真心。㉟將軍止渴望梅林　即曹操「望梅止渴」的典故，出自《世說新語・假譎》。意思是心中有梅自然止渴，心中有佛自然成佛。㊱解說　即「解脫」。說，通「脫」。㊲無垢　指清淨沒有煩惱的意思，又作無漏。「垢」即煩惱的異稱，指污穢心之垢物，為妨礙實現覺悟的一切精神作用。㊳五道　佛教用語，指地獄道、餓鬼道、畜生道、人道及天道，另加阿修羅道則為「六道」。指有情眾生輪迴的世界。根據句中意思此處似乎按眼、耳、鼻、舌、身「五識」理解較為合意，也即《墨經》中所稱的「五路」（視、聽、嗅、味、觸），也即前文的「五門」，參見⑩。㊴威音　即威音王佛，是空動初成之佛，也即最早的佛。威音王佛即過去莊嚴劫最初之佛，此佛出世以前為絕待無限之境界，故禪家多以威音王佛出世以前稱為「威音那畔」或「威音王以前」（「威音外」即此意），以示學人向上探解之境界，或點醒學人自己本來之面目。其意與「父母未生以前」、「天地未開以前」等語相同。㊵一念　佛教用語。即一個念頭，也形容極短的時間。《華嚴經》認為，人之一念，有真有妄，一絲妄念，可致人墮入輪迴；而一旦正念一起，可立地解脫。「念」即心念。㊶光明　佛教指佛菩薩發的光輝或智慧。具有破除黑暗、彰顯真理之作用。若由佛菩薩自身發出之光輝，稱為光；而照射物體之光，則稱為明。㊷泥洹　即涅槃，又名「滅度」，是滅盡煩惱和度脫生死的意思。㊸客氣　指外來雜氣。相對於主宰身心的「元氣」，則外來雜氣為「客氣」。㊹總持門　佛教語，意思是總持之法門。這裏「總持門」、「腔子」均指藏心神之處。總持，即能總攝憶持無量佛法而不忘失之念慧力。㊺不二　佛教語，又作「無二」、「離兩邊」。指對一切現象應無分別，或超越各種區別。這裏指內心純一，不生雜念。㊻毗盧　毗盧舍那的略稱。法身佛之通稱，即密教之大日如來。這裏指能去除一切暗濁的大日如來。㊼阿難多聞總持　即阿難多聞第一。阿難，佛陀十大弟子之一，全稱「阿難陀」，意譯為歡喜、慶喜、無染。是佛陀的堂弟，生於佛成道之夜，後來隨佛出家，侍奉佛二十五年，為佛陀常隨弟子，善記憶，對於佛陀之說法多能朗朗記誦，故譽為多聞第一。因阿難是佛十大弟子中第一弟子，故此處叫「總持」。㊽聖果　佛教指依聖道而得之果，即菩提涅槃。㊾暫時　很短的時間。㊿無生　又稱「無起」。意思是諸法之實相無生滅。與「無生滅」或「無生無滅」同義，也是涅槃的意思。因凡夫迷此無生之理，起生滅之煩惱，所以流轉生死；如無生之理，可破除生滅之煩惱。(51)趣　同「趨」。追逐；追求。(52)金來歸性初二句　在五行中，金對應情，木對應性。「金來歸性」即情與性合。還丹，道教內丹指全精、全氣、全神，還返成丹。

【語　譯】太玄真人說：「父母生我們之前的一點靈明，後來不靈只是因為後天結成血肉之軀。肉體成形罩住了先天光明種子，擺脫形體的束縛本性依然徹底清。」

空照禪師說：「這個本心分明人人都相同，能包載天地運轉虛空。如今我直指真實無妄之心，空寂靈妙之知是心的本宗」。

自然居士說：「心如明鏡與連天一樣潔淨，性空如寒潭像靜止的水一樣寧靜。十二時辰中都要常覺悟內觀其心，不要讓本真之心被蒙蔽了。」

智覺禪師說：「菩薩從來不離妙覺真心，自家本性被蒙昧了與自心不相親。如果能靜坐修習使得一點真靈回照本心，便能重現出生之前的一點靈明。」

三茅真君說：「靈臺心地清澈好似晶瑩的冰壺，只許元神（真心的主宰）居住其中。如果心中還留有識神之類存在，怎麼能修行悟道契合清虛之境？」

天然禪師說：「心本來就跟塵隔絕哪用再去清洗，就好像身中無病哪用得著求醫。要想確知是佛而不是人身的時候，那麼就是心如明鏡般高懸未照見塵的時候。」

主靜道人說：「沒有顯現出來前心還是性，顯現出來以後性就是心。如果心性的源由關係無法參透，則光從以往的隱跡中搜尋則白費功夫。」

無心真人說：「妄念興起之時就是元神退位之時，元神退位則六塵之賊潛入擾亂心田。心田擾亂則身無真心之主宰，墮入六道輪迴就是眼前的事。」

高僧妙虛說：「清醒靈動的慧覺真心，寂然不動居住在靈宮。只要心中無罣礙，天然本心自然虛空。」

太乙真人說：「一點靈明本心與太虛同體，只因妄念一起同肉胎結合。若能擺脫肉體的束縛則本心靈明可以返照，依舊回復到清虛無一絲妄念的狀態。」

《華嚴經》頌說：「有數無數的一切劫難，菩薩明知這些都起於一絲妄念。於此修善人修行菩提道，時時勤於修習永不退轉。」

海月禪師說：「眼耳鼻舌身意六識中關閉第六識意識，則其餘五識就不必再遮攔。任他世事紛紛亂亂，主宰之心終日是安寧的。」

水庵禪師說：「心中不起一絲妄念就像須彌神山，待矗立眼前時要著意看。因為不染塵濁如此輕清以至於拈一縷細絲就能輕輕絆倒，家家門底直透聖界長安。」

《大溈智》頌說：「真佛就是無為在我身，三呼三應極為清醒靈動。如果不明本心（元神），只好在茫茫塵世中誤以識神為本心。」

無垢子偈說：「五蘊山頭本是一段虛空，身心同門出入卻不相逢。無數世代以來這五蘊都寄居在人身中，到頭來反而不識主宰之本心。」

惟寬禪師說：「勸君學道不要貪求，只要對萬事無心就能與道相合。做到無心才能體悟到無心之道，體會到無心則修道也就完成了。」

志公和尚說：「頓悟之後好似打開了心源的寶藏，靈動的蹤跡或隱或顯可以觀其中的真象。獨行獨坐常常顯得巍峨高大，幻化出成百上億的化身無法計數。」

獃堂禪師說：「要時時處處修養其心，開廓透徹圓滿明淨處處是真。直下頂門開啟正法眼，大千沙界全部呈現全身。」

《指玄篇》說：「如果做到心空則輪迴之苦便無，這樣還能談得上有何生死有何限制。一旦脫下胎州襖肉身的束縛，就可以作個逍遙自在的大丈夫。」

段真人說：「在心內觀心尋覓妙覺本心，各種妄念俱無才能現真心。真心明淨透徹溝通三界，各種旁門左道以至天魔都不敢侵入。」

張遠霄說：「本心是不生不滅本來就真的，像無價的夜光寶珠凡人卻認不出。凡夫在生死輪迴中虛度了幾千生，就像金混雜在礦中辨別不出。」

薛道光說：「妙訣五千言就是老子的《道德經》，真詮三百頌就是《陰符經》。只要做到心中不染塵，不參禪打坐也成真功夫。」

無垢子說：「學道必須先認識自己的本心，自己的本心深處是最難尋覓到的。如果一再尋到無處可尋的地步，才能悟到原來凡心就是佛心。」

逍遙翁說：「掃除眼、耳、鼻、舌、身、意六賊才能使本心清靜，所有的榮辱悲歡都不要放在心上。通過摶氣致柔的修煉功夫返觀內視，神室之中自然會結成摩尼寶珠。」

《弄丸集》說：「天機奧妙難於輕易吐露，就像顏回那麼愚曾參那麼魯。問他們究竟在何處用工夫？原來就在於不聞與不睹。」

張三丰說：「真心浩浩無窮無盡，無數的神仙就是由此道修出。世人沉溺於自身形骸之中不可自拔，而對本心這顆玄珠迷而不識。」

《解迷歌》說：「要想讓先天真精不外泄，必須讓心淨得像明月。心不淨則神也不清，所以晝夜都要做淨心的功夫不能停止。」

北塔祚說：「切忌隨他心外馳而不知悟，遵從此語則心之『靜定』廣播天涯。明淨的真性中只要生出一絲妄念，本心則立即呈現千萬差別」。

橫川拱說：「心念像洞中流水一樣本來無緣遭遇逆流，但受他心苦切之事的干擾所以才兩相應酬。從西方來的佛祖之意實質是以無意為意，只不過是妄想狂心止住罷了。」

草堂禪師說：「以斷臂的決心刻意尋覓本心反而尋不著，無心可尋覓的時候才能安心。只有心安了才會潔淨得像滿院飄雪，此時滿眼的瑤花，心再也尋覓不著。」

佛國禪師說：「眾心都有佛性，佛心與眾心本相通，佛的佛心和眾生的心都是佛心。徹悟之後才知道心中的佛原來本無一物，就像曹操將軍望梅自然止渴。」

《華嚴經》偈說：「人如果想見識佛的境界，應當將氣心意潔淨得像虛空。遠離各種妄想及一切外物，讓心之所向都沒有罣礙。」

《寶積經》頌說：「眾佛從悟心最終獲得解脫，心清淨沒有煩惱叫做無垢。眼、耳、鼻、舌、身這五識清淨不受污染，解悟了這個道理才能修成大道。」

圓悟禪師說：「一切佛所成之道都相同，都契合至道，眾生的佛心之真都相契，契合本真之心。本心空廓透出它的本來面目，就像地也久天也長而海更深。」

世奇首座說：「心外諸法皆空，所以我心也空，我心本空所以心外諸法一樣空。心外諸法與我心本來同為一體，只怕眼前生起的一念。」

張拙秀才說：「佛光智慧寂然遍照大千世界，凡聖在其中本來就是一家。一絲妄念不生則凡聖的佛性全都體現，一旦眼、耳、鼻、舌、身、意根塵互動則本心就像被雲遮蔽一樣。」

中峰禪師說：「大道從來都與人心相親相近，做到對境無心道則趨於真。心與道、有與無的界限全部泯滅，則成了不受大千世界所拘的一閒身。」

張無夢說：「心歸靈關穴則身體就有了主宰，元氣歸入元海則壽命就會無窮。」

白沙先生說：「休止一切念想則處處有得，一個正念需要一生去修持。」

彭鶴林說：「藏神的神室就是這個靈臺，當中有長生不死的聖胎。」

永明延壽說：「有妄念即有生死輪迴，無妄念即入涅槃。」

胡敬齋說：「無事時不教心空而虛念入，有事時不教心亂而妄念生。」

道玄居士說：「心一外馳便要儘快收回來，心一回歸就須放下讓其靜定。」

羅念奄說：「不要以妄念戕害其本心，不要以外來雜氣傷害其元氣。」

莎衣道人說：「心如果靜定在腔子裏不外馳，意念也不出總持門。」

白樂天說：「自從苦學佛道的空門法，平生種種妄心都消除了。」

淨業禪師說：「日常行動時不忘記觀照本心，閒靜時不忘記止其念慮。」

《韜光集》說：「心靜定在此，念也靜定在此；動時心如止水，靜時也是如此。」

沖妙說：「身不動則心自然安定，心不動則心神自然不外馳。」

徐無極說：「性要從出現偏差的一剎那克制住，心要在剛要外馳的一瞬間收回來。」

佛印說：「一絲妄念動則煩惱像火一樣蔓延，外界萬緣寂滅時真心像萬物在春天復蘇。」

陶弘景說：「修煉本心須要終生堅持，修煉原性要虛空一切、身如死灰而忘其生。」

無著禪師說：「所謂明即使心明朗空寂，所謂見即視性猶如沒有發生。」

《華嚴經》說：「如果能仔細內觀心而不生雜念，才能見到如來清淨身。」

《華嚴》頌說：「當初因一絲妄念而遇劫難墮入輪迴，全是因為眾生雜念叢生引起的。」

馬丹陽說：「如果能常守這彎彎玄關一竅，則神自然靈明元氣自然充盈。」

丘長春說：「當時在師父面前得到一句法訣，就是要默默閉眼仔細內觀。」

慧日禪師說：「一念明瞭，就是一念的覺悟，一念靜息，則是一念的解脫。」

以上這些話，都是成仙作聖的關鍵，是入道入德的門徑。以前的阿難多聞第一，多年沒修成正果，後來息滅各種因緣，返觀內照，立時就證得不起生滅的涅槃境界。世間凡夫之心，終日糾纏於身外之物，走得越遠，越加背離本心。只有返觀內照，約束情慮而收攝念想，收攝念想則本心安寧，本心安寧則元神得到培養，元神得到培養則回歸性。這就是魏伯陽所說的「收攝情來歸本性，才能稱得上是還丹」。咦！就像煉礦石成金可得珍寶，煉情歸性可契合人先天本真。碰到這樣的道理能夠對話的，千萬人當中也沒一個人。

退藏沐浴工夫

《易》之「洗心退藏於密」❶這句話頭，唐宋神仙謂之沐浴❷，近代諸人標為艮背❸，總只是這箇道理，這箇竅妙。原夫心屬乎火，而藏之以背之水者，洗之之義也。心居乎前，而藏之以背之後者，退之之義也。

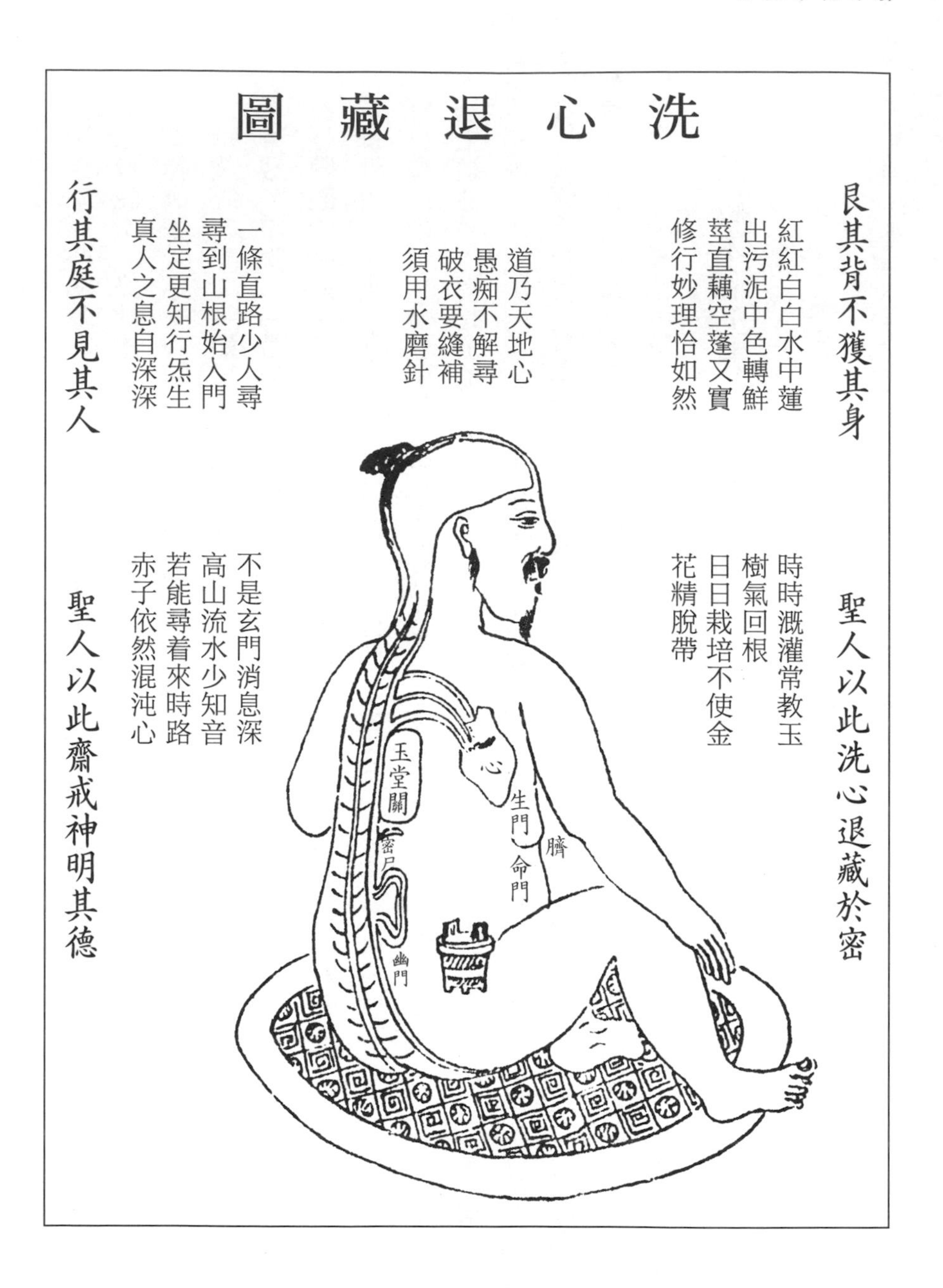
洗心退藏圖
艮其背不獲其身
紅紅白白水中蓮
出污泥中色轉鮮
莖直藕空蓬又實
修行妙理恰如然
道乃天地心
愚痴不解尋
破衣要縫補
須用水磨針
一條直路少人尋
尋到山根始入門
坐定更知行炁生
真人之息自深深
行其庭不見其人
聖人以此洗心退藏於密
時時溉灌常教玉
樹氣回根
日日栽培不使金
花精脫帶
不是玄門消息深
高山流水少知音
若能尋着來時路
赤子依然混沌心
聖人以此齋戒神明其德
玉堂關
心
生門
臍
命門
密戶
幽門

故初機之士，降伏其心，束之太緊，未免有煩燥火炎之患。是以暫將心火之南，而藏背水之北，水火互相交養，自然念慮不生，即白玉蟾所謂「洗心滌慮為沐浴」是也。然沐浴雖為洗心之法，艮背雖有止念之功，二理是則是矣，皆未到實際之地。此向上一著，千聖秘而不傳，後世學徒所以罕聞、罕遇。人若明得此竅，真可以奪神功，改天命。

古仙有言曰：「夾脊雙關❹透頂門，修行徑路此為尊。」以其上通天谷，下達尾閭，中通心腎，召攝靈陽，救護命寶❺。此非修行徑路而何？吾人未有此身，先有此息。此身未滅，此息先滅。此又非修行正路而何？

原人受生之初，在胞胎內，隨母呼吸，受氣而成❻。此縷與母聯屬，漸吹漸開，中空如管，通氣往來，前通於臍，後通於腎，上通夾脊、泥丸，至山根而生雙竅，由雙竅下至準頭，而成鼻之兩孔，是以名曰「鼻祖」❼。斯時，我之氣通母之氣，母之氣通天地之氣，天地之氣通太虛之氣，竅竅相通，無有隔閡。及乎氣數滿足，裂胞而出，剪斷臍蒂，囫圇地一聲，一點元陽❽落於立命之處。自此後天用事，雖有呼吸往來，不得與元始祖氣❾相通。人生自幼至老，未有一息駐於其中。三界凡夫，塵生塵滅，萬死萬生，只為尋不著來時舊路耳。

【注 釋】❶洗心退藏於密　語出《周易・繫辭上》：「六爻之義易以貢，聖人以此洗心，退藏於密，吉凶於民同患。」即收斂內心，含藏不露。❷沐浴　原指洗澡淨身，道教內丹丹功中比喻緩和火候的洗心滌慮功夫。指河車運轉中稍作停頓，使其緩和消除急燥，圓活順暢。❸艮背　語出《易經・艮》：「艮其背不獲其身，行其庭不見其人，無咎。」心藏於背，艮背即止於心的意思，與「沐浴」意思相同。艮，止。❹夾脊雙關　內丹以人的脊椎骨由二十四節組成，其內隱三關，即前文「後三關」。從下起第一節為尾閭關，叫下關；到十八節夾脊關為中關；直至頂門（玉枕）為上關。內丹認為這是呼吸時升降氣的主要途徑。詳見本書元集〈普照圖・反照圖・時照圖・內照圖〉。❺命寶　生命之寶，即元精、元氣。❻原人受生之初四句　參見本書元集「性命說」中「人在母腹、呼吸相含四句」注。❼鼻祖　因鼻子為與身外之氣最先接觸的部分，所以叫「鼻祖」。鼻祖後引申為始祖之意，鼻也有開始、最初的意思了。❽元陽　即真陽之氣，與「元始祖氣」同義。❾元始祖氣　即元始先天一氣，稟受其氣，生命才能形成。

【語 譯】《周易》的「洗心退藏於密」這句話頭，唐宋神仙稱為「沐浴」，近代諸人標為「艮背」，總之都是一個道理，指的都是同一個關竅。心屬火，卻藏之於背，背為腎所居，腎屬水，這便是「洗之」之義。心總是外馳，卻把它藏在了背後，這便是「退之」之義。

所以最初修道的人，儘量降伏其心使不外馳，但往往約束得過於嚴厲，不可避免的心神煩躁，釀成心火上炎的大患。因此暫時將南面的心火，藏於背後北面的腎水之中，這樣使得水火交互滋養，自然各種雜念思慮不再生，這便是白玉蟾所說的：「洗心滌慮為沐浴」的意思。然而「沐浴」雖然是洗心滌慮的方法，「艮背」雖然有止住雜念的功用，儘管二者所說都有一定的道理，但均未觸及到關鍵點。往上更深一層的涵義，就是千古聖人秘而不傳的法訣，因此後世學者也就不得而知、不得而遇了。如果有人能夠深諳此竅訣，那真可以奪自然之造化神功，改變上天命定的規律。

古代的仙人有這樣的話：「從夾脊雙關穴透過頂門穴，修行的路徑這是尊為正宗的。」因其上通天谷關，下達尾閭關，中間和心腎相通，可以召攝會聚靈陽之氣，救護生命之寶元精元氣。這難道不正是修行必經的途徑嗎？在我們肉身形成之前，就先有此先天精氣存在。肉身還沒毀滅，此先天元氣已經消耗殆盡。這難道不是修行的正道嗎？

追溯人在受孕生命產生之初，在胞胎之內，是以母親的呼吸而呼吸（自己並無呼吸），稟受先天之氣而成。此元氣運行之道與母體相連，逐漸吹開，中間空如管狀，氣息從中往來流通。前面通於臍，後面通於腎，上通夾脊、泥丸，到靈山根下而生出雙竅，由此雙竅直至鼻頭，形成兩個鼻孔，因此稱為「鼻祖」。此時，胎兒之氣與母親之氣相通，而母親之氣與天地之氣相通，天地之氣又與太虛之氣相通，這樣竅竅相通，沒有阻隔。到了氣數滿足時，開裂胞胎而出生，剪斷臍帶，囫圇一聲，一點元陽之氣便落於立命之處。從此便進入後天主事的階段，雖然還有呼吸之氣進出，但這時的呼吸之氣再不能跟先天祖氣相通了。人生從出生到老時，最後先天元氣消耗殆盡，一絲也不留於其中。三界中的凡夫俗人，歷經無數次生生死死，輪迴不已不得解脫，都是因為回不到降臨人世時的舊路啊！

太上❶立法，教人修煉而長生者，由其能奪天地之正氣。人之所以能奪天地之正氣者，由其有兩孔之呼吸也。所呼者，自己之元氣從中而出；所吸者，天地之正氣從外而入。人若根源牢固，呼吸之間，亦可以奪天地之正氣❷，而壽綿長。人若根源不固，精竭氣弱，所吸天地之正氣隨呼而出，身中元氣，不為己之所有，反為天地所奪。何也？蓋為呼吸不得其門而入耳。

一切常人呼吸，皆隨咽喉而下，至中脘❸而回，不能與祖氣相連，如魚飲水而口進腮出，即莊子所謂「眾人之息以喉」❹是也。

若是至人呼吸，直貫明堂❺，而上至夾脊，而流入命門❻，得與祖氣相連，如磁吸鐵，而同類相親，即莊子所謂「真人之息以踵」是也。踵者，其息深深之義。既得深深，則我命在我，而不為大冶陶鑄❼矣。

今之人，有調息、數息、抑息、閉息❽，皆是隔靴搔癢，不得到於玄竅❾。此竅初凝，就生兩腎，次生其心。其腎如藕，其心如蓮。其梗中通外直，拄地撐天。心腎相去八寸四分，中餘一寸二分，謂之腔子裏❿是也，乃心腎往來之路，水火既濟⓫之鄉。欲通此竅，先要存想山根，則呼吸之氣，漸次通夾脊，透混元⓬，而直達於命府⓭，方纔子母會合，破鏡重圓。漸漸擴充，則根本完固，救住命寶，始可言其修煉。

【注　釋】❶太上　原指最古之世，如《禮記・曲禮上》：「太上貴德，其次務施報。」道教用以稱呼其神仙體系中最上、最高、最尊之神，如俗稱「太上老君」為太上。❷奪天地之正氣　即道教的「採氣法」，是內丹學中的要害功法。採氣包括採奪宇宙之精氣、存思日月之精華、天地之靈氣、山川樹木之生氣，乃至宇宙創生之初太虛中的先天真乙之氣。也就是與外界自然環境進行交流，將自己融入宇宙的大氣場中，排出人體不良氣息，吸收宇宙之中的精華之氣，同宇宙進行信息交換。❸中脘　穴位名，屬任脈。脘胃的內腔。❹眾人之息以喉　與下句「真人之息以踵」均出自《莊子・大宗師》：「古之真人，其寢不夢，其覺無憂，其食不甘，其息深深。真人之息以踵，眾人之息以喉。」道教修煉提倡真人之息，並稱其為「踵息」或「真息」。踵有兩義，一為腳後跟，一為摩肩接踵、綿綿不絕，即後文的「其息深深」之義。因此對「踵息」的理解也有不同，一為綿綿不絕的深深呼吸，一為呼吸要達到踵的部位，至於踵的部位也有不同理解，一為命門，一為腳跟。本節中儘管將「流入命門」為止的呼吸描述為「真人之息以踵」，但又明確解釋「踵者，其息深深之義」。因此這裏「踵」取深深之義。另外，此處的「真人之息」和「眾人之息」也就是道教所說的「內呼吸」和「外呼吸」。外呼吸只是口鼻之氣往來，不能與祖氣相連；而外呼吸則是後天口鼻呼吸的外呼吸停止後，運行先天的元氣所呈現的氣息狀態，也即「真息」。❺明堂　原意為皇帝布政之處。道教作為關竅名稱，具體位置各說不一：⑴兩眉間卻入一寸；⑵喉嚨之下；⑶肺；⑷中丹田；⑸鼻或鼻尖等。此中以鼻為佳。❻命門　道教內煉的關竅名稱，具體位置也是說法不一：⑴右腎；⑵目；⑶穴位，屬督脈，第二、三腰椎之間；⑷兩腎之間的部位，與臍相對，為兩腎所寄。⑸臍；⑹下丹田；⑺鼻。此處以下丹田為佳。❼大冶陶鑄　取意於《莊子・大宗師》「大冶鑄金」的典故。即凡人都是以「天地為大爐，以造化為大冶。」大冶，原意為鑄造匠，此處指造物主；造化，指大自然的創造化育。造則成物，化則無常。道教以此描述自然界內部運動，並認為「我命在我不在天」，以修煉內丹奪天地之造化，認為內丹學可以突破生老病死的人體自然發展規律限制，以返老還童。❽調息數息抑息閉息　道教的幾種調節呼吸的養生功法。調息，即調氣，即有意識的通過口呼鼻吸調練呼吸，使之平緩深長，是道教煉養的入手功夫，因為人心念頭依著事物，往往散亂游離，不能自主，所以運用調息功夫，使心息相依，拴繫念頭，由散而定；數息即通過心中默數呼吸的次數來儘快入靜；抑息、閉息也即閉氣，指在吐納中的納氣後停閉呼吸，使氣「內不出，外不入」，以延長吸氣。對閉氣的具體內容，古人有兩種不同的意見，一種認為閉氣即強行停閉呼吸；一種認為閉氣是在心神湛寂而其息自滅的基礎上自然形成的。❾玄竅　也叫玄關一竅，詳見本書〈大道說〉中「玄關之竅」條。❿腔子裏　此處應該為中丹田。關於中丹田的具體位置有兩種說法，一種認為指兩乳之間的絳宮，一種認為是指心之下、臍之上，參看本書元集〈普照圖〉。中丹田為道教內丹煉氣化神、結胎、煉胎、養胎的地方，其作用極神妙。⓫水火既濟　也叫水火交、心腎相交、龍虎交媾、降龍伏虎、取坎填離等。水火交，本書元集〈三家相見說〉中說「精合神，謂之水火交。」龍虎交媾，因虎即精屬水，龍即神屬火，故稱。降龍伏虎，龍為鉛為元神，虎為汞為元精，陰陽和合，雌雄感召，水火凝結，龍虎降而鉛汞伏，則互凝為丹。既濟，《周易》卦名，與「未濟」相對，原意為渡水已完成，引申為事已完成，事之既成，各得其用。既濟卦（䷾）下離上坎，因此又叫取坎填離法，詳見本書元集〈大道說〉。⓬混元　也叫神氣竅、鴻蒙竅、混沌神室、中宮命府等，內煉調節呼吸、外氣與祖氣相通的重要關竅。⓭命府　即命門，詳見「命門」條。

【語譯】太上老君設立修煉之法，就是教人通過修煉而達到長生不死，因為人能夠採奪天地的正氣。人之所以能採奪天地的正氣，是因為人有兩個鼻孔在呼吸。在呼時，是自己的元氣從中而出；在吸時，是天地的正氣從外而入。人如果自身根基牢固，那麼在呼吸之間，就可以採奪天地的正氣，使壽命長久。人如果自身根基不牢固，精氣漏竭，元氣微弱，則吸進的天地正氣又隨著呼氣而呼出，身中的元氣，不但沒有收攝住為己所有，反被天地所奪。這是為什麼？是因為呼吸不得其法，故天地正氣不得啟其門而入。

一般常人的呼吸，都是經咽喉往下，到了胃部的中脘穴就向上返回，不能再往下到腎部與祖氣相連，就好像魚的飲水從口進去再沿腮邊流出，也即莊子所說的「眾人之息以喉」。

如果是至人的呼吸，則直貫明堂穴，而上至夾脊關，最後流入命門穴，與祖氣相互連通，就如磁石吸鐵一樣，而同類相親，也即莊子所說的「真人之息以踵」。踵的意思，就是指呼吸時氣息極深。能做到呼吸深長，則我的命運就掌握在我的手中，就不受造物主的擺布啦。

當今的修煉之人，有調息、數息、抑息、閉息等多種功法，但都是隔靴搔癢，無法到達祖氣居住的玄竅。這一竅初形成時，先生出左右兩腎，然後生出了心。腎就如荷的藕，心就如荷的花。就像莖幹中空相通外面直，下面深入地面向上撐向天。心腎之間相去八寸四分，正中一寸二分的空間處，就叫腔子裏，此處是心腎之間往來相通的路徑，是腎水心火相互交媾的地方。要想打通這一竅，先要從鼻根存想起，這樣呼吸的元氣，就逐漸通過夾脊關，透過混元，直接到達命門，這樣才能使外氣跟祖氣子母會合，破鏡重圓。漸漸擴充，則人的根基就日益完固，這樣救護住了命寶，才可以談得上修煉。

按，了真子曰：「欲點常明燈，當用添油法。」

尹師曰：「涵養本原❶為先，救護命寶為急。」又曰：「一息尚存，皆可復命。」

人若知添油之法，續盡燈而復光明，即如得返魂之香，點枯荄❷而重茂盛。所以云：油乾燈滅，氣絕身亡。然非此竅❸，則不能添油；非添油，則不能接命；命不接，則留性不住；性不住，忽一日無常❹到來，則懵懵然而去矣。故呂公曰：「嗇精❺宜及早，接命莫教遲。」果然是接之則長生，不接則夭死。

蓋人稟天地氣數有限，不知保養，自暴自棄，如劉海蟾云：「朝傷暮損迷不知，喪亂精神無所據。細細消磨漸漸衰，耗竭元和❻神乃去。」闢闔之機一停，呼吸之氣立斷。

嗚呼！生死機關，其速如此，世人何事而不肯回心向道耶？況此著工夫最是簡易，不拘行、住、坐、臥。常操此心，退藏夾脊之竅，則天地之正氣可採而進，與己混元真精，凝結丹田，以為超生❼之本。蓋以天地無涯之元氣，而續我有限之形軀，不亦易乎？

學者只要認定此竅，守而不離，久久純熟，則裏面皎皎明明，如月在水相似，自然散其邪火，銷其雜慮，降其動心，止其妄念。妄念既止，真息❽自現。真念無念，真息無息。息無則命根永固，念無則性體恆存。性存命固，息命俱銷，此性命雙修之第一步也。

嗟乎！人生如無根之樹，全憑氣息以為根株，一息不來，命非己有。故欲修長生者，必固其氣。氣固則身中之元氣不隨呼而出，天地之真氣，恆隨吸而入。久之，胎息❾定，鄞鄂❿成，而長生有路矣。

（此段當與第三節「蟄藏氣穴」同看。）

【注　釋】❶涵養本原　即觀照靈關一竅，煉養心性的方法。❷枯荄　枯萎的草根。荄，草根、木根。❸此竅　即靈關一竅。❹無常　這裏指無常鬼。佛教宣稱人死時有無常鬼來勾魂。道教也沿用此概念。❺嗇精　即固精使不外泄。嗇，即儉嗇，語出《老子・五十九章》：「治人事天莫若嗇」。儉嗇用於治國，則為節儉，強本節用；用於養生，則為嗇精，寶精毋泄。因此儉嗇是道家的一條大原則。道教吸取這一理論，意為修道之人要以「嗇」來畜養人體內的精、氣、神，不使之流失，才能使身體機能正常運行，達到長生久視的目的，這就是「嗇」之道。在道教房中術中，嗇精也是一種重要的養生方法。❻元和　又名「神水」、「玄泉」、「金精」等，道教指在修煉過程中之口津。這裏泛指人體中的元氣。❼超生　此處不同的版本各異，有的版本為「起生」，有的版本為「超生」，兩者意思均通，指超越生死、起死回生之意。今參照其他各種版本，以大多數版本為「超生」，故取「超生」。❽真息　即踵息，詳見「踵息」。❾胎息　也稱「臍呼吸」、「丹田呼吸」，道教內丹指修煉進入高深境界，口鼻呼吸逐漸微弱到沒有呼吸的感覺，只在丹田內有一息在腹中旋轉，不出不入，無增無減，內丹以為此時丹田內已結成胎。這類似於胎兒在母體內的臍帶呼吸，故名「胎息」。前文中的「真息」、「踵息」、「無息」也是指丹田內一氣不出不入的境界，也即胎息。❿鄞鄂　指元神，道教內丹以元神為基，又名根蒂。詳見〈火龍水虎說〉「鄞鄂」條。

【語　譯】按，了真子說：「要想點燃生命的常明燈不滅，就應當用添油法。」

尹師說：「涵養本原為先，救護命寶為急。」又說：「只要一息尚存，都可以歸根復命。」

人如果洞知添油之法，就可以給燃盡的燈續上油而復返光明，就如同獲得了返魂香，在枯根上點燃而重新茂盛起來。所以說：油乾燈就滅，氣絕身就亡。然而離開這一竅，就不能添油；不添油，則不能接續其命；

其命不接，則其性留不住；其性留不住，忽然有一天無常鬼到來，就會糊裏糊塗跟隨而去。所以呂洞賓曰：「嗇精應該及早下手，接續生命莫要太遲。」果然確實是及早接續則長生，不接續則早亡。

人所稟受天地的氣數是有限的，如果不知保養，自暴自棄，那麼正如劉海蟾所說：「元氣被朝傷暮損自己卻迷而不知，精神被擾亂心神則無所寄託。元氣細細消磨生命漸漸衰退，身中的本元和合之氣一旦耗竭元神就會離去。」人身內外開合機能一旦停止，呼吸之氣則立即中斷。

唉！出生入死的關鍵轉變，是如此的快捷，世人到底是為什麼不肯回心轉意向道回歸呢？更何況這功夫最為簡易，不管是行、住、坐、臥任何時候皆可修習。如能常修持此心，退而藏之於夾脊下的竅穴，那麼天地的正氣就可以採進體內，與自身的元氣真精相合而在丹田凝結，成為超脫生死的基礎。用天地無盡的元氣，來接續自己有限的身軀，豈不是很容易的事？

學修煉的人只要認定這一竅是關鍵，意守而不離失，久而久之就自然純熟，裏面就會像皎皎明月般明朗，就像月在水中一般，自然邪火得以消散，各種雜念得以消除，蠢蠢欲動的心念得到降伏，各種妄念得到制止。妄念一旦止住，則真人之息自然顯現。所謂真念其實就是根本無念，所謂真息其實就是根本無息。無息則生命之根永遠牢固，無念則性體長存。性體長存命根牢固，最後息念都屏住，這是性命雙修的第一步。

唉呀！人生就像無根的樹，全憑氣息作為根，一旦一口氣上不來，命就非己所有了。所以希冀通過修煉以求長生的人，必須先固守氣息。氣息固守住了，則身中的元氣就不會隨著呼氣而被呼出，天地的正氣卻接連不斷的隨著吸氣被吸進。久而久之，胎息就定，內丹就煉成，追求長生不死的道路就通了。

（這一段應當跟第三節「蟄藏氣穴」一起參看。）

玉液[1]煉形法則

初學之人，平素勞碌，乍入圜中，一旦安逸。逸則四肢不運動，安則百節不

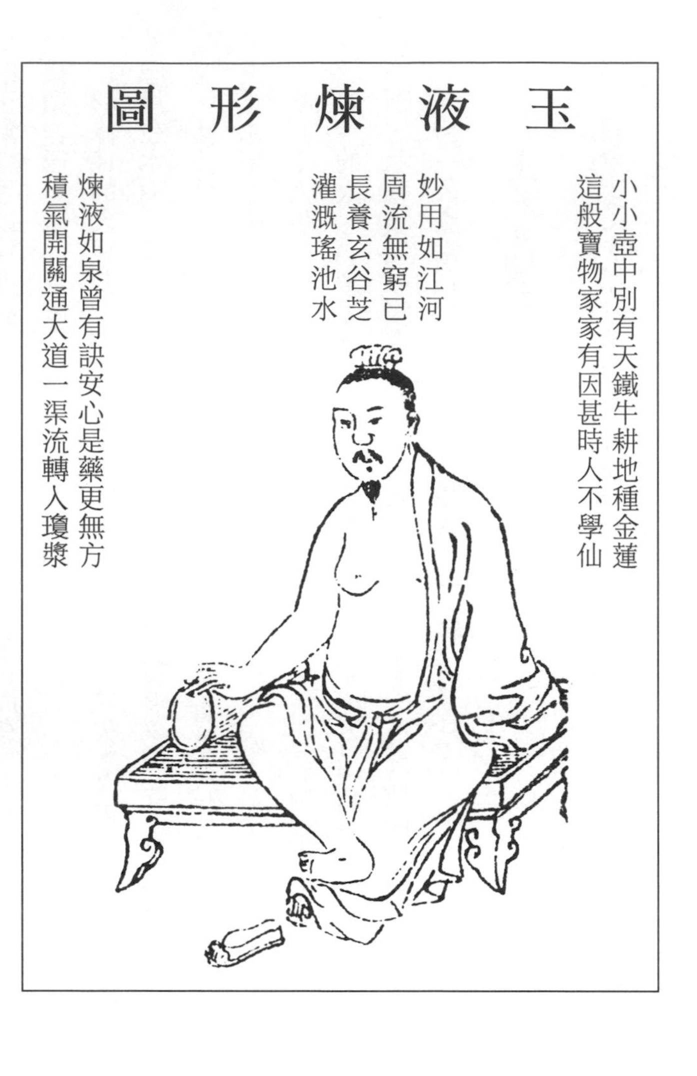

流通，以致脉絡壅塞，氣血凝滯，此通關蕩穢之法不能無也。

此法先用行氣❷主宰，照在玄膺❸一竅。此竅可通氣管，即《黃庭經》所謂「玄膺氣管受精符」❹是也。少頃則津液滿口，如井水然，微漱數遍，徐徐以意引以重樓❺，漸達膻中❻、尻尾❼、中脘、神闕❽，至氣海❾而止；就從氣海分開兩路，至左右大腿，從膝至三里❿、下腳背及大拇指，又轉入湧泉⓫，由腳跟、腳彎循大腿而上至尾閭，合做一處；過腎堂、夾脊、雙關，分送兩肩、兩膀、兩臂至手背；由中指轉手掌，一齊旋迴，過手腕，由胸旁歷腮後，從腦灌頂，復下明堂⑫、上腭，以舌迎之，至玄膺而止。此為一轉。畢。稍停，又照前行功，則壅滯之處漸次疏通。不惟貫穿諸經，亦能通達諸竅。即《心印經》所謂「七竅相通，竅竅光明」是也。

蓋吾人靈明一竅，六合而內，六合而外，本無不周，本無不照。其不能然者，為形所礙耳。直至煉到形神俱妙⑬，方纔與道合真。

夫行氣用眼者，何也？故施肩吾曰：「氣是添年藥，心為使氣神。若知行氣主，便是得仙人。」昔人謂「目之所至，心亦至焉。心之所至，氣亦至焉。」斯言盡之矣。

煉形用液者，何也？道家謂之蕩穢。玉液是津，玉池是口。《黃庭內景》云：「口為玉池太和宮，漱咽靈液灾不干⑭。體生光華氣香蘭，卻滅百邪玉煉顏。審⑮能修之登廣寒⑯。」

蓋液中有氣，氣中有液，液氣相生，日充月盛，為金液⑰之基，作潤身之寶。況能穿關透節，無處不到。古歌曰：「華池神水頻吞嚥，紫府⑱元君⑲直上奔。

常使氣通關節透，自然精滿谷神⑳存。」夫玄膺一竅，乃是津液之海，生化之源，灌溉一身，皆本於此。故太上云：「舌下玄膺生死岸，子若遇之昇天漢。」《法華經》頌云：「白玉齒邊流舍利㉑，紅蓮舌上放毫光。喉中甘露涓涓潤，心內醍醐㉒滴滴涼。」此乃「小玉液煉形法」也。

【注釋】❶玉液　又稱「醴泉」、「玉漿」、「靈液」、「神水」、「津金」、「金醴」、「玉英」、「玉津」、「玉池清水」、「金漿玉醴」等，指在修煉過程中產生的口津。而下句的玉池則指口，也稱「華池」。下句「口為玉池太和宮」出自《黃庭內景．口為章》，務成子注「口中津液為玉液，一名醴泉，也名玉漿，貯水為池。」「口為玉池，亦為華池。」因此，下文中的「華池神水」就指口中津液。❷行氣　道教通過靜坐內觀以意識引導內氣在體內運行的運氣法。❸玄膺　關竅名，一說在舌下咽喉的起點；一說指舌下生津的三竅之一；一說以舌中巧舌後為玄膺穴。《性命圭旨》在下段有詳解：「玄膺一竅，乃是津液之海，生化之源，灌溉一身，皆本於此。」玄膺穴意為受納元氣、通津液之處。❹玄膺氣管受精符　語出《黃庭外景經．上部經》，務成子注：喉之中央，則為玄膺。元氣下行起動由之，故曰受府也。又注《黃庭外景經．肝氣章》「取津玄膺入明堂」句：「咽液之道，必自玄膺下入喉嚨。」❺重樓　這裏專指喉嚨。《黃庭內景經．黃庭章》：「重堂煥煥明八威」，務成子注：「重堂，喉嚨名也，一名重樓，亦曰重環。」清代喉嚨專書《重樓玉鑰》之名就取喉嚨之意。另外，也有以喉以下十二節器官稱為「十二重樓」、「十二玉樓」、「十二層樓」的，簡稱「重樓」。❻膻中　中醫名詞，指胸腹間橫膈膜。又為經穴名，在胸中兩乳之間。❼尻尾　即尾閭穴。❽神闕　這裏指中丹田。❾氣海　又名關元、靈谷、下田、天根、命蒂、歸根竅、復命關，即下丹田。❿三里　經穴名，即足三里。⓫湧泉　經穴名，在腳底正中。⓬明堂　經穴名，這裏應指兩眉間入內一寸處。其具體位置說法不一，詳見「退藏沐浴功夫」中「明堂」條。⓭形神俱妙　指金丹修成、超脫登真、契合大道的一種景象。道教外丹以服食金丹大藥即可形神俱妙，輕舉飛升，即形神俱升，形不壞而神不朽；內丹則認為形神之間可以通過煉精化氣、煉氣化神、煉神還虛等一系列的轉化，形神在「虛」的境界裏達到「俱妙」，但不是其形體現實的輕舉飛升。此處也明確以「形神俱妙」為與道合真的狀態，是指神合大道，而不是形體飛升。⓮灾不干　灾病不干擾。灾，這裏指灾病。⓯審確實；果真。⑯廣寒　即廣寒宮，傳說中的月中仙宮之一。這裏比喻與道合真的超越境界。⑰金液　腎氣與心氣相合稱為金液，比玉液更高一個層次。⑱紫府　也稱「泥丸宮」、「天宮」，即上丹田。⑲元君　即元氣。⑳谷神　語出《老子・六章》：「谷神不死，是謂玄牝。玄牝之門，是謂天地根。」清黃元吉注：「何以為谷神？山穴為谷，言其虛也；變動不居曰神，言其靈也。不死即惺惺不昧之謂也。」這裏指先天元神、虛靈真性。㉑舍利　本指佛骨。佛教認為，佛、菩薩、羅漢、高僧等圓寂後火化，則凝結為舍利，或如珠，或如花，這是生前依戒定慧薰修而得，是經無量功德所成，若是佛舍利，世間無物能損壞。這裏指口中玉液，因玉液為人身之寶，所以用佛家之寶舍利喻之。㉒醍醐　原意指由牛乳精製而成最精純之酥酪。乃五味之一，即乳、酪、生酥、熟酥、醍醐等五味中之第五種味，為世間無上之美味，也可作藥用醫眾病，故佛經中用它比喻涅槃、佛性。這裏指口中津液，因津液是煉丹的寶物，所以比喻為醍醐。

【語　譯】初學修道的人，平時操勞忙碌，一旦入修煉這個圈子，未免形體安適閒逸。太閒逸則四肢不運動，太安適則筋骨關節不靈活，以致脈絡堵塞，氣血凝滯，所以像打通關節、滌蕩穢污等養生之法絕不能缺少。

玉液煉形法首先要以行氣為主宰，同時內觀返照玄膺一竅。此竅可以通氣管，也就是《黃庭經》所說的：「玄膺氣管受精符」。這樣過一會兒，則津液滿口，如同井水滲出的樣子。輕微地以津液漱口數遍，慢慢地將其用意識引導送入重樓，漸漸經過膻中穴、尾閭穴、中脘、神闕，最後到達氣海停住。然後從氣海分開兩路，分別沿左、右大腿下行，從膝部至足三里、下腳背及大腳拇指，又轉入湧泉穴，再由腳後跟、腳踝沿著左、右大腿而上達尾閭穴，於是便合做一處；再經過腎堂、夾脊、雙關，分別送入兩肩、兩膀、兩臂直到手背；再由中指轉過手掌，一齊旋轉而回，經過手腕，由胸旁而上經過兩腮後，再從腦後直灌頂部，再下行至明堂、上腭，然後用舌迎取，最終又回到玄膺。這就完成了一個循環。結束後稍停，再按照前面的步驟繼續做下去，那麼全身經絡筋節的所有堵塞結滯之處都可以逐漸疏通。這樣不僅可以貫穿所有經絡，也能疏通各個竅穴。這便是《心印經》所說的「七竅相通，竅竅光明」。

其實人的妙覺真心，在天地之內以至天地之外，本來無不周遍，無不明照。但之所以不能如此，是因為形體的障礙。直煉到形神俱妙的境界，這樣才能與大道同體，返其本真。

說行氣要用眼，為什麼呢？施肩吾曾說：「氣是延年益壽的藥，心為主宰著氣運行的神。若明知行氣的主宰是心，便是得道成仙的人。」古人還有這樣的話：「眼睛所到之處，心也緊緊相隨。心所到之處，氣也緊緊相隨」，這種說法非常妥當得體。

說煉形要用津液，為什麼呢？道家認為津液可以滌蕩穢污。玉液指津液，玉池就是口。《黃庭內景經》說：「口為玉池太和宮，常常漱咽靈液則災病不干擾。通體生光華而氣如蘭花之香，可祛除百病煉養玉顏。果真能如此修煉就可以登上廣寒宮成仙。」

津液中有氣，氣中有津液，津液與氣相互化生，則日益變得充盈旺盛，成為煉金液（腎氣與心氣相合稱為金液）的根基，成為養生的寶物。並且能穿透各個關節，無處不到。古代有歌訣說：「口中津液要常常吞咽，上丹田中總有元氣直上奔。常常使氣暢通關節通透，自然元精充滿元神長存。」玄膺一竅，是津液會聚之處，是氣液互相生化的源泉，一身的潤澤滋養，都源於此。所以太上老君說：「舌下的玄膺一竅是關係生死的分界線，你若明瞭其真諦就可以成仙。」《法華經》頌說：「白玉般的齒邊流的就是舍利，紅蓮般的舌上放著毫光。喉嚨中的甘露像涓涓溪流般滋潤，心中猶如醍醐澆溉般滴滴清涼。」這是小玉液煉形法。

人之孔竅所以通乎其虛，達乎其氣，而周流於一身之內焉，一或有所蔽塞，則為瘀痰、為壅血。而一身脈絡不能相通，便生疾病。今以此法，日行三、五次，但得氣血流通、百脈和暢，病即去矣，止而勿行。此與退藏救護❶，是為表裏二段，並行而不相悖。

夫涵養本原，雖是去情識❷，實除生滅心❸。心無生滅，身無生滅，定矣。

欲除生滅心，必自無念❹始，無念之積習純熟，足可致無夢。無念之靜定純熟，足可致無生。無夢乃現在之大事也，無念乃末後之大事也。無生則不造，無夢則不化。不造不化，即不生不滅也。

夫學道之士，不患不成，唯患不勤。苟能專精而勤，未有學而不得也。設使立志不堅，信道不篤，朝為而夕改，始勤而中輟，悅於須臾，厭於持久，欲望與天齊壽，不亦難乎？《內觀經》云：「知道易，信道難；信道易，行道難；行道易，得道難；得道易，守道難。」若使不難，則滿市皆神仙矣，安足為異耶？蓋修道者，如農夫之去草一般，務拔其根，則吾心天真種子自然發生矣。況此一字法門❺，徹首徹尾，甚易行，甚有驗。小而試之，可以卻病延年；大而用之，可以超凡入聖。在學者用功深淺何如耳。

【注釋】❶退藏救護　即前面所講的退藏沐浴的救護命寶功法。❷情識　這裏指七情六識等各種雜念。❸生滅心　生滅，指生起與滅盡。根據佛教的中道思想來說，由因緣和合而成立之一切法（即有為法），都是假生假滅，因此有生有滅；若離因緣而永久不變的一切存在（即無為法），都是實生實滅，所以也就無生無滅（不生不滅）。這裏「生滅心」與「生死心」同義。❹無念　即無妄念。佛教所說的無念，是無邪念，也即有真如之念，也即正念。正念為佛教的八正道之一。❺一字法門　這裏指「勤」一個字。作者認為，「勤」就一個字，道出了修煉之事的精微、簡易，但卻是修道的真諦，所以稱之為「一字法門」。

【語譯】人體的孔竅是與虛空相通，使氣息通達，而在一身之內周遍流暢，一旦有所蔽塞，就會出現淤痰、淤血的情況。而一身中的脈絡不能相通，便會生出各種疾病。現在用以上所授的功法，每天修習三、五次，只要能使氣血流通、百脈和暢，各種疾病都已袪除，不會再復發纏身。這種功法與退藏沐浴救護命寶法，是互為表裏的兩段功法，二者並行而不悖。

涵養本原的功夫，雖然看起來是為了去除人的情識（七情六識之類），而實質上還在於去除生滅心。心中無生無滅，那麼身也就隨之無生無滅，這樣，心神就靜定了。而要想去除生滅之心，則必須從無念開始，無念的習慣逐漸積養日漸純熟，足可以導致無夢。而無念的靜定功夫日漸純熟，則足可以導致無生。無夢是開始時所要達到的狀態，無念則是最終所要達到的境界。無生則無所謂創造，無夢則無所謂化育，無所謂創造化育，也就是不生不滅的永恆境界。

學道的人，不怕學不成，就怕用功不勤。如果能專一精進勤奮修習，就沒有學道而學不成的。假如立志不堅，信道不篤誠，早上做晚上又改，開始則勤進中途便退卻，喜好一時的心血來潮，持之以恆則容易產生厭倦，就這樣還指望與天同壽，豈不是太難了？《內觀經》說：「了解道容易，篤信道則難；篤信道相對還算容易，而真正去行道則難；行道相對還算容易，真正得道則太難；得道相對還算容易，而持守道卻是難上加難。」試想，如果不難的話，那麼大街小巷豈不是到處都是神仙了，那還有什麼新奇的呢？

修道的人，就像農夫除草一樣，務必連根拔起，這樣人心中先天純真的種子自然得以萌發。何況這個一字法門，徹頭徹尾完整無缺，做起來很簡捷，非常有效驗。從小的作用說，試著做做都可以袪病延年；從大的作用來看，則可以超凡入聖。這些都取決於學道的人用功深淺的程度了。

【說　明】這一節是道教內丹修煉的第一步——涵養本原救護命寶，這屬於修煉的築基階段，而築基階段的關鍵是深諳「心地法門」——觀心。正因為「此法直指人心，一了百當」，所以作者認為，「一切諸聖，皆從此方便門入，得成祖佛，為人天之師。」而退藏沐浴與玉液煉形則是在此基礎上的互為表裏的兩端功夫，前者關鍵在於「沐浴」，即「洗心滌慮」，而後者的關鍵則在於「一字法門」——勤。這一節所講的玉液煉形法，是小玉液煉形法，作者附以〈玉液煉形圖〉來說明，此法仍是以觀心為主，認為「安心是藥更無方」。

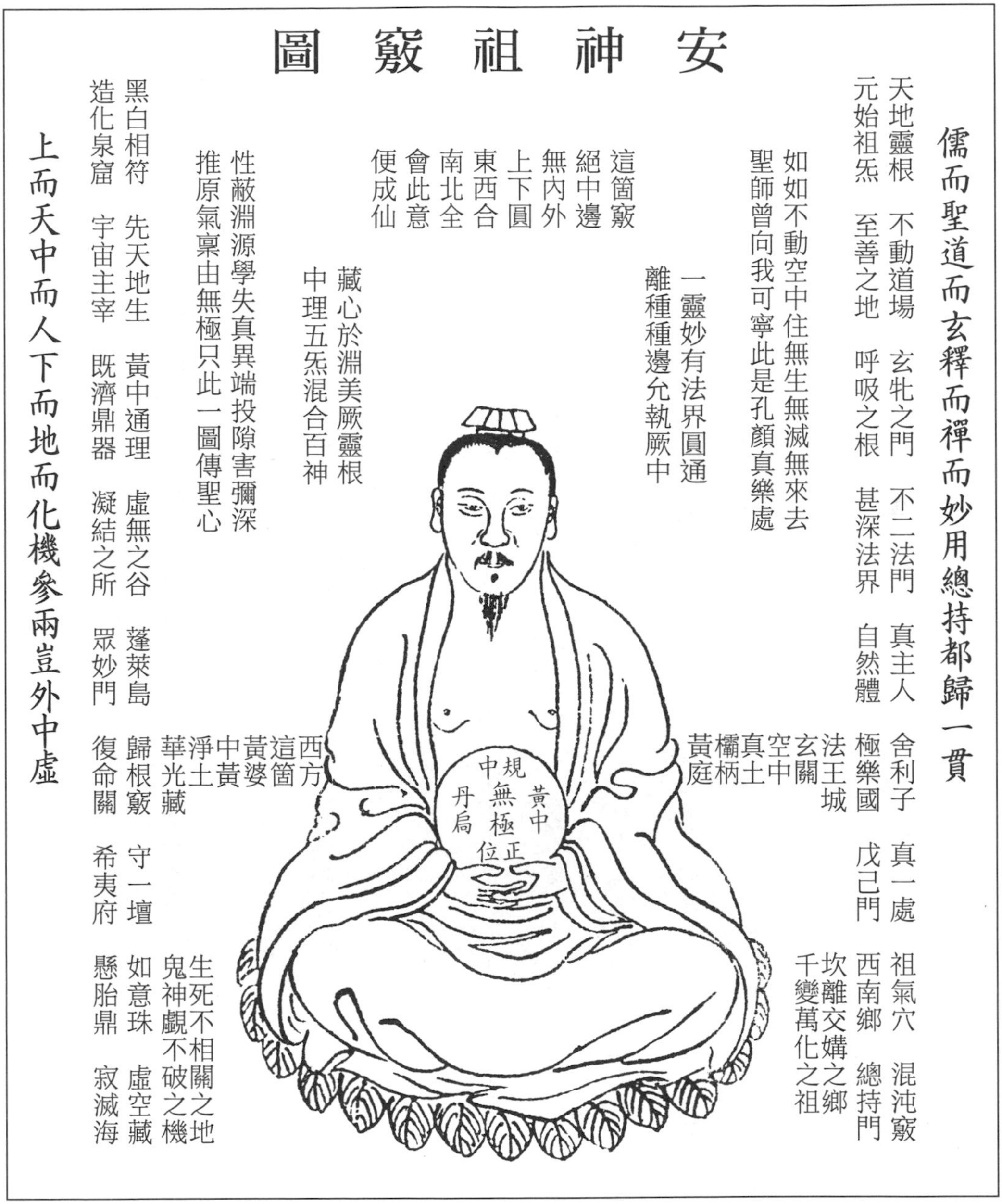

安神祖竅圖

儒而聖道而玄釋而禪而妙用總持都歸一貫

天地靈根　不動道場　玄牝之門　不二法門　真主人　舍利子　真一處　祖氣穴　混沌竅

元始祖炁　至善之地　呼吸之根　甚深法界　自然體　極樂國　戊己門　西南鄉　總持門

如如不動空中住無生無滅無來去

聖師曾向我可寧此是孔顏真樂處

一靈妙有法界圓通

離種種邊允執厥中

這箇竅　絕中邊　無內外　上下圓　東西合　南北全　會此意　便成仙

藏心於淵美厥靈根

中理五炁混合百神

性蔽淵源學失真異端投隙害彌深

推原氣稟由無極只此一圖傳聖心

黑白相符　先天地生　黃中通理　虛無之谷　蓬萊島　歸根竅　守一壇　如意珠　虛空藏

造化泉窟　宇宙主宰　既濟鼎器　凝結之所　眾妙門　復命關　希夷府　懸胎鼎　寂滅海

上而天中而人下而地而化機參兩豈外中虛

法王城　玄關　空中　真土　欛柄　黃庭

坎離交媾之鄉

千變萬化之祖

黃中正位　規中無極　丹扃

西方　這箇　黃婆　中黃　淨土　華光藏

生死不相關之地

鬼神覰不破之機

第二節口訣

安神祖竅翕聚先天 內附法輪自轉、龍虎交媾二法

【題解】本口訣是九節口訣中的第二節，詳細介紹內丹修煉的產藥功法——安神祖竅翕聚先天，詳細深入的剖析了祖竅的無窮奧妙以及在內丹修煉中的妙用。並附以法輪自轉、龍虎交媾二法。法輪自轉即「行庭之心法」，龍虎交媾是產藥的關鍵。

祖竅真際❶，舉世罕知，不得師傳，儼似暗中射垛。蓋祖竅者，乃老子所謂「玄牝之門」❷也。《悟真篇》云：「要得谷神長不死，須憑玄牝立根基。」所以紫陽言修煉金丹，全在玄牝。於〈四百字序〉云：「玄牝一竅，而採取❸在此，交媾在此，烹煉在此，沐浴在此，溫養在此，結胎在此，至於脫胎神化，無不在此。」修煉之士，誠能知此一竅，則金丹之道盡矣，所謂「得一而萬事畢」❹者是也。

然而丹經大都喻言，使學者無所歸著。前輩指為先天主人、萬象主宰、太極之蒂、混沌之根、至善之地、凝結之所、虛無之谷、造化之源、不二法門、甚深

法界、歸根竅、復命關、中黃宮、希夷府、總持門、極樂國、虛空藏、西南鄉、戊己門、真一處、黃婆舍、守一壇、淨土、西方、黃中、正位、這箇、神室、真土、黃庭，……種種異名❺，難以悉舉。

然此一竅❻，在身中求之，非口，非鼻，非心，非腎，非肝肺，非脾胃，非臍輪，非尾閭，非膀胱，非谷道，非兩腎中間一穴，非臍下一寸三分，非明堂、泥丸，非關元、氣海，然則果何處耶？純陽祖師云：「玄牝玄牝真玄牝，不在心兮不在腎，窮取生身受氣初，莫怪天機都洩盡。」

【注　釋】❶真際　佛家語，即真如實際之略稱，意為真實的邊際，也就是至極的意思。❷玄牝之門　語出《老子・六章》：「谷神不死，是謂玄牝。玄牝之門，是謂天地根。」詳見〈大道說〉「玄牝之門，是天地根」注。❸採取　與下文「交媾」、「烹煉」、「沐浴」、「溫養」、「結胎」均指內丹煉養功法或火候。詳見〈邪正說〉「採取」注。其中交媾指陰陽相會、鉛汞凝結、坎離顛倒、二氣交合的功法；烹煉，指藥物的用火之法。❹得一而萬事畢　語出《莊子・天地》：「《記》曰：『通於一而萬事畢，無心得而鬼神服』。」「一」即是萬物之生化者。這裏「一」指祖竅。❺種種異名　詳見〈大道說〉、〈普照圖〉相關注。❻此一竅　即祖竅，也即上面列舉的種種異名。道教所說的這種關竅，往往不是指體內的某一特定的關竅，而是不在身內，不在身外；亦在身內，亦在身外；無性物可覓，無方所可指。正是因為其無定位，神秘莫測，所以稱之為「玄」關，意指至玄至妙之機關。

【語　譯】關於祖竅的至極真性，舉世鮮有人知，如果得不到真正的師傳，就儼然在黑暗中射靶子一樣。所謂祖竅，就是老子所說的「玄牝之門」。《悟真篇》說：「要使得谷神永遠不死，就必須憑藉玄牝來確立根基。」所以張紫陽說修煉金丹完全在於這一玄牝。他在〈四百字序〉中說：「玄牝一竅，修煉時採取在這裏，交媾在這裏，烹煉在這裏，沐浴在這裏，溫養在這裏，結胎在這裏，至於出脫凡胎出神入化，無不在這裏。」修煉的人，果真能懂得這一竅的微妙，那麼金丹大道的全部奧妙也就盡知了，所謂「得一而萬事畢」正是這個意思。

然而丹經大都使用比喻隱言，使學道的人不知所云。前輩們稱其為先天主人、萬象主宰、太極之蒂、混沌之根、至善之地、凝結之所、虛無之谷、造化之源、不二法門、甚深法界、歸根竅、復命關、中黃宮、希夷府、總持門、極樂國、虛空藏、西南鄉、戊己門、真一處、黃婆舍、守一壇、淨土、西方、黃中、正位、這個、神室、真土、黃庭，……種種異名，難以一一列舉。

然而在身中尋找此竅的位置，那麼它不在口，不在鼻，不在心，不在腎，不在肝肺，不在脾胃，不在臍輪，不在尾閭，不在膀胱，不在谷道，不在兩腎中間一穴，不在臍下一寸三分，不在明堂、泥丸，不在關元、氣海，那麼它究竟在何處呢？呂純陽祖師說：「玄牝玄牝真玄牝，不在心啊不在腎，一直追究到生身之前在母體內稟受先天元氣時才能找到它，不要怪我在這裏把天機都洩盡了。」

且以生身之理言之，父母一念將媾之際，而圓陀陀、光爍爍、先天一點靈光，撞於母胞，如此○❶而已。儒謂之仁，亦曰無極❷；釋謂之珠，亦曰圓明；道謂之丹，亦曰靈光。皆指此先天一氣、混元至精而言。實生身之原，受氣之初，性命之基，萬化之祖也。

及父母交罷，精血包羅於外，如此◎而已，即吾儒所謂太極是也。由是而五臟，由是而六腑，由是而四肢百骸，由是而能視、能聽、能持、能行，由是而能仁、能義、能禮、能智，由是而能聖、能神、能文、能武。究竟生身本原，皆從太極中那一些兒發出來耳。

《參同契》曰：人所稟軀，體本一無。元精雲布，因氣託初。氣一凝定，玄牝立焉。上結靈關，下結氣海。靈關藏覺靈性，氣海藏生氣命。性命雖分龍虎二弦❸，而性命之根則總持於祖竅之內。故老子曰：「玄牝之門，是謂天地根。」

何以謂之「玄牝之門」，而曰「天地根」也？豈非吾身之天地、吾身之玄牝耶？吾身天地之根、吾身玄牝之根耶？吾身玄牝之門、吾身天地之門耶？而天地之門之所從出者，獨不有所謂先天地生，而為天地之根乎？故天地之根，乃天地之所由以分天而分地也。而玄牝之門之所從出者，獨不有所謂先玄牝生，而為玄牝之根乎？故玄牝之根，乃玄牝之所由以分玄而分牝也。

何以謂之玄也？豈非從有名之母❹中發出來也？何以謂之玄之又玄？豈非從無名之始中發出來也？無名之始，釋氏指為不二法門。子思曰：「其為物不二，則其生物不測。」莊子曰：「昭昭生於冥冥，有倫❺生於無形。」而欲悟性以見性者，其將求之昭昭而有倫乎？抑亦求之冥冥而無形乎？冥冥無形，莫窺其朕❻，吾儒所謂無聲無臭❼，釋氏所謂威音王以前❽是也。然則何以謂之王？而其所以主張威音者，太極也，故謂之王。

【注釋】❶〇　這一符號源於〈太極圖〉最上面的圓圈，後成為道教的內煉符號，道家以此比喻金丹；佛家喻之為圓覺，即真如，意為本來真性永劫不壞，如金之堅，丹之圓愈煉愈明；儒家喻之為太極，太極初非別物，只是本來一點靈光。此三者實際上是體同而名異。這裏喻人本來圓明之靈性。❷無極　和下文中「太極」的關係，在周敦頤的《太極圖說》首句提出「自無極而為太極」。道教吸收上述理論，無極和太極同為內丹的重要概念，在本書〈太極圖〉中詳細講了二者的區別及聯繫：「凡人始生之初，一點靈光，而所以主張乎形骸者，太極也；父母未生以前，一片太虛，而所以不屬乎形骸者，無極也。」實際上也是體一而用二。詳見〈太極圖〉。❸龍虎二弦　在內丹學中，「龍」喻汞，代表神、性；「虎」喻鉛，代表氣、精。這裏龍虎二弦就指元神、元氣。❹有名之母　與下句中「無名之始」都出自《老子・一章》：「有名天地之始，無名萬物之母。」這句話歷來有兩種不同的標點法：一為「有名，天地之始，無名，萬物之母。」一為「有，名天地之始，無，名萬物之母。」這裏顯然是第一種斷法。❺有倫　倫，原為條理，這裏「有倫」和「無形」相對，所以「有倫」即「有形」之意。❻朕　徵兆，形迹。❼無聲無臭　語出《中庸》末章「《詩》曰「……『上天之載，無聲無臭』，至矣！」這句詩出自《詩經・大雅・文王》。意思是上天化育萬物，無聲無味，神秘微妙。❽威音王以前　佛家語，又稱威音王佛出世以前。在佛教中常用為指點學人自己本來面目之語句，與「父母未生以前」、「天地未開以前」、「空劫以前」等語同義。因為威音王佛是過去莊嚴劫最初之佛名，所以用以表示無量無邊的久遠之前。

【語譯】姑且以人的生身之理來說，父母在交媾之際的一剎那，便有圓陀陀、光爍爍的先天一點靈光，撞入母胞之中，生命之初就像這個〇而已。儒家稱為仁，也叫無極。佛家稱為珠，也叫圓明；道家稱為丹，也叫靈光。這些都是指這先天一氣、混元至精而言。它實在是生身的本原，是稟受先天一氣的開始，是性命的根基，是萬化之宗祖。

等到父母交媾結束，精血就包羅在外，生命就像這個◎而已，也就是儒家所說的太極。由此而生出五臟，由此而生出六腑，由此而生出四肢百骸，由此而能視、能聽、能持、能行，由此而能行仁、能行義、能行禮、能行智，由此而能成聖、能成神、能成文、能成武。追究人的生身本原，都是從太極中那一點靈光中生發出來的。

《參同契》說：人軀體生來所稟受的，其體本來源自一無。待元精如雲般密布，生身種子依託氣初步形成。元氣一凝定，則玄牝一竅確立了。上與靈關聯結，下與氣海相接。靈關藏覺靈之性、藏神，氣海藏生氣之命、藏氣。性命雖分龍虎二弦氣，而性命之根則總把持在祖竅之內。所以老子說：「玄牝之門，是謂天地根。」

為什麼稱之為「玄牝之門」，而又稱作「天地根」？難道不是指人身中的天地、人身中的玄牝嗎？難道不是指人一身中的天地之根、一身中的玄牝之根嗎？難道不是指人身中的玄牝之門、人身中的天地之門嗎？而天地之門產生之處，難道不是指先天地而生，而作為天地之根的嗎？所謂天地之根，其實就是天地之所以分為天和地的本因。而玄牝之門產生之處，難道不是指先玄牝而生，而為玄牝之根的嗎？所以玄牝之根，其實就是玄牝之所以分為玄和牝的本因。

那麼為什麼稱為玄呢？難道不是指從有名之母中生發出來的意思嗎？為什麼又稱為玄之又玄呢？難道不是指從無名之始中生發出來的意思嗎？所謂無名之始，佛家稱為不二法門。子思說：「其作為物是獨一無二的，但其化生生物則是變化莫測的。」莊子說：「昭昭亮亮的生於冥冥暗暗中，有形的生於無形中。」而那些想要通過參悟而顯現本性的人，是從昭昭亮亮而有形之處入手呢？還是從冥冥暗暗而無形之處入手呢？冥冥無形中，難以窺見其端倪，這就是儒家所說的無聲無臭，佛家所說的威音王以前。那麼為什麼稱其為「王」呢？因為其之所以主張稱威音者，因為就是指太極，所以稱為王。

余於是而知學仙學佛者，但覓其王之所在而尊之爾，即尊王矣。而又且併其王而無有之，是溯太極而還於無極也。無極者，真中也。故曰聖聖相傳在此中。

此中就是堯舜允執❶之中，孔子時中❷之中，子思未發❸之中，《易》之黃中通理❹之中，《度人經》❺之中理五氣之中，釋迦之空中之中，老子之守中之中。

然中字有二義：若曰中有定在者，在此中也；若曰中無定在者，乾坤合處乃真中也。以其可得而允執也，故曰有定在。然豈特在此一身之內為然也？是雖一身之外而遍滿天地，亦皆吾心之中也。又豈特在此天地之內為然也？是雖天地之外而遍滿虛空，亦皆吾心之中也。

《易》曰：「周流六虛。」❻然周流於六虛之外而非不足，退藏於一身之竅而非有餘，故曰一竅能納太虛空中。

道經云：天之極上處距地之極下處，相去八萬四千里。而天地之中，適當四萬二千里之中處也。若人身，一小天地也，而心臍相去亦有八寸四分，而中心之中，適當四寸二分之中處也。此竅正在乾之下、坤之上、震之西、兌之東❼。八脈九竅❽，經絡聯輳，虛閑一穴，空懸黍珠❾，是人一身天地之正中，乃藏元始祖氣之竅也。

【注釋】❶允執　語出《尚書・大禹謨》：「人心惟危、道心惟微，惟精惟一，允執厥中。」詳見〈大道說〉「執中」注。

❷時中　語出《中庸・二章》：「仲尼曰：……君子之中庸也，君子而時中。……」，朱熹注為：「君子知其在我，故能戒謹

不睹、恐懼不聞，而無時不中。」❸未發　語出《中庸・一章》：「喜怒哀樂之未發謂之中」注。❹黃中通理　語出《易・大傳》：「文言曰：黃中通理，正位居體，美在其中，而暢於四支，發於事業，美之至也。」詳見〈大道說〉「黃中通理」注。❺度人經　作者不詳，全稱《太上洞玄靈寶無量度人上品妙經》，一名《元始無量度人上品妙經》，道教靈寶派經典。主題思想是「仙道貴生，無量度人。」❻周流六虛　語出《易・繫辭下》：「變動不居，周流六虛。」意指一卦中的六個爻位之陰陽爻象以氣之存在的身分不斷運轉。這裏「六虛」泛指四方上下。❼乾之下四句　乾、坤、震、兌均為八卦卦名，一般來說，在八卦中，乾（☰）為上，坤（☷）為下，震（☳）代為東，兌（☱）代為西，而用乾之下、坤之上、震之西、兌之東，則說明這一竅不在具體的上、下、左、右，又在上、下、左、右的無定所狀態，也就是正在人身之正中。❽八脉九竅　八脉，中醫指人身二十經脈以外的任、督、沖、帶、陽維、陰維、陽蹻、陰蹻。九竅，中醫指人體的九個孔竅，有陽竅陰竅的區別，陽竅有七，即眼耳鼻口七竅，陰竅有二，即大、小便處二竅。❾黍珠　即玄珠。詳見第一節口訣中的「玄珠」條。

【語譯】我由此而知學仙學佛的人，只要尋覓到這個「王」（太極）的位置而來尊奉，就等於是尊王（太極）本身了。進而又將此王（太極）歸為無有，這就是上溯到太極之上而返還到無極。無極，就是真的中。所以說聖聖相傳的都在這個中上。這個中就是堯舜「允執厥中」的中，是孔子「君子而時中」的中，是子思「喜怒哀樂之未發謂之中」的中，是《周易》「黃中通理」的中，是《度人經》「中理五氣」的中，是佛家「空中」的中，是老子「守中」的中。

然而「中」字有兩種涵義：如果說「中」有固定的位置時，那就是拘泥於具體某位置的中；如果說「中」無具體的位置時，那乾坤相合之處才是真的中。因為它可得到並能持有，所以說它有具體位置。然而難道只在這具體的一身之內是這樣的嗎？其實即使在一身之外遍滿整個天地的，也是人心中的這個中。同樣，難道只是在這個天地之內是這樣的嗎？其實即使在天地之外遍滿宇宙虛空的，也是人心中的這個中。

《周易》說：「周流六虛」。然而使其周流於六虛之外也不會顯得不足，退藏於一身之竅也不會顯得盈餘，所以說這一竅能容納整個太虛空中。

道經說：天的最高處距離地的最低處，相距八萬四千里。而天地的正中，恰好在四萬二千里那個中點處。好比人身，就是一個小天地，而心與臍相距也有八寸四分，而中心之所在，也恰好在四寸二分那個中點處。這一竅正處在乾（☰）之下、坤（☷）之上、震（☳）之西、兌（☱）之東。八脈九竅，以及各條經絡縱橫連接，中間空虛閒著處形成一個孔穴，好像空中懸著的一粒黍珠，這正是人身這一小天地的正中，是藏儲元始祖氣的竅穴。

若知竅而不知妙，猶知中而不知一❶。昔人有言曰：心是地而性是王，竅是中而妙是一。一有數種，有道之一、有神之一、有氣之一、有水之一、有數之一、有一貫之一、有協一之一、有精一之一、有唯一之一、有守一之一、有歸一之一。歸一者，以其一而歸乎其中也。守一者，以其一而守乎其中也。有中則有一，有一便有中。中而非一，則非聖人之所謂中也。一而非中，則非聖人之所謂一也。故孔子之一，以其中之一而貫之也。堯舜之中，以其一之中而執之也。

伏羲氏之〈河圖〉❷而虛其中者，先天也，乃吾身祖竅之中也。孔子曰：「先天而天弗違。」❸老子曰：「無名天地之始。」❹即釋氏所謂「茫乎無朕，一片太虛」❺是也。

神禹氏之〈洛書〉而實其中者，後天也，乃吾身祖竅之一也。孔子曰：「後天而奉天時。」老子曰：「有名萬物之母。」即道家所謂「露出端倪，一點靈光」是也。

然而〈河圖〉中矣，中而未始不一。〈洛書〉一矣，一而未始不中。中包乎一，一主乎中，豈非精微之妙理，無為之神機耶？

《道德經》曰：「多言數窮，不如守中❻。」

《洞玄經》曰：「丹書萬卷，不如守一。」一者，生生不息之仁也。

《中庸》曰：「修道以仁❼。」

《論語》曰：「天下歸仁❽。」

《禮記》曰：「中心安仁。」

《周易》曰：「安土敦仁❾。」

【注釋】❶知中而不知一　關於「中」和「一」，詳見〈大道說〉「執中」、「得一」條。❷河圖　和下文〈洛書〉都是後來出現的《周易》最早的來源。關於〈河圖〉和〈洛書〉，有各種神奇的傳說：據說伏羲畫八卦之前，有龍馬從黃河出現，背上有一圖，即〈河圖〉，伏羲由此受啟發，始覺天地之物有所協調，因而繪出八卦；大禹治水時，有神龜從洛水出現，背上有圖，即〈洛書〉，使大禹找出治水良方。❸先天而天弗違　語出《易傳・文言・乾》：「夫大人者與天地合其德，與日月合其明，與四時合其序，與鬼神合其吉凶，先天而天弗違，後天而奉天時。」這段話是對乾卦（䷀）九五之爻的解釋。高亨解釋：「『先天而天弗違』謂其走在天象之前而天不違反其預見。『後天而奉天時』，謂其走在天象之後而依天時以行事。」《周易易傳》，在漢人普遍認為是孔子所作，如《史記・孔子世家》、《漢書・藝文志》中都有此觀點。本書作者顯然因襲這種觀點，以這段話為孔子說。關於《易傳》的作者，目前學界一般認為非一人作於一時。❹無名天地之始　語出《老子・一章》：「無名天地之始，有名萬物之母。」關於此句有兩種不同的斷句法，一為「無名，天地之始，有名，萬物之母」；一為「無，名天地之始，有，名萬物之母」。大多一般以「有、無」並舉。老子的「道」是形而上的宇宙萬物之原始本體，呈現「有」和「無」兩種狀態，是二者的統一。「無」即宇宙創生前的虛空狀態，稱為「天地之始」；「有」即宇宙創生之際含有一片生機的混沌狀態，稱為「萬物之母」。❺茫乎無眹二句　這裏指此竅如浩浩宇宙之虛空，湛然常寂，無為無物。❻多言數窮二句　語出《老子・五章》。蔣錫昌注：「『多言』為『不言』之反，亦為『無為』之反，故『多言』即『有為』也」；「此『中』乃老子自謂其中正之道，即『無為』之道也。」全句意思是有為則易於走向盡頭，不如持守清靜之道。❼修道以仁　語出《中庸・二十章》：「故為政在人，取人以身，修身以道，修道以仁。仁者，人也，親親為大。」意思是修道要以仁為出發點。❽天下歸仁　語出《論語・顏淵》：「克己復禮為仁，一日克己復禮，天下歸仁焉。」以仁為修身的核心。❾安土敦仁　語出《易經・繫辭上》：「安土敦乎仁，故能愛。」意思是安於自己的處境而重視仁，則能仁而愛人。

【語　譯】如果只知道這個竅穴而不知道其中的妙用，就如同只知道什麼是「中」而不知道什麼是「一」。古人有這樣的話：「心是大地那性就是心的主宰王，竅穴是『中』而妙用就是『一』」。「一」有很多種，比如有道的「一」、有神的「一」、有氣的「一」、有水的「一」、有數的「一」、有一貫的「一」、有協一的「一」、有精一的「一」、有唯一的「一」、有守一的「一」、有歸一的「一」等等。歸一，就是用那個「一」來歸於其「中」。守一，就是用那個「一」來守在其「中」。有中則有一，「一」如果沒有「中」，就不是聖人所說的「一」。有一便有中，「中」如果沒有「一」，就不是聖人所說的「中」。因此，孔子所說的「一」，就是用那「中」裏的「一」去貫穿。堯舜所說的「中」，就是用「一」裏的「中」去執守。

伏羲氏的〈河圖〉使中間虛空，這表示中央是先天之地，就如同人身祖竅的「中」。孔子說：「先天而天弗違。」老子說：「無名天地之始。」也就是佛教所說的「茫乎無眹，一片太虛」的意思。

大禹時的〈洛書〉使中間充實，這表示中央是後天所生，就如同人身祖竅的「一」。孔子說：「後天而奉天時」。老子說：「有名萬物之母。」也就是道家所說的「露出端倪，一點靈光。」

然而〈河圖〉體現了「中」，但這個「中」未嘗不包含著「一」。〈洛書〉體現了「二」，但這個「二」未嘗不包含「中」。「中」包含「一」，「一」主宰著「中」，這難道體現的不正是精微的妙理，無為的玄機嗎？

《道德經》說：「多言加速滅亡，不如持守中正、虛靜無為之道。」

《洞玄經》說：「丹書萬卷，不如守一。」所謂「一」，就是指生生不息的仁。

《中庸》說：「修道用仁」。

《論語》說：「天下歸仁」。

《禮記》說：「中心安於仁」。

《周易》說：「安居於自身而重視仁」。

予嘗譬之果實之仁：中有一點者，太極也；而抱之兩者，一陰一陽也。《易》曰：「易有太極，是生兩儀。」❶故易也者，兩而化也；太極也者，一而神也。以此一點之神而含養於祖竅之中，不得勤，不得怠，謂之安神祖竅，非所以復吾身之乾元乎？以此一點之仁，而敦養於坤土❷之中，而勿忘，而勿助❸，謂之安土敦仁❹，非所以立吾身之太極乎？又若蓮子之屬，中有一條而抱之兩片者，非所謂一以貫之耶？

一而二、二而三、三生萬物。故張紫陽云：「道是虛無生一氣，便從一氣產陰陽。陰陽者合成三體❺，三體重生萬物昌。」

昔文始先生問於老子曰：「修身至妙至要，載於何章？」老子曰：「在於深根固蒂，守中抱一❻而已。」何謂守中？曰：「勤守中，莫放逸，外不入，內不出，還本源，萬事畢。」

故老子所謂守中者，守此本體之中也。儒之執中者，執此本體之中。釋之空中者，本體之中，本洞然而空也。

老子所謂抱一者，抱此本體之一也。釋之歸一者，歸此本體之一也。儒之一貫者，以此本體之一而貫之也。

「惟精惟一」者，《易》之所謂「精義入神」❼者是也。「允執厥中」者，《記》之所謂「王中心，無為以守至正」者是也。夫曰王中心者，蓋以一點之仁，主此中心之中，而命之曰王，所謂天君者是也。夫何為哉？以守至正而已矣。命由此立，性由此存，此兩者同出異名，原是竅中舊物。如今復返竅中，則蒙莊❽所謂南海之儵，北海之忽，相遇於混沌之地矣❾。

修丹之士，不名祖竅，則真息不住而神化無基，藥物不全而大丹不結。蓋此竅是總持之門，萬法之都。亦無邊傍，更無內外。不可以有心守，不可以無心求。

以有心守之則著相⑩。以無心求之則落空。若何可也？受師訣曰：「空洞無涯是玄竅，知而不守是功夫。」常將真我⑪安止其中，如如不動，寂寂惺惺，內外兩忘，渾然無事，則神戀氣而凝，命戀性而住，不歸一而一自歸，不守中而中自守。中心之心既實，五行之心自虛，此老子抱一守中、虛心實腹⑫之本旨也。

【注　釋】❶易有太極二句　語出《易經・繫辭上》：「易有太極，是生兩儀，兩儀生四象，四象生八卦，八卦定吉凶，吉凶生大業。」這是《易經》的八卦演變圖式，「兩儀」有時指天地，這裏指陰陽。❷坤土　與「乾家」相對。也稱「坤爐」、「坤宮」、「坤位」，一般指腹部丹田。丹經認為這一竅為產藥溫養之處，真土在此調和鉛、汞，故稱「坤土」。丹經有「產在坤，種在乾」一說，就是指安神祖竅的功夫是在坤宮完成，而聚火載金的功夫是在乾家完成。❸而勿忘二句　和上文「不得勤，不得怠」都指道教內丹火候。勿忘、勿助，指心息相依、不假人力又不放任的真息景象。如張三丰「以默以柔存火性，勿忘勿助養靈胎。」❹安土敦仁　語出《易經・繫辭上》：「安土敦乎仁，故能愛。」這裏指精、氣、神會合以意土調和而凝成金丹，詳見本書元集〈大道說〉中〈三家相見說〉相關注。❺陰陽者合成三體　指陰氣、陽氣以及陰陽二氣相合產生的「和氣」共三體，這就是老子所說的「中氣以為和」、「二生三」的過程。❻深根固蒂二句　即《老子・十章》、〈二十三章〉、〈五十九章〉的相關內容。詳見前注。❼精義入神　語出《易經・繫辭下》：「精義入神，以致用也。」意思是精於事物的義理，進入神妙之境地。❽蒙莊　即莊子，莊子為戰國時期宋國蒙（今河南商丘東北）人，所以此處稱「蒙莊」。❾南海之儵三句　此句出自《莊子・應帝王》：「南海之帝為儵，北海之帝為忽，中央之帝為混沌。儵與忽時相與遇於混沌之地，混沌待之甚善。」這是莊子「混沌之死」的典故：「混沌」（也即「渾沌」）一詞指中央之帝，中央之帝原來沒有七竅，其友人南海之帝和北海之帝為了報答他的恩情，為之開鑿七竅，導致混沌死。莊子以此比喻人應順應自然，反對有為妄作、破壞本然。這裏以「儵」、「忽」二者比喻性、命，用「混沌」比喻祖竅。❿著相　指執著於有形之物。後句的「落空」指無所執著，落於頑空。常人修煉常常易落於這兩個極端，這是修煉忌諱的。⓫真我　指性，意即先天本來面目的我。⓬抱一守中二句　分別語出《老子・五章》：「多言數窮，不如守中。」〈十章〉：「載營魄抱一，能無離乎」，〈三章〉：「是以聖人之治，虛其心，實其腹。」詳見本書元集〈大道說〉相關注。

【語　譯】我曾經把「仁」比喻為果實的核仁，果實的核仁中間有一點小芽，這就如同是太極。而包圍著小芽的兩瓣，就如同是一陰一陽。《周易》說：「易有太極，是生兩儀」。所以易體現的就是陰陽兩體之間的生化。太極體現的就是一體之神妙。把這一體之神妙含養於祖竅之中，不能操之過急，也不能懈怠，這就叫「安神祖竅」，這不正是用來還復人身中的先天元氣元性嗎？把這一點「仁」滋養於祖竅之中，不能視其無，不能視其有，這就叫「安土敦仁」，這不正是用來確立人身中的太極嗎？又比如蓮子與莖的相連處，中間有一條外面包有兩瓣的直條，這不正是所說的「一以貫之」的意思嗎？

由一而生二，由二變為三，三再化生出萬物。故張紫陽云：「道就是從虛無產生一氣，從一氣產生陰陽。陰、陽以及陰陽相合之氣形成三體，三體不斷化生則萬物昌盛。」

古時文始先生問道於老子：「關於修身最微妙、最重要的旨要，記載在書中哪一章？」老子說：「就是講深根固蒂、守中抱一的那一章。」「那守中又是什麼意思？」老子說：「勤於守中，不要讓心外逸，外氣不入侵，內氣不外馳，返還本源，則修煉之事大功告成。」

因此老子所說的「守中」，就是意守這本體之「中」。儒家所說的「執中」，就是執守這本體之「中」。佛家所說的「空中」，就是指本體之中，原本就是洞然而空的。

老子所說的「抱一」，就是抱守這本體之「一」。佛家所說的「歸一」，就是歸於這本體之「一」。儒家所說的「一貫」，就是用這本體之「一」去一而貫之。

《尚書》所謂的「惟精惟一」，也就是《周易》所說的「精義入神」的意思。《尚書》所謂的「允執厥中」，也就是《禮記》所說的「王中心，無為以守至正」的意思。所謂「王中心」，就是用一點之仁，主宰這中心之「中」，並因此稱之為「王」，也就是所謂的「天君」。具體怎麼做？就是以無為持守這至中至正之道。這樣，命可由此而立，性可由此而存，命、性二者，同出一源而名稱不同，原本都是祖竅中的舊有之物。如今又復返於祖竅之中，這就類似於莊子所講的南海的「儵」，北海的「忽」，相遇於混沌之地。

修煉丹道的人，如果不真正明瞭祖竅，那麼真息就收攝不住，而出神入化也就沒有根基，煉丹的藥物不齊備，那麼大丹也就結不成。這個竅就是修煉的總持門，是萬法的匯集之所。它無所謂邊際，更無所謂內外。那不能刻意去持守，也不能無心去玩尋。如果刻意去持守，那就會著相。如果無心去玩尋，又會落於頑空。那怎樣才行呢？有先師傳授的口訣：「空洞無涯是玄竅，知而不守是功夫。」要時常將純然之真性安止其中，冥然不動，寂然靈覺，內外兩忘，渾然無事，這樣，神氣相合而凝結，性命相合而止住，不去刻意歸一而一自歸，不去刻意守中而中自守。中心（即太極）之心既然已得到充實，那麼五行（有形）之心就自然虛靜，這就是老子所說的「抱一守中，虛心實腹」的本旨。

張紫陽云：「虛心實腹義俱深，只為虛心要識心。」

劉海蟾云：「中央神室本虛閑，自有先天真氣到。」

呂純陽云：「守中絕學方知奧，抱一無言始見佳。」

徐佐卿云：「儵忽遨游歸混沌❶，虎龍蟠踞入中黃❷。」

正陽翁云：「要識金丹端的處，未生身處下功夫。」

如如居士云：「坤之上，乾之下，中間一寶難酬價。」

李清庵《中和集》云：「兩儀肇判分三極❸，乾以直專坤闢翕。天地中間玄牝門❹，其動愈出靜愈入❺。」

王玉陽《雲光集》云：「谷神從此立天根，上聖強名玄牝門。點破世人生死穴，真仙於此定乾坤。」

譚處端《水雲集》云：「陰居於上陽居下，陽氣先升陰氣隨。配合虎龍交媾❻處，此時如過小橋時。」

河上公《過明集》云：「杳杳冥冥開眾妙，恍恍惚惚葆真竅。斂之潛藏一粒中，放之彌漫六合表。」

張紫陽《悟真篇》云：「震龍木自出離鄉，兌虎金生在坎方❼。二物總因兒產母，五行全要入中央。」

張景和《枕中記》云：「混元一竅是先天，內面虛無理自然。若向未生前見得，明知必是大羅仙❽。」

葛仙翁《玄玄歌》云：「乾坤合處乃真中，中在虛無甚空闊。簇將龍虎竅中藏，造化樞機歸掌握。」

羅公遠《弄丸集》云：「一竅虛無天地中，纏綿秘密不通風。恍惚杳冥無色象，真人現在寶珠中。」

天來子《白虎歌》云：「玄牝之門鎮日開，中間一竅混靈臺。無關無鎖無人守，日月[9]東西自往來。」

張鴻蒙《還元篇》云：「天地之根始玄牝，呼日吸月持把柄。隱現俱空空不空，尋之不見呼之應。」

高象先〈金丹歌〉云：「真一之道何所云，莫若先敲戊己門[10]。戊己門中有真水[11]，真水便是黃芽[12]根。」

丁野鶴〈逍遙遊〉云：「三教一元這箇圓[13]，生在無為象帝先[14]。悟得此中真妙理，始知大道祖根源。」

蕭祖虛〈大丹訣〉云：「學人若要覓黃芽，兩處根源共一家。七返九還[15]須識主，功夫毫髮不容差。」

李靈陽〈祖竅歌〉云：「箇箇無生無盡藏[16]，人人本體本虛空。莫道瞿曇[17]名極樂，孔顏樂[18]亦在其中。」

陳致虛〈轉語偈〉云：「一者名為不二門，得門入去便安身。當年曾子一聲唯[19]，誤了閻浮[20]多少人。」

薛紫賢〈虛中詩〉云：「天地之間猶橐籥[21]，橐籥須知鼓者誰。動靜根宗由此得，君看放手得風無。」

呂祖《純陽文集》云：「陰陽二物隱中微，只為愚徒自不知。實實認為男女是，真真說做坎離非[22]。」

李道純〈無一歌〉云：「道本虛無生太極，太極變而先有一。一分為二二生三，四象五行從此出。」

《壽涯禪師語錄》云：「陀羅門[23]起妙難窮，佛佛相傳只此中。不識西來真實義，空穿鐵屣走西東。」

馬丹陽〈醉中吟〉云：「老子金丹釋氏珠[24]，圓明無欠亦無餘。死戶生門宗此竅，此竅猶能納太虛。」

曹文逸〈大道歌〉云：「借問真人何處來，從前原只在靈臺。昔年雲霧深遮蔽，今日相逢道眼開。」

劉長生《仙藥集》云：「一竅虛空玄牝門，調停節候要常溫[25]。仙人鼎內無他藥，雜礦銷成百煉金。」

李道純《中和集》云：「乾坤闔闢無休息，離坎升沉有合離。我為諸君明指出，念頭復處立丹基[26]。」

劉海蟾〈見道歌〉云：「函谷關[27]當天地中，往來日月自西東。試將寸管窺玄竅，虎踞龍蟠氣象雄。」

無心昌老〈秘訣〉云：「自曉谷神通此道，誰能理性欲修真。明明說向中黃路，霹靂聲中自得神。」

玉蟾白㉘真人云：「性之根，命之蒂，同出異名分兩類。合歸一處結成丹，還為元始先天氣。」

緣督趙真人云：「虛無一竅正當中，無生無滅自無窮。昭昭靈靈相非相㉙，杳杳冥冥空不空。」

紫陽張真人〈金丹序〉云：「此竅非凡竅，乾坤共合成。名為神氣穴，內有坎離精。」

瑩蟾李真人〈道德頌〉云：「闔闢應乾坤，斯為玄牝門。自從無出入，三界獨稱尊㉚。」

司馬子微㉛云：「虛無一竅號玄關，正在人身天地間。八萬四千分上下㉜，九三六五㉝列循環。大包法界渾無迹，細入塵埃不見顏。這箇名為祖氣穴，黍珠一粒正中懸。」

以上口訣，皆發明祖竅之妙。

老子曰：「天地之間，其猶橐籥乎？」

莊子曰：「樞得若環中，以應無窮。」㉞

坤曰：「正位居體。」㉟

鼎曰：「正位凝命。」㊱

艮曰：「君子思不出其位。」㊲

而孟子亦曰：「立天下之正位」㊳，惟此正位也。以言乎其大，則足以包羅乎天地而無外，故謂之廣居，而大道從此出矣。

《毛詩》曰：「秉心塞淵。」㊴

《太玄經》曰：「藏心於淵，美厥靈根。」㊵

《參同契》曰：「真人潛深淵，浮游守中規。」㊶曰塞、曰藏，潛而守之之義也。然而「浮游」二字不可不知也。浮游者，優游也。即孟子之所謂「勿忘勿助」也，釋氏所謂「應如是住，如是降伏其心。」㊷亦此義也。

【注釋】❶儵忽遨游歸混沌　詳見上節❾「南海之儵三句」條。❷龍虎蟠踞入中黃　龍虎，為內丹學中應用較廣的隱語代號，在內丹學中，「龍」喻汞，代表神、性；「虎」喻鉛，代表氣、精。男女雙修派丹法則以龍虎分別指男女雙方。詳見元集〈火龍水虎說〉中相關注釋。中黃，即黃庭穴，又名「中黃宮」，也即這裏所說的「祖竅」。此句指神氣聚於祖竅穴中。❸兩

儀肇判分三極　《周易・繫辭上》：「易有太極，是生兩儀。兩儀生四象，四象生八卦。……」其中兩儀指天地、陰陽。這裏指陰陽二氣判分為三極（陰陽和合之氣）。❹玄牝門　語出《老子・六章》：「谷神不死，是謂玄牝。玄牝之門，是謂天地根。」詳見前注。❺其動愈出靜愈人　語出《老子・五章》：「天地之間，其猶橐籥乎？虛而不屈，動而愈出。」這裏指在內丹修煉時應靜定而思慮雜念不外逸。無底之囊曰橐，有孔之竅曰籥，橐籥古代指方士煉丹時用來鼓風的工具。引申為虛而不竭、動而生風之妙。內丹學借以喻天之呼吸之理及人之呼吸之法，萬物為天地呼吸所生，因而人之呼吸應天地之呼吸。❻虎龍交媾　即神氣相交。詳見本節〈龍虎交媾法則〉。❼震龍木自出離鄉二句　這是內丹修煉中五行顛倒的關係。詳見元集〈火龍水虎圖〉中的「五行顛倒術，龍從火裏出；五行不順行，虎向水中生。」是比喻內丹修煉中五行顛倒、逆修返還的功夫。在五行中，龍屬木，對應八卦中的震卦，所以稱震龍；虎屬金，對應八卦中的兌卦，所以叫兌虎。五行順行應是木生火、金生水。在丹法中，在木火相交、金水相合之時，火反而生木，水反而生金。所以說「震龍木自出離鄉，兌虎金生在坎方」是「兒產母」。❽大羅仙　道教稱天界最高層為大羅天，居於其上的神仙為大羅仙。這裏泛指神仙。❾日月　即神氣。內丹家以烏為日，為陽，為離卦（☲），為汞，代表元神，為煉丹之火；以兔為月，為陰，為坎卦（☵），為鉛，代表元精，為煉丹之藥。詳見元集〈日烏月兔說〉。❿戊己門　也叫「玄關一竅」，丹家之秘，又有玄牝、玄牝之門、虛無窟子、偃月爐、西南鄉、谷神、天地根等異名。也即祖竅。⓫真水　即真液，指心腎、龍虎、神氣相交之液。⓬黃芽　又稱「甘露黃芽」、「黃芽白雪」。《悟真篇》：「甘露降時天地合，黃芽生處坎離交。」翁葆光注：「甘露黃芽者，皆金丹之異名。……即先天一氣」。⓭這箇圓　即〇。內丹內煉符號。前文有解釋「儒曰太極，道曰金丹，釋曰圓覺。」作者認為儒釋道三教在這一點上是完全合一的。⓮象帝先　語出《老子・四章》：「道沖而用之，或不盈。淵兮，似萬物之宗；湛兮，似若存。吾不知誰之子，象帝之先。」這裏象帝先就是指萬物之宗。⓯七返九還　語出《周易參同契》「九還七返，八歸六居」句。本為外丹術語，指從丹砂到水銀的化學反應中多次反覆變化。內丹家借以描述丹功由後天返先天的過程。即用內煉丹法煉精氣神，使三寶凝結，由後天重返先天，恢復童貞時期生命充沛的狀態。詳見前注。⓰無盡藏　佛家語，意謂含藏無窮之德。又作無盡藏海、無盡法藏。即真如法性之理海廣闊無邊，包藏一切萬象。⓱瞿曇　為印度剎帝利種中之一姓，瞿曇仙人之苗裔，即釋迦牟尼俗家的古代族姓。這裏泛指佛。⓲孔顏樂　語出《論語・雍也》，孔子曾稱讚其學生顏回說「一簞食，一瓢飲，在陋巷，人不堪其憂，回也不改其樂。」後以「孔顏樂」指一種安貧樂道的精神。這裏「孔顏樂處」指祖竅。⓳曾子一聲唯　語出《論語・里仁》：「子曰：『參乎！吾道一以貫之。』曾子曰：『唯』。子出，門人問曰：『何謂也？』曾子曰：『夫子之道，忠恕而已矣。』」在丹家看來，曾子的對「一」典型的儒家式的解釋，當然是錯誤的。⑳閻浮　又稱「閻浮提」、「閻浮洲」等。閻浮係印度人想像中之理想樹，有此樹的森林稱「閻浮提」或「閻浮洲」，原本係指印度之地，後則泛指人間婆娑世界。㉑橐籥　語出《老子·五章》：「天地之間，其猶橐籥乎？虛而不屈，動而愈出。」橐籥，古代指方士煉丹時用來鼓風的工具，無底之囊曰橐，有孔之竅曰籥，引申為虛而不竭、動而生風之妙。內丹學藉以喻天之呼吸之理及人之呼吸之法，萬物為天地呼吸所生，因而人之呼吸應天地之呼吸，指在內丹修煉時應靜定而思慮雜念不外逸。㉒真真說做坎離非　坎卦外陰內陽，離卦外陽內陰，都非先天純陰純陽，所以說元神、元氣不能確切的說成是坎離。㉓陀羅門　陀羅，佛教傳說中的山名。一般以陀羅門泛指佛門。㉔老子金丹釋氏珠　本節「安神祖竅翕聚先天」中有詳解「……如此○而已。儒謂之仁，亦曰無極；釋謂之珠，亦曰圓明；道謂之丹，亦曰靈光。皆指此先天一氣、混元至精而言。」㉕調停節候要常溫　指運用呼吸調節火候的功夫，即前文所說的「勿忘勿助」等火候功夫。㉖念頭復處立丹基　念頭復處，即「一陽生」、「一陽來復」、「活子時」，內丹家借以表示起火煉丹之候，即此處所說的「立丹基」之時。㉗函谷關　傳說老子出函谷關，關令尹喜見有紫氣從東來，知道將有聖人過關。果然老子騎了青牛前來，尹喜便請他寫下了《道德經》。後以老子騎青牛出函谷關比喻成道。此處函谷關用來指祖竅。㉘玉蟾白　即白玉蟾。以下如緣督趙、紫陽張、瑩蟾李等，都是號或名在前，姓在後，譯文中均作調整，並將生疏的號儘量改為人們熟知的姓名稱謂。㉙相非相　佛教所謂相即形相或狀態之意，是相對於性質、本體等而言，即指諸法之形象狀態。佛教認為諸法之相是虛幻的，是非相非非相，似有非有；下句的「空不空」也是這個意思，佛教認為一切皆空，但此空又不等於空無，而是非空非不空，似無非無。㉚自從無出入二句　指修煉一旦達到外氣不入、內氣不出的「胎息」境界，就可以超出三界（欲界、色界、無色界）。㉛司馬子微　即司馬承禎，唐代內丹家，字子微，號白雲子，著有《修真精義論》、《服氣精義論》、《修真秘旨》、《坐忘論》等。㉜八萬四千分上下　即本節「安神祖竅翕聚先天」中所說的「天之極上處距地之極下處，相去八萬四千里。而天地之中，適當四萬二千里之中處也。」這裏還是強調此竅處於人身之中。㉝九三六五　《周易》一卦六爻，陰爻稱九，陽爻稱六，六爻從上到下依次為「初」、「二」、「三」……「上」，陽爻前加九，陰爻前加六（初、上爻加後）。這裏泛指陰陽二氣。㉞樞得若環中二句　語出《莊子·齊物論》：「彼是莫得其偶，謂之道樞，樞始得其環中，以應無窮」。意思是得道的關鍵就像找到入環的中心，這樣才能順應無窮的變化。這裏指要知曉此竅之「中」以應無窮。㉟正位居體　語出《易·大傳》：「〈文言〉曰：黃中通理，正位居體，美在其中，而暢於四支，發於事業，美之至也。」這是〈文言〉對坤卦（☷）六五爻辭「黃裳元吉」的解釋。六五居上卦之中位，象徵人以正道居其中。這裏指祖竅居中。㊱正位凝命　語出《易·大傳》：

「〈象〉曰：木上有火，鼎。君子以正位凝命。」即持正以居其位的意思。這裏指居中正位，才能修煉。㊲君子思不出其位　語出《易・大傳》：「〈象〉曰：兼山，艮。君子以思不出其位。」這是〈象傳〉對艮卦（䷳）卦象和卦名的解釋。這裏指修煉關鍵不出祖竅。㊳立天下之正位　語出《孟子・滕文公下》：「居天下之廣居，立天下之正位，行天下之大道。」㊴秉心塞淵　語出《詩經・鄘風・定之方中》。毛傳：「秉，操也。」《淮南子・泛論訓》云：「聖人心平志易，精神內守，物莫足以惑之。」魯語云：「血氣強固。」這裏意思是秉持其心藏於深淵。㊵藏心於淵二句　語出《太玄經》。此書為西漢末年揚雄模擬《周易》所創。淵者，深昧不測之所，即靈谷、氣穴。㊶真人潛深淵二句　語出《周易參同契》。指神藏於內，意守祖竅。㊷應如是住二句　語出《金剛經》。指用佛性止住、降伏其心（思慮和雜念）。

【語　譯】張紫陽說：「虛心實腹涵義都很深，關鍵在要虛心必須先識心。」

劉海蟾說：「中央神室（祖竅）原本虛閒，自然有先天真氣到。」

呂純陽說：「關於『守中』這個絕學現在才知道它的奧妙，就是通過『抱一』靜默的修養功夫才是最佳。」

徐佐卿說：「『倏』和『忽』遨遊歸於混沌之境，水虎火龍蟠踞人於中黃之竅。」

正陽翁說：「要識得金丹究竟產於何處，應在未生身處下功夫。」

如如居士說：「在坤之上，乾之下，中間有一無價之寶難以酬價。」

李道純《中和集》說：「兩儀（陰陽）判分為三極（陰陽和合之氣），乾以神御氣而坤主管開合呼吸。天地中間有玄牝門，其動則神氣出靜則神氣入。」

王玉陽《雲光集》說：「谷神從祖竅處立天根，上聖勉強稱之為玄牝門。這就點破了世人的生死之源，真仙就是在此竅定下乾坤。」

譚處端《水雲集》說：「心陰居於上腎陽居於下，陽氣先上升陰氣隨著下降。水虎火龍交媾的地方，要默運呼吸加以配合，小心把握火候功夫。」

河上公《過明集》說：「杳杳冥冥中開眾妙之門，恍恍惚惚中永葆真竅。收斂起來刻意潛藏於一粒之中，放開則可以彌漫整個六合的表面。」

張紫陽《悟真篇》說：「震龍木從離火中出，兌虎金在坎水中生。龍虎二物都是兒產母，五行顛倒全要入中央氣穴。」

張景和〈枕中記〉說：「混元一竅是先天生成，裏面虛無理法自然。若在未生身前洞見此竅，就必定會成為大羅仙。」

葛仙翁〈玄玄歌〉說：「乾坤陰陽交合之處乃是真的『中』，『中』處在虛無空闊中。攢簇神氣歸藏於此竅中，造化的樞機全歸此竅掌握。」

羅公遠《弄丸集》說：「此一竅處在虛無天地陰陽交合之中，纏綿悱惻密不透風。恍惚杳冥無形跡可尋，真人金丹即成就在此竅之中。」

天來子〈白虎歌〉說：「玄牝之門終日敞開，中間一竅與靈臺混為一體，無關無鎖無人把守，神氣在其中自相往來。」

張鴻蒙《還元篇》說：「天地之根始自玄牝之門，駕馭元神元氣總持把柄。或隱或現都空但說空又不空，刻意尋它不見但又呼之即應。」

高象先〈金丹歌〉說：「真一之道的關鍵究竟說什麼，不如先去琢磨戊己門（玄關一竅）的奧秘。戊己門中有真水，真水便是黃芽根。」

丁野鶴〈逍遙遊〉說：「儒釋道三教合為一體都在於這個圓，生在無為象帝之先。只有悟得此中的真妙理，才能探知大道最初的根源。」

蕭祖虛〈大丹訣〉說：「學習丹道的人如果想要尋覓黃芽之處，須知神氣雖分兩處但根源同在祖竅一家。七返九還的修煉功夫必須識得主人翁，功夫不容許有毫髮誤差。」

李靈陽〈祖竅歌〉說：「個個看似無生但包藏一切萬象，人人所本之體原本是虛空。且不說瞿曇佛處於極樂世界，類似孔顏之樂也在其中。」

陳致虛〈轉語偈〉說：「所謂『二』者實為不二法門，得其門而入便可安身。當年曾子那一聲『唯』的應諾，誤了世間多少人。」

薛紫賢〈虛中詩〉說：「天地之間猶如一個大風箱，必須知道風箱的鼓風者是誰。一動一靜都因為有鼓風者，試試看假如鼓風者放手還能不能得到風。」

呂祖《純陽文集》說：「陰陽二物（元神、元氣）隱約藏於『中』，可惜愚者從來自然不知曉。以男女比喻它們實實在在還算對，但真真切切的說它們就是坎離就不恰當。」

李道純〈無一歌〉說：「大道原本虛無從中生出太極，太極變而有先天一氣產生。先天一氣判分陰陽二氣，陰陽相交和氣產生，四象五行從中生出。」

《壽涯禪師語錄》說：「佛門開起奧妙難以窮盡，佛佛相傳只是這個『中』。如果不識得佛祖西來的真實義，那就是白白穿著鐵屣走西東。」

馬丹陽〈醉中吟〉說：「道教老子所說的金丹佛教所說的珠，圓滿光明無所謂虧缺也無所謂盈餘。此竅正是死生的門戶，此竅還能容納整個太虛。」

曹文逸〈大道歌〉說：「借問內丹修成之人從何處來，從前原來只住在靈臺。往昔只是被雲霧深深遮蔽，今日相逢才使道眼大開。」

劉長生《仙藥集》說：「一竅虛空乃是玄牝門，要隨時調節火候使之保持常溫。仙人鼎爐內並無別的什麼靈丹妙藥，只不過用雜礦銷鑄百煉成金。」

李道純《中和集》說：「乾坤開合沒有休止，離坎交媾有合有離。我為諸君明白指出，在一個念頭復還時開始修煉內丹之根基。」

劉海蟾〈見道歌〉說：「函谷關（祖竅）正處天地之中，元神元氣往來於西東。試從寸管之地窺視玄竅，龍虎交媾一派雄偉氣象。」

無心昌老〈秘訣〉說：「自從知曉谷神跟此竅相通，誰又能真的通過修性意欲修真。儘管明明說通向中黃穴，但在龍虎交媾的霹靂聲中自然得到神丹。」

白玉蟾真人說：「性之根，命之蒂，同處於祖竅但名稱相異分為兩類。合歸一處結成大丹，返還為元始先天氣。」

趙緣督真人說：「虛無一竅正在天地當中，無生無滅自然也無窮。昭昭靈靈似相實非相，杳杳冥冥似空實不空。」

張紫陽真人〈金丹序〉說：「這一竅並非普通的竅，乃是天地共同合成。名字為神氣穴，裏面有坎離交媾之精。」

李道純真人〈道德頌〉說：「呼吸開合應接天地，此竅就是玄牝門。自從修煉到外氣不入內氣不出的境界，就可以在三界獨稱尊。」

司馬承禎說：「虛無一竅號稱玄關，正在人身天地之間。天地之間八萬四千中分上下，陰陽判列往復循環。此竅大到包容整個法界卻渾然無際，細小到滲入塵埃不見形跡。這個竅就叫祖氣穴，如同黍珠一粒正中高懸。」

以上口訣，都是在闡釋祖竅的奧妙。

老子說：「天地之間，不就像個鼓風的大風箱？」

莊子說：「合乎道的關鍵就像得入環的中心，以順應無窮的變化。」

《周易．坤卦》說：「得其中就是其體居於正位。」

《周易．鼎卦》說：「居中正位才能凝命。」

《周易．艮卦》說：「君子思謀要守中而不越出其位。」

孟子也說：「立天下之正位」，只有這個「中」才是正位。說到它的大，則大到足以包羅整個天地而無所遺漏，所以稱之為廣居，而大道便從此中出。

《詩經》說：「秉持其心藏於深淵。」

《太玄經》說：「將心藏於淵池中，使其靈根完美。」

《周易參同契》說：「真人（神）隱潛於深淵中，浮游中順自然守正中。」說「塞」或「藏」字，都是指潛隱而守中的意思。然而「浮游」兩個字的涵義不可不知。浮游的意思，就是悠然自遊，也就是孟子所說的「勿忘勿助」，佛家所說的「應如是住，如是降伏其心。」也是這個意思。

法輪自轉工夫

三教法門，同途異轍，迹雖分三，理則一也。如此著功夫，釋家謂之法輪❶，道家謂之周天❷，儒家謂之行庭❸。

《易》曰：「艮其背，不獲其身。行其庭，不見其人。無咎。」行庭者，天行健之之行也。天之行也，日一周天，何其健與。若吾身亦一小天地者，周天之行健也。《易》曰：「天行健，君子以自強不息。」❹然吾身中之黃庭❺，太極立焉，而天則旋乎其外，而往來之不窮矣。艮曰：「時止則止」❻，太極立焉。「時行則行」，周天行焉。又不觀之〈繫辭〉乎，〈繫辭〉曰：「日月相推而明生焉。」又曰：「寒暑相推而歲成焉。」又曰：「屈伸相感而利生焉。」此行庭之心法也。

何為立極？即前所謂心中之仁，安於中心之中而為土中者❼，以敦養之，自有消息❽真機，而身心性命相為混合矣。

一屈一伸，一往一來，真有若日月之代明，寒暑之錯行，其殆天運之自然，

法輪自轉圖

接三陰之正氣於風輪其專精之名曰太玄棲三陰之正氣於水樞其專精之名曰太乙太乙正陽也太玄正陰也陽之正氣其色赤陰之正氣其色黑水陽也而其伏為陰風陰也而其發為陽上赤下黑左青右白黃潛於中宮而五運流轉故有輪樞之象焉

撥動法輪旋日月須臾海嶠起雲雷
風濤洶湧波澄後散作甘泉潤九垓

旋斗歷箕
迴度五常
法天之樞
仙壽萬億

法水能朝有秘關逍遙日夜遣輪環
於中壅滯生諸病纔決通流便駐顏

水涵太乙之中精故能潤澤百物而行乎地中風涵太古之中精故能動化百物而行乎天上上赤之象其宮成離下黑之象其宮成坎夫兩端之所以乎者以中存乎其間故也

是亦吾身之一天地也。

始而有意，終於無意。起初用意引氣旋轉，由中而達外，由小而至大，口中默念十二字訣曰：白虎隱於東方，青龍潛於西位❾。一句一圈，數至三十六遍而止。及至收回，從外而旋內，從大而至小，亦念訣曰：青龍潛於西位，白虎隱於東方。亦數三十六遍，復歸太極而止，是為一周天也。久則不必用意，自然璇璣❿不停，法輪自轉，真箇有歇手不得處。

全陽子云：「與日月而周回，同天河而輪轉。輪轉無窮，壽命無窮。」

《鳴道集》云：「安閑自得長生道，晝夜無聲轉法輪。」

韓逍遙云：「法輪要轉常須轉，只在身中人不見，駕動之時似日輪，日輪向我身中轉。」又云：「法輪轉得莫停留，念念不離輪自轉。」當其轉也，滃然如雲霧之四塞，颯然如風雨之暴至，恍然如晝夢之初覺，渙然如沉疴之脫體。精神冥合，如夫婦之交接；骨肉融和，如澡浴之方起⓫。

《易》曰：「黄中通理，正位居體，美在其中，而暢於四肢。」⓬斯言信矣！

【注釋】❶法輪　佛教中對佛法的比喻稱法。佛所說之法，能夠輾碎眾生的一切煩惱，好像巨輪能夠輾碎一切的岩石和沙礫一樣，故謂法輪；又佛所說之法，輾轉傳人，好像車輪的旋轉，如車輪，故比喻為法輪。❷周天　內丹修煉中的一個週期，有小周天和大周天之分，前者為精化為氣的煉藥功夫，後者指煉氣化神階段所行的入定功夫。兩者的區別是前者是有為階段，後者是無為階段。❸行庭　語出《易・艮》：「艮其背，不獲其身。行其庭，不見其人。無咎。」本文下句有詳解。胡海牙先生對這句做過詳細的解釋：「『艮』在《易經》中作『停止』之意，固定住後背，整個身體想動也動不了，從而穩定住整個身體，逐漸淡忘身體，就是『不獲其身』。超脫身心，便能『行其庭不見其人』，庭院當『中空』解釋，活動在庭院而不見其人，比喻已與虛空打成一片。」❹天行健二句　語出《易・乾》：「〈象〉曰：天行健，君子以自強不息。」意思是天體強健地運行，君子應當效法天體自強不息。❺黃庭　為一中醫名詞。黃色代表土，土在五行中位居中央，庭乃房屋前的空地，黃庭即是中空之意。陳攖寧先生對此所做的解釋為：「以生理而論，吾人一身，自臍以上，為上半段，如植物之幹，生機向上；自臍以下，為下半段，生機向下。臍部乃生理之總開關，具足上下之原動力。黃庭者，臍內中空處是也。」所謂行庭自轉功夫就是黃庭的運行。❻時止則止　與下句中的「時行則行」語出《易・艮》：「〈象〉曰：艮，止也。時止則止，時行則行，動靜不失其時，其道光明。」這是〈象傳〉對艮卦（䷳）卦名的解釋。❼心中之仁二句　即前文中所說的「安土敦仁」的意思。關於「土」，即「意土」，丹經中常稱真意為「媒」或「黃婆」，在五行中為土，故稱意土，在煉丹過程中起媒介作用。❽消息　原意為消長之意，即食物的生滅、榮枯。道教內丹指內煉過程中的進火與退符。進火為陽息，退符為陰消，進火與退符都遵循自然節律，又以卦象表示其數度，比如〈十二消息圖〉就是以剛柔二爻的變化，表示陰陽二氣的消長過程。❾白虎隱於東方二句　此口訣與傳統道家的白虎在西青龍在東的理論正好相反，胡海牙先生認為「此口訣正好與世俗流傳的道家的『五行』理論相背，盡人皆知的『五行』為金木水火土，相生相剋，每一方位以一種顏色相配，如木居於東方，色澤為青，故青龍位於東方，表示大自然生生不已之力；又如金居於西方，色澤為白，故白虎位於西方，表示物競天擇之力，自然之選擇、取捨、滅絕之力。東方與西方完全相反，一示生一示滅，青龍白虎各居其位，維繫著宇宙間的平衡——按照此理，應該是東方青龍，西方白虎，所有的命理天文的書都是這般說的。」但在《性命圭旨》一書中，正好將方位顛倒了。胡先生受陳攖寧先生說過的「秘訣應當於普通讀《性命圭旨》之人所最易忽略處求之」這句話的啟發，認為這可能不是簡單的印刷錯誤，或許另含深意。胡先生並試著做了一些解釋：或許這寓意著青龍居於東方，但另隱著白虎，同樣西方的白虎後面另隱藏著青龍，那麼每一個方位中龍虎就是齊全的，可以自成生滅；或許寓意著代表「斷滅」的白虎實則生於「生生不已」的東方，代表「生生不已」的青龍實則生於代表「斷滅」的西方。實際上兩種解釋大體都是將生滅置於一處，而一旦生死於一處，沒了方位差距，就不會被物質所絆羈，不會被命運天象所左右。胡先生進一步分析：「如果真的是『生死一處』，生死並非絕對，照理就可以自由出入於生死。這『生死一處』的口訣便是道家『超出三界外，不在五行中』羽化成仙之說的根本理論。」這樣解釋的話，「白虎隱於東方，青龍潛於西位」這句話就是暗含深意了。❿璇璣　北斗七星。⓫滃然如雲霧之四塞八句　這是對行庭自轉功夫的描述，是將人體氣機的變化與天地運行的變化相互比較，記載了前輩道人對此功法的體會。滃然，水勢盛大的樣子。沉痾，重病。⓬黃中通理四句　語出《易・大傳・坤》：「〈文言〉曰：黃中通理，正位居體，美在其中，而暢於四支，發於事業，美之至也。」這是〈文言〉對坤卦（☷）六五爻辭「黃裳元吉」的解釋。「黃」為美麗之色，「黃中」指美德。「體」疑為「禮」。六五居上卦之中位，象徵人以正道居其中。這裏是描述行庭自轉功夫的美妙感受。

【語　譯】儒、佛、道三教，雖然目標相同但教門不同，方法雖然分為三種，然而最終目標是一樣的。依次修煉的功夫，佛家稱為法輪，道家稱作周天，儒家稱為行庭。

《周易》說：「收攝眼光斂藏背，所以人我兩忘。行於庭中，也見不到其人，這樣便無災禍」。「行庭」中的「行」字，就是「天行健」中的「行」的意思。天體的運行，一日一個周天，可見運行得多麼強健。人的身體也像一個小天地，也是仿效天地周天之行，可見也是很強健的。《周易》說：「天行健，君子以自強不息。」人身中的黃庭，是太極（先天之性）所在之處，而天（一身的經脈氣血）便在它外周運轉不息。《周易・艮卦》說：「應當止則止」，太極於是立於其中；「應當行則行」，於是周天開始運行。沒見《周易・繫辭》上這樣說嗎？〈繫辭〉說：「日月交替相推的結果便是光明的產生。」還說：「寒暑交替相推的結果便是一年四季的形成」。又說：「一屈一伸相互感應的結果便是最終獲利」。這便是所謂「行庭」的心法。

什麼叫立極（太極立）呢？就是前面所說的心中的仁，安置於中心之中而成土中，意思是以意土調和使其得到厚養，因此便有火候調停的微妙機關，身心性命也隨之相互混合為一了。

一屈一伸，一往一來，真的如同日月交替發光，寒暑交互往來，這大概就是天體運行的自然規律，也是人身中一小天地的運行規律。

練功開始時是有意識的，最後是無意識的自然運轉。起初以意念引導氣旋轉，由中間向外，由小到大，口中默念以下十二字口訣：「白虎隱於東方，青龍潛於西位」。每念一句氣則循環一周，數至三十六遍停止。

等到把氣收回，又以意念引導使之從外向中間旋轉，從大到小，這時便倒念此十二字口訣：「青龍潛於西位，白虎隱於東方」。同樣數三十六遍，使之復歸到太極（祖竅）為止，這就是一周天。時間長了就不必再用意念引導，氣便像北斗星一樣自己運轉不停，法輪自轉，想要止也止不住。

全陽子說：「與日月一起周旋，同天河一起輪轉。輪轉無窮，壽命無窮。」

《鳴道集》說：「安閒自得是長生之道，晝夜無聲法輪常轉。」

韓逍遙說：「法輪要轉必須常轉，只是在身中人難以看見。轉動起來時像一輪圓日，日輪向我身中自然運轉」。又說：「法輪轉時不要停留，念念不離法輪自轉。」當它旋轉的時候，密雲湧動間濃霧充滿四周，猛然間如疾風暴雨來臨一般，恍然如白日夢初醒，渙散的樣子如重病初癒。精神暗中相合，如同夫婦間的交歡；骨肉柔和舒展，如同剛出浴的樣子。

《周易》說：「就像黃色一樣居於正中通情達理，內有中和美德便可居中得體，美德居於身中便可使四肢舒暢」。這話的確有道理！

龍虎交媾法則

夫人也，坎離交則生，分則死，此理之必然，無一人不知此者。

蓋離為陽而居南，外陽而內陰也，謂之真汞。坎為陰而居北，外陰而內陽也，謂之真鉛。故紫陽真人云：「日居離位反為女，坎配蟾宮卻是男。」❶此言坎之男、離之女，猶父之精、母之血也，日之烏、月之兔❷也，砂之汞、鉛之銀也，天之玄、地之黃也。此數者，皆指示龍虎二氣❸也。

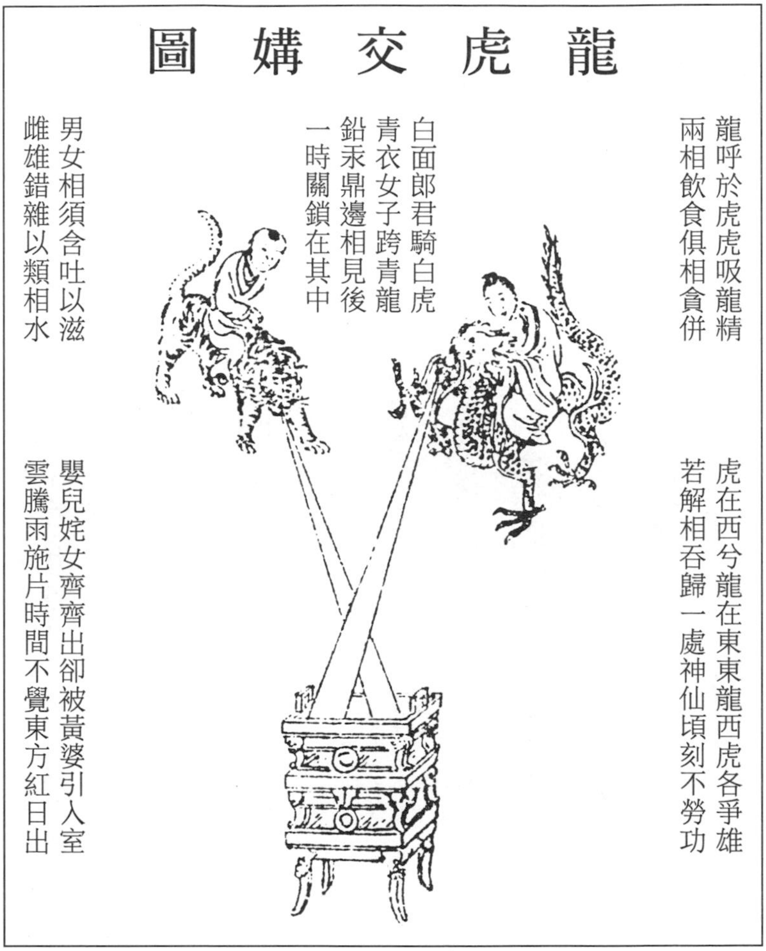

龍虎交媾圖

龍呼於虎虎吸龍精
兩相飲食俱相貪併

虎在西兮龍在東東龍西虎各爭雄
若解相吞歸一處神仙頃刻不勞功

白面郎君騎白虎
青衣女子跨青龍
鉛汞鼎邊相見後
一時關鎖在其中

男女相須含吐以滋
雌雄錯雜以類相水

嬰兒姹女齊齊出卻被黃婆引入室
雲騰雨施片時間不覺東方紅日出

《參同契》曰：「離己日光，坎戊月精。」❹故離之己，象龍之弦氣也，坎之戊，象虎之弦氣也。夫戊與己，是黃庭真土之體，因太極一判，分居龍虎二體之中。

修丹之士，若欲返其本，復其初，使龍虎歸於鼎❺中，情性合於竅內，當用「龍從火裏出，虎向水中生」❻之二訣。則炎烈火中，出飛龍之矯矯，泓澄水底，躍走虎以眈眈。始得龍虎相交，向鴻蒙❼而潛歸混沌。繼則夫妻合體，從恍惚而竟入虛無，共至黃房❽，互相吞啖，兩情留戀，二氣交加，有如天地之媾精，日月之交光，盤旋於祖竅之間，自然復此先天未判之氣，而成混元真一之精，為大藥之根元，作還丹之基本也。

原夫龍之情性，常在於戊，虎之情性，常在於己。只緣彼此各有土氣，二土合併，而成刀圭❾。是以坎離交而地天泰，龍虎交成戊己合也。戊己合為一體，則四象會合❿而產大藥也。

《易》曰：「天地絪縕，萬物化醇；男女媾精，萬物化生。」⓫天地以陰陽交媾而生物，丹法以陰陽交媾而生藥。蓋未有不交媾而可以成造化者也。

《玉芝書》曰：「玄黃⓬若也無交媾，爭得陽從坎下飛。」是乃作丹之大端，修仙之第一義也。若天地之氣不絪縕，則甘露不降。坎離之氣不交併，則黃芽不生。龍虎二弦之氣不會合，則真一種子不產。真一種子不產，則將何者為把柄而凝成金液大丹⓭耶？

然交媾之理有二，有內交者，有外交者。坎離龍虎交，內交也，產藥[14]也；乾坤子午交[15]，外交也，結丹[16]也。此二法天淵不同，學者宜細辨之。

張紫陽云：「既驅二物歸黃道[17]，爭得金丹不解生？」是此義也。

呂純陽云：「二物會時為道本，五行全處得丹名。」是此義也。

陳抱一云：「戊己乍交情性合，坎離纔媾虎龍降[18]。」是此義也。

張用成云：「虎躍龍騰風浪粗，中央正位產玄珠[19]。」是此義也。

張平叔《金丹四百字》云：「龍從東海來，虎向西山起，兩獸戰一場，化作一泓水。」[20]亦此義也。

夫龍虎交媾者，乃三元合一[21]之法也，所以會乾坤、交坎離、簇陰陽、合性命，使二者復變而為一。以至九宮、八卦、七政、六位、五行、四象、三才[22]之生於二者，莫不皆歸於一矣。

一者，「有物混成，先天地生」[23]是也。大哉一乎！以其流行謂之氣，以其凝聚謂之精，以其妙用謂之神。始因太極一判，分居二體之中，日遠日疏，卒至危殆。是以聖人則天地之要，知變化之源，取精於水府，召神於靈關。使歸玄牝竅中，得與祖氣聚會，三家相見，合為一體。先則凝神於混沌，次則寂照含虛空。

抱一無離㉔，是為返本還原之妙道也。

《書》曰：「人心惟危，道心惟微。惟精惟一，允執厥中。」㉕蓋言心與精而為一，而會歸於黃中之中。而允執之者，此堯舜之所以開道統之傳，而為萬古聖學之宗也。

【注釋】❶日居離位反為女二句　語出張伯端的《悟真篇》。在五行中，日屬火，火在《易經》中為離卦（☲），所以是「日居離位」。《易經》中離卦本為乾卦（☰），因索取坤卦（☷）的中爻，其中爻變為陰爻，陽中有陰，叫「中女」或「離女」、「雌火」，所以是「反為女」。「女」、「雌」均代表陰性，故取名；蟾宮是月的別名。在五行中，月屬金，金在《易經》中為坎卦（☵），所以是「坎配蟾宮」。《易經》中坎卦本為坤卦，因索取乾卦的中爻，其中爻變為陽爻，陰中有陽，叫「中男」或「坎男」、「雄金」，所以是「卻是男」。「男」、「雄」均代表陽性，故取名。詳見〈大道說〉、〈日烏月兔說〉。❷日之烏月之兔　丹家以烏為日，為陽，為離卦，為汞，代表元神，為煉丹之火；以兔為月，為陰，為坎卦，為鉛，代表元精，為煉丹之藥。詳見〈大道說〉、〈日烏月兔說〉。❸龍虎二氣　即龍虎弦氣。在內丹學中，龍為汞、為神、為性；虎為鉛、為氣、為情。龍之弦氣為離卦中爻，為砂中汞；虎之弦氣為坎卦中爻，為水中金。❹離己日光二句　戊己，即戊己二土，指人的性、情。性情和合，二土成圭，則丹質成。〈降龍說〉中有「離日為汞，中有己土，強名曰龍。」所以這裏說是「離己日光」，即心中之神；〈伏虎說〉中有「坎月為鉛，中有戊土，強名曰虎。」所以說是「坎戊月精」，即腎中元氣。❺鼎　即鼎爐，為丹家煉藥的地方，藥物起止之處為爐，升上之處為鼎。這是以外丹術語喻內丹煉丹藥的地方，分上下鼎爐，內丹家一般指丹田。詳見元集〈大小鼎爐說〉。❻龍從火裏出二句　指把陰爻即元神從龍屬東方離卦中提取出來，把陽爻即元氣從坎卦中提出，即是取坎填離的五行顛倒功夫，詳見〈火龍水虎圖〉。❼鴻蒙　與「混沌」均指宇宙形成前的混沌狀態。詳見前注。❽黃房　即黃庭。❾刀圭　原指古代量取藥沫的用具。內丹家所謂刀圭，則指戊己二土相合。碧虛子《親傳直指》：「戊己二土，合成曰圭。又名水中金。金者曰刀，故號刀圭也。」❿四象會合　詳見元集〈和合四象說〉。四象即青龍、白虎、朱雀、玄武，青龍位居東方屬木，白虎位居西方屬金，朱雀位居南方屬火，玄武位居北方屬水。也即金（魄）、木（魂）、水（精）、火（神）四象本相間隔，經戊己真土（意）的媒介作用，而能和合於一，凝成真胎。⓫天地氤氳四句　語出《易・繫辭下》。意思是陰陽二氣互相交感化生萬物，男女交合繁衍人類。這是造化之源，性命之本。氤氳，也作「絪縕」，煙氣彌漫的樣子。⓬玄黃　語出《易・坤》：「夫玄黃者，天地之雜也。天玄而地黃。」這是〈文言〉對坤卦上六爻「其血玄黃」的解釋。這裏「玄黃」指天地。⓭金液大丹　即金丹，詳見〈邪正說〉「九轉還丹」條及前注。⓮產藥　有產小藥、大藥之分。活子時產小藥，即凝神入氣穴，煉精化氣，待一陽生，亦即真氣產生，正子時產大藥，即小周天運煉三百周足，陽光三現，又經七日凝煉，六根震動，此為大藥產生之景象。⓯乾坤子午交　乾坤，即乾坤交媾，乾坤交指位置而言。乾為首，為上丹田，坤為腹，為下丹田。詳見利集〈乾坤交媾去礦留金〉口訣。子午都是時辰，子午交指火候而言。子指二十三點到一點，是進陽火之時（即「子進陽火」）；午指十三點到十五點，是退陰符之時（即「午退陰符」）。⓰結丹　又稱「結胎」，指神凝氣住，俱歸丹田，為胎息的初級階段。⓱既驅二物歸黃道　二物，即真陰真陽、元神元精、真鉛真汞。黃道，古代天文學上以太陽運行的軌道為「黃道」。丹家認為人身藥物運行之路有三道：黑（腎）、紅（心）、黃（意土），即紅道為任脈，黑道為督脈，紅黑兩道相互銜接，形成任督兩脈循環的路徑。自會陰直達泥丸，緣督而行，為黃道。紅黑兩道是精氣所由出，是人賴以生存的基礎，又稱為「人道」；黃道只容先天真精、元氣通過，又稱「仙道」。這段引文解釋詳見元集〈日烏月兔說〉及相關注。⓲虎龍降　即降龍伏虎，龍為鉛為元神，虎為汞為元精，陰陽和合，雌雄感召，水火凝結，龍虎降而鉛汞伏，則互凝為丹。詳見元集〈降龍說・伏虎說〉。⓳玄珠　比喻大藥，即由無形之神氣凝結而成的玄而有象的玄丹。詳見前注。⓴龍從東海來四句　龍屬木，位居東方，所以說「從東海來」；虎屬金，位居西方，所以說「向西山起」。龍虎交媾結成金液大丹，所以說「化作一泓水」。㉑三元合一　即精氣神合一、功夫完成的功法，詳見元集〈三家相見說〉。㉒九宮八卦七政六位五行四象三才　九宮即乾（☰）、坤（☷）、坎（☵）、離（☲）、震（☳）、艮（☶）、巽（☴）、兌（☱）八卦之宮，加上中央宮，合為九宮；八卦即乾、坤、坎、離、震、艮、巽、兌八卦；七政即日、月加上金、木、水、火、土五行，合為七政；六位即《周易》稱重卦六天的位置，自下而上，陽爻自初九、九二、九三、九四、九五、上九六位，陰爻自初六、六二、六三、六四、六五、上六六位。六位中自下而上，一、二位為地道，三、四位為人道，五、六位為天道；五行即金、木、水、火、土；四象即東方青龍、南方朱雀、西方白虎、北方玄武；三才即天、地、人。以上這些都是「二」（陰陽二氣）交合所產生，最後還是根源於「一」（先天一氣）。㉓有物混成二句　語出《老子・二十五章》：「有物混成，先天地生。寂兮寥兮，獨立而不改，周行而不殆，可以為天下母。」這裏是描述原始先天一氣。㉔抱一無離　語出《老子・十章》：「載營魄抱一，能無離乎？」這裏指抱守先天一氣防止外逸。㉕人心惟危

四句　語出《尚書・大禹謨》，儒家視為堯舜禹心心相傳的個人修養和治理國家的原則，稱為「十六字真傳」。「危」則要安，「微」則要明，離不開中和之道。這一思想對道教影響深遠，成為內丹中派的修煉要訣。詳見〈大道說〉「執中」條。

【語　譯】就人來說，坎離相交則生，相離則死，這是必然的道理，沒有一個人是例外。

離卦（☲）屬陽，位置在南方，離卦外面是陽爻中間是陰爻，叫做真汞（元神）。坎卦（☵）屬陰，位置在北方，坎卦外面是陰爻中間是陽爻，叫做真鉛（元氣）。所以紫陽真人說：「日居離位反為女，坎配蟾宮卻是男」。這裏所說的坎卦之男、離卦之女，如同父之精、母之血，日之烏、月之兔，砂之汞、鉛之銀，天之玄、地之黃。上述這些，都是指龍虎二氣而言。

《參同契》說：「離己日光，坎戊月精。」故離卦中的己土，為龍之弦氣（元神）之象，坎卦中的戊土，為虎之弦氣（元氣）之象。戊與己，均是黃庭真土之體，因太極（先天元氣）一判分為陰陽二氣，則戊己二土分居龍虎二體之中。

修習內丹術的人，如果想要返其本、復其初，使龍虎（元神、元氣）重歸於鼎中，情和性會合於祖竅之內，就必須使用「龍從火裏出，虎向水中生」這兩句口訣。這樣，在炎炎烈火中，飛出矯矯青龍，在澄清水底中，躍出耽耽白虎。起初是龍虎得以相交，逐漸向鴻蒙回返最後復歸於混沌。繼而如夫妻合體，從恍恍惚惚中直接歸於虛無之境，龍虎二氣共入黃庭之中，互相吞含，相依相戀，二氣交合，有如天地相互交媾，日月相互交輝，盤旋於祖竅之間，自然就會恢復這未判分之前的先天一氣，進而成為原始混元真精，成為煉丹藥的根基，作為還丹的基本。

推究龍的情性，常在於戊土，虎的情性，常在於己土。只因二者都含有土氣，二土合併，而成「刀圭」。所以坎離相交而天地通泰，龍虎交媾則戊己二土合成。戊己二土合為一體，則四象會合而產大藥。

《周易》說：「天地氤氳，萬物化醇；男女媾精，萬物化生。」天地通過陰陽二氣交合而生萬物，丹法通過陰陽交合而成大丹。沒有不通過交合而可以生成造化的了。

《玉芝書》說：「天地如果不通過陰陽交合，怎麼能得陽爻從坎卦中出？」這是修煉內丹的關鍵，修煉成仙的第一義。如果天地陰陽二氣不氤氳凝聚，則不會形成甘露下降。如果坎離二氣不交併，黃芽就無法產生。如果龍虎二弦之氣不會合，則真一種子不能結成。真一種子結不成，則能用什麼作為基礎來凝成金液大丹呢？

然而交媾的涵義有兩個，有內交，有外交。坎離龍虎之交，是內交，是產藥的時候；乾坤子午之交，是外交，是結丹的時候。這兩種法門有天壤之別，學習的人應細加分辨。

張紫陽說：「既然導引真鉛真汞二物歸於黃道，金丹怎麼能煉不成呢？」說的就是這個意思。

呂純陽說：「真鉛真汞二物交會之時打下了煉丹的根基，五行攢簇之時始得大丹之名。」說的也是這個意思。

陳抱一說：「戊己二土剛剛交合則情和性合，坎離才交媾則虎龍降。」說的也是這個意思。

張用成說：「虎躍龍騰風浪粗，中央正位產玄珠（大藥）。」說的也是這個意思。

張伯端《金丹四百字》說：「龍從東海來，虎向西山起，兩獸戰一場，化作一泓水。」說的也是這個意思。

所謂龍虎交媾，就是精、氣、神三家相見之法，用以會乾坤、交坎離、簇陰陽、合性命，使二者復變而為先天一氣。最後使九宮、八卦、七政、六位、五行、四象、三才等等凡是從陰陽二氣中產生的，無不全部歸於原始先天一氣。

所謂一，就是「有物混成，先天地生」的那個東西。這個偉大的一啊！因其是流動運行的所以稱為氣，因其又是凝聚的所以稱為精，因其又妙用無窮所以稱為神。起初因為太極一判分，先天一氣分居龍虎二體之中，日日減損，最後瀕臨枯竭。因此聖人效法天地變化的關鍵，知曉變化的根源，提取真精於水府之中，召攝元神於靈關之中。使它們復歸玄牝竅中，與原始先天祖氣聚會，元精、元氣、元神三家相見，合為一體。首先則凝神入靜於原始先天混沌窈冥之境，然後則內觀寂照含於虛空。抱此先天一氣而不失守，這便是返本還原的妙道。

《尚書》說：「人心惟危，道心惟微。惟精惟一，允執厥中。」這是說心與精合而為一，最後會歸於黃中之中。而「允執」之說，這是堯舜用以開道統的主要傳統，並成為萬古仙聖之學的鼻祖。

【說　明】這一節是道教內丹修煉的第二步——安神祖竅翕聚先天，這屬於修煉的產藥階段。安神祖竅指陽神涵養於祖竅之中，並行持「不得勤、不得怠」、「勿忘勿助」的溫養功夫。文中附有〈安神祖竅圖〉，以圖文並茂的形式說明了祖竅的重要性，「玄牝一竅，而採取在此，交媾在此，烹煉在此，沐浴在此，溫養在此，結胎在此，至於脫胎神化，無不在此。」總之，「性命之根，則總持於祖竅之內。」本節內附法輪自轉、龍虎交媾二法。法輪自轉，本為佛教用語，內丹家用以借喻清靜功法通小周天後河車自動運轉的景象，故又稱「自在河車」、「周天自轉」。也即本文的「行庭之心法」。作者認為，法輪自轉功夫，「釋家謂之法輪，道家謂之周天，儒家謂之行庭」，是儒釋道三家名異而實同的一種功法。其中的十二字口訣「白虎隱於東方，青龍潛於西位」，與傳統道家的白虎在西青龍在東的理論正好相反，暗含深意。龍虎交媾法則則是在元集〈火龍水虎說〉的基礎上進一步深入和具體化。腎液中生氣，氣中有真水，謂之真虎；心氣中生液，液中有真氣，謂之真龍。氣液相戀，龍虎相交，謂之龍虎交媾。而「夫龍虎交媾者，乃三元合一之法也，所以會乾坤、交坎離、簇陰陽、合性命，使二者復變而為一。」所以龍虎不交，則金液大丹無法完成。

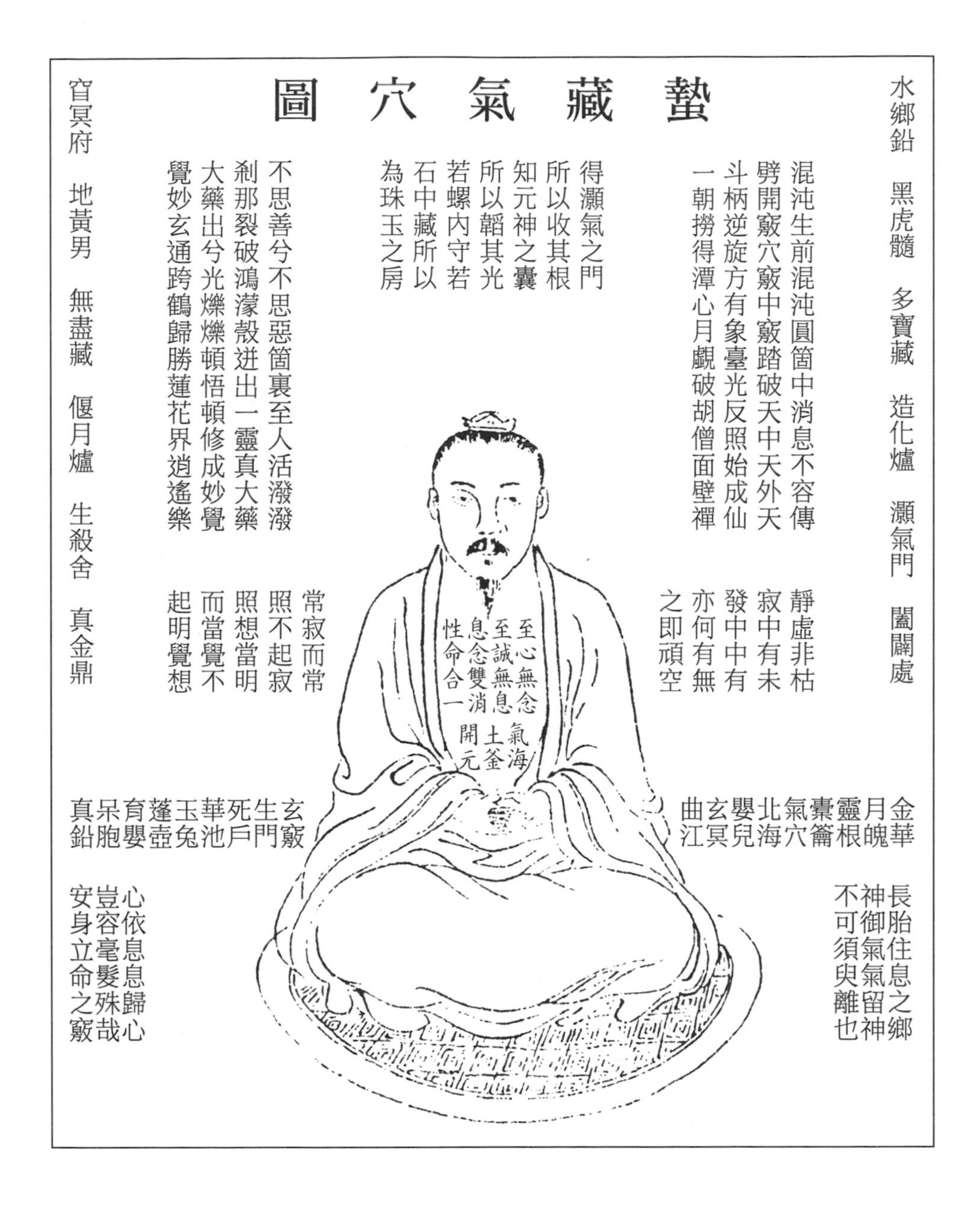
蟄藏氣穴圖
水鄉鉛　黑虎髓　多寶藏　造化爐　灝氣門　闔闢處
混沌生前混沌圓箇中消息不容傳
劈開竅穴竅中竅踏破天中天外天
斗柄逆旋方有象臺光反照始成仙
一朝撈得潭心月覷破胡僧面壁禪
得灝氣之門
所以收其根
知元神之囊
所以韜其光
若螺內守若
石中藏所以
為珠玉之房
不思善兮不思惡箇裏至人活潑潑
剎那裂破鴻濛殼迸出一靈真大藥
大藥出兮光爍爍頓悟頓修成妙覺
覺妙玄通跨鶴歸勝蓮花界逍遙樂
窅冥府　地黃男　無盡藏　偃月爐　生殺舍　真金鼎
靜虛非枯
寂中有未
發中中有
亦何有無
之即頑空
至心無念
至誠無息
息念雙消
性命合一
氣海
土釜
開元
常寂而常
照不起寂
照想當明
而當覺不
起明覺想
金華　月魄　靈根　橐籥　氣穴　北海　嬰兒　玄冥　曲江
玄竅　生門　死戶　華池　玉兔　蓬壺　育嬰　呆胞　真鉛
長胎住息之鄉
神御氣氣留神
不可須臾離也
心依息息歸心
豈容毫髮殊哉
安身立命之竅

第三節口訣

蟄藏氣穴眾妙歸根 內附行、住、坐、臥四法

【題解】本口訣是九節口訣中的第三節，介紹了「蟄藏氣穴法」的功法，詳細介紹了所謂「氣穴」的多種異名、功能特點以及具體位置。在此基礎上對胎息法作了較為詳細的介紹，並提綱挈領的載錄了「歷代諸真胎息訣要」。另外還分行、住、坐、臥四法詳細介紹了佛家禪定功夫，並以坐禪功夫為關鍵，附有回答紫陽真人關於坐禪的詳細分析。

前節言翕聚[1]，乃守中抱一之功夫。此節言蟄藏[2]，則深根固蒂之口訣。翕聚、蟄藏相為表裏，非翕聚則不能發散，非蟄藏亦不能發生，是此二節一貫而下，兩不相離者也。

此訣無他，只是將祖竅中凝聚那點陽神，下藏於氣穴[3]之內，謂之「送歸土釜[4]牢封固」，又謂之「凝神入氣穴」[5]。此穴有內外兩竅，外竅喻桃杏之核，內竅譬核中之仁。古仙有曰：「混沌生前混沌圓[6]，箇中消息不容傳。劈開竅內竅中竅[7]，踏破天中天外天。」

此竅中之竅，釋尊標為空不空，如來藏❽。老君名之玄又玄、眾妙門❾。海蟾亦曰：「無底曰橐，有孔曰籥，中間一竅，無人摸著。」此指竅中之竅而言也。是竅也，為陰陽之源，神氣之宅，胎息之根，呼吸之祖。

胎者，藏神之府。息者，化胎之源。胎因息生，息因胎住。而竅中之竅，乃神仙長胎住息之真居處也。然天地雖大，亦一胎也。而日月之往來，斗柄❿之旋轉者，真息⓫也。

又不觀三氏之書乎？

《易經》曰：「成性存存，道義之門。」⓬

《道德經》曰：「玄之又玄，眾妙之門。」

《遺教經》曰：「制之一處，無事不辦。」

皆直指我之真人呼吸處⓭而言之。

然則真人呼吸處果何處耶？吾昔聞之師曰，藏元精之窅冥府，結胎息之丹元宮，上赤下黑左青右白，中央黃暈之間，乃真人呼吸之處。正當臍輪之後，腎堂之前，黃庭之下，關元之上。即《黃庭經》所謂「上有黃庭下關元，後有幽闕前命門」⓮是也。廖蟾暉云：「前對臍輪後對腎，中間有箇真金鼎⓯」是也。

既識此處，即將向來所凝之神而安於竅中之竅，如龜之藏，如蛇之蟄，如蚌之含光，如蟾之納息。綿綿續續，勿忘勿助，若存而非存，若無而非無。引而收之於無何鄉⑯，運而藏之於闔闢處。少焉呼吸相含，神氣相抱，結為丹母，鎮在下田。外則感召天地靈陽之正氣，內則擒制一身鉛汞之英華。如北辰所居，眾星皆拱⑰。久則神氣歸根，性命合一，而大藥孕於其中也。

然凝神調息皆有口訣，不然，恐思慮之神妄交於呼吸之氣，結成幻丹，而反害藥物矣。所以仙翁云：「調息要調真息息⑱，煉神須煉不神神。」

《黃帝陰符經》曰：「人知其神之神，不知不神之所以神⑲。」不神者，性也。蓋性者，神之根也。神本於性，而性則未始神。神中炯炯而不昧者，乃是真性也。

仙姑〈大道歌〉曰：「我為諸君說端的，命蒂從來在真息。」真息者，命也。蓋命者，氣之蒂也。氣本於命，而命則未始氣。氣中氤氳而不息者，乃是真命也。

這箇不神之神，與那箇真息之息，他兩箇方纔是真夫妻、真陰陽、真龍虎、真性命。紐結做一團，混合為一處，打成作一片，煅煉在一爐，或名之曰牛女相逢，又曰牝牡相從，又曰烏兔同穴，又曰日月同宮，又曰魂魄相投，又曰金火混融。究而言之，不過凝神合氣之法耳。

是以神不離氣，氣不離神，吾身之神氣合，而後吾身之性命見[20]矣。性不離命，命不離性，吾身之性命合，而後吾身未始性之性、未始命之命見矣。

【注釋】❶翕聚　收聚、含聚。這裏指本書第二節口訣〈安神祖竅翕聚先天〉的功法。❷蟄藏　伏隱含藏。這裏指這一節的〈蟄藏氣穴眾妙歸根〉口訣。❸氣穴　內竅，即丹田。❹土釜　即鼎爐，也就是這裏所說的「氣穴」。❺凝神入氣穴　凝神，語出《莊子・逍遙遊》：「藐姑射之山，有神人居焉。肌膚若冰雪，淖約若處子，不食五穀，吸風飲露，乘雲氣，御飛龍，而遊乎四海之外。其神凝，使物不疵癘而年穀熟。」又稱「凝性」，指在排除雜念的基礎上，使心神專注如一。在內丹修煉中，凝神為起始功夫，凝心意之神入於氣穴，靜坐以待氣生。張三丰《玄機直講》：「凝神者，收已清之心而入其內者也。」又說：「心未清時眼勿亂閉，先要自勸自勉，勸得回來，清涼恬淡，始行收入氣穴，乃曰凝神。」凝神入氣穴，又稱「入竅觀心」，或以道心觀照天心。又名「凝神入竅」，竅即神室、玄關祖竅、坤爐。呼吸入竅，神息相依，可得胎息。❻混沌圓　即先天祖竅，即這裏所說的氣穴。❼竅中竅　即竅中的奧妙，就像核殼中的核仁兒。❽如來藏　佛教用語，通常被視為真如、佛性的異名。指隱藏於一切眾生之貪嗔煩惱中自性清淨如來法身，又稱「自性清淨心」，是眾生超越的平等本有的成佛的可能性，故又稱「如來藏自性清淨心」。此處用「空不空」、「如來藏」描述竅中之竅似有非有，似無非無，無所從來，亦無所去的狀態。❾玄又玄眾妙門　語出《老子・一章》：「此兩者同出而異名，同謂之玄，玄之又玄，眾妙之門。」謂道為天地萬物化生的源頭。內丹學常以「眾妙之門」指玄關一竅。這裏形容竅中之竅的玄秘莫測、神妙無窮。❿斗柄　本指北斗七星的柄，即第五、六、七星，又稱「天罡」。因其形狀像一把勺子，所以說是「斗柄」。內丹家用以比喻周天運轉。⓫真息　也稱「臍呼吸」、「丹田呼吸」，道教內丹指修煉進入高深境界，口鼻呼吸逐漸微弱到沒有呼吸的感覺，只在丹田內有一息在腹中旋轉，不出不入，無增無減，內丹以為此時丹田內已結成胎。這類似於胎兒在母體內的臍帶呼吸，故名「胎息」。「真息」、「踵息」、「無息」也是指丹田內一氣不出不入的境界，也即胎息。⓬成性存存二句　語出《易・繫辭上》：「天地設位，而易行乎其中矣。成性存存，道義之門。」此成性即是彼成性，也就是成天地者本乎人之性的意思，「存存」者，存性也，亦即孟子所說的「存心養性」。⑬真人呼吸處　胎息、真息之處，即臍部。⑭上有黃庭下關元二句　一般以臍內空處為黃庭；臍下三寸偏上為關元；幽闕指兩腎間；命門指臍。⑮真金鼎　即氣穴。⑯無何鄉　語出《莊子・應帝王》：「予方將與造物者為人，厭，則又乘夫莽眇之鳥，以出六極之外，而遊無何有之鄉。」無何有之鄉，指遠離塵囂的逍遙之境。這裏指竅中之竅。⑰如北辰所居二句　語出《論語・為政》：「為政以德，譬如北辰，居其所，而眾星共之。」北辰即北極星；共，同「拱」。⑱真息息即胎息。後句中的「不神神」指元神，即性。內丹修煉的凝神調息不是針對淺層次的思慮之神和呼吸之氣，而是深層次的元神和胎息。⑲不神之所以神　是因為識神停止干擾，元神才得以充分發揮作用。⑳吾身之性命見　佛教認為，悟得了本身的性或曰佛性即可成佛。內丹學則認為，神氣相合性命見，則煉製內丹的原料——丹母就具備了。

【語　譯】前一節（即第二口訣）講翕聚，就是講守中抱一（意守丹田、息慮入靜）的功夫。這一節講蟄藏，就是講深根固蒂（深固性命）的要訣。翕聚、蟄藏是互為表裏的，不翕聚便不能發散，不蟄藏便不能發生。因此這兩節的內容是上下通貫的，兩者是不能分割開的。

這一節沒有什麼複雜的，只是將祖竅中凝聚的那一點陽神，深深地藏伏於氣穴之內，這就叫「送歸土釜牢封固」，也稱做「凝神入氣穴」。這個氣穴有內外兩竅，外竅如桃杏的核殼，內竅如核殼中的核仁。古仙有言說：「混沌未生之前就有個混沌圓（氣穴），其中的奧妙不容亂傳。要劈開竅內竅中之竅，就像要踏破天中的天外之天。」

這個竅中之竅，釋迦牟尼稱為「空不空，如來藏」，太上老君（老子）稱之為「玄又玄，眾妙門」。劉海蟾也說：「無底稱橐，有孔叫籥。中間有一竅，無人摸得著。」這就是指竅中之竅。這個竅，為陰陽的本源，神氣的居舍，胎息的根基，呼吸的宗祖。

所謂胎息的「胎」，是藏神的處所。所謂胎息的「息」，是化育結胎的根源。胎依賴息以生存，息依賴胎以凝住。而竅中之竅，則是修煉神仙時結胎凝息的真正處所。然而天地雖大，也不過如同一胎。而日月往來運行，北斗星柄的旋轉，都如同真息。

難道不曾看過儒、佛、道三家的書嗎？

《易經》就說：「先天之性的存養，必經道義之門。」

《道德經》說：「玄之又玄，眾妙之門」。

《遺教經》說：「集中在祖竅上下功夫，無事不成。」

這些都是就人身的所謂真人呼吸處而言的。

那麼真人呼吸處究竟在什麼地方呢？以前我聽先師這樣說：就是儲藏元精的幽深昏暗的地方，結成胎息的心神的居所，上面赤色，下面黑色，左面是青色，右面是白色，中央黃色光暈之間，就是真人呼吸之處。它的位置在臍周的正後面，在腎堂之前，黃庭之下，關元之上。也就是《黃庭經》所說的：「上有黃庭下有關元，後有幽闕前有命門。」也就是廖蟾暉所說的：「前對著臍輪後對著腎，中間有個真金鼎。」

既已知道了它的位置，那麼就將之前所凝結的一點元神安藏於此竅中之竅，如龜的潛藏，如蛇的蟄伏，如蚌的含珠，如蟾的吐故納息。此時火候宜綿綿續續，勿忘勿助，若存而非存，若無而非無。導引而收藏於無何有之鄉，運行而歸藏於呼吸開合之處。不久，呼與吸相合，神與氣相抱，結成丹母，鎮住在下丹田處。向外則可以感召天地靈陽之正氣，對內則可以擒制一身鉛汞的精華。就像北極星所在的位置那樣，眾星都環繞在它周圍。久而久之，則神氣歸根，性命合一，金丹大藥便在其中孕育而生了。

然而凝神調息都是有口訣的，否則，恐怕是思慮之神與呼吸之氣妄自交合，結成假丹，反而對真正的煉丹藥物有害。所以張紫陽仙翁說：「調息要調真息之息，煉神須煉不神之神。」

《黃帝陰符經》說：「人們都知道思慮之神之所以神，卻不知不神之神之所以神的原因。」所謂不神，指的就是性。所謂性，是神的根蒂。神植根於性，而性則是沒有顯現出來的神。神中炯炯有靈而不晦昧的，便是真性。

仙姑〈大道歌〉說：「我為諸君說個究竟，命的根蒂在於真息中」。所謂真息，就是命。所謂命，則是氣的根蒂。氣根植於命，而命則是沒有顯現出來的氣。氣中氤氳運行而不止息的，便是真命。

這個不神之神，與那個真息之息，他兩個方才是真夫妻、真陰陽、真龍虎、真性命。紐結做一團，混合為一處，打成作一片，鍛鍊在一爐，有人稱之為牛郎織女相逢，又叫牝牡相從，又叫烏兔同穴，又叫日月同宮，又叫魂魄相投，又叫金火混融。就其實質而言，不過都是指凝神合氣之法。

所以神不離氣，氣不離神，人身中的神氣相合，那麼身中的性命也就悟見了。性不離命，命不離性，人身中的性命相合，那麼身中的先天之性、先天之命也就悟見了。

崔公《入藥鏡》曰：「是性命，非神氣。權而言之則二，實而言之則一。神氣固非二物，性命則當雙修。」然而雙修之旨，久失其傳，以致玄禪二門，互爭高下。

劉海蟾云：「真箇佛法便是道，一箇孩兒兩箇抱。」

清和翁曰：「性命雙修教外傳，其中玄妙妙而玄。簇將元始歸無始，逆轉先天作後天❶。」

此端奧妙，非師罔通，口訣玄微，詳載於後。今姑就諸仙所證者而言之，便於初機而易得悟入也。

按：白玉蟾云：「昔日遇師親口訣，只要凝神入氣穴。」氣穴者，內竅也。蟄神於中，藏氣於內，以如來空空之心，合真人深深之息❷，則心息相依，息調心淨。蓋蘊一點真心於氣中，便是凝神入氣穴之法。神既凝定氣穴，常要回光內照。照顧不離，則自然旋轉，真息一降一升，而水、火、木、金相為進退❸矣。

仙諺曰：「欲得長生，先須久視。」❹久視於上丹田，則神長生；久視於中丹田，則氣長生；久視於下丹田，則形長生。夫日月之照於天地間，螺蚌吸之則生珠，頑石蓄之則產玉，何況人身自有日月，豈不能回光內照，結自己之珍珠、產自己之美玉哉？

然而神即火也，氣即水也。水多則火滅，火多則水乾。中年之人，大抵水不勝火者多矣。所以，命宜早接，油要早添。添油之法❺已載前「救護命寶」之下。今復詳言，則天人一氣之旨盡露矣。

夫天人之際，唯一氣之相為闔闢，相為聯屬已爾，而非有二也。故我而呼也，則天地之氣於焉而發而散；我而吸也，則天地之氣於焉而翕而聚。此天人相與之微，一氣之感通者然也。故天地所以能長且久者，以其呼吸於其內也。人能效天地呼吸於其內，亦可與天地同其長久❻。

曹仙姑云：「元和❼內運即成真，呼吸外施終未了。」以口鼻之氣往來者，外呼吸❽也。乾坤之氣闔闢者，內呼吸也。

蕭了真云：「老子明開眾妙門，一開一闔應乾坤。果於罔象無形住，有箇長生不死根。」此指內呼吸也。

張平叔云：「玄牝之門世罕知，休將口鼻妄施為。饒君吐納經千載，爭得金烏搦兔兒[9]。」此斥外呼吸也。

外呼吸乃色身[10]上事，接濟後天以養形體。內呼吸乃法身上事，栽培先天以養谷神[11]。蓋內呼吸之息，原從天命中來，非同類之物不能相親。是以聖人用伏氣之法[12]，奪先天地之沖和[13]，逆上雙關，前返乎後，以達本根。使母之氣伏子之氣[14]，子母眷戀於其間，則息息歸根，而為金丹之母矣。

前輩云：「伏氣不服氣，服氣須伏氣。服氣不長生，長生須伏氣。」[15]氣之積於下者，無地可透，自然升之而上至髓海。氣之積於上者，無處可奔，自然降之而下至氣海。二氣相接，循環無端。古先達人得濟長生者，良由有此逆用之法也。

此法自始至終丟他不得。起手時有救護補益[16]之功，第二節有流戊就己[17]之功，第三節有添油接命之功，第四節有助火載金[18]之功，第五節火熾而有既濟[19]之功，第六節胎成而有沐浴之功，第七節溫養而有乳哺[20]之功。嬰兒救出於苦海[21]，此時到岸不須船，這著工夫方纔無用矣。

且人始生也，一剪肚臍，而幾希性命即落在我之真人呼吸處矣，既之而在於天地之間，又既之而在於肉團之心，又既之而散於耳目口鼻、四肢百骸。日復一日，神氣馳散，乃死之徒也。

故神仙以歸伏法㉒度人，必先教之返本。返本者何？以其散之於耳目口鼻、四肢百骸者，而復返之於肉團之心，謂之涵養本原。又將以肉團心之所涵養者，而復返之於天地之間，謂之安神祖竅。又將以天地間之所翕聚者，而復返之於真人呼吸處，謂之蟄藏氣穴。日復一日，神凝氣聚，乃生之徒也。

古仙曰：「屋破修容易，藥枯生不難㉓。但知歸伏法，金寶積如山。」

此時補完乾體，接續氣數，以全親之所生，以全天之所賦。真汞纔有八兩㉔，真鉛始足半斤。氣若嬰兒，心同赤子㉕。陰陽胞合，混沌不分。出息微微，入息綿綿。漸漸入而漸漸柔，漸漸和而漸漸定。久則竅中動息，兀然自住，內氣不出，外氣反進，此是胎息還元㉖之初，眾妙歸根之始也。

呂知常曰：「一息暫停，方可奪天地造化。」

程伊川曰：「若非竊造化之機，安能長生？」

翁葆光曰：「一刻之功夫，可奪天地一年之氣數。」

此三老者，豈虛語哉？蓋胎息妙凝之時，入無積聚，出無分散，體相虛空，泯然入定。定久，內外合一，動靜俱無，璇璣停輪，日月合璧㉗，萬里陰沉春氣合，九霄清徹露華凝。妙矣哉！其陰陽交感之真景象歟！斯時也，元精吐華，而乾金出礦㉘矣。此係重開混沌，再入胞胎，開無漏花㉙，結菩提果。非夙有仙骨者，不能知此道之妙也。

【注釋】❶逆轉先天作後天　由先天到後天，是「順則生人」的過程；由後天逆轉先天，是「逆則成仙」的過程。內丹修煉就是由後天向先天逆轉的逆修過程。❷真人深深之息　即「真息」、「胎息」。❸水火木金相為進退　也就是金（魄）、木（魂）、水（精）、火（神）四象，經戊己（意）的媒介作用，和合於一，凝成真胎，即「四象和合」，詳見前注。❹欲得長生二句　即道家所謂「長生久視」的功夫。詳見前注。❺添油之法　即添油接命的功夫。也即通過特定的功法，使外氣與祖氣相聚合生成，以添續先天一氣，又稱為添油續命。詳見亨集「退藏沐浴工夫」一節。❻與天地同其長久　內丹修煉就是在人身中模擬道家宇宙反演的規律，使人體的小宇宙和自然界的大宇宙進行天人感應，以「道法自然」的原則修煉成道。以性功煉心、以命功煉形的「性命雙修」，並以了證大道、與太虛同體，最終達到空靈虛豁的道的境界為內丹修煉的最後歸宿。這種通過將人道和天道相貫通的方式，使內丹道直接與天道相溝通，為內丹道的成立提供了形而上的理論基礎。❼元和　又名「神水」、「玄泉」、「金精」等，道教指在修煉過程中之口津。這裏泛指人體中的元氣。❽外呼吸　與內呼吸相對。道教所說的外呼吸只是口鼻之氣往來，不能與祖氣相連；而內呼吸則是後天口鼻呼吸的外呼吸停止後，運行先天的元氣所呈現的氣息狀態，也即「真息」。也即莊子所說的「眾人之息以喉」（外呼吸）和「真人之息以踵」（內呼吸）。❾金烏搦兔兒　金烏指元神，兔指元精，這句比喻精氣和合的內結成丹過程。搦，捉；握持。❿色身　與「法身」相對。色身指物質的肉體、肉身，由地、水、風、火等物質要素合成，會壞滅，沒有永恆性；而法身不隨人的色身的敗滅而消失，而可長存於天地間。⓫谷神　指先天元神、虛靈真性。詳見前注。⓬伏氣之法　即將氣納入後天返先天的丹道程序，調伏神氣靜定至胎息。⓭沖和　語出《老子・

四十二章》：「萬物負陰而抱陽，沖氣以為和。」伍沖虛《仙佛合宗・門人問答》：「何謂沖和，伍子曰：沖和者，不息之息也。……問曰：以是若何景象？答曰：不偏不倚，無過不及，不疾不徐，非無非有。問曰：是何作用？答曰：夫妻並肩，陰陽合一，晝則同行，不前不後，夜則同住，不逼不離。如斯了悟，便是沖和道理。」⑭母之氣伏子之氣　即內呼吸之祖氣調伏內呼吸之外氣。⑮伏氣不服氣四句　服氣即吐故納新的功夫，也稱「食氣」、「行氣」，指通過專門的呼吸方法來吸納自然界的清氣達到養生的目的，往往以吸氣為主。服食之外氣必須經過後天返先天的逆反功夫，才能成為煉丹之母，所以說「服氣不長生，長生須伏氣」。⑯救護補益　即前面的「救護命寶」之功。⑰流戊就己　即戊己二土和合。己土是離中識神，煉己即煉神。戊土為元神，陷入坎中。己土為後天之土，取戊土煉己，使二土成圭，自己能定，為煉己築基，即流戊就己之意。⑱助火載金　指聚斂意火，駕動河車，載金上升泥丸。詳見本書利集「聚火載金訣法」一節。⑲既濟　《周易》卦名，與「未濟」相對，原意為渡水已完成，引申為事已完成。丹家借喻水火相交，事之既成，各得其用。既濟卦下離上坎，因此又叫取坎填離法，詳見本書〈大道說〉。⑳乳哺　和文中的「沐浴」、「溫養」都屬於丹胎成前的煉養功夫。陽神初出頂門時，功夫尚淺，需多次出返，逐漸成熟，稱作「乳哺」；元神元氣自然交合而丹成，此時通過緩和火候的洗心滌慮以保養之稱為「沐浴」；「溫養」即煉養丹藥的功夫，要求火候進退、抽添、增減不宜太躁，須勤節用功。㉑嬰兒救出於苦海　即「嬰兒現形」功夫，指神氣凝成大藥，經十月溫養，丹胎成熟，脫出其胎的景象。詳見本書貞集第七節口訣〈嬰兒現形出離苦海〉。㉒歸伏法　即前面講過的「伏氣法」，通過伏氣法使氣歸丹田稱為「歸伏法」。㉓屋破修容易二句　此處屋比喻形體，藥即維持人體生命的精氣神。意思是肉體損耗、元氣消耗都還可以通過修煉由後天復返先天。㉔八兩　即後句中的「半斤」，古代重量單位。二十四銖為一兩，十六兩為一斤，故三百八十四銖為一斤。丹功中借指呼吸和意念運用程度的數量計算方式，陳致虛《金丹大要》：「積三百八十四爻，而成六十四卦；積三百八十四銖，而成一十六兩，謂一斤也。斤足卦滿，喻丹之將成也。」所以有「以全周天之造化，而為一斤之數也」之說。詳見元集〈死生說〉。這裏「半斤」、「八兩」指胎息還原之初。㉕赤子　語出《老子・五十五章》：「含德之厚，比於赤子。」「赤子」混沌未分，童心未蒙，道家和道教用此來比喻修養的最高境界，即能返回到初生嬰兒般的純真柔和，「氣若嬰兒」的「嬰兒」也是此意。㉖胎息還元　胎息即一息在腹中旋轉，不出不入，後文中的「一息暫停」就是指胎息。元神、元氣歸聚丹田名為「還元」；後句中的「眾妙歸根」即返回先天。㉗日月合璧　內丹修煉一般比喻雙目之神氣凝合，或陰陽二氣交會，或真精、真神合煉。㉘元精吐華二句　花結精、礦出金是後天的結果。花復為精、金復為礦，是返回先天的意思。華，同「花」。㉙開無漏花　無漏，與「有漏」相對，原為佛家語，指清淨沒有煩惱的意思。

漏，為漏洩之意，是煩惱的異名。這裏元精、元神、元氣都未走漏外洩稱為「無漏」，「花」指身體。「開無漏花」指返回到先天純陽之體。下句中的「結菩提果」也是此意。

【語譯】崔希范《入藥鏡》說：「這個性命，並不是神氣本身。權變一下說則為二，實際上總體上說則為一。神與氣並非二物，性與命卻應當雙修。」然而有關雙修的要旨，久已失傳，以至於道佛兩家各持己見，互爭高下。

劉海蟾說：「佛法確實就是道，就像一個孩兒被兩個人抱。」

清和翁說：「性命雙修之法是教外別傳，其中的玄妙又妙又玄。將元始之氣攢簇起來歸於無始，將先天之氣化作後天的過程逆轉過來。」

此處的奧妙，沒有師傳是不能通悟的，口訣的玄奧微妙之處，詳細列載於後面。現在姑且就諸位仙人已經證實的加以說明，以便於初學者能夠比較容易地悟道入門。

按：白玉蟾說：「過去遇恩師親口傳授的口訣，就是只要凝神歸入氣穴。」氣穴，即內竅。將神蟄伏於其中，將氣潛藏於其內，以如來般空空之心，契合真人般深深之息，則心與息相依，息調好了心也就淨了。將一點真心蘊藏於氣中，便是凝神入氣穴之法。待神已凝定於氣穴之中後，還要經常返光內照。通過返觀內照使神氣不離，則神氣自然迴旋轉盪，真息一升一降，而水（精）、火（神）、木（魂）、金（魄）等也隨之進退。

仙諺曰：「想要長生，先須從久視功夫入手。」久視於上丹田，則神可長生；久視於中丹田，則氣可長生；久視於下丹田，則肉體可長生。日月照臨於天地之間，螺蚌吸取其間之精華則能生成珍珠，頑石聚集其間之精華則能產出寶玉，更何況人身中自有日月在，難道不能通過返光內照功夫，在自己身中結成珍珠、產出美玉嗎？

然而神即火，氣即水。水多則火滅，火多則水乾。中年之人，大概氣水不勝神火的占多數。所以，應該儘早習煉接命、添油之功法。添油接命之功法已見前「救護命寶」一節。這裏重複詳說，是將天人同受一氣的要旨在此揭露無遺。

天道與人事之間，只靠一氣的相互開合、相互連接罷了，而不是天人有別。所以人呼氣時，則天地之氣於是發散；人吸氣時，天地之氣於是翕聚。這種天人之間相通的微妙，就是一氣相感相通的結果。所以，天地之所以能長久存在，是因為它在自身之內進行呼吸更替。人如果能效法天地在自身之內呼吸，也可以像天地那樣長久存在。

曹仙姑說：「元氣內運即可成真，呼吸之氣外出外入則最終沒結果。」以口鼻之氣一往一來運行的，是外呼吸。以乾坤之元氣開合運轉的，是內呼吸。

蕭了真說：「老子明白開示所謂眾妙之門，一開一合與乾坤相應。果然於無形無象中凝住，這裏就有了個長生不死根。」這是指內呼吸。

張平叔說：「玄牝之門的奧妙世人罕知，不要妄自在口鼻上浪費功夫。即使你煉口鼻的吐納功夫歷經千載，又怎能使神氣合一呢？」這是在斥責外呼吸。

外呼吸是色身上的事，用以接濟後天以養其形體。內呼吸是法身上的事，用以栽培先天以養其谷神。內呼吸的氣息，原本從先天天命中來，不是同類之物就不能相通相容。所以聖人用伏氣之法，採奪先於天地的沖和之氣，逆行上到雙關，由前返回到後，最後到達本根（祖竅）。使先天之祖氣調伏後天之外氣，外氣和祖氣子母眷戀於本根其間，這樣息息歸根（祖竅），結成煉製金丹之母體。

前輩說：「伏氣不必服氣，服氣必須伏氣。只靠服氣不能長生，要想長生必須伏氣。」積聚於下面的氣，無地可以透出，自然上升而到達上丹田。積聚於上面的氣，無處可以奔出，自然下降而到達下丹田。上下二氣相接，循環往復不止。古代仙聖得以長生的原因，就是因為使用了這種後天向先天的逆轉功法。

這種功法在修煉的整個過程自始至終都丟棄不得。入門之時，此法有救護補益的功用。第二步有使戊己二土交合的功用。第三步有添油續命的功用。第四步有助火載金之功用。第五步火候熾烈而有既濟之功用。

第六步內丹結成而有沐浴之功用。第七步，溫養內丹而有乳哺之功用。直到神氣凝成大藥的「嬰兒現形」階段，丹胎自然成熟不須再憑藉其他中介，這時伏氣之法才可以不用。

人剛出生之時，臍帶一剪斷，先天祖氣很少落在所謂「真人呼吸處」，而是先落在祖竅中，然後落在肉團之心上，然後又分散在耳、目、口、鼻、四肢以及全身骨節上。日復一日，神氣外馳逐漸消散，這就是屬於死亡的一類。

所以，神仙用歸伏法救度眾人時，必須先教其返本。什麼是返本？就是把分散在耳、目、口、鼻、四肢百節的先天祖氣，重新收聚返回到肉團之心上，這叫「涵養本原」。再將肉團之心所涵養的先天祖氣，重新收聚而返回到祖竅，這叫「安神祖竅」。再將祖竅處所收聚的先天祖氣，重新聚攏而使之歸返於所謂「真人呼吸處」，這叫「蟄藏氣穴」。日復一日，神氣凝結收聚，這就是屬於長生的一類。

古仙說：「房屋破了容易修，藥枯萎了重生不難。但要知曉歸伏法的奧妙，金寶積如山也難以買到。」此時補完了先天純陽之體，接續了先天命定的氣數，復原了雙親所生之身，還原了先天秉賦的性命。此時元神才八兩重，先天元氣剛足半斤。氣息柔和如嬰兒，心境純淨如赤子，陰陽相合，混沌未分。呼氣時氣息微微，吸氣時氣息綿綿。氣息漸漸吸入漸漸柔和，漸漸融和漸漸靜定。久而久之，則祖竅中流動的氣息，突然自己止住，內氣不出，反而奪外氣而進，這就是胎息還元之初、眾妙歸根之始的景象。

呂知常說：「一息暫停，不出不入，才可以奪天地之造化。」

程伊川說：「如不奪取自然造化的奧妙，怎麼能夠長生呢？」

翁葆光說：「胎息時一刻的功夫，便可奪天地一年的氣數。」

這三位老者，難道是說些空話嗎？胎息在微妙凝成之時，氣入沒有積聚的感覺，氣出沒有分散的感覺，身體如虛空，虛靜入定。入定久了，則內外合一，無所謂動無所謂靜，像北斗星停止旋轉一般，像日月合璧，像萬里之外的陰沉春氣相合，像九霄雲外的清徹露珠凝結。太妙了！這便是陰陽交感的真景象！這時，元精重出花蕊，而乾金復歸為礦。這就重新開始了先天混沌狀態，重新進入胞胎之中，重新綻放無漏之花，再結菩提之果。不是天生就有仙緣道骨的人，是不能悟得這些奧妙的。

「後有密戶前生門，出日入月呼吸存。」❶此老氏《黃庭外景經》之口訣也。

「只就真人呼吸處，放教姹女往來飛❷。」此李長源《混元寶章》之口訣也。

「內交真氣❸存呼吸，自然造化返童顏。」此許旌陽《醉思仙歌》之口訣也。

「西方金母最堅剛，走入王家水裏藏。」❹此石杏林《還元篇》中之口訣也。

「要知大道希夷❺理，太陽移在月明中❻。」此薛紫賢《復命篇》中之口訣也。

「先賢明露丹臺旨，幾度靈烏宿桂柯❼。」此劉海蟾《還金篇》中之口訣也。

「兩般靈物天然合，些子神機這裏求。」此陳默然《崇正篇》中之口訣也。

「古佛之音超動靜，真人之息自遊絲。」❽此釋鑑源《青蓮經》中之口訣也。

「一息漸隨無念窅，半醒微覺有身浮。」此羅念庵《胎息篇》中之口訣也。

「出息不隨萬緣，入息不居蘊界❾。」此般若尊者〈答東印度國王〉口訣也。

「水銀實滿葫蘆裏，封固其口置深水。」❿此萼綠華〈氣穴圖〉中之口訣也。

「萬物生皆死，元神死復生。以神歸氣穴，丹道自然成。」此石杏林之口訣也。

也。

「歸根自有歸根竅[11]，復命寧無復命關？踏破兩重消息子，超凡入聖譬如閑。」

此李清庵之口訣也。

「心思妙，意思玄，臍間元氣結成丹。谷神不死因胎息，長生門戶要綿綿。」

此《群仙珠玉》口訣也。

「專氣致柔[12]神久留，往來真息自悠悠。綿綿迤邐歸元命，不汲靈泉常自流[13]。」

此海蟾翁口訣也。

「一身上下定中央，腎前臍後號黃房[14]。流戊作媒將就己，金來歸性賀新郎[15]。」

此上陽子口訣也。

「一條直路少人行，風虎雲龍自嘯吟[16]。坐定更知行氣主，真人之息又深深。」

此陳致虛口訣也。

「圓不圓來方不方，森羅天地暗包藏。如今內外兩層白，體在中央一點黃。」

此《大成集》口訣也。

「息調心淨守黃庭，一部渾全《圓覺經》[17]。悟卻此身猶是幻，蒲團坐上要惺惺[18]。」此《抱朴子》口訣也。

「經營鄞鄂⑲體虛無，便把元神裏面居。息往息來無間斷，聖胎成就合元初。」此陳虛白口訣也。

「諦觀三教聖人書，息之一家最簡直。若於息上做工夫，為佛為仙不勞力。息緣達本禪之機，息心明理儒之極，息氣凝神道之玄，三息相須無不克。」此李道純《中和集》中之口訣也。

【注釋】❶後有密戶前生門二句　此句並非出自《黃庭外景經》，而是出自《黃庭內景經・上有章》。《黃庭外景經》與《黃庭內景經》合稱為《黃庭經》。《黃帝外景經》托於太上老君所說，為天師道傳承的教本，所以此處說是「老氏」所作。《黃庭內景經》託稱太上大道玉晨君所說，相傳係西晉初魏夫人所得。關於「密戶」、「生門」，唐梁丘子《黃庭內景玉經注》說：「密戶後二竅，言隱密也；生門前七竅，言借以生也。合為九竅也。」按此解釋，「密戶」、「生門」應該是指九竅而言，九竅有「陽竅七，陰竅二」之說，所以「密戶」是陰二竅的總名，「生門」應該是陽七竅的總名。一說以生門為命門。務成子注：「生門，命門也。」本書第一節口訣的〈洗心退藏圖〉中，也是以命門（臍）為生門，以腎為密戶。有關「日」、「月」，《黃庭內景經》說：「日月者，陰陽之精也，左出右入。身有陰陽之氣，出為呼氣，入為吸氣，呼吸之間，心當存之。」❷姹女往來飛　《周易》離卦其上下爻為陽爻，中爻為陰爻，稱為中女、姹女等。「姹女往來飛」指內煉時離中心液運轉路線。李道純《中和集》說：「或曰：離為太陽，卻如何喻為姹女？曰：離本乾之體，故曰太陽。因受坤陰而成離，為少陰。故喻之為姹女，謂雄裏懷雌也。」這裏借指心液。〈修道太極混元指玄圖〉說：「心液曰姹女。」蕭廷之《金丹問答》也稱「姹女在心。」❸真氣　即先天之氣，煉丹的基礎原料。李涵虛《道竅談》：「天以元氣生人物，而道以元氣生仙佛。」❹西方金母最堅剛二句　「西方金母」指元陽真氣，居於腎中，而腎為坎宮，即「壬家」，屬水。「西方金母」「走入壬家」即「水中金」。用《周易》卦象表示就是純陰坤卦（☷）中爻陰爻變為陽爻，成為坎卦（☵）。坎卦中間的這一陽爻就是「金母」，上下兩陰爻就是水。在五行中，金生水，故金為水母，所以稱「金母」；而水在干支中是「壬癸」，所以稱為「壬家」。❺希夷　語出《老子・十四章》：

「視之不見名曰夷，聽之不聞名曰希，搏之不得名曰微。」「希」、「夷」、「微」都是描述道幽而不顯的狀態。後「希夷」並用，指虛廓微妙的意思。❻太陽移在月明中　太陽即離火，月明即太陰，即坎水。李道純《中和集》：「離本乾之體，故曰太陽。」「坎本坤之體，故曰太陰。」太陽（離）是乾卦（☰）中的中間陽爻被移到坤卦中間使後者變為坎，取坎填離術就是取坎卦中間之陽爻補離卦（☲）之陰爻的逆轉過程。❼靈烏宿桂柯　與「太陽移在月明中」同義。靈烏即金烏、日；傳說月中有桂樹，仙人吳剛以斧伐之。「柯」指斧柄。這裏「桂柯」即玉兔、月。相傳日中有三足烏，月中有玉兔，故以「烏」為日的代稱，「兔」為月的代稱。丹家以烏為日，為陽，為離卦，為汞，代表元神，為煉丹之火；以兔為月，為陰，為坎卦，為鉛，代表元精，為煉丹之藥。❽古佛之音超動靜二句　意思是佛音反而無所謂動靜（超越動靜），真人之息反而似有似無，不出不入。❾蘊界　佛家語，即五蘊（色、受、想、行、識）與十八界。這裏泛指肉身。在五蘊中，前一種屬於物質，後四種屬於精神，乃是構成人身的五種要素。十八界指六根（眼、耳、鼻、舌、身、意）、六塵（色、聲、香、味、觸、法）、六識（眼識、耳識、鼻識、舌識、身識、意識），共為十八界。佛教認為人一身之中，可分為十八類。❿水銀實滿葫蘆裏二句　水銀，即真汞（離中陰、砂中汞），指元陽真氣；葫蘆指氣穴；深水即真鉛（坎中陽、水中金）。意思是元陽真氣蟄居氣穴，在腎水中溫養、沐浴。⓫歸根竅　即下句中的「復命關」，語出《老子》：「夫物芸芸，各復歸其根；歸根曰靜，是謂復命。」崔希範《入藥鏡》：「歸根竅，復命關，貫尾閭，通泥丸。」王道淵注：「作丹妙用，要明玄關一竅。一性正位，萬化歸根。復命之道，必由三關而轉。故曰『歸根竅，復命關』也。」彭好古注：「人之一呼一吸，呼接天根，吸接地軸，息息歸根為歸根。而玄牝之門為歸根竅。息息歸根，氣入身來，謂之生，自能復命。知歸根竅，則知復命關矣。」⓬專氣致柔　語出《老子・十章》：「專氣致柔，能如嬰兒乎？」專，通「摶」。集聚；收斂。「專氣致柔」意為集氣到最柔和的狀態，後來被道教內丹引用，指退符溫養、柔和酥軟的內煉景象。⓭綿綿迤邐歸元命二句　迤邐，綿延曲折的意思；元命指氣穴；靈泉即靈液，內煉時口中滲出的津液。⓮黃房　又稱「黃庭之家」、「中黃正位」、「黃婆中宮」、「黃家」等，內丹家認為此處是三家相見結丹之處。⓯流戊作媒將就己二句　流戊作媒將就己，即前文所說的「流戊就己」功夫。己土是離中識神，煉己即煉神。戊土為元神，陷入坎中。己土為後天之土，取戊土煉己，使二土成圭，戊己能定，為煉己築基，即流戊就己之意。也就是在真意（媒婆）的作用下，行取坎填離之功，則水火交而金木併，四象和合而成丹，所以說是「金來歸性賀新郎」，金即情；新郎即所結之丹。⓰風虎雲龍自嘯吟　比喻龍虎交鋒，即龍虎交媾。詳見第二節口訣中的「龍虎交媾法則」。⓱圓覺經　佛教經典，全名《大方廣圓覺修多羅了義經》，又作《大方廣圓覺經》、《圓覺修多羅了義經》、《圓覺了義經》。收在《大正藏》第十七冊。是唐、宋、明以來賢首、天台、禪各宗盛行講習的經典，全經主要說明大乘圓頓之理及如何觀行實踐之法。⑱悟卻此身猶是幻二句　佛教認為，人身由地、水、風、火四大和合而成，虛幻而不實，故稱「幻身」。蒲團，以蒲草編織而成的圓形扁平坐具，又稱圓座，是僧人坐禪及跪拜時所用之物。惺惺，指清醒狀態，與「昏沉」相對。昏沉指在入靜修煉中用意不及或意念鬆散，以至於忘記了進行中的修煉要求而出現昏沉迷糊狀態，干擾修行的正常進行，為佛道修煉所忌。⑲鄞鄂　即元神。詳見前注。

【語　譯】「後有密戶前有生門，陰陽二氣在呼吸之間當心存守到不出不入。」這是太上老君《黃庭外景經》的口訣。

「只從所謂的真人呼吸處，任憑心液循環運轉。」這是李長源《混元寶章》的口訣。

「真氣與外氣在竅內交合存守呼吸到不出不入，自然會返老還童。」這是許旌陽〈醉思仙歌〉的口訣。

「西方金母（元陽真氣）最為堅剛，走入王家（坎宮，即腎）水裏把身藏。」這是石杏林《還元篇》中的口訣。

「要知曉丹道的微妙道理，就是要取坎填離因為太陽（離中陽）被移在月明（坎）中。」這是薛紫賢《復命篇》中的口訣。

「先賢明白的透露了煉丹的要旨，就是要不斷的取坎填離因為靈烏（離中陽）借宿在桂柯（坎）中。」這是劉海蟾《還金篇》中的口訣。

「元神元氣兩股靈物天然結合，一點神機就從這裏求。」這是陳默然《崇正篇》中的口訣。

「佛祖之音（如來）無動無靜，真人之息（胎息）像遊絲般不出不入。」這是釋鑒源《青蓮經》中的口訣。

「妄念消失則一呼一吸漸漸隨著減弱，半清醒之間微微感覺似乎身體飄浮。」這是羅念庵《胎息篇》中的口訣。

「呼氣時氣自然出而不依隨外界萬緣，吸氣時氣直入氣穴不散居於五蘊十八界之中。」這是般若尊者〈答東印度國王〉的口訣。

「元陽真氣蟄居氣穴中，封固其口置於腎水之中。」這是萼綠華〈氣穴圖〉中的口訣。

「萬物生後都得死去，而元神死後可以復生。把元神歸到氣穴中，丹道自然可以成。」這是石杏林的口訣。

「歸根自有歸根竅，復命怎麼能沒有復命關呢？這兩重道理能識破，超凡入聖如等閒。」這是李清庵的口訣。

「心思微妙，意思玄奧，臍間元氣結成丹胎。先天元神不死是因為胎息之功，氣穴這個長生門戶要綿綿不絕的開放。」這是《群仙珠玉》的口訣。

「通過專氣致柔的內煉功夫則神能久留，往來真息自然悠悠長長。綿綿迤邐最後歸於氣穴，不用汲取靈泉自會常流。」這是劉海蟾的口訣。

「在一身上下定居中間，在腎前臍後的位置叫黃房。真意作媒戊己二土和合，性情相合丹胎成。」這是上陽子的口訣。

「一條修行捷徑很少有人去尋，神氣相合龍吟虎嘯。坐禪入定更要知道以行氣為主，真人之息（胎息）綿綿又深深。」這是陳致虛的口訣。

「圓不圓來方不方，好似森羅天地暗中包藏。如今內外兩層白，氣穴就是中央那一點黃。」這是《大成集》的口訣。

「調息淨心意守丹田，勝似明瞭一部完整的《圓覺經》。要悟得人身本身就是幻相，蒲團坐上入定時要清醒不昏沉。」這是《抱朴子》的口訣。

「煉養丹胎體悟虛無，便讓元神在裏面居住。息往息來沒有間斷，聖胎成就返還原始先天。」這是陳虛白的口訣。

「仔細審觀儒釋道三教聖人的書，一個『息』字最直截了當。只要在這個『息』字上下工夫，成佛成仙都不費力。放下萬緣返還本初這是佛教的真諦，放下心緣明白事理這是儒家的極致，止息到胎息凝聚元神這是道教的玄妙，這三家關於『息』的道理相互配合就克無不勝。」這是李道純《中和集》中的口訣。

胎息訣——歷代諸真胎息訣要

袁天綱胎息訣

夫元氣者，大道之根，天地之母，一陰一陽，生育萬物。在人為呼吸之氣，在天為寒暑之氣。能改移四時之氣者，戊己❶也。春在巽，能發生萬物。夏在坤，能長養萬物。秋在乾，能成熟萬物。冬在艮，能含養萬物❷。故學道者，當取四時正氣，納入胎中，是為真種❸。積久自得，心定，神定，息定，龍親虎會❹，結就聖胎，謂之真人胎息。

【注釋】❶戊己　即戊己二土。詳見前面相關注。❷春在巽八句　這是〈後天八卦圖〉的內容。〈八卦圖〉是宋代理學開山祖之一的《周易》象數學邵雍首先公諸於世，主要有〈先天八卦圖〉與〈後天八卦圖〉兩種。據傳〈先天圖〉為伏羲八卦，〈後天圖〉為文王八卦。〈先天八卦圖〉所表現的是天上地下日東月西這樣的宇宙本體，故而名之曰先天八卦；〈後天八卦圖〉所表現的是春、夏、秋、冬四季呈現出的生、長、收、藏等陰陽之氣流行循環的情況，構成一幅始而復終、終而復始的圓圖，所表現的是陰陽二氣交變所造成的季節和生產的運行情況，故而名之曰後天八卦。〈後天圖〉是從四時的推移，萬物的生長收藏得出的規律。從《周易．說卦傳》中可以看出，萬物的春生、夏長、秋收、冬藏，每週天三百六十日有奇，八卦用事各主四十五日，其轉換點就表現在四正四偶的八節上，這就構成了按順時針方向運轉的〈後天八卦圖〉，每卦有三爻，三而八之，即指一年二十四個節氣，於此可見這些卦圖的實質了。❸真種　即「真種子」，指內煉成的丹母，又指小藥。張伯端《悟真篇》：「鼎內若無真種子，猶將水火煮空鐺。」董德寧《悟真篇正義》：「真種者即丹胎也。謂煉丹之道，總要三物凝結之真種子。」

陳致虛注：「內藥是精，外藥是氣，精氣不離，故曰真種子。」❹龍親虎會　即龍虎交媾。詳見前注。

【語　譯】所謂元氣，是大道的根本，天地的母體，一陰一陽相互交合，化生孕育出萬物。這個氣，就人來說是呼吸之氣，就天來說是寒暑之氣。能夠改變四季之氣的，就是戊己二土之氣。這種土氣，春天對應的是巽卦（☴），能化育萌生萬物。夏季對應的是坤卦（☷），能使萬物滋長。秋天對應的是乾卦（☰），能夠使萬物成熟。冬季對應的是艮卦（☶），能含養萬物。

所以學道之人，應當採取四時的天地正氣，將其納入丹田之中，這就是所謂的「真種子」。它在丹田中凝積時間長了，自然能使心定、神定、息定。這樣神與氣結合，結成聖胎，這就是所謂的「真人胎息」。

太始氏胎息訣

夫道，太虛❶而已矣。天地日月，皆從太虛中來。故天地者，太虛之真胎❷也。日月者，太虛之真息也。

人能與太虛同體，則天地即我之胎，日月即我之息，太虛之包羅，即我之包羅。豈非所謂超出天地日月之外，而為混虛氏❸其人歟？

【注　釋】❶太虛　語出《莊子・知北遊》：「是以不過乎崑崙，不遊乎太虛。」「太虛」原意指寥廓的太空，唐代成玄英《莊子疏》中將其釋為「深玄之理」。張載用為哲學名詞，對「太虛」作了重要發揮，視為氣的一種無形和清虛狀態：「太虛即氣」，清虛無形但不是無，天地萬物和人皆由氣變化而成。❷真胎　即煉成的金丹，又名「聖胎」、「靈胎」、「胎圓」等。❸混虛氏　作者認為「人能與太虛同體」，所以用「混虛氏」稱呼之。

【語　譯】所謂道，實際上就是太虛而已。天地日月，都從太虛中來。所以，天地就是太虛的「真胎」。日月就是太虛的「真息」。

人能與太虛同體，那麼天地即是人一身中的「胎」，日月即是人一身中的「息」，太虛所包羅的，即是人一身所包羅的。這樣人豈不就超出天地日月之外，而與混沌太虛合為一體了嗎？

達磨祖師胎息經

胎從伏氣❶中結，氣從有胎中息。氣入身中為之生，神去離形為之死。知神氣可以長生，固守虛無以養神氣。神行則氣行，神住則氣住。若欲長生，神氣相注。心不動念，無來無去。不出不入，自然常住。勤而行之，是真道路❷。

【注　釋】❶伏氣　即將氣納入後天返先天的丹道程序，調伏神氣靜定至胎息。參見前注。❷真道路　即修行之正途。

【語　譯】丹胎就是從伏氣中結成的，氣就是從丹胎中達到胎息。氣入身中人得長生，神離開形體人便死。所以保守好神氣則可以長生，而煉養神氣就必須固守虛無之道。神動則氣運行，神留則氣息住。想要長生，就要使神和氣互相灌注。心中雜念不生，則神氣就不會外逸。這樣神氣就不出不入，自然常住於身中。如此勤修伏氣之法，便是修習金丹之正道。

張景和胎息訣

真玄真牝，自呼自吸❶。似春沼魚，如百蟲蟄。灝氣❷融融，靈風習習。不濁不清，非口非鼻。無去無來，無出無入。返本還原，是真胎息❸。

【注　釋】❶自呼自吸　指達到胎息境界時外氣不入、內氣不出的狀態。所以說像春池中的游魚一樣自在呼吸而不需要借助外界空氣，像蟄伏於深土中的百蟲沒有外氣也可維持生命。「灝氣融融，靈風習習。不濁不清，非口非鼻。無去無來，無出無入」都是描述胎息景象。❷灝氣　即浩氣。灝即浩，盛大的樣子。❸真胎息　這裏指胎息的最高境界。《伍真人丹道九篇》：「十月之關，有元神之寂照，以為二氣之主持，故云胎；有二氣之運行，以為元神之助養，故云胎息；忘二氣運行助養之迹，而胎神終歸大定，故云真胎息也。」

【語　譯】玄牝之門，自呼自吸。就像春天池中的游魚自在呼吸，像百蟲蟄伏於深土中。如浩氣融融，如春風習習。無所謂濁也無所謂清，不用口呼也不用鼻吸。無所謂去也無所謂來，無所謂出也無所謂入。這樣返本還原，就達到了真胎息的境界。

王子喬胎息訣

奉道之士，須審子午卯酉四時❶，乃是陰陽出入之門戶。定心不動，謂之曰禪。神通萬變，謂之曰靈。智周萬事，謂之曰慧。道元合氣❷，謂之曰修。真氣歸元，謂之曰煉。龍虎相交，謂之曰丹。三丹❸同契，謂之曰了。有志於道者，知此根源，依法修行，自可入於長生大道矣。

【注　釋】❶子午卯酉四時　即「四正」，指人體內煉的四個時辰。子、午、卯、酉原指年、月、日的節氣、時候的陰陽交合之時。一年之中，冬至為子，夏至為午，春分為卯，秋分為酉；一月之中，晦朔為子，月望為午，初八為卯，二十三為酉；一日之中，夜半為子，正午為午，日出為卯，日入為酉。內丹家借以比喻內煉金丹進符退火的火候。子時一陽始生，宜進火扶此微陽；午時一陰始生，宜行退符抑此陰邪；卯酉之時陰陽參半而平和，宜行沐浴之功。但在實際修煉過程中，丹家既遵子午卯酉這四個時辰，又不拘泥於這四個時刻的限定，對子午卯酉也有靈活的運用。如丹家常以陽生即是子，陰生即是午，此所謂「活子時」、「活午時」，子午時皆指丹家修煉中陰陽升降的景象，實即人體中的時刻。張伯端《悟真篇》就說：「火候不須時，冬至豈在子。及其沐浴法，卯酉亦虛比。」❷道元合氣　指先天祖氣跟外氣相合。❸三丹　指內丹修煉的三個層次。劉一明《修真辨難參證》：「下丹者，煉精化氣；中丹者，煉氣化神；上丹者，煉神還虛。三丹之名，就層次而言，到了還虛地步，精氣神混而為一氣，是為金液大還丹也。」

【語　譯】修道的人，必須懂得子午卯酉這四個時辰，乃是陰陽出入的門戶。入定心思不動，稱為禪。神通變化莫測，稱為靈。智融通周遍萬事，稱為慧。祖氣與外氣相合，稱為修。真氣歸入氣穴，稱為煉。神氣相交，稱為丹。三丹都完成，稱為了。有志於修習此道的人，一旦知曉其中的真諦，依照此法的次序逐步修煉，自然能登入長生不老之道。

許棲巖胎息訣

凡修道者，常行內觀❶，遣去三尸❷，驅除六賊❸。納氣於丹田❹，定心於覺海❺。心定則神寧，神寧則氣住，氣住則胎長矣。胎之長者，由於息之住也。無息不胎，無胎不息。住息長胎，聖母神孩❻。故曰：胎息定而金木交❼，心意寧而龍虎會也。

【注　釋】❶內觀　指在修煉中用意念或慧光關照體內各種景象。按照修煉的不同層次，內觀也有高低之分。有觀形之內觀和觀神之內觀。前者實際上等於「存想」、「內視」功法，以此防止心猿意馬，使耳不聞，目不見，心不狂，意不亂，這種內觀有所念想，主要運用於初級修煉階段。後者要求觀乎神而不觀乎形，強調絕念無想，以無心為心，是煉神和道的高級修煉階段。❷三尸　道教對人體內三種作祟之神的稱呼，又稱「三蟲」、「三彭」、「三尸神」。《雲笈七籤》中稱，上蟲居上丹田，使人嗜欲痴滯；中蟲住中丹田，使人貪財，好喜怒，濁亂真氣，魂魄失常；下蟲居下丹田，使人愛衣服，耽酒好色。道教認為，三尸作祟能使人速死，因此必須首先遏制。❸六賊　指產生煩惱根源的色、聲、香、味、觸、法等「六塵」。六塵以眼、耳、鼻、舌、身、意「六根」為媒。這六種污濁之塵會誘人去善從惡，所以稱「六賊」。❹丹田　人體中產藥結丹之處。丹田又分為上丹田、中丹田、下丹田。關於三丹田的具體位置，說法頗多，各有不同。這裏指下丹田。❺覺海　指覺悟的境界，覺性甚深，湛然如海，故稱覺海。佛教以覺悟為宗，故稱譽佛教的教義深廣猶如大海。這裏指氣穴。❻聖母神孩　這是描述「胎息定，丹胎成」，形象的稱為「聖母神孩」。❼金木交　與後句中的「龍虎會」都是指龍虎交媾、神氣相合。

【語　譯】凡是修道之人，要常常內觀返照，遣走體內的損害人體的三尸蟲，驅除身中擾亂人思慮的眼、耳、鼻、舌、身、意六賊。氣聚於下丹田中，定心於氣穴中。心定了神就會安寧，神安寧了氣就會住。氣住則丹胎就可成長。丹胎的成長，是由於胎息的結果。不到胎息的境界便不能結成丹胎，反之，沒有結成丹胎則息也不會住。胎息成就丹胎成長，就是「聖母神孩」。所以說：胎息凝定則金木相交，心意寧靜則龍虎相會。

王方平胎息訣

凡所修行，先定心氣。心氣定則神凝，神凝則心安，心安則氣升，氣升則境忘❶，境忘則清靜，清靜則無物，無物則命全，命全則道生，道生則絕相❷，絕相則覺明，覺明則神通。

經曰：心通萬法皆通，心靜萬法皆滅❸。此我佛如來真定法門者也。學者果能定心氣，凝胎息，則還丹不遠，金液非遙❹。

【注　釋】❶境忘　境，佛家語，指心所遊履和攀緣的境界，即「根」與「識」的對象。也就是心與感官所感覺或思維的對象。如引起眼、耳、鼻、舌、身、意六根感覺思維作用的對象，即色、聲、香、味、觸、法就叫「六境」，因其能污染人心，故又稱為六塵。境又有內境外境、真境妄境、順境違境等分別。這裏境忘即內外、人我皆空。❷絕相　相，佛教指形相或狀態之意，相對於性質、本體等而言，指表現於外而能想像於心的各種事物的相狀。絕相即相空，心中無物、內外境空。❸心通萬法皆通二句　《大乘起信論》說「心生則種種法生，心滅則種種法滅」之意。佛教認為一切法都是因為心起妄念而生，三界虛幻，都是心所造，所以離心則六境全無。這裏的「心通」是強調可以通悟萬法的前提是要心通，心通是心靜的前提，心靜了才可以趨入虛無涅槃境界。❹還丹不遠二句　即達到金液還丹之功為期不遠。

【語　譯】凡是修行之人，必須先收定心氣。心氣收定則心神凝住，心神凝住則心就會安定，心安定則氣就會上升，氣上升則內外境兩忘，內外境兩忘則心清靜，心清靜則沒有外物的干擾，沒有外物的干擾則性命能夠保全，性命兩全則大道生，大道生則物相空，物相空則靈覺明敏，靈覺明敏則神明靈通。

佛經上說：心通則萬法通，心靜則萬法滅。這是真佛如來的真定法門。修煉的人如能真正做到心氣靜定，胎息凝結，那麼距離完成金液還丹的功夫就為期不遠了。

赤肚子胎息訣

氣穴之間，昔人名之曰生門死戶，又謂之天地之根❶。凝神於此，久之，元氣日充，元神日旺。神旺則氣暢，氣暢則血融，血融則骨強，骨強則髓滿，髓滿則腹盈，腹盈則下實，下實則行步輕健，動作不疲，四肢康健，顏色如桃，去仙不遠矣。

【注　釋】❶天地之根　語出《老子・六章》：「谷神不死，是謂玄牝。玄牝之門，是謂天地根。」本書元集〈大道說〉中說：「道之玄教曰：玄牝之門，天地之根；生身處，復命關；金丹之母，玄關之竅，凝結之所，呼吸之根；甲乙壇，戊己戶；心源性海，靈府靈臺；蓬萊島，硃砂鼎，偃月爐；神室氣穴，土釜谷神，靈根把柄；坎離交姤之鄉，千變萬化之祖，生死不相關之地，鬼神覷不破之機……難以悉記。要而言之，無非為此性命之道。」這些都是有關人體關竅氣穴的多種異名，為內丹煉丹之處，所以這些關竅形象的被稱為「門」、「根」、「關」、「竅」、「壇」、「爐」、「海」、「臺」、「島」、「鼎」、「穴」、「把柄」等。

【語　譯】氣穴之間，古人稱之為生門、死戶，也有稱之為天地之根的。心神凝住在此處，久而久之，則元氣日漸充實，元神日漸旺盛。元神旺盛則氣通暢，氣通暢則血液融通，血液融通則筋骨強健，筋骨強健則精髓飽滿，精髓飽滿則腹內精氣就會充盈，腹內精氣充盈則下體強實，下體強實則步履矯健，行動做事不疲倦，四肢健康靈活，面色紅潤如桃花，這就離成神仙不遠了。

性空子胎息訣

我之本體，本自圓明❶。圓明者，是我身中天地之真胎也。我之本體，本自空寂❷。空寂者，是我身中日月❸之息也。惟❹吾身之天地有真胎矣，而後天地之胎與我之胎相為混合，而胎我之胎。惟吾身之日月有真息矣，而復日月之息與我之息相為混合，而息我之息。惟吾身之本體既虛空矣，而後虛空之虛空與我之虛空相為混合，而虛空我之虛空。

【注　釋】❶圓明　圓滿光明。❷空寂　佛教術語。無諸相曰空，無起滅曰寂。空寂指遠離諸法相的寂靜狀態。六祖慧能所說的「圓明常寂照」，就是說心性本來是圓滿光明與真常不變的，雖然是寂靜不動，卻能夠遍照一切法界，卻仍舊還是寂靜無動。這裏「圓明」、「空寂」都是描述胎息時的狀態。❸日月　這裏指人身中的神氣。❹惟　語氣詞。

【語　譯】人身中的這個本體，本來自身是圓滿光明的。圓滿光明的這個東西，就是人身這個小天地中的真胎。人的這個本體，本來自身是虛空靜寂的。虛空靜寂的這個東西，就是人身中的神氣之息。人身這個小天地中本來就有真胎，在後天的修煉中，使天地中的胎氣與人身中的胎氣相結合，人身中的真胎才能顯現。人身中的神氣本來就是真息狀態，在後天向先天的復返修煉中，使日月之息與人身之息相結合，人身中的真息才能顯現。人身中的這個本體本來就是虛空的，在後天的修煉中，使太虛中的虛空與人身中的虛空相結合，人身中的虛空狀態才能顯現。

幻真先生胎息銘

三十六咽❶，一咽為先。吐唯細細，納唯綿綿❷。坐臥亦爾，行立坦然。戒於喧雜，忌以腥羶。假名胎息，實曰內丹。非只治病，決定延年。久久行之，名列上仙。

【注　釋】❶三十六咽　道教以「嚥氣」為主的一種調氣法。《黃庭內景經・肺之章第三十四》說：「肺之為氣三焦起，視聽幽冥候童子，調理五華精發齒，三十六咽玉池裏，開通百脈血液始，顏色生光金玉澤。齒堅髮黑不知白，存此真神勿落落，當憶此官有座席。」詳述了「三十六咽」這種修煉方法能夠開通百脈，使得面色紅潤、齒堅髮黑等養生功效。這一嚥氣法，屬於幻真先生服內元氣法的第四節。❷吐唯細細二句　此即所謂「龜咽法」，就是模仿烏龜那種內不出、外不入的嚥氣方法，要自然深緩，不得過猛。

【語譯】 三十六咽這種嘸氣法，以一個「嘸」字為先。吐氣時要輕輕細細，吸氣時要緩緩綿綿。坐臥行立，都要如此。行嘸氣法時，要避開喧雜的環境，戒食腥膻的食物。由此煉成的結果，借「胎息」一詞命名，實質上就是內丹。此法不僅可以治癒疾病，還可以益壽延年。長期堅持修煉，就可以成神仙中的神仙。

以上口訣，舉其大略，餘者載於丹經，不可得而盡述。此蟄藏功夫，其用大矣。謂人之元神藏於氣穴，猶萬物藏於坤土❶。神入地中，猶天氣降而至於地。氣與神合，猶地道❷之承於天。

《參同契》曰：「恆順地理，承天布宣。」❸

《易》曰：「至哉坤元，萬物資生。」❹

蓋亥月❺純坤用事❻之時，時當草木歸根，蟄蟲入戶，閉塞成冬。冬雖主藏，然次年發育之功，實胚胎於此。

蓋一陽不生於復而生於坤❼，坤雖至陰，然陰裏含陽，大藥之生，實根柢於此。藥將產時，就與孕婦懷胎相似，保完真種，不敢放肆。慎起居，節飲食，忌酒色，戒惱怒。外不役其形骸，內不勞其心志。至於行、住、坐、臥，各各有方。行則措足於坦途，住則凝神於太虛，坐則調丹田之息，臥則抱臍下之珠。故曰行、住、坐、臥，不離這箇。

行禪圖

行亦能禪坐亦禪聖可如斯凡不然論人步履之間不可趨奔太急急則動息傷胎必須安詳緩慢而行乃得氣和心定或往或來時行時止眼視於下心藏於淵即王重陽所謂兩腳任從行處去一靈常與氣相隨有時四大醺醺醉借問青天我是誰

萬法歸一
一歸何處
有者箇在
又恁麼去

白樂天云心不擇時適足不擇地安窮通與遠近一貫無兩端
寶誌公云若能放下空無物便是如來藏裏行
維摩經云舉足下足皆從道場來
法藏集云晝心夜心常遊法苑去

立禪圖

隨時隨處逍遙於莊子無何有之鄉
不識不知遊戲於如來大寂滅之海
若天朗氣清之時當用立禪納氣法而接命其法曰腳跟著地鼻
遼天兩手相懸在穴邊一氣引從天上降吞時汩汩到丹田

心無所住
湛然見性
體用如如
廓然無聖

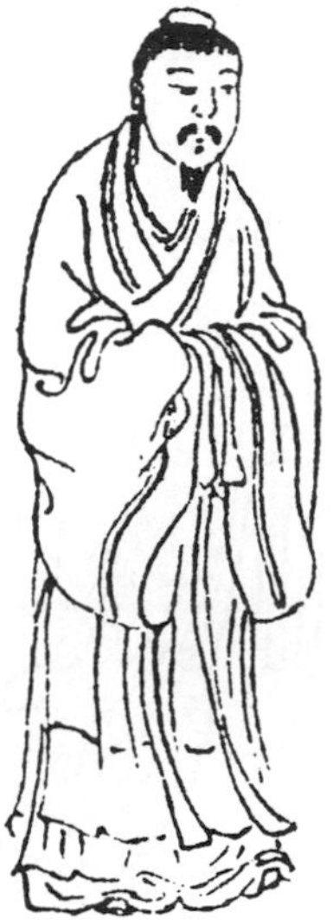

或住或立冥目冥心檢情攝念息業養神已往事勿追思未來事
勿迎想現在事勿留念欲得保身道訣莫若閑靜介潔要求出世
禪功無如照收凝融昔廣成子告黃帝曰目無所見耳無所聞心
無所知神將守形形乃長生其意大同允為深切

【注　釋】❶坤土　即土地。在八卦中，乾為天，坤為地，所以此處說「坤土」。《易・說卦傳》：「乾，天也，故稱乎父；坤，地也，故稱乎母。」❷地道　與「天道」、「人道」相對。指地之運行規律。與下句中的「地理」一詞同義。❸恆順地理二句　語出《周易參同契・爻變功用章第十九》：「道窮則返，歸乎坤元。恆順地理，承天布宣。」意思是既要順應地之道，也要順承天之道。❹至哉坤元二句　語出《易・彖傳・坤》：「至哉坤元，萬物資生，乃順承天。」意思是美德至極的大地，配合天開創物，萬物依賴它而生成，它順從秉承天的志向。萬物的生命來源於天，生成於地。地是生成萬物的根源，所以這裏又稱「坤元」。❺亥月　古代以十二地支對應十二月，亥為十二地支中第十二，所以亥月即陰曆十二月。❻純坤用事　即純陰。十二月是萬物凋零枯萎的時候，陰氣主事。❼一陽不生於復而生於坤　古人用六十四卦的卦象來表示陰陽二氣的消長變化。坤卦（䷁）為純陰，處於陰極生陽之時；復卦初爻為一陽，按照十二消息卦，一陽起於復卦（䷗）所以叫「一陽生」或「一陽來復」，象徵萬物開始復蘇，內丹家借以表示起火煉丹之候。復卦中的「一」是陽爻，指陽氣，實際上是坤卦中有了一個陽爻「一」，所以這裏說「一陽不生於復而生於坤」。

【語　譯】以上胎息口訣，這裏只列舉其梗概，其餘的都載於各種丹經之中，這裏不可能一一詳述。這個蟄藏氣穴的功夫，效用可大了。說人的元神蟄藏於氣穴之中，就猶如萬物植根土地之中，神蟄藏於地中，就猶如天之氣下降到地上。氣與神相合，就猶如地之道順承天之道。

《周易參同契》說：「永遠的順任地之理，順承天道廣施遍布。」

《周易》說：「盡善盡美的大地，萬物賴以含孕化生。」

十二月份是純陰主事的時候，此時草木凋零歸根於土，百蟲蟄伏藏於穴中，陽氣閉塞冬天到來。冬天雖然是生命歸藏的季節，然而來年的發育之功，其實在這時已經孕育萌芽了。

其實，一點陽氣並不是生於復卦（䷗）而是生於坤卦（䷁），坤卦雖是表示陰氣極盛之時，然而陰中卻包含著陽的萌芽，而金丹的產生，就根植於這個萌芽。金丹將要結成時，就與孕婦的懷胎相似，要保全這顆真種子，就不能有絲毫的疏忽。起居要慎重，要節制飲食，戒貪酒色，戒絕惱怒。外不讓形骸疲勞，內不勞其心志。至於行、住、坐、臥，都有各自的要求。行走時要挑平坦的路，靜處時要凝神於太虛，靜坐時要調節丹田的氣息，睡臥時要兩手握抱臍下的胎珠。所以說行、住、坐、臥，都要時時不離氣穴。

坐禪圖

坐不必趺跏❶，當如常坐。夫坐雖與常人同，而能持孔門心法❷則與常人異矣。所謂孔門心法者，只要存心在真居處❸是也。

蓋耳目之竅，吾身之門也。方寸之地❹，吾身之堂也。立命之竅，吾身之室也。故眾人心處於方寸之地，猶人之處於堂也，則聲色得以從門而搖其中。至人心藏於立命之竅，猶人之處於室也，則聲色無所從入而窺其際，故善事心者，潛室以頤晦而耳目為虛矣。御堂以聽政，而耳目為用矣。若坐時不持孔門心法，便是坐馳，便是放心❺。

《壇經》曰：「心念不起名為坐，自性不動名為禪。」坐禪妙義，端不外此。

【注釋】❶趺跏　即跏趺，又稱「結跏趺坐」等。佛陀的坐法，即盤膝而坐，其坐法即雙膝彎曲，兩足掌向上，坐法可分為降魔、吉祥二種：若先以右足置於左腿上，再以左足置於右腿上，叫做降魔坐；若先以左足置於右腿上，再以右足置於左腿上者，則叫做吉祥坐。《智度論》七說：「諸坐法中，結跏趺坐，最安穩不疲極，此是坐禪人坐法。」意思是說諸坐法中，結跏趺坐最安穩而不易疲倦。又，只交一足的稱為半跏趺坐，即我們平時所說的「單盤」；雙足都交的稱為全跏趺坐，即我們所說的「雙盤」。此為圓滿安坐之相，諸佛皆依此法而坐，故又稱如來坐、佛坐。❷孔門心法　即前面所講的「涵養本原」、「安神祖竅」、「蟄藏氣穴」等功法。❸真居處　與下句中的「立命之竅」都指氣穴。❹方寸之地　指心。❺放心　語出《孟

坐禪圖
坐久忘所知忽覺月在地
冷冷天風來驀然到肝肺
俯視一泓水澄湛無物蔽
中有纖鱗游默默自相契
帝堯之安安
文王之雝雝
孔子之申申
莊周之止止
無事此靜坐一日如兩日
若活七十年便是百四十
靜坐少思寡欲冥心養氣存神
此是修真要訣學者可以書紳

子・告子上》：「仁，人心也；義，人路也。舍其路而弗由，放其心而不知求，哀哉。人有雞犬放，則知求之，有放心而不知求。學問之道無他，求其放心而已矣。」意即學問之道，在尋回放失之本心。即從生命內在作修養工夫，把已經放失的本心找回來。這裏「放心」與前句中的「坐馳」都是指在靜坐修煉過程中此起彼伏的雜亂意念。

【語譯】靜坐之時不一定非要結跏趺坐，應當像平常那樣的坐法就行。坐的姿勢雖然和常人沒什麼兩樣，但能夠同時持守一定的竅門心法就和常人不一樣了。所謂竅門心法，就是把心神安放在適當的位置上。

耳目等孔竅，就是我們身體的門戶。心神所在的方寸之地，就是我們身體的廳堂。產生生命的孔竅，就是我們身體的居室。普通人的心神處於這個方寸之地，就像人居於堂中，外界的聲色就從門而入擾亂堂中的心。而善於養心的人，把心藏在產生生命的孔竅之中，就像人居於室內，那麼外界的聲色就沒有地方可以進入而窺伺裏面，所以善於養心的人，就潛藏於室內頤養其心而晦暗使得耳目如同虛設。而只在升堂時與外界事物接觸，耳目才有用。如果靜坐時不持守竅門心法，就是坐而使心外馳，就是使心外逸。

《壇經》說：「雜念不起叫作『坐』，本性如如不動叫作『禪』。」關於坐禪的精微妙義，不外乎全在這句話中。

臥禪圖

古人有言，修道易，煉魔❶難，誠哉是言也。然色魔食魔易於制伏，獨有睡魔難煉，是以禪家有長坐不臥之法。

蓋人之真元❷常在夜間走失，苟睡眠不謹，則精自下漏，氣從上洩，元神無依，亦棄軀而出，三寶❸各自馳散，人身安得而久存哉？至人❹睡時，收神下藏丹窟❺，與氣合交，水火互相拘鈐❻，則神不外馳，而氣自安定矣。

臥禪圖

覺寤時切不可妄想則心便虛明

掃石焚香在意眠醒來時有客談玄
松風不用蒲葵扇坐對青崖百丈泉
古洞幽深絕世人石床風細不生塵
日長一覺羲皇睡又見峰頭上月輪

開心宗之性
示不動之體
悟夢覺之真
入聞思之寂

人間白日醒猶睡老子山中睡卻醒
醒睡兩非還兩是溪雲漠漠水冷冷
元神夜夜宿丹田雲滿黃庭月滿天
兩箇鴛鴦浮綠水水心一朵紫金蓮

紛擾時亦只如處常則事自順遂

今以常人言之，神則寄之於目矣，而夜寐既熟，則藏之於腎。至夙興之時，而目之神有不爽然清乎？藉其不夜，而腎神豈能清？

今又以天道言之，日則麗[7]之於天矣，而夜淪地中，則藏之於海。至啟明之候，而天之氣有不爽然清乎？藉其不夜，而海氣豈能清？此則崔公《入藥鏡》所謂「水火交，永不老」是也。

今之人懵然而睡，忽然而醒，是何物主之而使之覺也？夫魂與神併則覺，魄與尸[8]合則昏。昏者，死之根；覺者，生之兆。魂屬陽而喜清虛，魄屬陰而好馳騁。魄者，鬼也；魂者，神也。神則日接之於物，夜形之於夢。黃粱未熟[9]，南柯未寤[10]，一生之榮辱富貴，百歲之悲憂悅樂，備嘗於一夢之間。使其去而不還，遊而不返，則生死路隔，幽冥[11]之途絕矣。

由是觀之，人不能自生，而其所以生者，夢中之人為之也。人不能自死，而其所以死者，夢中之人為之也。然不知所以夢，則亦不知所以死；不知所以覺，則亦不知所以生。夢中之有覺者，以夢之中而自有真覺者在焉。死中之有生者，以死之中而自有長生者在焉。是故因覺知生，因夢知死[12]。知斯二者，可以入道矣。

夫人之覺也，耳其有不能聽乎？目其有不能視乎？手其有不能持乎？足其有不能行乎？心其有不能喜、不能怒乎？而人之睡也，耳固在也，何其不能聽乎？目固在也，何其不能視乎？手固在也，何其不能持乎？足固在也，何其不能行乎？心固在也，何其不能喜、不能怒乎？由此觀之，則其死也，似為無知而無覺矣。

而人之睡而夢也，而夢之時，亦有耳能聽矣，而其聽也，何其不屬於人之耳乎？亦有目能視矣，而其視也，何其不屬於人之目乎？亦有手能持矣，而其持也，何其不屬於人之手乎？亦有足能行矣，而其行也，何其不屬於人之足乎？亦有心能喜、能怒矣，而其喜也、怒也，何其不屬於人之心乎？由此觀之，則其死也，似為有知而有覺矣。然死生通乎晝夜之道，夢覺之常者乎？

【注釋】❶煉魔　魔，原為佛家語，梵語魔羅的簡稱，漢譯為能奪命、障礙、擾亂、破壞等，即能害人性命和障礙擾亂人們修道的惡魔。就人自身而言，煩惱、疑惑、迷戀等一切能擾亂眾生者，均稱為魔，如色魔、餓魔、睡魔等。由自己身心所生之障礙稱為內魔，來自外界之障礙稱為外魔。道教內丹把內煉過程中出現的偏差稱作「魔」，修煉就要先克服這些貪欲和迷戀，所以叫「煉魔」。❷真元　指元精、元氣、元神等維持人生命機體的要素。❸三寶　這裏指精、氣、神。❹至人　道教對修仙悟道者的尊稱之一。詳見前注。❺丹竈　丹田，也即前面所說的氣穴。❻拘鈐　拘束；牽制。鈐，鎖閉。❼麗　附著；依附。❽尸　這裏指肉身。❾黃粱未熟　這是出自唐代沈既濟的〈枕中記〉中的一個典故：從前有個姓盧的讀書人，整天都為得不到榮華富貴而苦惱。一次，他在去邯鄲的旅店裏，遇到了道士呂翁，就向呂翁訴說自己的貧困和苦惱。呂翁給他一個枕頭，叫他睡覺。這時旅店的主人正在煮黃粱（小米）飯。讀書人在枕頭上睡著後，就做起了美夢，夢見自己封官拜相，娶妻生子，享盡了榮華富貴。可是一覺醒來，他看到一切依舊，連店主人的黃粱飯都還沒煮熟。剛才自己所享受的一切，不過是人家煮黃粱時自己做的一個夢罷了。所以這裏說「黃粱未熟」。⑩南柯未寤　這是出自唐代李公佐的〈南柯記〉中的一個典故：隋末唐初的時候有個叫淳于棼的人，在夢中夢見到大槐安國考取狀元並成了駙馬郎，被皇帝派往南柯郡任太守，政績卓著，深得皇帝欣賞，後因兵敗被革職遣送回家。淳于棼氣得大叫一聲，從夢中驚醒，但見月上枝頭，繁星閃爍。此時他才知道，所謂南柯郡，不過是槐樹最南邊的一枝樹幹而已。所以這裏說「南柯未寤」。⑪幽冥　即陰界，人死後去的地方。⑫因覺知生二句　人的生死，就像清醒和睡夢中一樣。夢中驚醒，猶如起死回生一般。這裏是比喻。也即下文中「死生通乎晝夜之道，夢覺之常」的意思。

【語譯】古人有句話說，修道容易，克服魔障困難，這話的確說對了。然而色魔、餓魔還算容易制伏的，只有睡魔最難克服，所以佛門有長時間靜坐著而不睡的修煉方法。

人身中的先天元氣常在夜間逸失，如果睡眠時不警覺，元精就從下面漏掉，元氣就從上面泄掉，元神於是沒有了依託，就脫離身軀而去，精、氣、神三寶各自外馳散失，人的生命怎麼能夠長久存在呢？而修行的人睡覺的時候，收納元神藏於丹田，與氣融合，神氣互相牽制，元神就不會外馳，氣也就自然安定了。

現在就拿常人來說，神白天寄居在眼睛裏面，晚上熟睡的時候，神就藏到了腎裏面。到早晨起來的時候，眼中的神能不清爽嗎？如果沒有夜間的休息，腎中的神怎麼能清爽呢？

現在就拿天道來說，太陽白天附著在天上，晚上就西下，落入海裏面。到天亮的時候，天氣有不清爽的嗎？如果沒有夜晚的下落，海氣怎麼能夠清爽呢？這就是崔公在《入藥鏡》中所說的「水火交融，永遠不老」的意思。

當今的人懵懵懂懂地入睡，忽然又覺醒了，是什麼東西主宰著人的入睡和覺醒？原來魂和神相合就使人清醒，魄與軀體融合就使人昏睡。昏睡，是死的根苗；清醒，是生的先兆。魂屬於陽性而喜歡清虛，魄屬於陰性而易於亂動。魄，屬於鬼；魂，屬於神。神在白天同外物接觸，夜間就會在夢中再現。就像黃粱一夢，南柯一夢那樣，夢還沒醒，一生的榮辱富貴，百年的悲喜憂樂，都在一個夢中經歷了。假使在夢中神一去不復返，夢遊而不知歸，那麼生死之間的路就隔斷了，神就走上幽冥之死途無法返回了。

由此看來，人平時並不能決定自己的生命，人之所以能生還，是由處在「夢」中的人決定的。同樣人平時也不能決定自己的死亡，人之所以死去，也是由處在「夢」中的人決定的。但要是不了解夢的根源，也就不知道為什麼會死；不知道醒的來由，也就不知道為什麼會生。夢中之所以有覺悟的人，是由於在夢中保持著真覺。在死亡的途中有生還的人，是由於在死亡途中保持了起死回生的長生秘訣。因此，從覺醒之中知道了生還的原因，從睡夢之中知道了死亡的根由。知道了這兩點，就可以入道了。

人在醒著的時候，耳朵能不聽嗎？眼睛能不看嗎？手能不拿嗎？腳能不行走嗎？心裏能夠沒有喜怒嗎？但是人在睡著的時候，耳朵當然還在，怎麼就不能聽了呢？眼睛當然還在，怎麼就不能看了呢？手當然還在，怎麼就不能拿了呢？腳當然還在，怎麼就不能行走了呢？心當然還在，怎麼就沒有喜怒了呢？從上面看來，人死了，好像在夢中一般是無知無覺的。

但人在睡著做夢的時候，即使在夢中，也有耳朵能聽的，而這個聽，怎麼會不屬於人的耳朵呢？也有眼睛能看的，而這個看，怎麼會不屬於人的眼睛呢？也有手能拿的，而這種拿，怎麼會不屬於人的手呢？也有腳能行走的，而這種行走，怎麼會不屬於人的腳呢？也有心中能喜能怒的，而這種喜怒，怎麼會不屬於人的心呢？從上面看來，人死了，好像在夢中一般也是有知有覺的。然而人的死與生，同晝與夜、夢與醒之間交替轉化的道理是相通的嗎？

古之真人❶，其覺也無憂，其寐也無夢。故無夢地位，非道成之後不能到也。

然初機之士，煉心未純，昏多覺少，纔一合眼，元神離腔，睡魔入舍，以致魂夢紛飛，無所不至。不惟神出氣移，恐有漏爐迸鼎[2]之患。

若欲敵此睡魔，須用五龍盤體之法[3]。訣曰：東首而寢，側身而臥，如龍之蟠，如犬之曲。一手曲肱枕頭，一手直摩臍腹。一隻腳伸，一隻腳縮。未睡心，先睡目。致虛極，守靜篤[4]。神氣自然歸根，呼吸自然含育，不調息而息自調，不伏氣而氣自伏。

依此修行，七祖[5]有福。陳希夷[6]已留形於華山，蔣青霞曾脫殼於王屋。此乃臥禪的旨，與那導引之法不同。工夫到時，自然「寢寐神相抱，覺悟候存亡」[7]，亦能遠離顛倒夢想[8]，即漆園公[9]所謂「古之真人，其覺也無憂，其寢也無夢」是已。

然雖睡熟，常要惺惺，及至醒來，慢慢展轉。此時心地湛然，良知[10]自在，如佛境界。正白樂天所云：「前後際斷處，一念未生時。」此際若放大靜一場，效驗真有不可形容者。昔尹師靜室中有一聯云：「覺寤時切不可妄想，則心便虛明。紛擾中亦只如處常，則事自順遂。」

李真人〈滿江紅〉詞云：「好睡家風，別有箇睡眠三昧[11]。但睡裏、心誠，睡中澄意。睡法既能知旨趣，便於睡裏調神氣。這睡功消息[12]，睡安禪，少人會。」

又，〈敵魔詩〉云：「坐中昏睡怎禁它？鬼面神頭見也麼。昏散⑬皆因由氣濁，念緣未斷屬陰多。潮來水面侵堤岸，風定江心絕浪波。性寂情空心不動，坐無昏散睡無魔。」

上古之人，有息無睡，故曰：「向晦入宴息。」⑭若一覺睡熟，陽光盡為陰濁所陷，就如死人一般。若知宴息之法，當向晦時，耳無聞，目無見，口無言，心無累，鼻息無喘，四肢無動。那一點元神真氣，相依相戀，如爐中種火相似。久久純熟，自然神滿不思睡，氣滿不思食，精滿不思慾，元氣自聚，真精自凝，胎嬰自棲，三尸自滅，九蟲⑮自出，所謂睡魔不知從何而去矣。其身自覺安而輕，其心自覺虛而靈，其氣自覺和而清，其神自覺圓而明。若此便入長生路，休問道之成不成。

【注釋】❶真人　即修真得道的仙人，與仙人統稱為仙真，最受道教徒的尊崇，視為修煉的目的。❷漏爐迸鼎　即前文所說的「精自下漏」，元精走漏，也叫「漏盡」、「走丹」。這裏鼎爐指丹田。❸五龍盤體之法　下文的盤踞肢體的煉睡魔法，即臥禪法。❹致虛極二句　語出《老子．十六章》：「致虛極，守靜篤。……夫物芸芸，各復歸其根。歸根曰靜，是謂復命。」「虛」、「靜」都指一種虛無的心境，即內心徹底排除了各種欲望雜念，澄明如止水明鏡。「致虛極，守靜篤」體現了老子的功夫境界，也是煉神功夫的要訣。精足氣和是道教內丹修煉的目標。後世的內丹學實際上就是以「致虛極，守靜篤」為法訣，以「歸根復命」為原理形成自己的理論體系。❺七祖　佛教指佛法衣缽相傳的七代，淨土、華嚴、密教、禪宗等宗皆立七祖之說。如禪宗北宗以達摩、慧可、僧璨、道信、弘忍、慧能、神會為七祖，南宗以神秀為六祖，普寂為七祖。❻陳希夷　即陳摶，五代宋初著名道教學者。字圖南，自號「扶搖子」，賜號「希夷先生」。曾隱居武當山二十餘年，專習胎息服氣、辟穀導引內養靜功，後歸關中，修行益高，蛻老如嬰兒。相傳他傳有〈無極圖〉、〈先天圖〉等，其〈無極圖〉後被周敦頤演化成〈太極圖說〉，其〈先天圖〉被邵雍演化為象數體系。陳希夷、蔣青霞等，都是研究修煉臥功的專家，在修煉臥功中，悟得妙處，使得青春常駐，鶴髮童顏，延年益壽，百病不侵。❼寢寐神相抱二句　語出魏伯陽《周易參同契．關鍵三寶章第二十二》。意思是不睡著時要固守元神，醒著時要保持氣有出有入。寐，與「寤」相對，前者是睡著的意思，後者是睡醒的意思。❽遠離顛倒夢想　語出《摩訶般若波羅蜜多心經》：「遠離顛倒夢想，究竟涅槃。」顛倒即違背常道、正理，如以無常為常，以苦為樂等反於本真事理之妄見；夢想即夢中之想念。眾生皆是以假為真、以真為假，這都是一種顛倒。世事無常，眾生卻都汲汲索求，這都屬於夢想。遠離諸種「顛倒」和「夢想」，才能達到涅槃之境。❾漆園公　即莊子。莊子曾經任過漆園吏，所以此處稱「漆園公」。❿良知　語出《孟子．盡心上》：「人之所不學而能者，其良能也；所不慮而知者，其良知也。」孟子以「良知」、「良能」論心，性根於心。這裏良知指先天本心。⓫三昧　佛家語，又稱三摩地、三摩提、三摩帝。意譯為等持、定、正定、定意、調直定、正心行處等。即將心定於一處（或一境）的一種安定狀態。一般俗語形容妙處、極致、蘊奧、訣竅等時，都稱之為「三昧」，這都是套用佛教用語而轉意，意思與原義迥然有別。這裏就是轉引義，即訣竅的意思。⓬消息情況；狀態。⓭昏散　即散亂昏沉。指在入靜修煉中用意不及或意念鬆散，以至於忘記了進行中的修煉要求而出現昏沉迷糊狀態，干擾修行的正常進行，為佛道修煉所忌。⓮向晦入宴息　語出《易．隨卦》的〈象辭〉：「君子以向晦入宴息。」這是對隨卦卦名的解釋：意思是人要隨應天時去作息，向晚就當入室休息。隨，順從之意。晦，天黑。宴息，即靜息。宴即閒適、安逸。⓯九蟲　與「三尸」或「三蟲」意思相近，這裏泛指內煉過程中出現的各種雜念。

【語　譯】古代的內丹煉成的真人，他們醒著的時候無憂無慮，睡著的時候沒有夢打擾。所以無夢的境界，不到內丹煉成的時候是做不到的。然而剛剛悟得這種機妙開始修煉的人，修煉的心志還不夠純正，昏睡時多而醒覺時少，剛一合眼入睡，元神就離開身體，睡魔乘機而入，以致魂被擾亂夢接連湧現，什麼都在夢中再現。這樣不止是元神元氣外馳，恐怕有丹田元精漏盡的危險。

如想戰勝這個睡魔，應該用「五龍盤體」的功法。其口訣是：頭朝向東方，側身而臥，像龍一樣盤踞一團，像狗一樣彎曲身子。一隻胳臂彎著拿手當枕頭，一隻胳膊伸直用手按摩肚臍。一隻腳伸直，一隻腳縮起。心不要先昏沉入睡，先合上眼睛。達到「致虛極，守靜篤」的境界。神氣自然相合而歸入丹田，呼吸自然互相含養化育，不用有意去調息則息自然得到調和，不用有意去伏氣則氣自然就會蟄伏。

按照上述方法去修行，連七代佛祖都沾光有了福。陳摶老祖已經成仙而肉身留在了華山，蔣青霞也在王屋山脫離了軀殼成仙。這就是臥禪功夫的要旨，與那些導引法不同。功夫修煉到家的時候，自然會「睡著時固守元神，覺醒時護守著氣有出有入。」這樣也能遠離顛倒夢想狀態，達到涅槃的境界。這就是莊子所說的「古代的真人，醒著的時候無憂無慮，睡著的時候沒有夢打擾」的境界。

然而就算熟睡之時，也要常常保持清醒，到了醒來的時候，要慢慢地翻身。這時心中清爽，良知自然存在，如同達到仙佛的境界。正如白居易所說的：「前後念頭相續的地方，一絲念頭還沒產生的時候」，此時如能雜念不生，大靜一場，它的功效就會大到無法形容。過去在尹大師的靜室裏有一副對聯寫著：「覺醒之時千萬不要心中存有妄想，心境就會虛靜空明。在紛亂煩擾之中如果能像平常一樣，那麼事事自然順遂。」

李真人的〈滿江紅〉詞裏說：「睡好覺的家風，別有個睡眠的訣竅。只要在睡眠中做到心誠，心意清靜，由此便知睡功的要旨，就是在睡眠中調養神氣。這睡功中的奧妙，睡眠中安守的禪法，很少有人真正領會。」

〈敵魔詩〉中也說：「靜坐中昏睡怎麼能受得了它？神頭鬼面的東西夢中出現了嗎？昏睡氣散都是因為氣太濁，引起雜念的根源不能斷絕是因為陰氣太多。雜念像潮水般湧來衝擊著堤岸，心靜入定後就像風停江心就不起波浪。如果能做到性情寂靜空虛心如如不動，那麼靜坐時就不會散亂昏沉睡魔也不會來干擾。」

上古時候的人，只有靜息而不熟睡，所以古人說：「天黑的時候應當入室靜息。」如果一覺進入熟睡，則身中的陽氣陷入陰濁之氣中，就像死人一般了。如果掌握了靜息這種臥功，在天黑的時候，耳朵不要去聽，眼睛不要去看，嘴不要去說，心中無雜念拖累，呼吸平穩不喘，四肢靜處不動。這樣那一點元神和真氣相互依戀，如同爐中的火種一般。久而久之就會純熟，這時自然會精神飽滿不思睡，精氣飽滿不想吃，元精飽滿不思淫欲，元氣自然集聚，真精自然凝結，丹胎自然瓜熟蒂落，體內的三尸蟲自然消滅，九蟲自己會跑走，這就是所說的睡魔不知何去何從的現象。這樣身體自然會感到安適輕鬆，心裏自然會感到虛靜空靈，氣息自然會感到柔和清新，元神自然會圓滿而明覺。如果能做到這樣就已經走向了長生不老之路，更別提修道究竟成不成。

紫中道人答問

客問：「坐禪❶一事如何？」

予答曰：「嚥津納氣❷是人行，有藥方能坐化生❸。鼎內若無真種子，猶將熱火煮空鐺。釋氏云：此是守屍鬼❹，磨磚作鏡❺的工夫，其言相是而不相非。粵❻自晉之伯陽，宋之紫陽，絕唱斯道，厥後纘其緒者❼，即海瓊、紫瓊、黃房、緣督、上陽❽，諸真疊繼，則金丹之草，一絲之脈，至今不斷，代不乏人，以接紹三教一源之道統。若言守靜兀坐❾，乃最下小乘之法❿，外道惑人之邪徑耳。」

客復問：「然則畢竟如何？」

予曰：「子肯大施法財⓫，告天盟願，即當為汝言。」

客跽⓬而請曰：「弟子歷劫難遇，今生遭逢，願師慈悲，恩莫大焉！」

予曰：「子來，吾語汝。子今信誓旦旦，予將妄言之，子勿妄聽之。予以實言之，子勿妄信之。當告汝言：

夫精、氣、神三寶，則撐持宇宙，總括陰陽。天地得之而函蓋乾坤，人心得之則修仙作佛。惟有內有外，知之者可以兼而修之，不知者獨修一物。獨修者，乃頑冥之漢也。兼修者，能證仙佛之果也。緣其亂統，則說到此地，未有不望洋而退舍者矣乎。果無疑，當以告子。

凡言內外兼修者，其精在杳冥恍惚之中。此精姓金，喚九三郎[13]，諱元晶，號曰金華商夫君。居玉池[14]之西，出入跨虎，乳名嬰兒，晚則喚為金公。凡到鄰家[15]，便稱主人，其情嗜交梨[16]。此乃先天地之精，卻為人之至寶。

其氣乃虛無中來。此氣姓白，喚太乙郎，名元氣，號曰宇宙主宰、素練郎君[17]。寄居西川[18]，出入騎白虎，乳名喚真種子，晚則呼白頭老子。到鄰家，便稱父母，好食烏龜[19]而多情。此為先天地之真氣，即是人之至寶。故上陽子曰：既自虛無中來，卻非天之所降，地之所出，又非我身所有，亦非精，亦非血，非草木，非金石，是皆非也。誰得而知之乎？

然以先天地之神而言其神，號無位真人，佛云紇利陀耶佛。若認得此神，卻有妙用。此神專主殺人、專主生人。修仙作佛者，必要此神主之，方得。而《內經》故曰：人身中殆有兩精者，一魂一魄是也。夫隨精往來者，神即是也。白祖云：唯人頭有九宮，中一宮名曰谷神，神常居其谷。日則接於物，夜則接於夢，神不能安其居也。南柯未斷，黃粱未熟，一生之榮辱富貴，百歲之憂悲悅樂，備嘗於一夢之間。使之遊而不返，去而不還，則幽冥之途隔，死生之路絕矣。

由是觀之，人不能自生，而神生之，人不能自死，而神死之。若神長居其谷，人烏得而死乎？紫陽曰：『煉神須煉不神神』，蓋謂此耳。天穎子曰：雖久學定，身心無五時七候⑳者，促齡，穢質，色謝，歸空。自云慧覺，復稱道成，實所失然，可謂謬矣。若言坐禪一事，予所厭聞，故上品聖仙之貴，當於人類中修之，如或未然，乞勿開口，未嘗醒悟。」

【注釋】❶坐禪　以打坐來修習禪定的方法，略稱「打坐」。禪，意譯靜慮，即止息妄念以便明心見性的功法。本來，行、住、坐、臥皆可修禪，但在四者之中，以坐姿最為適宜，故多云坐禪。❷嚥津納氣　指靜坐時將舌舐上腭久則唾津生滿口，配合運氣吞嚥。道教修煉術認為模仿胎兒口津內嚥，即能改善體質，健康長壽。「嚥津」又稱「胎食」；納氣即吐故納新之法。

❸化生　佛教把眾生按出生方式分為四類，即胎生、卵生、濕生、化生。胎生，指從母胎出生，如人、畜；卵生，由卵而生，如鳥；濕生，由濕氣中生，如飛蛾等；化生，由過去的業力忽然而生，如地獄的眾生。總之，這裏「化生」泛指得道成仙。

❹守屍鬼　也稱「守屍鬼子」。有時指單純在呼吸上下功夫，如伍守陽《丹道九篇》：「徒播弄呼吸出入者，謂之守屍鬼子。」有時指在內丹修煉中，到了相當階段，不能繼續提高而著於相者，所以下句說這是「磨磚作鏡的工夫」，「其言相是而不相非」（著於相而不知此相實非相）。本書貞集〈移神內院端拱冥心〉也說：「丹道已成之後，若不知上達之無為，而著於相焉，則謂之守屍鬼。」此處兩方面的意思都包含。❺磨磚作鏡　這是《景德傳燈錄》中的一個著名的「磨磚不能作鏡」的故事：開

元年中，道一禪師在衡嶽山常日坐禪，懷讓大師深知他是法器，便前往誘導，問道：「大德坐禪，圖個什麼？」道一回答：「圖作佛。」懷讓於是取來一塊磚，在道一的庵前磨了起來。道一問：「磨磚做什麼？」懷讓答說：「磨作鏡。」道一笑著說：「磨磚豈能作鏡？」懷讓也反問他：「磨磚既然不能作鏡子，那坐禪又豈得成佛？」道一心中猛然一醒，即向懷讓請教法益。懷讓於是告訴道一：「你是在學坐禪還是學坐佛？如果是學坐禪，禪不在於坐或臥；如果是學坐佛，佛並沒有一定的形象。對於沒有實體的東西，我們不應有所取捨，你若坐佛，簡直就是扼殺了佛。如果拘泥於坐的形態，就無法達到悟的境界。」道一聽了這番話，如醍醐灌頂，連連向懷讓大師禮拜。這個「磨磚作鏡」的故事告訴我們，世上做許多事，原來並非拘泥於表面所見，就像道一和尚以為坐禪可以成佛一樣。❻粵　助詞，用於句首或句中。❼厥後纘其緒者　即其後繼承這一功業的人。厥，其。纘，繼承；繼續。緒，事業；功業。❽海瓊紫瓊黃房緣督上陽　海瓊即白玉蟾，南宋道士，號海瓊子；紫瓊即張模，元朝道士，號紫瓊真人，以金丹大道傳授給緣督子趙友欽；黃房即宋德方，金元時期道士，號黃房公；緣督即趙友欽，號緣督子，師事張紫瓊，以金丹妙道傳授上陽子陳致虛；上陽子即陳致虛，元代著名內丹家，號上陽子，遇趙友欽（字緣督）於湖南衡陽，受其所傳金丹之道。這些人都是宋元時期著名的內丹家，之間有複雜的師承關係。❾兀坐　靜坐。兀，靜止。❿小乘之法　原為佛家語，與「大乘」相對，原係大乘佛教徒對原始佛教與部派佛教之貶稱，其後學術界沿用之，並無褒貶意。其教義主要以自求解脫為目標。與屬於菩薩的法門、以救世利他為宗旨、最高的果位是佛果的「大乘」相比，當屬「最下」。道教內丹沿用這些名稱，講內丹法分為小乘、中乘、大乘「三乘丹法」，用以指內丹修煉的三個階段或三種功法，丹家往往以之與「煉形化氣」、「煉氣化神」、「煉神合道」相對應。⓫法財　原為佛家語，與「世財」相對，即指佛法、教說等。佛法能滋潤眾生，為眾生長養慧命的資糧，猶如世間的財寶，故喻稱為法財。道教內丹認為，修煉需要一定的物質保證，財（錢物）是修煉的前提條件，所以道教也提倡修道者可以以法換財，有財者可以施捨錢財，行善積德，共同修煉，所謂「要貪天上寶，須用世間財」。這裏「法財」就指為求法而施捨的財力、物力。⓬跽　長跪。⓭九三郎　在《周易》中，陽爻用「九」表示，陰爻用「六」表示；爻位是卦象從下到上的位置，分別用「一、二、……六」表示；「九三」表示第三爻位為陽爻，第三位在卦象中居陽位。此處「九三郎」、「元晶」、「金華商夫君」、「金公」等都是元精的異名。元精還有如真鉛、真虎、太陰、月之精、黃芽、真一之精、玄天神水等多種異名。⓮玉池　一般指口，儲存津液的地方，也稱「華池」。本書亨集第一節口訣中「玉液煉形法則」中有「玉液是津，玉池是口」的說法；《黃庭內景・口為章》中也有「口為玉池太和宮」的說法，務成子注「口中津液為玉池，一名醴泉，也名玉漿，貯水為池。」但《悟真篇》中則說「玉池先下水中銀」，清淨丹法以「玉池」指小腹，陰陽丹法指玄牝之門。這裏應該是後者。⑮鄰家　相對於先天元精、元氣、元神（即這裏所說的「主人」、「父母」）而言，後天交感之精、呼吸之氣、思慮之神則是「鄰家」、「兒」。⑯其情嗜交梨　交梨，此處即元神。一般常有「交梨火棗」之說。梨，外蒼內白，春華秋熟，有金木交互相合之義，故稱「交梨」；棗，味甘色赤，為陽，有陽土生物之義，故稱「火棗」。《金丹大要》中以交梨為汞、為情的異名，火棗為鉛、為性的異名。這裏指金木交合、情性相合、元精元神相交。⑰素練郎君　這裏指元氣。《悟真篇》薛道光注：「郎君者，虎之弦氣也。陰中之陽，故曰郎君，又名金郎，生於白虎，故披素練也。」白、太乙郎、宇宙主宰、素練郎君、白虎、真種子、白頭老子等都是元氣的異名。⑱西川　西方屬金，川屬水，西川指金水之精。《悟真篇》卷中：「若問真鉛何處是，蟾光終日照西川。」蟾光，即月光，月亮屬陰，是金水之精，即真鉛。董德寧《悟真篇正義》：「蟾光者，月彩也，乃金精之華。西者，金之方。川者，水流之地。謂金華日月照臨於金土之鄉，夫然後真氣自生。」⑲好食烏龜　烏龜又稱「龜」、「蒼龜」、「黑龜」。此處比喻元精。這裏指元氣元精相合，即龍虎交媾。⑳五時七候　內丹內煉中各個階段的內外表現及其反映。各家說法不一。如《雲笈七籤・太清存神煉氣五時七候訣》中有詳細分法：「五時：第一時，心動多靜少，思緣萬境，取捨無常，念慮度量，猶如野馬，常人心也。第二時，心靜少動多，攝動入心，而心散逸，難可制伏，攝之動策，進道之始。第三時，心動靜相半，心靜似攝，未能常靜，靜散相半，用心勤策，漸見調熟。第四時，心靜多動少，攝心漸熟，動即攝之，專注一境，失而遽得。第五時，心一向純靜，有事觸亦不動，由攝心熟，堅固準定矣。從此已後，處顯而入七候，任運自得，非關作矣。七候第一候，宿疾並銷，身輕心暢，停心在內，神靜氣安，四大適然，六情沉寂，心安玄境，抱一守中，喜悅日新，名為得道。第二候，超過常限，色返童顏，形悅心安，通靈徹視。移居別郡，揀地而安，鄰里之人，勿令舊識。第三候，延年千載，名曰仙人。遊諸名山，飛行自在，青童侍衛，玉女歌揚，騰躡煙霞，采雲捧足。第四候，煉身成氣，氣繞身光，名曰真人。存亡自在，光明自照，晝夜常明，遊諸洞宮，諸仙侍立。第五候，煉氣為神，名曰神人。變通自在，作用無窮，力動乾坤，移山竭海。第六候，煉神合色，名曰至人。神既通靈，色形不定，對機施化，應物現形。第七候，高超物外，迴出常倫，大道玉皇，共居靈境，賢聖集會，弘演至真，造化通靈，物無不達。修行至此，方到道源，萬行休停，名曰究竟。」

【語　譯】客人問：「坐禪是怎麼一回事？」

我回答說：「吞嚥津液吐故納新都是凡人的作為，有藥才能得道成仙。鼎內如果沒有先天真種子，就像用烈火燒空鍋。佛家說：這是守屍鬼子，是用磚頭磨鏡子的功夫，其著於相而不知此相實非相。自晉代的魏伯陽、宋代的張伯端倡導的這門功法成為千古之絕唱，此後繼承這個功業的人，有白玉蟾、張紫瓊、黃房公、趙緣督、陳致虛等。諸位真人相繼接續，於是金丹之道猶如草苗一般，一脈相承，至今不斷，代代都不乏真人出，來繼承儒、釋、道三教本自一源這個道統。至於說守靜端坐，則是最低層次的小乘功夫，是旁門外道迷惑的人的邪途罷了。」

客人又問；「那麼到底是怎麼回事？」

我說：「您如果捨得為求法而大施錢財，啟稟天而盟發大誓願，我當即就為你說法。」

客人長跪請求說：「弟子歷盡劫難始終難以遇到真師，今生有幸遇到您，願大師大發慈悲予以指教，恩德沒有比這更大的了。」

我說：「你過來，我告訴你。你今天信誓旦旦，我就隨便說說，你可不要聽了不當回事。我告訴你的是實情，但你也不必胡亂的信以為真。我要告訴你的是這些話：

精、氣、神三寶，是撐持整個宇宙，總括陰陽的。天地得到它就含蓋整個宇宙。人心得到它就可以修仙成佛。只是這三寶有內藥外藥的區別，知道這一點的人可以內外兼修，不明白的人則孤修一物。孤修一物的，是頑冥不化的人。內外兼修的，能夠證得仙佛之果。說到修煉中各種煩亂的統系，往往說到這種程度，很多人聽了沒有不望洋興嘆而退避三舍的。如果你現在確實沒有疑慮，那我就告訴你。

凡是說內外兼修的，這個『精』是在杳冥恍惚之中。精在五行中屬金，俗稱九三郎，名叫元晶，號金華商夫君。它居於玉池靠西，出入騎坐老虎，乳名叫嬰兒，老了稱作金公。相對於鄰家而言，就稱作主人，其情易於跟交梨（指元神）相合。這是先於天地的精，但也是人體中的至寶。

這個『氣』是從虛無中來的，姓白，俗稱太乙郎，名叫元氣，號宇宙主宰、素練郎君。寄居在西川，出入騎白虎，乳名叫作真種子，老了稱作白頭老子。到了鄰家，就稱作父母，此元氣易於跟元精交媾而多情。這是先於天地的真氣，也是人體中的至寶。所以陳致虛說：雖然從虛無中來，但並非是從天而降，從地而出，也不是我們自身所有的，也不是精，也不是血，不是草木，不是金石，都不是這些東西，誰能夠知道它是什麼？

然而以先於天地的『神』來說的神，號無位真人，佛家稱作紇利陀耶佛。如果識得這個神，卻有奇妙作用。這個神專門掌管著人死，掌管著人生。修仙成佛的人，必須受這個神的主宰才能修成。所以《內經》說：人身中存在著兩種精，一為魂一為魄。而隨著精往來運動的，即是神。白玉蟾也說：人頭上有九宮，中間的一個宮名字叫作谷神，神就常常居於這個谷中。神在白天同外物接觸，夜間則糾纏在夢中，這樣神就被擾亂而不能安然居於其中了。就像黃粱一夢，南柯一夢那樣，夢還沒醒，一生的榮辱富貴，百年的悲喜憂樂，都在一個夢中經歷了。假使在夢中神夢遊而不知歸，一去不復返，那麼神就走上幽冥之死途無法返回，生死之間的路就隔斷了。

由此看來，人平時並不能自己主宰自己的生命，是由神主宰的。同樣人平時也不能主宰自己的死亡，也是由神主宰的。假如神不受干擾長居谷神中，人怎麼能死呢？張紫陽真人說：『煉神須煉不神之神。』說的就是這種情況。天穎子說：雖然長期學習禪定功夫，但身心如果沒有經過五時七候的功夫錘鍊，就會使壽命短促，體質衰竭，容顏衰老，歸於徒勞。自認為獲得慧覺，還自稱修道成功，實在是大錯特錯，甚至可以說是荒謬至極。說到坐禪這件事，那是我向來不願意聽的。所以要想達到上品聖仙的那種尊貴地位，就應當在人類中修行，如果有做不到的，就請不要張嘴亂說，因為自己還遠遠沒有醒悟。」

【說　明】所謂「蟄藏氣穴法」，也叫「氣穴蟄神法」、「凝神入氣穴法」，即凝神入氣穴。所指氣穴者，內竅即丹田。蟄神於中，藏氣於內，還要結合回光內照。如久視於上丹田，則神長生；久視於中丹田，則氣長生；久視於下丹田，則形長生，這時要求安神祖竅。它又指將吸聚的天地間之氣，復返於真人呼吸處即臍部，可使神凝氣聚。這是在本書第二節口訣〈安神祖竅翕聚先天〉的功法的基礎上更進一分功夫。作者將此一功法總結為「歸伏法」。「故神仙以歸伏法度人，必先教之返本。返本者何？以其散之於耳目口鼻、四肢百骸者，而復返之於肉團之心，謂之涵養本原。」此即佛教的斷五識。「又將以肉團心之所涵養者，而復返之於天地之間，謂之安神祖竅。」此是斷其第六識即意識，是由實到虛的次序。「又將以天地間之所翕聚者，而復返之於真人呼吸處，謂之蟄藏氣穴。」

神歸氣穴，則要求「吐唯細細，納唯綿綿」，神氣結合，這即是胎息。所謂胎息，也稱「臍呼吸」、「丹田呼吸」，道教內丹指修煉進入高深境界，口鼻呼吸逐漸微弱到沒有呼吸的感覺，只在丹田內有一息在腹中旋轉，不出不入，無增無減，內丹以為此時丹田內已結成胎。這類似於胎兒在母體內的臍帶呼吸，故名「胎息」。「真息」、「踵息」、「無息」也是指丹田內一氣不出不入的境界，也即胎息。歷代諸真對此均有披露，學者須仔細玩味。

修習胎息之法，離不開行、住、坐、臥四法。本節作者以圖文並茂的形式對此四法做了詳細的解說。在本集中也有相關內容，如：「行、住、坐、臥，各各有方。行則措足於坦途，住則凝神於太虛，坐則調丹田之息，臥則抱臍下之珠。故曰行、住、坐、臥，不離這箇。」從本書中的記載看，行、立、坐、臥四禪法大致是這樣的：

行禪法——行亦能禪坐亦禪，聖可如斯凡不然。論人步履之間，不可趨奔太急，急則動息傷胎。必須安詳緩慢而行，乃得氣和心定。或往或來，時行時止，眼視於下，心藏於淵。即王重陽所謂「兩腳任從行處去，一靈常與氣相隨。有時四大醺醺醉，借問青天我是誰？」

立禪法——或住或立，冥目冥心，檢情攝念，息業養神。已往事，勿追思；未來事，勿迎想；現在事，勿留念。欲得保身道訣，莫若閒靜介潔；要求出世禪功，無如照收凝融。昔廣成子告黃帝曰：「目無所見，耳無所聞，心無所知，神將守形，形乃長生。」

坐禪法——坐不必趺跏，當如常坐。夫坐雖與常人同，而能持孔門心法，則與常人異矣。所謂孔門心法者，只要存心在真居處是也。若坐時不持孔門心法，便是坐馳，便是放心。《壇經》曰：「心念不起名為坐，自性不動名為禪。」坐禪妙義，端不外此。

臥禪法——東首而寢，側身而臥，如龍之蟠，如犬之曲，一手曲肱枕頭，一手直摩臍腹，一隻腳伸，一隻腳縮，未睡心，先睡目，致虛極，守靜篤，神氣自然歸根，呼吸自然含育，不調息而息自調，不伏氣而氣自伏。莊子所謂「古之真人，其覺也無憂，其寢也無夢」是也。

所謂坐禪，既不能心意放任自流、散亂；也不能守空，陷入死寂、昏沉。「若言守靜兀坐，乃最下小乘之法，外道惑人之邪徑耳。」「此是守屍鬼，磨磚作鏡的工夫」，佛家叫著相。這是內丹修煉所排斥的。而內丹修煉離不開精氣神三寶，也即藥，藥有內藥、外藥之別，有先天、後天之分，內丹主張內外兼修，反對獨修一物。藥物固，則可長生。

採藥歸壺圖
天人合發之機
子母分胎之路
九靈鐵鼓
太玄關
尾閭穴
欲達未達意方開似悟未悟機正密
存存匪懈養靈根一匊圓明自家覓
真鉛出木少人知半是無為半有為
乍見西方一點月純陽疾走報鍾離
有象之後陽分陰也
聞於不聞好溫存見於不見休驚怕
只在勿忘勿助間優而游之使自化
一笏動處眾陽來玄竅開時竅竅開
收拾蟾光歸月窟從茲有路到蓬萊
任督接交之處
陰陽變化之鄉
三足金蟾
藏金斗
生死穴
無象之前陰合陽也
朝天嶺
氣海門
曹溪路
三岔口
平易穴
咸池
陰端
禁門
會陽
長強
魄門
復子
坤女
地軸
陰蹻
桃康
人門
鬼路
會陰
谷道
龍虎穴
三岔骨
虛危穴
河車路
上天梯

第四節口訣

天人合發採藥歸壺 內附閉任開督、聚火載金二訣

【題解】本口訣是九節口訣中的第四節，介紹了「天人合發採藥歸壺」的功法。詳細介紹了採藥的重要性、時機、技巧等。在此基礎上附以「聚火載金法訣」，專門討論了「閉任開督」、「聚火載金」的法訣，並以「吸、舐、撮、閉」四字法訣作為採藥歸壺功夫的總結。

聞之師曰，人受天地中氣❶以生，原有真種，可以生生無窮，可以不生不滅，但人不能保守，日日消耗，卒至於亡。間知保守，又不知煅煉火法❷，終不堅固，易為造化所奪。苟能保守無虧，又能以火煅煉，至於凝結成丹，如金如玉，可以長生，可以不化。

蓋欲煉此丹，雖以藥物為主，欲採藥物，當在根本用功。何謂根本？吾身中太極是也。

天地以混混沌沌為太極，吾身以窈窈冥冥為太極。天地以此陰陽交媾而生萬物，吾身以此陰陽交媾而生大藥❸。大藥之生於身，與天地生物不異。總只是陰

陽二氣，一施一化而玄黃❹相交，一稟一受而上下相接，混而為一。故曰混沌❺。混沌，乃天地之郛郭❻。窈冥，亦是大藥之胞胎也。

《南華經》云：「至道之精，窈窈冥冥。」❼

《道德經》云：「窈兮冥兮，其中有精，其精甚真。」❽

惟此真精，乃吾身中之真種子是也。以其入於混沌，故名太極。以其為一身造化之始，故名先天。以其陰陽未分，故名一氣，又名黃芽，又名玄珠，又名真鉛，又名陽精❾。此精若凝結於天地之間，或為金，或為石，歷千百年而不朽。人能反身而求之於自己陽精，凝結成寶，則與天地相為無窮，金石奚足比哉？

然此陽精不容易得。蓋人之一身徹上徹下，凡屬有形者，無非陰邪滓濁之物。

故雲房真人曰：「四大一身❿皆屬陰，不知何物是陽精。」

緣督子曰：「一點陽精，秘在形山，不在心腎，而在乎玄關一竅⓫。」

趙中一曰：「一身內外盡皆陰，莫把陽精裏面尋。」

丘長春曰：「陽精雖是房中得之，而非御女之術⓬。內非父母所生之軀，外非山林所產之寶。但著在形體上摸索皆不是，亦不可離形體而向外尋求。」若此等語，何異水中撈月、鏡裏攀花！真正智過顏閔⓭，實難強猜。是以祖師罕言之，而世人罕知之。不獨今之為然，古人亦有難知之語。

如玉鼎真人云：「五行四象坎和離[14]，詩訣分明說與伊。藥生下手工夫處，幾人會得幾人知？」

紫陽真人云：「此箇事，世間稀，豈是等閒人得知？」

杏林真人云：「神氣歸根處，身心復命時。這些真孔竅，料得少人知。」

伯陽真人云：「一者以掩蔽，世人莫知之。」[15]一者何物也？就是那未發之中[16]，不二之一，即前所謂先天一氣是也。

《翠虛篇》云：「大藥須憑神氣精，採來一處結交成。丹頭只是先天氣，煉作黃芽發玉英[17]。」

《復命篇》云：「採二儀未判之氣，奪龍虎始媾之精。閃入黃房，煅成至寶。」

《崇正篇》云：「寒源萬丈睡驪龍，頷下藏珠炯炯紅[18]。謹密不驚方採得，更依時日法神功。」蓋採者，以不採而採之。取者，以不取而取之。在於靜定中，有非動作可為[19]也。昔黃帝遺其玄珠[20]，使知索，使離朱索，使喫詬索，索之皆不得。乃使罔象，罔象得之。罔象者，忘形之謂也。必忘形罔象，然後先天一氣可得。

《擊壤集・先天吟》云：「一片先天號太虛，當其無事見真腴㉑。」又云：「若問先天一字無，後天方要著工夫。」何謂先天？寂然不動，窈窈冥冥，太極未判之時是也。何謂後天？感而遂通，恍恍惚惚，太極已判之時是也。

《混元寶章》云：「寂然不動感而通㉒，窺見陰陽造化功。」信乎寂然不動，則心與天通，而造化可奪也。

《翠虛篇》云：「莫向腎中求造化，卻須心裏覓先天。」當其喜怒未發之時，覩聞不及之地，河海靜默，山嶽藏煙，日月停景，璇璣不行，八脈㉓歸源，呼吸俱泯。既深入於窈冥之中，竟不知天之為蓋，地之為輿。亦不知世之有人，己之有軀。少焉，三宮㉔氣滿，機動籟鳴，則一劍鑿開混沌，兩手擘裂鴻濛，是謂無中生有㉕。

甯玄子詩云：「不在塵勞㉖不在山，直須求到窈冥端。」何謂窈冥端？虛極靜篤㉗之時也。心中無物為虛，念頭不起為靜。致虛而至於極，守靜而至於篤，陰陽自然交媾。陰陽一交，而陽精產矣。

故陳圖南曰：「留得陽精，神仙現成。」蓋陽精日日發生，但世人不知翕聚，以致散而為周身之氣。至人以法追攝，聚而結一黍之珠㉘。釋氏呼為菩提，仙家名曰真種。修性者若不識這箇菩提子，即《圓覺經》所謂種性外道㉙是也。修命者若不識這箇真種子，即《玉華經》所謂枯坐傍門是也。

【注釋】❶中氣　語出《老子·四十二章》：「中氣以為和」，指陰陽二氣相合產生的「和氣」。「中氣」原文中為「沖氣」，此處的「沖」字，學界一般認為應該為「中」，如《老子章句新釋》河上公注：「沖，中也。」❷煅煉火法　即內煉時火候的運用。❸大藥　內丹煉丹的藥物有內藥外藥之別。按照內煉理論，煉精化氣為外藥，化氣完成為內藥，由煉精化氣到煉氣化神中間有過渡階段，此時內藥外藥會合凝結，先由外運周天積成外藥，再用神運下丹田促生內藥，在下丹田會合凝結，成為大藥。詳見元集〈內外二藥說〉。❹玄黃　語出《易·坤》：「夫玄黃者，天地之雜也。天玄而地黃。」這是〈文言〉對坤卦(☷)上六爻「其血玄黃」的解釋。這裏「玄黃」指天地。❺混沌　與「窈冥」均指天地未分前的混混沌沌的狀態。詳見前注。❻郛郭　城牆外圍的屏障。郛，外城。❼至道之精二句　語出《莊子·在宥》：「至道之精，窈窈冥冥；至道之極，昏昏默默。」窈窈冥冥，深遠昏暗的樣子。昏昏默默，晦暗沉寂的樣子。❽窈兮冥兮三句　語出《老子·二十一章》：「道之為物，惟恍惟惚。恍兮惚兮，其中有物。窈兮冥兮，其中有精；其精甚真，其中有信。」意思是道這個東西恍恍惚惚沒有固定的形體，但在惚恍之中卻有真精存在。❾故名一氣五句　即真種子。此處「真種子」、「太極」、「先天」、「一氣」、「黃芽」、「玄珠」、「真鉛」、「陽精」等都是先天精氣的異名。詳見前注。❿四大一身　佛教以地、水、風、火為四大，認為一切事物皆由四大假合而成，人身中也有四大。道教吸取佛教之說。所以作者在前文中有「世人不明此身虛幻，是四大假合之物耳。」之嘆。⓫不在心腎二句　玄關一竅，也叫「靈關一竅」、「祖竅」、「真一竅」等多種異名。為性命之根，先天祖氣存養之處。丹家因師傳不同，對此竅的理解也不一致，大體可確定此竅的特徵為：這一竅，不在身中，不在身外；亦在身內，亦在身外；無形跡可尋，無方所可指。此竅無體有用，在身心靜定之時，方能見得此玄關。所以說「秘在形山，不在心腎」。形山指身體。⓬御女之術　即房中術，指古代有關性的養生術。房中術在道教典籍中隱名為「玄素之方」、「容成之術」、「彭祖之道」等，或稱「陰道」、「男女合氣之術」、「採戰」、「交媾」、「御婦人之術」、「御女之術」等多種異名。最初的房中術原是一種通神療病的巫術，後被道教吸收，看作是返老還童的仙術，為養生的主要手段。房中術在道教內丹中得到根本的改造，發展成為男女雙修的陰陽栽接丹法，即以先天一氣為核心，追求得道成仙。⓭顏閔　即顏回和閔子騫。均為孔子弟子中德行居上者。⓮五

行四象坎和離　五行指木、火、土、金、水；四象指《周易》中的四象，但歷來解釋不一，比較通行的說法，一般要麼指春、夏、秋、冬四時，要麼指太陰、太陽、少陰、少陽。坎和離，丹家借用《周易》卦象，認為通過修煉內丹，可使坎離相交，乾坤復位，返回先天狀態。這裏是說五行相生、四象和合、坎離交媾等都是內丹修煉的要旨。⑮一者以掩蔽二句　語出《周易參同契・煉己立基章第六》。這裏指內煉功夫只在一個「一」字上。⑯未發之中　語出《中庸》：「喜怒哀樂之未發謂之中」，「中」指無過無不及的狀態。⑰煉作黃芽發玉英　黃芽，這裏指金丹。玉英，又稱「玉液」、「醴泉」、「玉漿」、「靈液」、「神水」、「津金」、「玉泉」、「金醴」、「玉津」、「玉池清水」、「金漿玉醴」等，一般指在修煉過程中產生的口津。這裏「黃芽」、「玉英」均為「先天一氣」、「金丹」的代稱。⑱寒源萬丈睡驪龍二句　取自《莊子・列禦寇》中的一個故事：「莊子曰：『河上有家貧恃緯蕭而食者，其子沒於淵，得千金之珠。』其父謂其子曰：『取石來鍛之！夫千金之珠，必在九重之淵而驪龍頷下。子能得珠者，必遭其睡也。』」這裏指先天一氣藏於玄關一竅中。⑲非動作可為　所謂「採取」，應以不採之採，以不取之取，不可以有心求，不可以無心得，即不能執著於形體動作，也不能放任自流，應順其自然，適可而止。⑳昔黃帝遺其玄珠　即「黃帝遺珠」的故事，道教典故之一。出自《莊子・天地》：「黃帝遊乎赤水之北，登乎崑崙之丘，而南望還歸，遺其玄珠。使知索之而不得，使離朱索之而不得，使喫詬索之而不得，使象罔索，象罔得之。黃帝曰：『異哉！象罔乃可以得之乎？』」玄為黑，在五行為水，故玄珠又指水中金氣，這裏比喻大藥，即由無形之神氣凝結而成的玄而有象的玄丹。知，同「智」。智慧之意。「離朱」原指古天神中眼睛明亮的神。離為火，朱指橙色，離朱在這裏比喻心火、識神。「喫詬」是古天神中的善辯者。象罔，字面直解就是「形象迷惘」，傳說中以遇事恍惚、漫不經心而聞名的天神。根據古史資料，又作「罔象」。「象」指的是「行跡」，而「罔」的意思與「忘」相通，所以「罔象」就是忘記行跡。這個典故隱喻的是：若要煉成金丹，憑藉機巧才智、敏銳、善辯等都無濟於事，必須順其自然、人我兩忘，方可得到。㉑真腴　真諦、真面目之意。腴，原意為豐滿、肥沃，這裏比喻精華之物。㉒寂然不動感而通　語出《易經・繫辭上》：「易，無思也，無為也，寂然不動，感而遂通天下之故。非天下之至神，其孰能與於此。」這裏意思是心寂然不動，則可以與天相通，就可以奪天地之造化。㉓八脉　中醫指人身二十經脈以外的任、督、沖、帶、陽維、陰維、陽蹺、陰蹺。這裏泛指人身中的所有血脈。㉔三宮　具體所指各家不同。這裏指上元宮、中元宮、下元宮。李道純《中和集》：「……三元所居之宮也。神居乾宮，氣居中宮，精居坤宮。」就是指人身的上中下三宮。㉕無中生有　語出《老子・四十章》：「天下萬物生於有，有生於無。」「無」即前文所說的「寂然不動，窈窈冥冥，太極未判之時」的先天狀態；「有」即「感而遂通，恍恍惚惚，太極已判之時」的狀態。㉖塵勞　佛家語，「煩惱」

的異名。因煩惱能染污心，猶如凡夫為世塵所垢染而身心勞亂。㉗虛極靜篤　語出《老子．十六章》：「致虛極，守靜篤。……夫物芸芸，各復歸其根。歸根曰靜，是謂復命。」「虛」、「靜」都指一種虛無的心境，即內心徹底排除了各種欲望雜念，澄明如止水明鏡。「心中無物為虛，念頭不起為靜。」「致虛」和「守靜」的功夫都達到極篤的地步，陽精就產生了。㉘一黍之珠　即前面所說的「玄珠」，也就是由先天一氣凝成的金丹。「菩提子」、「真種子」均為此意。㉙種性外道　種性，是印度自吠陀時代，以出生的身分、階級，職業等的不同，而定其種性。這裏種性外道與下句中「枯坐傍門」都指相對於正道的旁門邪道。《圓覺經》：「若遇如來無上菩提正修行路，根無大小皆成佛果。若諸眾生雖求善友遇邪見者未得正悟，是則名為外道種性邪師過謬非眾生咎。」枯坐為呆坐、死坐。

【語　譯】曾經聽師傳這樣說，人稟受了天地間的中和之氣而生，原本是有真種子的，可以生生無窮，可以不生不滅，但人不知道保守它，一天一天消耗掉，最後終於耗竭了。偶然有知道保守它的，又因不懂得鍛鍊時的火候之法，終歸還是不夠牢固，容易在變遷無常中命被奪去。如果能夠保全它無所虧損，又能用適當的火候鍛鍊，一直到凝聚成丹胎，如金如玉，就可以長生，可以不死。

想要煉成這種金丹，雖然是以藥物為主，但要採取藥物，就應當在根本上下功夫。根本是什麼呢？就是人身中的太極。

天地以混混沌沌的原始先天狀態為太極。人身中則以窈窈冥冥的狀態為太極。天地通過其中的陰陽二氣相互交合而產生了萬物，人身通過其中的陰陽二氣的結合而生成大藥。大藥生成於人身中，同天地產生萬物沒有什麼不同。總之都是陰陽二氣的作用，陽施陰化則天地相交，陽授陰接則上下交接，混而為一。所以叫混沌。混沌，是天地生成萬物的地方。窈冥，就是產大藥的胚胎。

《南華經》說：「大道中含藏著真精，幽深而渺遠。」

《道德經》說：「大道深遠而幽暗，其中含藏著真精，這種真精是確實存在的。」

這種真精，就是我們人體中的真種子。因為它入於混沌狀態，所以稱為太極。因為它是我們一身創造化育的始源，所以叫先天。因為它陰陽沒有判分，所以叫一氣，又叫黃芽，又叫玄珠，又叫真鉛，又叫陽精。

這種真精如果在天地之間凝結，有的變為金，有的變為石，經千百年也不會腐朽。人如果能夠返回自身尋求身中的陽精，把它凝結成內丹，就可以同天地一樣壽命無窮，金石之類又哪能比得上呢？

然而這個陽精並不容易得到。因為人體從頭到腳，凡屬有形的身軀，無非是陰性邪氣這類滓濁構成的。所以雲房真人說：「由地、水、火、風這四大假合而成的肉身純屬陰，根本不知道陽精為何物。」

趙緣督說：「一點陽精，隱秘在人身之中，但不是在心腎中，而在玄關一竅中。」

趙中一說：「人的肉體內外都屬純陰，別指望在肉身中尋找陽精。」

丘長春說：「陽精雖然是通過房中術而獲得的，但不是普通的男女交合之術。不是出自父母所生的身軀裏面，也不是從外部山林中產出的寶物。只著落在形體上下功夫終是枉然，但也不能離開形體向外尋求。」像這樣的一類話，簡直同水中撈月、鏡裏折花沒有什麼區別！就算是智慧真正超過了顏回、閔子騫，也實在很難強求猜出其涵義。因此祖師們很少提到它，世人也很少有人知道它。不只是現在如此，古代的人也有難以說清的話。

如玉鼎真人就說：「五行四象坎和離，先輩的詩訣中分明已經告訴了你。產藥要從何處入手下功夫，有多少人能得知呢？」

紫陽真人說：「丹道修煉之事，世間很少有，芸芸眾生怎麼能輕易得知呢？」

杏林真人說：「神、氣返歸本根之處，身心返回到先天狀態之時。這些真正的孔竅，料想世間很少有人知道。」

伯陽真人說：「丹道修煉之事的奧妙都囊括在一個『一』字之中，世人沒有懂得這些的。」這個「一」是什麼呢？就是那「喜怒哀樂之未發」時的「中」，就是還沒有判分為陰陽二氣時的「一」，也就是前面所說的「先天一氣」。

《翠虛篇》中說：「產大藥必須憑藉精、氣、神，把它們採來一起結交而成。丹胎在胚胎初期還只是先天一氣，直到金丹煉成後黃芽才發出玉英花。」

《復命篇》中說：「採取天地還沒有判分時的混沌之氣，奪取元神、元氣開始結合之前的元精。及時採取歸入黃庭中，鍛鍊成至寶。」

《崇正篇》中說：「萬丈寒淵中睡著一條青龍，頷下含藏著一顆玄珠發出炯炯紅光。周密謹慎不要使牠受驚才能採取到，更要嚴格遵守一定的時日效法神人之功。」所謂採，是用不採的方式去採。所謂取，是用不取的方式去取得。即是在虛靜入定的狀態中，不任意妄為自然完成。過去黃帝遺失了他的玄珠，先後派「知」、「離朱」、「喫詬」去尋找，都沒有找到。於是派「罔象」去尋找，罔象最後找到了。罔象，就是忘掉形象的意思。一定要忘形忘象，然後先天一氣才可以得到。

《擊壤集・先天吟》中說：「先天混沌一片狀態叫作太虛，在虛靜不躁動的時候才能現其真面目。」又說：「若問先天的本質是什麼，就是一個『無』字，因此要返回先天後天才須下功夫。」什麼是先天？就是指寂靜不動，窈窈冥冥，太極沒有判分之前的混沌狀態。什麼是後天？就是指一有感應就能相通，恍恍惚惚，太極已經判分時的狀態。

《混元寶章》中說：「從寂靜不動的先天到感而遂通的後天這一過程中，就可以看出陰陽創造化育之功。」正是因為寂靜不動，才可以使心與天感應相通，奪天地之造化，逆反先天。

《翠虛篇》中說：「別向腎水中去追求後天之造化，而應該從心神中尋覓先天。」正當喜怒哀樂未發之時，在那聽不見、看不到的地方，江河寂靜默無聲，山嶽潛藏了煙雲，日月斂藏了光影，北斗星也停止了運轉，八脈都歸入本源，呼和吸都泯滅了。當已經深入到深遠昏暗之中時，竟不知頭頂著天做蓋，腳踩著地當車。也不知道世間還有人，自己還有身軀。不久，則上、中、下三元宮都元氣充盈，造化的機關開動，天籟之聲四起，就像一劍鑿開先天混沌狀態，雙手剝開了先天鴻蒙狀態。這就是老子所說的「無中生有」。

甯玄子的詩中說：「陽精不在雜亂煩惱中，也不在荒山野林裏，必須一直找到窈冥之端。」什麼是窈冥之端？就是「虛極靜篤」之時。心中空無一物就是「虛」，一絲念頭不起就是「靜」。致虛功夫達到極度，守靜功夫達到頂點，陰陽就會自然結合。陰陽一旦交合，陽精就自然產生了。

所以陳圖南說：「留得住陽精在，神仙現成可得。」原來陽精天天都存在，只是世人不知道使其聚集起來，以至於散發成分布在全身的氣了。而得道的高人則通過一定的功法修煉把它追攝回來，聚集凝結成為玄珠。佛家稱它為菩提，道家稱它為真種。修性的人假如不認識這個菩提子，就屬於《圓覺經》所斥的種性外道。修命的人如果不認識這個真種子，就屬於《玉華經》所斥的枯坐旁門。

張紫陽曰：「大道修之有易難，也知由我也由天。」❶人若不知藥生，不知採取，不知烹煉，但見其難，不見其易。誠❷知藥生時候，採取口訣，烹煉工夫，但見其易，不見其難。此兩者，在人遇師與不遇師耳。故曰：「月之圓存乎口訣，時之子妙在心傳。」❸

然時之子，卻有兩說，有箇活子時，有箇正子時❹。

昔聞尹師曰：「欲求大藥為丹本，須認身中活子時。」又偈曰：「因讀〈金丹序〉，方知玄牝竅。因讀《入藥鏡》，又知意所到。大道有陰陽，陰陽隨動靜。靜則入窈冥，動則恍惚應。真土分戊己，戊己不同時。己到但自然，戊到有作為。烹煉坎中鉛，配合離中汞❺。鉛汞結丹砂，身心方入定。」曰動靜，曰窈冥，曰真土，皆是發明活子時之口訣也。

云何謂之動靜？曰，寂然不動，返本復靜，坤之時❻也，吾則靜以待之。靜極而動，陽氣潛萌，復之時也，吾則動以應之。當動而或雜之以靜，當靜而或間之以動，或助長於其先，或忘失於其後，則皆非動靜之常矣。

夫古之至人，其動也天行，其靜也淵默。當動則動，當靜則靜，自有常法。今之學者，不知丹法之動靜有常，或專主乎動，或專主乎靜。其所謂動者，乃行氣之動；其所謂靜者，乃禪定之靜。二者胥[7]失之矣。

《指玄篇》不云乎：「人人氣血本通流，榮衛[8]陰陽百刻周。豈在閉門學行氣，正如頭上又安頭。」曷嘗以行氣為動哉？

《翠虛篇》不云乎：「惟此乾坤[9]真運用，不必兀兀[10]徒無言。無心無念神已昏，安得凝聚成胎仙？」豈以神定為靜哉？

凡人動極而靜，自然入於窈冥。窈冥即是寐時，雖入於無天、無地、無我、無人境界，卻不涉於夢境。若一涉夢境，即有喜、怒、驚、恐、煩、惱、悲、歡、愛、慾種種情況，與晝間無異，且與窈冥時無天、無地、無我、無人景絕不相似。窈窈冥冥，惟晝間動極思靜，有此景象。若夜間睡熟，必生夢境，安得有此？晝間每有窈冥時候，人多以紛華念慮害之。而求其時入窈冥者，蓋亦鮮矣。

崔公《入藥鏡》云：「一日內，十二時，意所到，皆可為。」一日之內，意到不止一次，則採藥亦不止一次。張平叔所謂「一粒復一粒，從微而至著」是也。大抵藥物當以真意求之，故曰：「好把真鉛著意尋。」又曰：「恆向華池[11]著意尋。」

蓋人身真意，是為真土。真土之生有時，不由感觸，自然發生，雖輿中馬上一切喧鬧之地，不能禁止，故曰真土。真土有二，戊己是也。土既有二，則意亦有二必矣。所謂二者，一陽一陰是也。謂之真者，無一毫強偽，若有一毫強與偽，即是用心揆度謀慮[12]，便屬虛假，非真意也。

有此真意，真鉛方生。何謂有此真意，真鉛方生？蓋動極而靜，真意一到，則入窈冥，此意屬陰，是謂己土。

陰陽交媾，正當一陽爻動之時[13]，自覺心花發現，暖氣沖融，陰陽乍交，真精自生。真精即是真鉛，所謂「水鄉鉛，只一味」[14]是也。陰陽交媾，將判未判，恍恍惚惚，乃是靜極而動，此意屬陽，是為戊土。

此時真鉛微露，藥苗新嫩，此乃有物有象之時，與平日幾希一般。撥動關捩[15]，急忙用功採取，則窈冥所生真精方無走失。

【注　釋】❶大道修之有易難二句　語出張伯端《悟真篇》。「由天」指先天的條件和外在的機遇，如遇到明師指導；「由我」指個人的主觀狀況和修煉上的努力，如在沒有明師的指導下自己摸索。❷誠　連詞。如果；果真。❸月之圓存乎口訣二句　語出《張三丰文集・登高臺》。《梅花問答》中說：「此『月之圓』，乃言陽氣之充，陽光之足也。」「所謂時之子者，乃身中活子時也。夜半之子為正子時，不拘時候之子謂之活子時。此活子時他人不知而己獨知者，故曰：『妙在心傳』，乃天心得曉而以心傳之也。」❹有箇活子時二句　子時是內丹修煉中陰極陽生，可以起火煉藥的時機。年、月、日中各有子時。活子時指修煉中身內一陽始生之時，陽生之時不受自然年、月、日等具體的子時限定，可以靈活運用，以見驗為準，所以稱「活子時」；正子時指大藥將生之時，必須在嚴格的子時，所以叫「正子時」。一般小周天功講究用活子時，大周天功講究用正子時。大周天功法中天人已契合為一，人身與天時正相感應。❺烹煉坎中鉛二句　即坎離交媾。詳見前面相關注。❻坤之時　內丹修煉中以乾卦表示純陽之體，坤卦表示純陰之體，復卦表示靜極而動、一陽始生之時（即活子時），所以有「一陽來復」的說法。❼胥　皆；都。❽榮衛　中醫指血氣，血為榮，氣為衛。《素問・熱論》：「三陰三陽，五臟六腑皆受病。榮衛不行，五臟不通，則死矣。」❾乾坤　這裏指動靜。❿兀兀　昏昏沉沉的樣子。⓫華池　在不同的丹經中有不同的所指，有時指口，詳見前注「玉池」條；有時指舌下；有時指腎中氣化生的口津；有時指精穴；有時指心源性海，如《修真十書・丹法參同七鑒》：「心源性海，謂之華池。」此處應該指此意。⓬揆度謀慮　即刻意揣測思慮。揆，揣測；估量。⓭一陽爻動之時　即「一陽生」、「一陽來復」。詳見前注。⓮水鄉鉛二句　語出崔希範《入藥鏡》：「是性命，非神炁，水鄉鉛，只一味。」「水鄉鉛」這是用《周易》坎卦（☵）卦象表示，坎卦的卦形是上下各一個陰爻，中間一個陽爻，陰爻象徵水，陽爻象徵金，所以這裏稱為「水中鉛」。一味，指一個陽爻。⓯關捩　原書為「關棙」，棙疑為捩字之誤，捩為機軸、機關之義。關捩，即關鍵、機關。這裏根據意思改為「關捩」。

【語　譯】張紫陽說：「修煉大道說容易就容易說難就難，是難是易在於人為也在於天意。」人如果不懂得大藥如何產生，也不知如何採取，不知如何烹煉，這樣就只見到難的一面，看不到容易的一面。人果真懂得大藥何時產生，深知採取口訣，精通烹煉工夫，這樣就只看到容易的一面，看不到困難。是難是易，在於是否能遇到真師的指導。所以說：「有關陽氣充足的內煉景象，都隱藏在先師的口訣中，有關時辰中子時的奧妙，只能靠師傳的口授心傳。」

然而有關時辰的子時，卻有兩種說法，一種是活子時，另一種是正子時。

曾經聽尹大師說：「想要尋求大藥來做煉丹的根本，必須認準身中的活子時。」又作偈子說：「因為讀了〈金丹序〉，才知道玄牝竅的奧妙。因為讀了《入藥鏡》，又懂得了真意發生的妙用。大道有陰有陽，陰陽隨著動靜發生變化。入靜的時候就會進入窈冥之境，靜極復動的時候，就進入恍惚狀態。真土有戊土已土之分，戊己不是同時的。已到之時只要順其自然就可以，戊到之時就要有所作為。烹煉坎中的鉛，配合離中的汞。鉛汞凝結成丹胎，這樣身心才能入定。」這裏所說的「動靜」、「窈冥」、「真土」，都是闡發說明「活子時」的口訣。

怎樣講動靜的呢？就是：寂靜不動，返歸到本然的靜態，這個用坤卦（䷁）表示（屬陰），這時要保持靜。靜極生動，陽氣暗暗萌發，這個用復卦（䷗）表示（即一陽來復），這時要用動來呼應。在應當動的時候卻摻雜著靜，在應當靜的時候摻雜了動，或者在靜前動先助長，或者在靜極之後動忘記隨之而生，這些都不符合動靜的常規。

古代得道的高人，動的時候像天體的運行那麼自然，靜的時候像深淵一樣靜默。應該動就動，應該靜就靜，都自有常規。

如今學習丹道的人，不懂得丹法中動靜有常規，有的專以動為主，有的專以靜為主。在他們那裏，所謂動，就是導引行氣之類的動；所謂靜，就是一味的禪定枯坐的靜。這兩種做法都錯了。

《指玄篇》不就這樣說：「人的氣血本來就是通暢流動的，血氣陰陽一刻不停的在周流。哪裏是閉門修習導引行氣一類的動呢？這簡直就是頭上安頭多此一舉。」何曾把行氣視為動的呢？

《翠虛篇》不也這樣說：「只這個乾坤動靜的規律要真正掌握運用，不必昏昏沉沉地一聲不吭。如果心念都陷入死寂則神志早已昏沉了，怎麼還能凝聚成丹胎呢？」這哪裏是禪定一類的靜呢？

但凡人到了動極而靜的時候，就會自然進入窈冥狀態。窈冥就是入靜的時候。雖然進入了無天、無地、無我、無人的境界，卻不會涉足夢境。一旦涉足夢境，就會產生喜、怒、驚、恐、煩、惱、悲、歡、愛、欲等種種情緒，就同紛亂的白晝沒有什麼差別，並且同窈冥之時無天、無地、無我、無人的景象絕不相同。窈窈冥冥，只有在白晝動極生靜之時，才會有這種景象。如果夜間陷入熟睡，必然產生夢境，怎麼可能會有這種景象呢？就算白晝在偶然有窈冥時刻到來，但人往往因為白天思慮雜念紛亂而妨害了它。而能抓住這種時機進入窈冥之境的人，恐怕是很少的。

崔希範在《入藥鏡》中說：「一日之內，十二個時辰中，只要真意能到達，都可以採藥。」而一日之內，真意到達不止一次，採藥功夫也不止一次。正如張平叔所說的「一粒又一粒地積累，就可以積少成多了」。藥物都應該用真意來求得，所以說：「要認真地把真鉛用心去尋求」，又說：「要堅持不懈地到華池用心尋求。」

人身中的真意，就是真土。真土的產生是有自身的時間的，它不是由於有所感觸而生，而是自然而然發生的，就算在車馬喧囂等一切喧鬧場所，都不能禁止它的發生，所以叫「真土」。真土有兩種，就是戊土和己土。土既然有兩種，那麼意也就必然有兩種。所謂意有兩種，就是一陰一陽。稱之為「真」，就是沒有一絲一毫的勉強和人為造作，如果有一絲一毫的勉強和人為造作，就是刻意去猜測謀劃，那就是虛假的，就不是真意了。

有了這樣的真意，真鉛才能產生。「有了這樣的真意，真鉛才能產生」是什麼意思呢？原來動極而靜，真意一到，就進入窈冥的境界，這時真意屬陰，這就是己土。

然後陰陽交媾，正當一陽爻初動的時候，自己感覺到心內如花開般顯現，體內一股暖氣和融流動，陰陽二氣開始交媾，真精就自然產生了。真精就是真鉛，也就是《入藥鏡》所說的「水鄉鉛，只一味」。陰陽二氣交媾，在即將判分又沒判分的時候，恍恍惚惚，於是靜極而動，這時的意屬陽，就是戊土。

這時真鉛微微顯露，藥苗新嫩，這時就進入到有物有象的狀態，這跟黎明時分隱約可見外物的情景類似。這時就要撥動機關，急忙用功採取，這樣在窈冥之境中產生的真精才不會遺漏。

所謂採取工夫，即達摩祖師形解訣，海蟾祖師初乘訣。二訣大略相同，不外乎吸、舐、撮、閉四字。純陽祖師云：「窈窈冥冥生恍惚，恍恍惚惚結成團。」正是此訣。雖則是有為之法，然非真土，一生何以施功？是非採鉛由於真土生也，故曰「真土擒真鉛」。鉛升與汞配合，汞得鉛自不飛走，故曰「真鉛制真汞」。鉛汞既歸真土❶，則身心自爾寂然不動，而金丹大藥結矣。

是以一時之內，自有一陽來復❷之機。是機也，不在冬至，不在朔旦，亦不在子時。非深達天地陰陽、洞曉身中造化者，莫知活子時。如是其秘也。

既曰一日十二時，凡相媾處皆可為，而古仙必用半夜子陽初動之時者，何也？其時太陽正在北方，而人身氣到尾閭關，蓋與天地相應，乃可以盜天地之機，奪陰陽之妙，煉魂魄而為一，合性命而雙修。惟此時，乃坤復之間❸，天地開闢於此時，日月合璧於此時，草木萌蘖於此時，人身之陰陽交會於此時。神仙於此時而採藥，則內真外應，若合符節❹，乃天人合發之機，至妙至妙者也。

陳泥丸云：「每當天地交合時，盜取陰陽造化機。」

《陰符經》曰：「食其時，百骸理；盜其機，萬化安。」何者謂之機？天根❺理極微，今年初盡處，時日起頭時。此際易得意，其間難下詞。人能知此意，何事不能知？此際正是造化真機妙處。

盡真機之妙者，《周易》也。盡《周易》之妙者，復卦也。盡復卦之妙者，初爻也。故曰：「復，其見天地之心乎。」❻蓋此時，天地一陽來復，而吾身之天地亦然。內以採取吾身之陽，外以盜取天地之陽，則天地之陽有不悉歸於我之身中，而為我之藥物乎？然而天地雖大，造化雖妙，亦不能越此發機之外矣，此感彼應，理之自然。

人若知此天人合發之機，遂於中夜靜坐，凝神聚氣，收視返聽，閉塞其兌❼，築固靈株❽，一念不生，萬緣頓息。渾渾淪淪❾，如太極之未分。溟溟涬涬，如兩儀❿之未兆。湛兮獨存，如清淵之印月。寂然不動，如止水之無波。內不覺其一身，外不知其宇宙。逮夫亥之末，子之初⓫，天地之陽氣至則急採之，未至則虛以待之，不敢為之先也。

屈原〈遠遊篇〉⓬云：「道可受兮不可傳，其小無內兮其大無垠⓭。毋滑而魂兮彼將自然⓮，一氣孔神兮於中夜存⓯，虛以待之兮無為之先。」

許旌陽〈三藥歌〉云：「存心絕慮候晶⓰凝。」

《指玄篇》云：「塞兌垂簾默默窺。」

皆是藏器待時⑰之謂也。嗚呼！時辰若至不勞心，內自相交自結凝。入室⑱按時須等著，一輪曦馭自騰升⑲。豈可為之先也哉？

夫金丹大藥，孕於先天，產於後天，其妙在乎太極將判未判之間。靜已極而未至於動，陽將復而未離乎陰。斯時也，冥冥⑳兮如烟嵐之罩山，濛濛兮如霧氣之籠水，霏霏兮如冬雪之漸凝漸聚，沉沉兮如漿水之漸澱㉑漸清。俄頃，癢生毫竅，肢體如綿，心覺恍惚，而陽物勃然舉矣。此時陽氣通，天信㉒至，則瓊鐘一扣㉓，玉洞㉔雙開，時至氣化，藥產神知，地雷震動巽門開，龍向東潭踴躍來㉕。此是玄關透露，而精金出礦㉖之時矣。

邵康節云：「恍惚陰陽初變化，氤氳天地乍回旋。中間些子好光景，安得工夫入語言。」

白玉蟾云：「因看斗柄運周天，頓悟神仙妙訣。一點真陽生坎位，補卻離宮之缺㉗。自古乾坤，這些離坎日日無休歇。今年冬至，梅花依舊凝雪。先聖此日閉關，不通來往㉘，皆為群生設。物物總含生育意，正在子初亥末。造物無聲，水中火起，妙至虛危穴㉙。如今識破，金烏飛入蟾窟㉚。」

所謂虛危穴者，即地戶禁門是也。其穴在於任督二脈中間，上通天谷㉛，下達湧泉。故先聖有言：「天門㉜常開，地戶永閉。」蓋精氣聚散常在此處，水火發端也在此處，陰陽變化也在此處，有無交入也在此處，子母分胎也在此處。《翠虛篇》云：「有一子母分胎路，妙在尾箕斗牛女㉝。此穴干涉最大，係人生死岸頭，故仙家名為生死窟。」《參同契》云：『築固靈株』者，此也。『拘束禁門』㉞者，此也。」《黃庭經》云：『閉塞命門保玉都』㉟者，此也。『閉子精路可長活』者，此也。」

蓋真陽初生之時，形如烈火，狀似炎風，斬關透路而出，必由此穴經過。因閉塞緊密，攻擊不開，只得驅回尾閭，連空焰趕入天衢㊱，望上奔，一撞三關㊲，直透頂門，得與真汞配合，結成丹砂。非拘束禁門之功而誰歟？

【注釋】❶鉛汞既歸真土　鉛汞，即真鉛、真汞。原為外丹煉丹藥物，後為內丹學中應用較廣的隱語代號，在內丹學中，真鉛喻為「虎」，一般代表氣、精。汞喻為「龍」，一般代表神、性。真鉛即元精；真汞即元神。鉛性沉重，內部光亮而外部容易形成一層氧化膜（可起保護作用）而發暗，故借指人身之真情外暗而內明，能禦患伏邪；汞性輕浮，躁而易失，借指人身之靈性虛靈莫測。真土，又稱「真心」、「黃婆」、「真意」，在內煉金丹過程中起鉛和汞的媒合作用。人體內精氣神在真意（真土）的媒介作用下結合，所以有「真土擒真鉛」、「真鉛制真汞」、「鉛汞既歸真土」之說。❷一陽來復　即「活子時」，有年中活子時，有月中活子時，有日中活子時，有時中活子時，「活子時」的得名就是指陽生之時不受自然年、月、日等具體的子時限定，可以靈活運用，以見驗為準，不一定拘泥於子時，所以這裏有「不在冬至，不在朔旦，亦不在子時」之說。❸坤復之間　坤卦（䷁）六爻都是陰爻，復卦（䷗）則初爻為陽爻，其餘五爻都為陰爻，相對於坤卦有一陽初生，所以這裏的「坤復之間」就指坤卦轉變為復卦的過程，象徵陰消陽生之時。❹若合符節　兩相吻合的意思。語出《孟子・離婁下》。符，古代朝廷封官、傳命和調遣兵將的憑證，用銅、玉、竹木等製作，上有文字，分成兩半，各執其一，合而為一方有效。❺天根　即氣穴。據《玄膚論》：「夫氣穴者，乃吾人胎元受氣之初，所稟父母精氣乃成者，即吾人各具之太極也。其名不一，曰氣海，曰關元，曰靈谷，曰下田，曰天根，曰命蒂，曰歸根竅、復命關，即一處也。」即下丹田，為一陽始生之處。❻復二句　語出《易・復卦》。這是解釋復卦的卦義。復，返的意思。高亨解釋為：「有往比有復，往復循環，乃天地之中心規律。日月星辰之運行，雨露霜雪之凝降，晝夜之交替，四時之相次，皆往復循環者也。水土之溫熱涼凍，草木之生長凋枯，鳥獸蟲魚乃至人之生存活動，亦皆隨天地之往復循環而往復循環者也。然則往復循環乃天地之中心規律。故曰：復，其見天地之心乎。」❼閉塞其兌　語出《老子・五十二章》：「塞其兌，閉其門，終身不勤；開其兌，濟其事，終身不救。」意為去除私欲和妄念的障蔽，內視本明的智慧。兌，孔穴，這裏兌和門都指口。道教內丹以此作為煉丹方法，比如靜坐之時，必須觀鼻閉口合齒等。「凝神聚氣」，「收視返聽」，「一念不生」，「萬緣頓息」都是指靜坐時靜心息慮、內視返照的功夫。❽靈株　指元神。❾渾渾淪淪　與「溟溟涬涬」都形容天地未分之前混混沌沌、窈窈冥冥的狀態。❿兩儀　《易經・繫辭上》有：「易有太極，是生兩儀，兩儀生四象，四象生八卦，八卦定吉凶，吉凶生大業。」「兩儀」有時指天地，有時指陰陽，這裏應為後者。⓫亥之末二句　指活子時。⓬遠遊篇　是《楚辭》中的一篇。關於屈原的〈遠遊篇〉，後世丹家爭議較多，不少學者認為是講內煉的。根據這幾句引文前一句「見王子而宿之兮，審一氣之和德。曰……」，可知後幾句是王子喬對屈原說的。因此就有學者認為屈原的〈遠遊篇〉是講內煉丹法，是師承王喬、彭祖之遺教。比如王船山曾說：「此篇之旨，融合玄宗。魏伯陽以下諸人之說，皆本於此，迹其所由來，蓋王喬之遺教乎！」⓭其小無內兮其大無垠　即《中庸》中的「其大無外，其小無內」之意。意思是道之小可以小到沒有裏面，大可以大到沒有邊際。⓮毋滑而魂兮彼將自然　意思是不要擾亂其魂讓它順其自然。滑，亂；擾亂。⓯一氣孔神兮於中夜存　意思是聚氣凝神在半夜存守。一、孔都有一致、統一之意。⓰晶　即元精。第三節口訣「紫中道人答問」中說：「凡言內外兼修者，其精在杳冥恍惚之中。此精姓金，喚九三郎，諱元晶，號曰金華商夫君。」「九三郎」、「元晶」、「金華商夫君」、「金公」等都是元精的異名。⓱藏器待時　即前面所說的「凝神聚氣，收視返聽，閉塞其兌」功夫。器，指視、聽、說等器官。⓲入室　指潛心至道，絕塵修持。《元始無量度人上品妙經注・卷上》：「入室者，蓋欲入靖絕塵，身心專注，可與神靈交通者也。」⑲一輪曦馭自騰升　曦馭，太陽，也稱「曦輪」、「曦軒」。傳說管太陽的神為羲和，以此得名。這裏比喻大藥生成時的景象。⑳冥冥　晦暗不清。與後面的「濛濛」、「霏霏」、「沉沉」都是形容窈窈冥冥的先天混沌狀態。濛濛，煙霧密布的樣子；霏霏，雨雪紛飛的樣子；沉沉，沉重的樣子。㉑碇　古代停船時用來固定船身的石頭墩子。這裏名詞作動詞用，是沉澱的意思。㉒天信　這裏指先天蘊涵的信息。㉓瓊鐘一扣　這裏用輕叩玉鐘比喻活子時的到來。㉔玉洞　即玉爐，指鼻孔。㉕地雷震動巽門開二句　在八卦中，震卦象徵雷，巽卦象徵風，地雷震動巽門開即雷鳴風起的意思，這裏形容產藥之時的景象。第二節口訣的〈法輪自轉工夫〉中有「白虎隱於東方，青龍潛於西位」這句話，所以這裏說「龍向東潭踴躍來」，形容靜極而動，一陽初生，元氣湧入氣穴之中的景象。㉖精金出礦　即去礦留金的功夫，指在煉精化氣過程中，在泥丸宮提煉陽氣、去陰求純的功法。本書第五節口訣〈乾坤交媾去礦留金〉中有詳細介紹：「當其真鉛入鼎之時，須要驅除雜念，奮速精神，目視頂門，用志不分，霎時龍虎交戰，造化爭馳，雷轟電掣，撼動乾坤，百脉悚然，九宮透徹，金晶灌頂，銀浪沖天。紫陽所謂『以黑而變紅，一鼎雲氣濃。』少頃，玉鼎湯溫，金爐火散，黃芽遍地，白雲漫天，夫唱婦隨，龍吟虎嘯，陰戀陽魂，陽抱陰魄，鉛精汞髓，凝結如珠。玉蟾所謂『夫婦老相逢，恩情自留戀。』此際玄珠成象，礦去金存，而一點金液，復落於黃庭舊處矣。」精金出礦比喻大藥生成。㉗一點真陽生坎位二句　即取坎填離術，詳見「大道說」相關注。㉘先聖此日閉關二句　這是出自《易‧復卦》中〈象傳〉對復卦的解釋：「〈象〉曰：雷在地中，復。先王以至日閉關，商旅不行，后不省方。」復卦下為震卦下為坤卦，震為雷，坤為地，所以說復卦的卦象是「雷在地中」。此時，天氣寒冷，到冬至最冷，不宜外出，所以先王在這天閉其城門，不納商旅，君主也不外出巡查。所以說「先王以至日閉關，商旅不行，后不省方。」這裏「冬至」指活子時，是陰極而陽動、一陽初動之時，所以說「梅花依舊凝雪」，即「雪中開花」。一陽初動之時，需要虛靜以待，所以說「先聖此日閉關，不通來往。」㉙虛危穴　即中醫所說的會陰穴。即督脈三關的第一關，任督二脈交會之處，位於前陰之後，肛門之前，是真氣發生之地，又叫「陰蹻穴」、「尾閭穴」、「生死窟」。「地戶」、「禁門」都是它的異名。下文有詳解。㉚金烏飛入蟾窟　丹家以烏為日，為陽，為離卦，為汞，代表元神。蟾宮是月的別名，又稱「坎宮」，為水中金（元性）所居之宮。因水在〈後天八卦圖〉中居坎位，故以坎宮喻之。㉛天谷　尹真人《寥陽殿問答編》中就指上丹田，也就是泥丸穴，又稱為「乾頂」、「內院」，認為仙胎結成後就升駐於此。下句中「湧泉」，經穴名，在腳底正中。㉜天門　這裏指鼻。㉝尾箕斗牛女　尾、箕、斗、牛、女都是二十八星宿中的名稱，這裏用來比喻虛危穴。㉞拘束禁門　語出《周易參同契‧流珠金華章第二十四》：「陽乃往和，情性自然。迫促時陰，拘畜禁門。」即閉塞虛危穴之意。「拘束」原句為「拘畜」，畜，畜養之意。㉟閉塞命門保玉都　意思是守住命門（指虛危穴）就可以使身體像「玉都」一樣，使精不外泄則可以長生。與下句「閉子精路可長活」分別出自《黃庭內景經》第二十一、第八章。「保」原文中為「似」。㊱天衢　意為通天大道，這裏指督脈。㊲三關　即尾閭關、夾脊關、玉枕關。內氣由尾閭沿督脈由下上行經過夾脊關、玉枕關，這是打通督脈的關鍵三關，稱「後三關」，以區別於打開任脈的「前三關」。詳見本書元集〈普照圖‧反照圖‧時照圖‧內照圖〉。

【語譯】所謂採取功夫，就是達摩祖師所說的「形解訣」，海蟾祖師所說的「初乘訣」。這兩個口訣的意思大體相同。不外乎吸、舐、撮、閉四個功夫。呂純陽祖師說：「窈窈冥冥中產生恍惚，恍恍惚惚中凝聚成團。」正是關於採取的口訣。這雖然是一種有為的功法，但如果不是依靠真土，那一輩子也無法施功。由此可見，能否採取真鉛要看是否有真土產生，所以說「真土擒住真鉛」。真鉛上升同汞配合，汞得以和真鉛結合自然就不會遺漏，所以說「真鉛鉗制真汞」。鉛、汞納歸入真土以後，身心從此就寂然不動，這樣金丹大藥就煉成了。

由此可見，每個時辰之內，都有一陽來復的時機出現。這個時機，不拘泥在冬至，不拘泥在每月初一凌晨，也不拘泥在子時。如果不是深知天地陰陽的規律、洞察身中陰陽造化的人，就不會懂得「活子時」。這就是它的奧妙之所在。

既然說一日之內十二個時辰中，凡是陰陽交媾之時都可以採藥，古代的仙人為什麼都在夜半子時陽氣初動的時候採藥呢？因為那個時段太陽正在北方，人身中的氣也正好運行到尾閭關，與天地正相感應，才可以奪取天地的良機，採奪陰陽的精華，修煉魂魄合而為一，合性命而雙修。只有這時，才是由坤卦（䷁）變為復卦（䷗）、陰消陽生的時候，也是開天闢地的時候，也是日月合璧的時候，也是草木開始萌芽發育的時候，也是人身中陰陽交媾的時候。修煉神仙就是在這個時候採藥，身中的精氣神就和外部的天地相互感應，像符節一樣兩相吻合。這就是天人感應一齊生發的時機，是微妙關鍵的時機。

陳泥丸說：「正當天地交合的時候，就是盜取陰陽造化的好時機。」

《陰符經》上說：「飲食遵時守度，全身骨節都各得其理。盜取陰陽造化之機，天下萬物都安順。」那麼什麼是「機」呢？就是丹田之理微微有所顯露之時，就好比今年最後一天即將結束，次日剛剛開始的時候。

這陰陽交界之時意思倒容易明白，但卻很難用恰當的語言表達出來。人如果能真正深得其中的奧妙，還有什麼事不能明白呢？這個陰陽交界之時正是造化真機的奧妙所在。

極盡這真機的奧妙，全在《周易》一書中。極盡《周易》一書的奧妙，全在復卦（䷗）中。極盡復卦的奧妙，又全在初爻之中。所以說：「復卦，體現了陰陽周而復始往復循環這個天地的中心規律。」這個時候，天地的一陽來復，人身這個小天地也是如此。向內採取自身的陽氣，向外盜取天地之間的陽氣，那麼天地之間的陽氣還有不全部歸納我們身中，而成為我們煉丹的藥物的嗎？然而天地雖然很大，創造化育的功能雖然很精妙，但也不能超越這個生發的時機之外了。內外相互感應，這是自然之理。

人如果知道這個天人之間相互生發的時機，就應在半夜時靜坐，凝結元神集聚元氣，視而不見聽而不聞，閉嘴緘默，固守心神不外馳，一絲雜念也不生，萬緣都放下。渾渾淪淪，就像太極還沒有判分之前的狀態。溟溟涬涬，就像陰陽還沒有顯露的狀態。沉靜而獨自存在，像清澈的潭中映出的月影。寂靜不動，好像靜止的水面不起波浪。對內感覺不到自身的存在，對外不知道有宇宙的存在。等到亥時將要結束子時剛要開始的時候，天地的陽氣顯露了就急忙採取，如果還沒有顯露，就要虛靜地等待，不敢提前採取。

屈原在〈遠遊篇〉中說：「道只可心受啊不可以言傳，其小無內啊其大無邊。不要擾亂其魂啊讓它順其自然，聚氣凝神啊夜半子時要存守，虛靜地等待啊不要提前採取。」

許旌陽在〈三藥歌〉中說：「存守內心排除雜念等待大藥凝結。」

《指玄篇》中說：「閉嘴緘默垂下眼簾默默內視。」

這些說的都是要收斂虛心靜待時機的意思。啊！時辰一旦到了就不必空勞心，體內陰陽二氣自然會結合凝聚。要及時身心專注耐心等待，就像一輪紅日自然會及時騰升。怎麼可以在此之前行採取之功呢？

金丹大藥，是在先天已經孕育，後天才產生的，它的奧妙全在太極將要判分還沒判分之間。靜已到了極點但還沒轉化為動，陽氣將要恢復但還沒脫離陰氣。這個時候，窈窈冥冥像淡淡的煙霧籠罩著山頂，迷迷濛濛像霧氣籠罩著水面，飄飄揚揚像冬雪漸漸凝聚，深深沉沉像混濁的漿水會漸漸澄清。一會兒，身中小竅開始癢酥酥的，肢體軟綿綿的，心裏恍恍惚惚的，而且陽物也勃然舉起了。這時陽氣已經貫通，先天信息也溝通了，活子時一到，兩個鼻孔張開。時機一到陽氣化生，大藥產生元神也就有知了，像地上雷震動天上大風吹，元氣向氣穴洶湧奔來。這時玄妙的機關全部顯露，就到精金出礦的時候。

邵康節說：「在恍恍惚惚中陰陽開始發生變化，在氤氳一片中的天地也剛剛旋轉分開。這中間有一些美妙的景象，這種功夫用語言怎麼能表達出？」

白玉蟾說：「因為看到北斗星在天空運轉，頓時悟到了神仙的妙訣。取坎卦（☵）中產生的一點真陽，填補離卦（☲）中的欠缺。自古以來乾坤之間，無非是這些取坎填離功夫一日也不停歇。今年冬至，梅花像往年一樣在雪中開花。古代聖人在這一天緊閉城關，禁止相互往來，都是為了眾生設想。所有的生物都含有生生不息的生機，時間就在亥時結束子時開始之間。在無聲無息之中開始創造萬物，陰極陽生如同水中起火，奧妙全在所謂的『虛危穴』之中。如今識破了這個奧妙，元神就自然落入坎水中。」

所謂「虛危穴」，就是地戶、禁門。這個穴位位於任脈督脈的中間，上通天谷關，下達湧泉穴。所以古代的聖人有這樣的說法：「鼻子要經常開放，地戶要永遠關閉。」因為精氣的聚散常常在這裏，精凝氣聚也在這裏，陰陽變化也在這裏，從無到有的交互變化也在這裏，子母分胎也在這裏。

《翠虛篇》中說：「有一個子母分胎的途徑，奧妙就在尾、箕、斗、牛、女。這個穴關係重大，人的生死都繫結在這裏，所以仙家稱它為生死窟。」

《參同契》中說：「『築固靈株』，就是在這裏；『拘束禁門』，也是在這裏。」

《黃庭經》上說：「『閉塞命門保玉都』，就是指這裏；『閉子精路可長活』，也指這裏。」

原來真陽初生的時候，其勢如烈火，其形如熱風，過關穿路而出，一定要從虛危穴經過。由於此穴關閉得緊密，衝擊不開，只得返回到尾閭穴（即虛危穴），連帶著騰空的焰火趕入通天之路，往上奔進，直透過尾閭關、夾脊關、玉枕關三關，終於得以同元神配合，結成丹胎。這不是「拘束禁門」的功勞還能是誰的呢？

閉任開督訣法

「無中出有還丹象，陰裏生陽大道基。」此呂祖《純陽文集》中之口訣也。

「極致清虛守靜篤❶，靜中一動陽來復❷。」此李清庵〈火候歌〉中之口訣也。

「一點最初真種子，入得丹田萬古春。」此鍾離權〈破迷正道歌〉口訣也。

「一陽纔動大丹成，片晌工夫造化靈。」此白玉蟾〈萬法歸一歌〉口訣也。

「虛極又虛元氣凝，靜之又靜陽來復。」此瑩蟾子〈煉虛歌〉中之口訣也。

「渺邈但撈水裏月❸，分明只採鏡中花。」此劉海蟾《還金篇》中之口訣也。

「恍惚窈冥二氣精，能生萬象合乾坤。」此許旌陽〈石函記〉中之口訣也。

「恍惚之中尋有象，窈冥之內覓真精。」此張紫陽《悟真篇》中之口訣也。

「日精若與月華合❹，自有真鉛出世來。」此還陽子《見性篇》中之口訣也。

「若問真鉛何物是，蟾光終日照西川❺。」此張用成《悟真篇》中之口訣也。

「真鉛不產五金❻內，生在窈冥天地先。」此《諸真玄奧集》中之口訣也。

「坎水中間一點真，急須取向離中輳。」❼此李道純〈原道歌〉中之口訣也。

「三物混融三性合❽，一陽來復一陰消。」此李清庵《中和集》中之口訣也。

「些兒欲問天根處，亥子中間❾得最真。」此劉奉真白龍洞中之口訣也。

「陰蹻泥丸，一氣循環。下穿地戶，上撥天關❿。」此梅志仙〈採藥歌〉口訣也。

「萬籟風初起，千山月乍圓。急須行政令，便可運周天⓫。」此石杏林口訣也。

「可道非常道⓬，行功是外功。些兒真造化，恍惚窈冥中。」此瑩蟾子口訣也。

「藥取先天氣，火尋太陽精⓭。能知藥取火，定裏見丹成。」此石得之口訣也。

「要覓長生路，除非認本元⓮。都來一味藥，剛道數千般⓯。」此呂純陽口訣也。

「元君⓰始煉汞，神室含洞虛。玄白⓱生金公，巍巍建始初。」此《金碧經》口訣也。

「得訣歸來試煉看，龍爭虎戰⓲片時間。九華天⓳上人知得，一夜風雷撼萬山。」此彭鶴林口訣也。

「虎之為物最難言，尋得歸來玄又玄。一陽初動癸生處⑳，此際因名大《易》先㉑。」此上陽子口訣也。

「半斤真汞半斤鉛㉒，隱在靈源太極先。須趁子時當採取，煉成金液入丹田。」此陳泥丸口訣也。

「捉得金精固命基，日魂東畔月華西㉓。於中煉就長生藥，服了還同天地齊。」此呂純陽口訣也。

「燦燦金華日月精，溶溶玉液乾坤髓。夜深天宇迥無塵，惟有蟾光照神水㉔。」此徐神翁口訣也。

「兌金萬寶正西成㉕，桂魄中秋倍樣明。便好用功施採取，虛中以待一陽生。」此陳默默口訣也。

「一泓神水㉖滿華池㉗，夜夜池邊白雪飛。雪裏有人擒玉兔㉘，趕教明月上寒枝。」此《玄奧集》口訣也。

「窈冥纔露一端倪，恍惚未曾分彼此。中間主宰這些兒，便是世人真種子。」此陳圖南口訣也。

「只取一味水中金，收拾虛無造化窟[29]。促將百脈盡歸根，脈住氣停丹始結。」

此陳翠虛口訣也。

「先天一氣號真鉛，莫信迷徒妄指傳。萬化滋張緣朕兆，一靈飛走賴拘鈐[30]。」

此龍眉子口訣也。

「塞兌垂簾寂默窺，滿空白雪[31]亂參差。殷勤收拾無令失，貯看孤輪月上時。」

此鍾離權口訣也。

「無不為之有以為[32]，坎中有白要歸離[33]。水源初到極清處，一點靈光人不知。」

此薛道光口訣也。

「莫怪瑤池[34]消息稀，只緣人事隔天機。若人尋得水中火[35]，有一黃童上太微。」

此呂洞賓口訣也。

「玄關[36]欲透做工夫，妙在一陽來復。天癸[37]纔生忙下手，採處切須虔篤。」

此瑩蟾子李翁口訣也。

「忽然夜半一聲雷[38]，萬戶千門次第開。若識無中含有象，許君親見伏羲來[39]。」

此邵康節口訣也。

「元來一味坎中金[40]，未得師傳枉用心。忽爾打開多寶藏，木非土也不成林。」

此上陽子口訣也。

「父精母血結胎成，尚自他形似我形。身內認吾真父母[41]，方纔捉得五行精[42]。」

此陳翠虛口訣也。

「西南路[43]上月華明，大藥還從此處生。記得古人詩一句，曲江之上鵲橋橫[44]。」

此陳泥丸口訣也。

「煉丹仔細辨工夫，晝夜殷勤守藥爐。若遇一陽纔起復，嫩時須採老時枯。」

此《玄奧集》中口訣也。

「佛印指出虛而覺，丹陽訣破無中有[45]。捉住元初那點真，萬古千秋身不朽。」

此張三丰口訣也。

「水鄉鉛，只一味[46]，不是精神不是氣。元來即是性命根，隱在先天心坎內。」

此《珠玉集》中口訣也。

「恰恰相當絕妙奇，中秋天上月圓時。陽生急採無令緩，進火[47]工夫要慮危。」

此上陽子口訣也。

「離坎名為水火精，本是乾坤二卦成。但取坎精點離穴，純乾便可攝飛瓊。」[48]

此陳泥丸口訣也。

「恍惚之中有至精，龍吟虎嘯[49]最堪聽。玄珠飛趁崑崙[50]去，晝夜河車不暫停[51]。」此《玄奧集》口訣也。

「軋軋相從響發時，不從他得豁然知。枯槔說盡無生曲[52]，井底泥蛇舞柘枝[53]。」此薛紫賢口訣也。

「返本還原已到乾，能升能降號飛仙[54]。一陽生是興功日，九轉周為得道年[55]。」此許宣平口訣也。

「日烏月兔[56]兩輪圓，根在先天採取難。月夜望中[57]能採取，天魂地魄[58]結靈丹。」此陳翠虛口訣也。

「一氣團成五物真，五物團成一物靈[59]。奪得乾坤真種子，子生孫兮又生孫。」此《金丹撮要》口訣也。

「精神氣血歸三要[60]，南北東西共一家[61]。天地變通飛白雪[62]，陰陽和合產金華。」此回谷子口訣也。

「精神氣，藥最親，以此修丹尚未真。修丹只要乾坤髓，乾坤髓即坎離仁[63]。」此王果齋之口訣也。

「鉛汞相傳世所稀，硃砂為質雪為衣[64]。朦朧只在君家舍，日日君看君不知。」

此陳泥丸口訣也。

「先天至理妙難窮，鉛產西方汞產東。水火二途分上下，玄關一竅在當中。」此李清庵口訣也。

「閑觀物態皆生意，靜悟天機入窈冥。道在險夷隨地樂，心忘魚鳥自流行。」此王陽明口訣也。

「天心復處是無心，心到無時無處尋。若謂無心便無事，水中何故卻生金[65]。」此邵康節口訣也。

「煉汞烹鉛本沒時，學人當向定中推。客塵欲染心無著，天癸纔生神自知。性寂金來歸性本，精凝坎去補南離。兩般靈物[66]交併後，陰盡陽純道可期。」此李清庵《中和集》中之口訣也。

「火符[67]容易藥非遙，天癸生如大海潮。兩種汞鉛知採取，一齊物欲盡捐消。掀翻萬有三元合[68]，煉盡諸陰五氣朝[69]。十月脫胎丹道畢，嬰兒形兆謁神霄。」此李道純《中和集》中之口訣也。

「奪取天機妙，夜半看辰杓[70]。一些珠露，阿誰運到稻花頭？便向此中採取，宛如碧蓮含蕊，滴破玉池秋。萬籟風初起，明月一沙鷗[71]。」此陳楠口訣也。

以上皆諸真得藥口義，各引數言，以便印證者。

【注釋】❶極致清虛守靜篤　語出《老子・十六章》：「致虛極，守靜篤。……夫物芸芸，各復歸其根。歸根曰靜，是謂復命。」「致虛」和「守靜」的功夫都達到極篤的地步，陽精就產生了。詳見前注。❷靜中一動陽來復　即靜極而動則一陽始生，也叫一陽來復。詳見前注。❸水裏月　這裏「水裏月」、「鏡中花」都是指「水中金」，也稱「水中銀」。在人一身之中，水屬陰，氣屬陽，水中金就指坎中真陽。內丹家常以兔、以月陰，為坎卦，為鉛。所以有此比喻。❹日精若與月華合　《金丹大成集・金丹問答》：「問採日晶月華。答曰：非外來之日月也，採心中真液、腎中真氣也。」《太玄寶典・煉凡全真門》：「陰中之陽，陽曰至精號月華。陽中之陰，陰為至靈號日精。」「日精」、「月華」指神氣而言。日精為汞，為元神；月華為鉛，為元氣。日月合璧、鉛汞結合，即龍虎交媾之意。詳見前面相關注。❺蟾光終日照西川　蟾光，即月光，月亮屬陰，是金水之精，即真鉛。西方屬金，川屬水，西川指金水之精。董德寧《悟真篇正義》：「蟾光者，月彩也，乃金精之華。西者，金之方。川者，水流之地。謂金華日月照臨於金土之鄉，夫然後真氣自生。」❻五金　外丹黃白術常用的五種金屬，即金、銀、銅、鐵、鉛。也有把金、銀、銅、鐵、錫稱「五金」的。❼坎水中間一點真二句　即取坎填離。坎卦（☵）中間為陽爻，上下為陰爻，「坎水中間一點真」比喻陰中陽；離卦（☲）是中間一個陰爻，上下各一個陽爻，比喻陽中陰。取坎填離即取坎中的真陽填補離中之陰，還原純陽（乾）之體。輳，原指車輪上的輻條內端集中於轂上，引申為聚集。❽三物混融三性合　「三物」、「三性」，也叫「三家」。在內丹典籍中，一般指元神、元精、元氣或木液、金精、意土。因為木生火，故木液指心火中真陰，又稱「神水」；金生水，故金精指腎水中真陽，又稱「神火」；意指潛意識，用意控制精氣神的凝合修煉，能起中間媒介作用，所以丹經中常稱真意為「媒」或「黃婆」，在五行中為土，故稱意土。有些內丹家認為先天精氣神化為後天身、心、意，故身心意也稱三姓或三家，詳見〈三家相見圖〉。❾亥子中間　指活子時。❿下穿地戶二句　地戶，不同經典中所指不同，有口、鼻、命門、下丹田多種說法。天關，一般指口。《黃庭外景經》：「殊途一會歸要終，閉塞三關握固停。」梁丘子注：「口為天關精神機，手為人關把盛衰，足為地關生命扉。」這裏「地戶」、「天關」應指上下丹田。⓫運周天　周天指內丹修煉中的一個週期，有小周天和大周天之分，前者為精化為氣的煉藥功夫，後者指煉氣化神階段所行的入定功夫。兩者的區別是前者是有為階段，後者是無為階段。運周天就是元氣沿任督二脈運行，打通任督二脈的過程。⓬可道非常道　可以言說的道，就不是常道。語出《老子・一章》：「道可道，非常道。名可名，非常名。」⑬藥取先天氣二句　即內煉。採藥、火候功夫都是指先天精氣而言。這裏「先天氣」、「太陽精」指先天精氣。⑭本元　本源；本根。這裏指先天精氣。⑮剛道數千般　偏偏要有上千種不同的說法。剛，副詞，偏偏。⑯元君　這裏「元君」和「汞」都指元神。⑰玄白　這裏「玄白」和「金公」指元氣、元精。⑱龍爭虎戰　即龍虎交媾、神氣結合。⑲九華天　即九霄雲外不同層次的天界。道教也指修煉的境界。⑳癸生處　癸為天干的第十位。古代醫術將月經或精液稱為「天癸」，女子的月經又稱為「癸水」。這裏「癸生處」、「一陽初動」都指活子時。㉑此際因名大易先　前文說過：「盡真機之妙者，《周易》也。盡《周易》之妙者，復卦也。盡復卦之妙者，初爻也。」這裏的初爻就是「一陽來復」名稱的由來。一陽來復或活子時的奧秘，就是最先隱藏在《周易》的復卦（䷗）中。㉒半斤真汞半斤鉛　指陰陽參半、和合之意。半斤，又稱「八兩」，是相對於一斤而言。元集〈死生說〉中有「以全周天之造化，而為一斤之數也」的說法，「一斤」指純陽之體已具備，一絲陰氣都沒有萌發，精氣充實。第三節口訣中有「真汞纔有八兩，真鉛始足半斤。氣若嬰兒，心同赤子。陰陽吻合，混沌不分。」的說法，這裏「半斤」、「八兩」指胎息還原之初，陰陽吻合的程度。㉓日魂東畔月華西　即日魂月魄、日烏月兔之意。丹家以烏為日，為陽，為離卦，為汞，為木，代表元神，為煉丹之火；以兔為月，為陰，為坎卦，為鉛，為金，代表元氣，為煉丹之藥。這裏指鉛汞、神氣相合。㉔惟有蟾光照神水　即前文中「蟾光終日照西川」之意，詳見前注。㉕兌金萬寶正西成　兌金，也叫「兌虎」，即元精。在五行中，虎屬金，對應八卦中的兌卦，所以叫兌虎。在八卦中，兌為西。所以說「兌金」「西成」。後句「桂魄中秋倍樣明」比喻元氣在活子時也踴躍初生。「桂魄」原為月的別名，這裏指元氣。㉖神水　指元精。㉗華池　這裏指精穴。《玉清金笥青華秘文金寶內煉丹訣》卷上：「華池者，臍中氣穴之下，兩腎中間一竅，絕肖黃庭，谷氣由此而生精，醫家所謂精穴者是也。」㉘玉兔　指元精。㉙虛無造化窟　即虛無窟子，指玄關一竅。㉚拘鈐　拘束；牽制。鈐，鎖閉。㉛白雪　指靜定之中雙目前出現的白光。《修真十書・卷一》：「虛室生白，謂之白雪。」《悟真篇》：「黃芽白雪不難尋。」內丹家以黃芽為鉛，白雪為汞，以汞求鉛，尋黃芽於土，尋白雪於壬，初煉感應土氣而成黃芽，久煉感應金氣而成白雪，二氣相感，雪山吐芽，而結成丹。㉜無不為之有以為　《老子・三十七章》：「道常無為而無不為」，「無為」反而會達到「無不為」的結果，這個「無不為」其實是大「有以為」。這句話就是說無所不為意義上的有為。㉝坎中有白要歸離　即取坎填離。詳見前面相關注。這裏的「白」就是坎中一陽。㉞瑤池　原為古代神話中神仙居住的地方。內丹家以赴瑤池為煉養所達到的最高境界，即經過三關修煉，達到玄珠成象，神棲泥丸，神形合一後所出現的一種寧謐安適、怡然穩定，猶如身居仙境的狀態。有時「瑤池」則指上丹田，本書第五節口訣〈乾坤交媾圖〉中就是以「瑤池」、「崑崙頂」、「上島」等為上丹田的異名。這裏「瑤池」就指上丹田。下句中的「太微」同義。㉟水中火　即坎水中的一點真陽，後句中的「黃童」也是此義。㊱玄關　即玄關一竅，也叫「虛無窟子」，是丹家之謎。古人有這樣的說法：「認得玄關便是仙」，因玄關竅開，百竅皆通，先天三寶隨之化生，藥物、鼎爐、火候才是真的。因此玄關可看作是由後天功夫到先天功夫的分界線。歷代丹家對玄關的位置眾說紛紜，有的認為有定位，有的認為無定位。㊲天癸指女子月經初潮。女丹認為女子初潮之前，子宮中含有一點初經，這初經是先天一氣，如果勤加保守不洩漏，便化為元一，如果落下來就是月經。這裏泛指活子時元精初動。㊳忽然夜半一聲雷　與後句「萬戶千門次第開」都是形容活子時到來採藥的景象。㊴若識無中含有象二句　道家認為宇宙本體是虛無的，從「無」產生了「有」。傳說伏羲發明了八卦，八卦是用卦象來表示宇宙由先天向後天發展的規律的。內丹形成的過程，正是從丹田中的「窈冥」虛無狀態產生了丹「象」。許真君是煉丹大師。這裏用見伏羲比喻由後天返先天、內丹成的過程。㊵坎中金　即水中金，指坎中真陽。㊶真父母　指先天精氣神。人生之初，先天之性和從父母那裏稟受的血氣結合，在母腹中相合形成胎元而結成形體。參見元集〈大道說〉、〈死生說〉、〈太極圖〉等。㊷五行精　這裏泛指天地之精。㊸西南路　即西南鄉。張伯端《悟真篇》說：「要知產藥川源處，只在西南是本鄉。」本書第二節口訣〈安神祖竅翕聚先天〉中以「西南鄉」、「西方」等為祖竅的異名，為安神生藥之處。㊹曲江之上鵲橋橫　曲江，古人因小腸有九盤十二曲，稱為「曲江」。後人又以鼻口之間為曲江，這裏應為後者。鵲橋，內丹清淨派指任督二脈交會之處，由於口、鼻之間和肛門、陰道之間是任督二脈上下兩處交會處，沿任督二脈運藥時須搭鵲橋渡過，如牛郎織女藉鵲橋渡天河一樣，由此得名。鵲橋有上下之分，口鼻之間為上鵲橋，二陰之間為下鵲橋。既然「曲江」指口鼻之間，那麼「曲江之上」的「鵲橋」應該指上鵲橋。㊺佛印指出虛而覺二句　佛印，宋代高僧，江西浮梁人，名了元，俗姓林，法名了元。後出道學禪法，曾四度住雲居，對淨土思想比較關注。在禪界影響很大，蘇東坡常向他請教，宋神宗欽仰其道風，贈號「佛印禪師」。丹陽，即馬丹陽，山東寧海人，名鈺，道號丹陽子，與妻子孫不二師事王重陽，入全真道，以清淨修煉為主旨，贈號為「丹陽報一無為真人」，為全真教北七真之一。後世道教認為「佛印指」和「丹陽訣」是兩門參透天地的絕學。㊻水鄉鉛二句　即崔希範《入藥鏡》所說的：「是性命，非神炁，水鄉鉛，只一味。」之意。「水鄉鉛」這裏是用《周易》坎卦（☵）卦象表示，坎卦的卦形是上下各一個陰爻，中間一個陽爻，陰爻象徵水，陽爻象徵金，所以這裏稱為「水中鉛」。一味，指一個陽爻。㊼進火　也稱「進陽火」，指人身活子時來臨之時，急忙用真意凝照，運火採取的功夫。丹經中也有把河車運轉，由尾閭、夾脊到玉枕而上升稱為進火。這裏應指前者。㊽離坎名為水火精四句　這是詳細的解釋「取坎填離」功夫。乾卦（☰）

是三個陽爻，坤卦（☷）是三個陰爻。乾卦中間的一個陽爻與坤卦中間的陰爻交換，就變成了離卦、坎卦。這是由先天到後天、由純陽之體到純陰之體的過程。「取坎填離」就是逆反這一過程，取坎中一陽補離中一陰，回復乾的純陽之體，由後天回返先天。詳見〈大道說〉相關注。《周易》八卦中坎象徵水，離象徵火；丹道以水火喻精氣，所以此處說「離坎名為水火精」。㊾龍吟虎嘯　即龍虎交媾，神氣交合。㊿玄珠飛趁崑崙去　玄珠，比喻大藥，即由無形之神氣凝結而成的玄而有象的玄丹。崑崙，這裏指上丹田。《黃庭內景經・若得章》：「太一流珠安崑崙」，務成子注：「頭為三臺君，又為崑崙，指上丹田。」本書利集第六節口訣「行火候法」：「所以養丹田之寶，此寶常在奪丹鼎之珠。此珠復還，駕動河車。離塵世尾閭之海，移居天谷，上崑崙蓬島之山。前數句謂成丹之時脫胎而入口，末一句謂功成之後脫胎而出殼，中間兩句謂溫養子珠，長養聖胎。」51晝夜河車不暫停　即河車運轉，也叫河車搬運。河車，指身中真氣，因氣流通全身，如車在河中運行，故名。內煉元陽真氣自尾閭沿督脈上升泥丸，又順任脈下降至下丹田。尾閭、夾脊、玉枕三關為河車運藥的上升之路；泥丸、黃庭、下丹田三田為河車運藥下降之路。52桔槔說盡無生曲　桔槔，井上打水的工具，類似於轆轤之類。無生曲，比喻「無中生有」的道理。這裏比喻河車轉動，無中生有的景象。53井底泥蛇舞柘枝　柘枝，古代的一種舞蹈名，跳舞時舞動柘枝，故得名。柘，一種桑科樹木。柘枝舞是西北少數民族舞蹈，從京城長安流傳至中原一帶。「泥蛇舞柘枝」比喻一點真陽初生時的活躍景象。54飛仙　道教根據修煉程度的不同把仙分為不同種類。飛仙，也稱「天仙」，道教指居於天府、能舉形飛升的神仙。55九轉周為得道年　九轉，內丹家借以描述丹功由後天返先天的過程，即用內煉丹法煉精氣神，使三寶凝結，由後天重返先天，恢復童真時期生命充沛的狀態，返老還童，進入一個更高級的生命境界。有的丹經認為，人體精氣之升降與天地之氣升降相同，降時歷九個時辰曰九還（九轉），升時歷七個時辰稱七返。56日烏月兔　又稱「日魂月魄」、「金烏玉兔」。相傳日中有三足烏，月中有玉兔，故以「烏」為日的代稱，「兔」為月的代稱。丹家以烏為日，為陽，為離卦（☲），為汞，為木，代表元神，為煉丹之火；以兔為月，為陰，為坎卦（☵），為鉛，為金，代表元氣，為煉丹之藥。57月夜望中　即十五月正圓的子夜時分，這裏指活子時一陽來復。58天魂地魄　即離中之陰和坎中之陽。59一氣團成五物真二句　五物，即五行（金、木、水、火、土）。宇宙形成之前只存在混沌「先天一氣」，混沌狀態判分，衍化出金、木、水、火、土五種元素，構成了萬物。人正是採取天地之精（即五行之精）凝結成丹胎。60精神氣血歸三要　三要，指人精氣神所歸之處。《修真十書》：「第一要頭，太源也，天谷神所居之位也……。第二要心，絳宮也……第三要在兩腎間，水火之際……人能會此三要，神氣自然交接。」61南北東西共一家　即四象和合，五行攢簇之意。金、木、水、火四象本相間隔，經戊己真土（意）的媒介作用，而能和合於一，凝成真胎。「南北東西」指火、水、木、金。「一家」指土。本書元集〈和合四象圖〉：「天三生木，位居東，其象為青龍」；「地四生金，位居西，其象為白虎」；「地二生火，位居南，其象為朱雀」；「天一生水，位居北，其象為玄武」。(62)白雪　與後句中的「金華」都指元精。(63)乾坤髓即坎離仁　取坎填離的那一點真陽，即活子時初生的那一點陽氣，是煉丹的根本，所以稱為「乾坤髓」。(64)鉛汞相傳世所稀二句　這裏「硃砂」、「雪」都是元精元氣。「鉛汞」就指元精元氣。(65)水中何故卻生金　水中金，即坎中真陽。在虛靜入定中，靜待一陽初生，勤加採取，凝結成丹胎。(66)兩般靈物　指神氣。(67)火符　即陽火陰符。《金仙論證》：「以陽用者曰火，以陰用者曰符。」(68)掀翻萬有三元合　三元合，即「三元合一」，指精、氣、神三寶經過精化氣、氣化神、神化虛的過程，使得身、心、意三家相見，結成丹胎。本書元集〈三家相見說〉中說：「不用五金併八石，只求三品共一室。煉成一顆如意珠，軟似兜羅紅似日。」(69)煉盡諸陰五氣朝　五氣朝，即「五氣朝元」，表示內丹修煉到高級階段，五臟之氣轉化為陽神而上朝內院的景象。古今修煉家對此體認略有不同。本書元集〈五氣朝元說〉詳細解釋：「蓋身不動則精固，而水朝元；心不動則氣固，而火朝元；真性寂則魂藏，而木朝元；妄情忘則魄伏，而金朝元；四大安和則意定，而土朝元。此謂五氣朝元，皆聚於頂也。」(70)辰杓　即北斗星。杓，同「勺」。指北斗七星的柄，即第五、六、七星，又稱「天罡」。因其形狀像一把勺子，所以說是「斗柄」、「杓」。內丹家用以比喻周天運轉。(71)一些珠露七句　都是描述一陽初生，元精凝結，內丹結成的內煉景象。「珠露」比喻元精；「稻花頭」、「玉池」比喻生藥之處；明月比喻元性；沙鷗比喻丹成。

【語　譯】「從無中生有是還丹的景象，從陰氣中產生陽氣是大道的根基。」這是呂洞賓《純陽文集》中的口訣。

「致虛功夫達到極度，守靜功夫達到頂點，靜極而動就一陽來復。」這是李清庵〈火候歌〉中的口訣。

「最初那一點真種子，落入丹田就可以萬古長春。」這是鍾離權〈破迷正道歌〉中的口訣。

「一陽初動大丹就要煉成，片刻之間就可以顯現造化的靈妙功效。」這是白玉蟾〈萬法歸一歌〉中的口訣。

「虛到極虛則元氣就會凝聚，靜到極靜一陽就會來復。」這是瑩蟾子〈煉虛歌〉中的口訣。

「在飄飄渺渺中撈取那水中的月影，在分分明明中採摘那鏡中之花。」這是劉海蟾《還金篇》中的口訣。

「恍惚窈冥之中的陰陽二氣精華，能化生萬物合成天地。」這是許旌陽〈石函記〉中的口訣。

「在恍惚之中尋求有形有象之物，在窈冥之中尋覓真精。」這是張紫陽《悟真篇》中的口訣。

「日中之元精倘若與月中的元氣結合，自然就會有真鉛產生。」這是還陽子《見性篇》中的口訣。

「若問真鉛是什麼東西，正如蟾光整天照著西川。」這是張用成《悟真篇》中的口訣。

「真鉛並不是真由五種金礦煉製出來的，它產生在窈窈冥冥的天地之先。」這是《諸真玄奧廣集》中的口訣。

「坎水中間的一點真陽之氣，應及時採取填補到離火中來。」這是李道純〈原道歌〉中的口訣。

「精、氣、神三寶混融合成丹，當一陽來復的時候一陰就消失了。」這是李清庵《中和集》中的口訣。

「有一點須要問一陽初生之時，最真切的答案就是在亥時剛要結束子時剛要開始的交界點。」這是劉奉真白龍洞中的口訣。

「在陰蹻穴、泥丸宮之中，一氣在循環，往下穿過地戶，往上撥開天關。」這是梅志仙〈採藥歌〉中的口訣。

「萬籟之音響起大風開始吹，千山頂上月兒剛圓。應及時立令行功，就可以運轉周天。」這是石杏林的口訣。

「可以言說的道就不是永恆之道，沒有順其自然刻意所行之功只是外道之功。那一點點真正所造化之功，只在恍惚窈冥之中。」這是瑩蟾子的口訣。

「煉丹的藥應採取先天元氣，煉藥的火要尋太陽之精。能懂得採藥取火的奧妙，在靜定中才能煉成丹」。這是石得之的口訣。

「想要尋求長生不老之路，除非能夠認得自己的本源。其實總共就只是這一味藥，偏要有上千種不同的說法。」這是呂純陽的口訣。

「修煉元神開始要煉成汞，神室中洞然空虛。先天之氣凝結成元精，便高高在上成了萬化之母。」這是《金碧經》中的口訣。

「得到口訣歸來以後嘗試修煉，片刻間龍虎交媾神氣結合。九華天上的人都能聽得見，像一夜風雷震撼萬座山。」這是彭鶴林的口訣。

「元氣這個東西最難用言語說清，返回先天尋得它以後還是玄之又玄。一陽初動是在活子時，因此說這個交際處的奧秘是《周易》最先揭露的。」這是上陽子的口訣。

「半斤真汞半斤真鉛，隱藏在靈妙的源頭太極未判分之前。應趁著子時到來即刻採取，煉成金液落入丹田。」這是陳泥丸的口訣。

「提取元精來堅固命根，日月合璧神氣相合。在氣穴中煉成長生不死之藥，服後就可與天地同壽。」這是呂純陽的口訣。

「燦爛的金華是元神元氣的精華，溶溶流動的玉液是天地的精髓。夜深人靜之時遼闊的天空中沒有一點塵埃，只有金華日光照臨金水之鄉。」這是徐神翁的口訣。

「元精這個萬價之寶正在西方形成，月亮在中秋夜格外明亮。這時最好能用功採取，虛靜以待一陽初生。」這是陳默默的口訣。

「一泓神水充滿了華池，夜夜池邊有白雪紛飛。雪裏有人在撲捉玉兔，驅趕明月讓它升上枝頭。」這是《玄奧集》中的口訣。

「窈窈冥冥之中才露出一點頭緒，恍恍惚惚中陰陽還分不出彼此。中間起主宰作用的這一點端倪，就是世人所謂的真種子。」這是陳圖南的口訣。

「只採取坎水中間那一點真陽之氣，收拾聚集到玄關一竅中去。促使所有的脈絡都回歸本根，當脈息不急不緩的時候丹胎就開始結成。」這是陳翠虛的口訣。

「先天一氣號稱真鉛，不要輕信誤入邪途者亂傳授。萬物化生滋長始於最初的徵兆，防止先天靈氣外逸就得依賴勤加保守。」這是龍眉子的口訣。

「閉嘴緘默垂下眼簾默默內視，眼前出現白色上下閃耀。及時勤加採取不要讓它遺漏，貯藏起來等待金丹出現。」這是鍾離權的口訣。

「無所不為意義上的有為，就是取坎（☵）中一陽填補到離卦（☲）中去。在真陽初生的那個極清虛的境界，一點靈丹出現人難以察覺。」這是薛道光的口訣。

「不要錯怪說上丹田沒有什麼動靜，只是因為人為阻隔了天機的顯露。如果能找尋到坎中那一點真陽，就會見到扶搖直上進入上丹田。」這是呂洞賓的口訣。

「玄關一竅要貫通就得下手做功夫，其奧妙就在一陽來復。活子時到來時及時採取，採取時一定要虔誠靜篤。」這是瑩蟾子李老先生的口訣。

「夜半忽然一聲震雷響，萬千門戶都依次打開了。如果能識得這無中其實含有象，準叫你親自能見到伏羲來。」這是邵康節的口訣。

「原來只有的那一味藥就是坎中真陽，沒有真師傳授自己再費盡心思也是枉然。就算忽然悟得了這個含有眾多寶藏之處，但如果沒有真土做媒介就像樹木沒有土是長不成樹林的。」這是上陽子的口訣。

「父母的精血結合產生了丹胎，所以他們的精血混同到我的形體中與我相似。如果能認出自身內原有的父母之精，才能真正得到天地之精華。」這是陳翠虛的口訣。

「西南路上月光明亮，大藥就從這裏產生。記得古人有這樣一句詩，曲江之上有鵲橋橫鋪。」這是陳泥丸的口訣。

「煉丹時要仔細分辨不同的火候，日夜不停的勤加守護生藥處。遇到一陽來復的時候，要趁初生的時候及時採取否則時間長了就枯竭了。」這是《玄奥集》中的口訣。

「佛印禪師的所指道出了虛靜之中要有覺省的道理，丹陽真人的口訣破解了無中生有的奥秘。抓住一陽來復時的那點元陽真氣，就可以煉成萬古千秋不朽真身。」這是張三丰的口訣。

「坎水中的真陽，只這初露的一點，不是精神也不是氣。原來卻是性命的根基，隱藏在先天的心坎裏。」這是《珠玉集》中的口訣。

「活子時到時恰到好處絕妙無比，就像那中秋月圓之時。一陽初動時要急忙採取不能遲緩，火候功夫謹慎小心。」這是上陽子的口訣。

「離（☲）、坎（☵）兩卦被稱作水火之精，原本是由乾（☰）、坤（☷）兩卦變化而成。只取出坎卦中間的一個陽爻填補離卦中間陰爻的位置，那麼離卦就又還原成乾卦成為純陽之體。」這是陳泥丸的口訣。

「恍恍惚惚之中有真精產生，元氣元神結合的時候就像龍吟虎嘯那麼好聽。元陽真氣一躍進入了上丹田，就要晝夜不停地運轉河車。」這是《玄奥集》中的口訣。

「軋軋的聲音相繼發出的時候，不用問別人就豁然明白那是一陽初生時。轆轤不停轉動時的軋軋聲就像一首演奏『無中生有』的曲子，井底的泥蛇已經跳起了柘枝舞。」這是薛紫賢的口訣。

「取坎填離返回到純陽之乾，能升能降號稱飛仙。一陽來復的時候就是開始修煉的時刻，九轉還丹的週期功夫完成就是得道功成的時候。」這是許宣平的口訣。

「神氣相合像日月兩輪圓。根源來自先天所以採取就很難。只有在月正圓的子時才能採取，天魂地魄凝結成靈丹。」這是陳翠虛的口訣。

「先天一氣衍化出金、木、水、火、土五種元素，人採取這五種元素之精華結成靈丹。如果採奪這天地陰陽的真種子，就可以子孫繁衍生化無窮。」這是《金丹撮要》中的口訣。

「精神氣血統歸於三要之中，東（木）西（金）南（火）北（水）經意土調和合成一家。天地之精變通凝成元精，陰陽和合就產生了金精。」這是回谷子的口訣。

「精、氣、神三寶，是煉丹最重要的藥。只靠這些來修丹還沒有真正得要領。煉丹只用乾坤的精髓，乾坤的精髓就是取坎填離的那一點真陽。」這是王果齋的口訣。

「關於鉛汞隱含的奧秘世間已經很少有真傳，它指代的就是元精、元神。朦朦朧朧只隱藏在人身中，天天見到它但卻不知曉。」這是陳泥丸的口訣。

「先天的至理其奧妙難以窮盡，鉛產在西方汞產在東方。水火不同路有上有下，玄關一竅正在當中。」

這是李清庵的口訣。

「閒靜中觀察萬物形態都充滿生機，靜定中領悟天機入於窈冥之境。不管大道是艱險還是平坦只要順應自然也就樂在其中，心無雜念自然清虛自在。」這是王陽明的口訣。

「天心覺悟時其實就是要做到無心，心中沒有雜念時心本身也就無處可尋。但要說無心就是無所作為，那麼水中怎麼會生金呢？」這是邵康節的口訣。

「煉汞烹鉛本沒有一個定時，學丹道的人應當在靜定功夫中細加琢磨。來自外界的煩惱因心無雜念無處著落，大藥才生神自知曉。在心性靜寂中水中生金回歸本性，取坎填離凝成真精。神氣這兩般靈物交併後，陰氣消盡陽氣純時得道之日不遠了。」這是李清庵《中和集》中的口訣。

「掌握了陽火陰符的規律則產大藥的日子也不會遙遠，元精初生如大海潮般洶湧。知道及時採取鉛汞這兩種靈物，所有物欲就會一齊消散。掀翻世間萬有則精氣神三元合一，煉盡五臟的陰氣則金木水火土五氣朝元。歷經十月丹胎落成丹道之事才算完畢，初生嬰兒之形拜謁神霄。」這是李道純《中和集》中的口訣。

「想要知曉天機的奧妙，半夜起來仔細琢磨北斗星的斗柄的指向。有一些露珠，是誰把它灑在稻花上？於是便從這裏面及時採取，好像蓮花含蕊欲放，滴在玉池中連秋色都不見了。萬籟之中風吹起，一輪明月照著一隻沙鷗。」這是陳楠的口訣。

以上都是各位真人得到大藥的要訣，各引用了幾句，以便相互印證。

聚火載金訣法

起先運南方離宮之火，以煉北方水中之金❶，是為以紅投黑，則凝神入坤臍❷而生藥。如今運北方水中之金，以制南方火中之木，是為以黑見紅，則凝神入乾頂而成丹。

圖金載火聚

羊車鹿車牛車白牛車皆載金華而高升彼岸

金滿三車奪聖機
衝開九竅過曹溪
迢迢運入崑崙頂
萬道霞光射紫微

三車載寶上崑崙
無漏須拴濟筏門
電掣雷轟龍虎鬥
急收甘雨潤乾坤

下乘中乘上乘最上乘咸度法寶而直入涅槃

北方正氣
號曰河車
載金上升
度我還家

陰陽之始
玄含黃芽
五金之主
北方河車

故紫陽《悟真篇》云：「依他坤位生成體，種在乾家交感宮。」❸

崔公《入藥鏡》云：「產在坤，種在乾。」

乾居上為鼎，坤居下為爐。非猛烹極煅❹，則藥不能出爐，非倒行逆旋，則藥不能升鼎。鉛者，其性沉重之物也，若不得火，何由而飛？汞者，其性飛揚之物也，若不得鉛，何由而結？是以聚火之法❺，最為緊要也。

何謂聚火之法？此法即達摩、海蟾二祖師吸、舐、撮、閉四字訣是也。吸者，鼻中吸氣以接先天也。舐者，舌拄上腭以迎甘露❻也。撮者，緊撮谷道內中提❼、明月輝輝頂上飛也。閉者，塞兌垂簾兼逆聽，久而神水落黃庭也。

故翠湖云：「下不閉，則火不聚而金不升。上不閉，則藥不凝而丹不結。」

是以聚火之法，乃採取烹煉之先務也。其恍恍惚惚，是採取時候。猛烹極煉，是採取工夫。吸、舐、撮、閉，又是烹煉之的旨也。

夫採取之法，貴乎知時。不可太早，太早則藥嫩易升。亦不可太遲，太遲則藥老成質。必待其鉛華吐白，玄珠成象❽，方是採取時節。

張紫陽云：「鉛遇癸生須急採，金逢望遠不堪嘗。」❾

張三丰云：「電光爍處尋真種，風信來時覓本宗。」

電光爍處，則窈冥之後，恍惚之間，一陽爻動之時，珠落華池之際。此時即用《參同契》拘束禁門⑩訣，緊塞太玄⑪，閉任開督。即忙鼓之以橐籥⑫，吹之以巽風⑬，煅之以猛火。火熾則水沸，水沸則駕動河車，載金上升泥丸，與真汞配合。汞得鉛降，亦不飛走。如此漸漸抽添，漸漸凝結。自然鉛日減，汞日添。久之，鉛盡汞自乾，陰盡陽自純，至此則金丹大藥成矣。

煉此大藥，別無他術，只是採取先天一點祖氣，以為金丹之母耳。受之師曰：「煉大梵⑭之祖氣，飛肘後之金晶⑮，存帝一之妙相⑯，返三素於黃庭⑰。」此是口訣中之口訣也。

學者徒知以鉛汞交結為丹，而不知採取、抽添、烹煉、火候各有次序法度。蓋採取以作其始，抽添以成其終。於中調停，全仗火候。

所以紫陽云：「縱識朱砂及黑鉛，不知火候也如閑。」

朱晦翁云：「神仙不作《參同契》，火候工夫那得知？」

薛道光云：「聖人傳藥不傳火，從來火候少人知。莫將大道為兒戲，須共神仙仔細推。」

火候之法，有文有武⑱，不可一律齊也。

「靜中陽動金離礦，地下雷轟火逼金。」此第四節之火候也。

「謾守藥爐看火候，但安神息任天然。」此第六節之火候也。

「陽文陰武無令失，進退抽添有馭持。」此第五節之火候也。

「成性存存」[19]者，儒家之火候也。

「綿綿若存」[20]者，道家之火候也。

「不得勤不得怠」[21]者，釋家之火候也。

「三月不違」[22]者，顏子之火候也。

「吾日三省」[23]者，曾子之火候也。

「日知其所亡，月無忘其所能」[24]者，子夏之火候也。

「戒慎乎其所不覩，恐懼乎其所不聞」[25]，子思之火候也。

「必有事焉而勿正，心勿忘勿助長」[26]者，孟子之火候也。

「發憤忘食」[27]，孔子之武火也。「樂以忘憂」，孔子之文火也。

「不知老之將至云爾」者，「至誠無息」[28]而火候純也。火候純，大丹成，而作聖之功畢矣。

【注釋】❶運南方離宮之火二句　八卦中離卦（☲）屬南方，像徵火，即汞，喻元神。坎卦（☵）屬北方，象徵水中金，即鉛，喻元氣。「鉛」即真鉛，代表元精；「汞」即真汞，代表元神。鉛性沉重，內部光亮而外部容易形成一層氧化膜（可起保護作用）而發暗，故借指人身之真情外暗而內明，能禦患伏邪；汞性輕浮，躁而易失，借指人身之靈性虛靈莫測。「運北方水中之金，以制南方火中之木」，即以鉛制汞、「以黑見紅」，黑即黑鉛，汞即硃砂、紅汞。❷坤臍　即「坤爐」，也叫「坤宮」、「坤位」，指腹部丹田。丹經認為此處為產藥、溫養之處，真土在此調和鉛、汞，故稱「坤土」。與下句中的「乾頂」（即乾家）相對而言。在人體中，頭為乾，腹為坤，故名。❸依他坤位生成體二句　即朱元育《悟真篇幽微》所說：「以金丹言之，坎離始交而產大藥，坤宮事也；至於依時採取，升入天谷，引歸黃庭，則屬之乾家矣。」崔希範所說的「產在坤，種在乾」也是這個意思，如安神祖竅的功夫是在坤宮完成，而聚火載金的功夫是在乾家完成。❹猛烹極煅　即用武火鍛鍊。火有文、武之分。詳見前面相關注。❺聚火之法　即聚斂神火以燒煉丹藥之法，具體指「吸、舐、撮、閉」四字訣的運用。下文有詳解。❻甘露　一般指在修煉過程中產生的口津，有「玉英」、「玉液」、「醴泉」、「玉漿」、「靈液」、「津金」、「玉泉」、「金醴」、「玉津」、「玉池清水」、「金漿玉醴」等多種異名。下句中的「神水」也是此意。❼谷道內中提　即縮提肛門，是內煉的一種方法。谷道，指人體直腸到肛門的部分。❽鉛華吐白二句　比喻大藥生成。❾鉛遇癸生須急採二句　癸生，即活子時一陽來復。此時是採藥的好時機，須急急採取。望，十五，望遠即過了十五。丹家用月圓比喻丹成，過時則藥太老無法採取。❿拘束禁門　即閉塞虛危穴。詳見本口訣〈天人合發採藥歸壺〉。⓫緊塞太玄　即「拘束禁門」。⓬橐籥　語出《老子·五章》：「天地之間，其猶橐籥乎？虛而不屈，動而愈出。」這裏指在內丹修煉時應靜定而思慮雜念不外逸。無底之囊曰橐，有孔之竅曰籥，橐籥古代指方士煉丹時用來鼓風的工具。引申為虛而不竭、動而生風之妙。內丹學借以喻天之呼吸之理及人之呼吸之法，萬物為天地呼吸所生，因而人之呼吸應天地之呼吸。⓭巽風　即鼻息。《入藥鏡》：「起巽風，運坤火，入黃房，成至寶。」《修真辨難參證》：「巽風即鼻息，心靜至極，鼻微若閉，導成胎息之法。」風在八卦中代巽，所以稱「巽風」。⓮大梵　悠遠清淨的意思。⓯飛附後之金晶　即「附後飛金晶」之意。《鍾呂傳道集·論抽添第十一》：「既以採藥為添汞，添汞須抽鉛，所以抽添非在外也。自下田入上田，名曰附後飛金晶，又曰起河車而走龍虎，又曰還精補腦而長生不死。」⓰存帝一之妙相　帝一，即帝乙，商朝的帝王，生卒年不詳。太丁之子，太丁死後繼位，在位三十七年，病死，葬於殷。這裏「帝一」代指虛危穴，即泥丸宮，見本書第五節口訣〈乾坤交媾圖〉。「存帝一之妙相」即內觀泥丸宮中的景象之意。⓱返三素於黃庭　三素，指紫、白、黃三色，為人身中的元氣。唐梁丘子注《黃庭內景經》：「三素者，紫素、白素、黃素也。常存三元妙氣，上下在身，則形神通感。」這裏泛指精氣神歸於黃庭穴。⑱火候之法二句　內丹中以文火表示運煉過程中不用意念而持續輕緩的呼吸，任其自然無為，為沐浴溫養之火。武火表示加強意念及呼吸的內煉方法。《修真全指》：「文火者，即呼吸之氣，微輕導引，沐浴溫養也。」「蓋武火者，即呼吸之氣，急重吹逼，採取烹煉也。」⑲成性存存　語出《易・繫辭上》：「天地設位，而易行乎其中矣。成性存存，道義之門。」此成性即是彼成性，也就是成天地者本乎人之性的意思，「存存」者，存性也，亦即孟子所說的「存心養性」。⑳綿綿若存　語出《老子・六章》：「玄牝之門，是謂天地根。綿綿若存，用之不勤。」這裏指氣息微弱，綿綿不斷，似有似無。㉑不得勤不得怠　與「勿忘勿助」都指火候功夫，指心息相依、不假人力又不放任的真息景象。㉒三月不違　語出《論語・雍也》：「子曰：回也，其心三月不違仁，其餘則日月至焉而已矣。」這裏指堅持不懈，持守內煉。㉓吾日三省　語出《論語・學而》：「曾子曰：吾日三省吾身。」這裏指內煉是要多次調息內運。㉔日知其所亡二句　語出《論語・子張》：「子夏曰：日知其所亡，月無忘其所能，可謂好學也已矣。」這裏也是指息息相依，不能有所停滯。㉕戒慎乎其所不覩二句　語出《中庸》。這裏指在思慮雜念萌芽之初，都要常存敬畏，雖不見聞，也不可須臾忽視。㉖必有事焉而勿正二句　語出《孟子・公孫丑上》。正，止。這是講養「浩然之氣」時說的。「勿忘勿助」後成為內丹火候法訣。㉗發憤忘食　與下文中的「樂以忘憂」，「不知老之將至云爾」都出自《論語・述而》：「葉公問孔子於子路，子路不對。子曰：女奚不曰，其為人也，發憤忘食，樂以忘憂，不知老之將至云爾。」這是孔子概括自己的人生過程。㉘至誠無息　語出《中庸》：「至誠無息，不息則久，久則徵。」意思是凡是誠心到極致則其息若無。

【語　譯】開始時運轉南方的離宮火，來鍛鍊北方的水中金，這就是用紅汞投向黑鉛，凝聚元神進入丹田生成大藥。如果現在運轉北方的水中金，來制約南方的火中木，這就是以黑見紅，凝聚元神進入上丹田而結成內丹。

所以張紫陽《悟真篇》中說：「依憑在坤位生成的大藥，種在乾家這個交感宮中。」

崔希範《入藥鏡》中說：「產在坤臍，種在乾頂。」

乾頂在上面作為鼎，坤臍在下面作為爐。如果不用武火烹煮鍛鍊，藥就不能出爐，如果不經過氣倒行向上運行，藥就不能上升到鼎內。鉛，本性沉重，如果不用火烹煉，怎麼能夠上升呢？汞，本性易於揮發，如果沒有鉛的制約，怎麼能夠凝結呢？所以說聚火之法，是最為重要的。

什麼是聚火之法？這個功法正是達摩、海蟾兩位祖師的吸、舐、撮、閉四字法訣。所謂吸，就是用鼻孔吸氣以接應先天的元氣。所謂舐，就是用舌頭頂住上腭來吸吮口中生出的津液。所謂撮，就是緊撮內提肛門、精氣輝輝往頂上升。所謂閉，就是閉嘴緘默垂下眼簾默默向內視聽，津液自然落到丹田中去了。

所以翠湖說：「下面肛門不閉撮，火就不能聚集金就無法上升。上面的眼耳鼻嘴等不關閉，大藥就不能凝聚金丹就無法結成。」

所以說聚火之法，是採取烹煉的第一要務。說到恍恍惚惚的狀態，是就採取的時機而言。說到用武火烹煉，是就採取的火候而言。說到「吸、舐、撮、閉」四字訣，是指烹煉的要旨而言。

採取之法，貴在把握好時機。不可太早，太早的話藥還太嫩容易揮散。也不可太遲，太遲了藥就太老而質硬。一定要等到鉛華吐白，玄珠成象，才是採取的好時機。

張紫陽說：「真鉛要在活子時一陽來復時急忙採取，藥太老了就無法採取了。」

張三丰說：「電光閃爍的時候尋找真種子，風聲來臨的時候就要去尋覓本宗。」

電光閃爍的時候，就是在窈冥之境出現之後，在恍恍惚惚之間，在一陽初動之時，在玄珠落入華池的時刻。這時要用《參同契》中所講的拘束禁門法訣，緊塞太玄，關閉任脈打開督脈。急忙用橐籥鼓動，用巽風吹動，用武火鍛鍊。火旺水就沸騰，水沸騰了河車就駕動，載著元氣上升到泥丸，同真汞配合。汞受到鉛的制約，也就不會飛散了。就這樣漸漸地抽取增添，漸漸地凝結。鉛自然會一天天減少，汞就會一天天增加。久而久之，鉛抽盡了汞也自然會乾了，陰氣盡了陽氣就變純了，到這時金丹大藥就煉成了。

煉這種大藥，別無他法，只是採取先天一點祖氣，作為煉金丹的母體。先師曾傳授給我這樣的話：「煉來自大梵天的祖氣，飛升附後金晶，存守帝乙中的妙相，精氣神三素都納入丹田。」這是口訣中的要訣。

學習丹道的人只知道鉛汞結合可以煉成金丹，而不知道採取、抽添、烹煉、火候都各有一定的次序和法度。一般來說是從採取入手，到抽添完成。中間過程全靠火候的調停功夫。

所以張紫陽說：「即使懂得什麼是鉛什麼是汞，不懂火候也是白費功夫。」

朱晦翁說：「假如前輩神仙不作《參同契》一書，火候功夫又從哪裏得知呢？」

薛道光說：「聖人只傳煉藥的方子卻從來不傳火候的秘訣，所以至今很少有人懂得火候的奧秘。不要把修煉神仙之道視為兒戲，需要從諸位神仙的隱語中仔細推敲。」

火候的方法，有文火和武火的區別，不可以混而為一。

「靜中陽動真金出礦，地下雷轟聚火逼金。」這是第四節中就火候而言的。

「藥爐要似守非守以此看火候，只求安定神息因任天然。」這是第六節中就火候而言的。

「陽時要用文火陰時要用武火絲毫不能有差錯，進退抽添要有所控制。」這是第五節中就火候而言的。

「先天之性的存養」這是儒家的火候口訣。

「綿長而微弱，若存若無」，這是道家的火候口訣。

「不能太勤，也不能懈怠」，這是佛家的火候口訣。

「堅持三月不違背」，這是顏回的火候口訣。

「我每天多次反省自己」，這是曾子的火候口訣。

「天天都要檢點自己有什麼過失，月月都不忘自己所能所作」，這是子夏的火候口訣。

「對於那些還沒有顯現於眼前的潛在的危險，要常戒備謹慎；對於那些還沒有被耳朵聽到的危險，要常恐懼警惕」，這是子思的火候口訣。

「一定要把它當成事而不能停止，心中不能忘記也不能人為的去助長」，這是孟子的火候口訣。

「發憤忘食」，這是孔子的武火口訣；「樂以忘憂」，這是孔子的文火口訣。

「不知道衰老就要來到」，這是表明誠心到極致則其息若無火候就精純了。火候精純，大丹也就煉成了，成聖作仙的功夫至此就完成了。

【說　明】採藥歸壺，指採取藥物以歸鼎爐的內煉功法。即《悟真篇》所說：「先把乾坤為鼎器，次搏烏兔藥來烹，既驅二物歸黃道，爭得金丹不解生。」採取藥物講求時候、斤兩、老嫩等，但往往是「聖人傳藥不傳火，從來火候少人知」。「人受天地中氣以生，原有真種，可以生生無窮，可以不生不滅，但人不能保守，日日消耗，卒至於亡。間知保守，又不知煅煉火法，終不堅固，易為造化所奪。苟能保守無虧，又能以火煅煉，至於凝結成丹，如金如玉，可以長生，可以不化。」所以「欲煉此丹，雖以藥物為主，欲採藥物，當在根本用功。何謂根本？吾身中太極是也」。

「採取口訣，烹煉工夫，但見其易，不見其難。此兩者，在人遇師與不遇師耳。」「欲求大藥為丹本，須認身中活子時」，關鍵在於把握恰當的時機，也即子時。子時是採取功夫中最關鍵的一環，然而「月之圓存乎口訣，時之子妙在心傳。」子時往往最難把握。子時有正子時、活子時之分，而活子時又有年月日等的不同，抓住子時又靈活運用是關鍵。

關於採取功夫，作者概括為「吸、舐、撮、閉」四字法訣，即所謂「拘束禁門」的功夫。在這個過程中，任督二脈交會之處的「虛危穴」具有非常重要的作用。〈採藥歸壺圖〉中列出此竅的多種異名，可見其隱秘程度。作者以大量篇幅載錄前輩各位真人有關採藥的口訣，以便相互印證。

「聚火載金」，即聚斂意火，駕動河車，載金上升泥丸的運藥過程，作者詳細介紹了「吸、舐、撮、閉」四字法訣的要領和注意事項。「乾居上為鼎，坤居下為爐。非猛烹極煅，則藥不能出爐，非倒行逆旋，則藥不能升鼎。……是以聚火之法，最為緊要也。」而「聚火載金」也即達摩、海蟾二祖師吸、舐、撮、閉四字訣，也就是閉任開督，運氣打通任督二脈的功夫。作者對此四字法訣逐一做了詳細介紹。「採取之法，貴乎知時。不可太早，太早則藥嫩易升。亦不可太遲，太遲則藥老成質。」所以採取過程火候是關鍵。火候有文武之分，作者從儒釋道三家的經典中分別載錄火候的要訣，便於融會貫通，深入理解。

乾坤交媾圖

崑崙頂
清虛府
上天關
交感宮
三摩地
最高峰
崆峒山
玄室
黃房
天宮
真際
土島
天根
玄門
彼岸
瑤池
泥丸
天谷
天堂
內院
紫府
寥天
帝乙
甑山
天符
玄都
祝融峰
太微宮
摩尼珠
上丹田
紫金城
流珠宮
玉京山
紫清宮
太淵池
坎離相交
水火既濟
鉛汞入鼎
迺生根蒂
翠微宮
圓覺海
中一宮
陀羅尼門
腦血之瓊房
魂精之玉堂
片晌工夫煉汞鉛
一爐猛火夜燒天
忽然神水落金井
打合靈砂月樣圓
地魄天魂日月精
奪來鼎內及時烹
秪行龜鬥蛇爭法
早是龍吟虎嘯聲
神水華池初匹配
黃芽白雪便分明
這些是飲刀圭處
漸漸抽添漸漸成
上釜土
月光鼎
般若岸
波羅蜜地
百靈之命宅
津液之山源

第五節口訣

乾坤交媾去礦留金 內附卯酉周天口訣

【題解】本口訣是九節口訣中的第五節，著重介紹了「乾坤交媾去礦留金」大周天功夫。指出「鉛汞是水火，水火是龍虎，龍虎是神氣，神氣是性命」。乾坤交媾的關鍵在於性命。在此基礎上附以「卯酉周天口訣」指出乾坤交媾是收外藥功夫，而卯酉周天是收內藥功夫，並強調了「目」在行卯酉周天功夫中的關鍵性。

予前以性命之統乎其中者❶而言之，乃上乘法也。予今以性命之歸乎其根者而言之，乃最上乘法也。夫以性命之統乎其中者，此道寥寥，自鍾呂而下，世鮮知之矣。況乎性命之歸乎其根者耶，而世之知之者為尤鮮矣。似此竅妙之奧，性命之微，若不複語重言，則學者難於悟入。

原人自父母未生以前，本體太虛❷而已矣，其余之所謂無極者乎。既而父母媾精而後，一點靈光而已矣，其余之所謂太極者乎。而一點靈光元從太虛中來者，我之元神也。由是而氣，由是而形。人惟知有此形氣已爾，美衣美食以奉養此身也，功名富貴以尊崇此身也。如此而生，如此而死，自以為得矣。而子思之所謂天命之性❸者，非惟不能知，亦且不願知也。而其所以不願知者，豈非孟子所謂不可以已而失其本心❹者乎？若能知所以，反而求之，以復還我太虛一氣之本初，一點靈光之舊物者，非此金丹大道而不可也。

然而金丹大道之秘，秘在性命兩字。性者，天也，常潛於頂。故頂者，性之根也。命者，海也，常潛於臍。故臍者，命之蒂也。經云：「性在天邊，命沉海底」是也。蓋天中之竅❺，圓而藏性，能通於地中之竅，故其貫也，則自上而下，直養而無害❻也。地中之竅，方而藏命，能通於天中之竅，故其貫也，則自下而上，直養而無害也。

孔子曰：「智者動，天圓之象也。仁者靜，地方之象也❼。」

天圓者何？圓陀之義也，乃性之所寄，為命之根矣。地方者何？方寸之義❽也，乃命之所係，為性之樞矣。性命混成，實非有兩。潛天而天，潛地而地。優優洋洋❾，無體無方。在眼曰見，在耳曰聞，在鼻辨香，在口談論，在手執捉，在足運奔。悟者知是佛性，迷者喚作精魂。

蓋佛性者，本性也。而所謂本性者，豈非是我本來之所自有之真性歟？真性者，天命之性也。以其不落邊際，故謂之中。以其一真無妄，故謂之誠。以其與物同體，故謂之仁。以其至尊無對，故謂之獨。混淪一箇，無欠無餘。及乎太極一判，兩儀始分，則輕清者騰而在上，重濁者沉而在下。於是坎宮有鉛，離宮有汞⑩。而向之所謂一物者，至此分而為二矣。

故薛紫賢《復命篇》云：「一物分為二，能知二者名。」這二者之名，丹經不敢漏洩，巧喻多端，萬字千名，不可勝計。

如論頂中之性者，喻之曰：汞也、龍也、火也、根也、魂也、日也、離也、乾也、己也、天也、君也、虛也、兔也、無也、主也、浮也、朱砂也、扶桑也、姹女也、崑崙也。

如論臍中之命者，喻之曰鉛也、虎也、水也、蒂也、月也、魄也、坎也、坤也、戊也、地也、臣也、實也、烏也、有也、賓也、沉也、水銀也、華嶽也、嬰兒也、曲江也。

至於陰中含陽，陽中藏陰，千言萬論，不過引喻二者之名耳。

故〈元皇訣〉曰：「鉛汞鼎中居，煉成無價珠。都來兩箇字，了盡萬家書。」

鍾離翁曰：「除卻汞鉛兩味藥，其他都是誑愚迷⑪。」

高象先曰：「夢謁西華⑫到九天，真人授我《指玄篇》。其中簡易無多字，只要教人煉汞鉛。」

馬丹陽曰：「鉛汞是水火，水火是龍虎，龍虎是神氣，神氣是性命。」

總來只是這兩箇字，兩箇字元只是一箇理。故盲修者，岐而二之⑬。若真修者，合而一之。合一者，煉氣而凝神，盡性而至命，烹鉛而乾汞⑭，取坎而填離。

【注釋】❶以性命之統乎其中者　即認為性命的關鍵是持守「中」，也即「一」。詳見元集〈大道說〉、〈性命說〉以及亨集第二節口訣〈安神祖竅翕聚先天〉等中的相關內容。❷太虛　「虛」或「太虛」是宇宙萬物的本源和歸宿，萬物由虛化生，又化還為虛。後文幾句話的意思，元集〈太極圖〉中有說：「凡人始生之初，一點靈光，而所以主張乎形骸者，太極也；父母未生以前，一片太虛，而所以不屬乎形骸者，無極也。」❸天命之性　也叫「天賦之性」，與「氣質之性」相對。「氣質之性」指與生俱來的自然屬性，是天賦之性的基礎；「天賦之性」指宇宙萬物共有的本性。宋明理學家認為，在有天地之前先有理存在，而後才有氣的流行。天賦之性至善至美，因為它合乎先天的理；氣質之性有善有惡，因為它雜有後天對氣的稟受，每個人稟受不同，性亦不同。元集〈八識歸元說〉中說「天命之性者，元神也；氣質之性者，識神也。故儒家有變化氣質之言，禪宗有返識為智之法。」〈九鼎煉心說〉中說「氣質之性日除，則天命之性自見矣。」❹不可以已而失其本心　語出《孟子・告子上》：「萬鍾則不辨禮義而受之，萬鍾於我何加焉！為宮室之美，妻妾之奉，所識窮乏者得我與？鄉為身死而不受，今為宮室之美為之；鄉為身死而不受，今為妻妾之奉為之；鄉為身死而不受，今為所識窮乏者得我而為之；是亦不可以已乎？此之謂失其本心。」孟子主張在魚和熊掌不可兼得的情況下，以捨生取義作為取捨的原則。如果欲望無止境，則會喪失人的本心。❺天中之竅　即上丹田，因在頭的頂部，所以異名中多以「天」、「頂」等比喻，如「崑崙頂」、「天宮」、「天根」、「天谷」、「天堂」、「天府」等，詳見〈乾坤交媾圖〉。下文的「地中之竅」即下丹田，因相對於上丹田「天」而言就是「地」，異名中多以「地」、「海」等比喻，如「氣穴」、「北海」、「氣海」、「生門」、「死戶」、「河車」、「曲江」等，詳見元集〈普照圖〉。

❻直養而無害　語出《孟子．公孫丑上》：「我善養吾浩然之氣。其為氣也，至大至剛，以直養而無害，則塞於天地之間。」內丹家以「直養而無害」作為重要的內煉之法。《還原篇闡微》：「及今心尚未動，急明直養之道，先藏於密，自然念中無念。精凝氣以成神，情歸性而大定，則結為丹頭，不虞滲失。孟子所謂『以直養而無害也。』」❼智者動四句　語出《論語．雍也》：「智者樂水，仁者樂山。智者動，仁者靜。智者樂，仁者壽。」智者知微察幽、遠見卓識，動而飄逸，象徵圓陀陀之天；仁者胸羅萬象、寵辱不驚，靜而端莊，象徵居於方寸之地。❽方寸之義　一寸見方，比喻極小的地方。一般用來比喻心，內丹多用此意。❾優優洋洋　悠閒灑脫的樣子。優優，寬和的樣子。❿坎宮有鉛二句　坎宮，也叫「蟾宮」，原是月的別名。坎宮即元氣所居之宮。腎主水，因水在〈後天八卦圖〉中居坎位，故腎以坎宮喻之。「坎宮有鉛」指水中金，也叫「水中月」。本書元集〈蟾光說〉：「月者，喻元性也。水，喻坎宮也。」指元陽真氣，居於腎中，而腎為坎宮。離宮，即心神所居之宮，心主火，八卦中以離為火，因火在〈後天八卦圖〉中居離位，故心稱離宮。「離宮有汞」即元神居於心中。⓫詿愚迷　欺騙愚昧迷惑之人。詿，欺騙；迷惑。⓬西華　即五嶽之一的西嶽華山。⓭岐而二之　一分為二。岐，通「歧」。分支；分岔。⓮烹鉛而乾汞　即下句「取坎填離」。詳見前注。

【語　譯】我在前面闡述性命時把它統歸於一個「中」字上，這已經屬於上乘法。現在我把性命統歸到「根」上來立論，這是最高的上乘法。把性命統歸到一個「中」字上，真正懂得此道的人已經很少了，自鍾離權、呂洞賓以後，世人已經很少有人知道了。更何況把性命統歸到本根的層面上，恐怕世人更少有人知道了。像這類訣竅的奧妙，有關性命的微言大義，如果不一而再、再而三的加以解說，學道的人是很難開悟入門的。

上推到人在父母未生以前，本來只體現為一片太虛而已，這就是我們所說的無極狀態吧。隨即在父母交合之後，也不過是有一點靈光而已，這就是我們所說的太極狀態吧。而那一點靈光，原本是從太虛中來的，也就是人身中的元神。由此而產生了氣，由此而產生了形體。人們只知道有這個形、氣組成的肉身而已，用華麗的服飾、美味佳餚來奉養的就是這個肉身，用功名富貴來使之顯得尊貴的也是這個肉身。就這樣過完一生，就這樣直到死去，自以為很滿足了。至於子思所說的天命之性，這些人不只是無法理解，甚至根本就不願去考慮。他們之所以不願去考慮這個問題，難道不正是孟子所說的由於欲望無止境以至於最終喪失其本心的那種情況嗎？如果能夠懂得其中的道理，反身而求之於自己的本心，恢復到一片太虛之氣的本初狀態，返回到一點靈光的本來之物，這除了修煉金丹大道別無他途。

然而金丹大道的奧秘，就隱在「性命」兩個字中。所謂性，比喻為天，往往潛藏在人的頭頂。所以說頭頂處就是性的根蒂。所謂命，比喻為海，往往潛藏在臍中。所以說臍就是命的根蒂。丹經上說：「性上居天邊，命下沉海底。」指的就是這個意思。「天」中的這個關竅，圓陀陀是藏性的地方，並能夠與「地」中的關竅相通，所以上下貫通時，是自上而下，順性蓄養而不要妨害它。「地」中的這個關竅，方寸之地是藏命的地方，並能夠與「天」中的關竅相通，所以上下貫通時，是自下而上的，順性蓄養而不要妨害它。

孔子說：「智者好動，是圓陀陀之天的象徵。仁者喜靜，是方寸之地的象徵。」

天圓的「圓」是什麼意思？是圓陀陀的意思，是性寄居的地方，是命的根蒂。地方的「方」是什麼意思？是方寸的意思，是命繫結的地方，是性的中樞。說性和命混二為一，實際上並不是有兩種東西。它潛藏於天就是天，潛藏於地就是地。悠悠洋洋，沒有形體也沒有固定的地方。出現在眼睛裏就叫作見，出現在耳朵裏就叫作聽，出現在鼻子裏就能夠分辨氣味，出現在口中就能談論，出現在手中就能夠提拿，出現在腳上就能行走奔跑。悟者深知這就是佛性，迷者誤以為只是精魂。

所謂佛性，就是本性。而所謂本性，難道不正是本來自有的真性嗎？所謂真性，就是天命之性。因為它不落於兩個極端，所以稱為「中」。因為它真實而無一絲妄為，所以稱為「誠」。因為它同萬物混然一體，所以稱為「仁」。因為它至尊至貴獨一無二，所以稱為「獨」。它是渾然成為一個整體，既沒有虧損也沒有盈餘。等到太極開始判分，兩極開始分離，輕盈清純的就升騰到上面，沉重混濁的就沉落到下面。於是坎宮中有了鉛，離宮中有了汞，而在這之前所說的那個混沌一體，至此就一分為二了。

所以薛紫賢在《復命篇》中說：「一體分成兩個，能知道這兩個的名稱。」這兩個的名字，丹經中不敢輕易洩漏，只多端使用各種巧妙的比喻，起了成千上萬個異名，多得無法計數。

比如說到頭頂上丹田中的性，把它比喻為汞、龍、火、根、日、魂、離、乾、己、天、君、虛、兔、無、主、浮、硃砂、扶桑、姹女、崑崙等等。

比如說到臍中下丹田中的命，把它比喻為鉛、虎、水、蒂、月、魄、坎、坤、戊、地、臣、實、烏、有、賓、沉、水銀、華嶽、嬰兒、曲江等等。

至於說到陰中含陽，陽中藏陰，千言萬語，不過是用來比喻「性命」這二者的名字罷了。

所以〈元皇訣〉中說：「鉛汞居於鼎中，煉成無價寶珠。總共就是性命這兩個字，完全窮盡了成千上萬本丹經中的秘訣。」

鍾離權說：「除了汞和鉛這兩味藥，其他的說法都是欺騙愚蠢迷惑之人的。」

高象先說：「夢中朝拜西嶽華山登上九天，有真人授給我《指玄篇》一書。其中的內容很簡要沒有多少字，只是教人要煉汞鉛而已。」

馬丹陽說：「鉛汞就是水火，水火就是龍虎，龍虎就是神氣，神氣就是性命。」

總共就是性命這兩個字，這兩個字原本就只是一個道理。所以盲修瞎煉之徒，把性命一分為二；如果是真正修煉的人，就要合二為一。懂得合二為一的人，就通過煉氣而凝神，盡性而了命的功夫，烹煉鉛來使汞乾，取坎中的陽來填補離中的陰。

蓋離中靈物號曰流珠❶，寓神則營營❷而亂思，寓精則持盈而難保。所以葛仙翁作〈流珠歌〉，嘆其難馭而易失也。豈不觀魏伯陽云乎：「太陽流珠，常欲去人。卒得金華，轉而相因。」又曰：「河上姹女，靈而最神。將欲制之，黃芽為根。」曰金華，曰黃芽，皆指真鉛而言。真鉛者，乃太陰之精也。曰流珠，曰姹女，皆指靈汞而言。靈汞者，乃太陽之氣也。

然此靈汞，其性猛烈，見火則飛走無踪，不得真鉛，何以制伏？故紫陽曰：「要須制伏覓金公。」金公者，鉛字也❸。蓋鉛自曲江而來，穿夾脊、徹玉京❹，斡旋沂流，直上泥丸。雖名抽鉛添汞，實是還精補腦❺。

丹經云：「欲得不老，還精補腦。」

《翠虛篇》云：「天有七星地七寶❻，人有七竅權歸腦。」

《太古集》云：「金丹運至泥丸穴，名姓先將記玉都❼。」

《法寶遺珠》云：「識得本來真面目，始知生死在泥丸。」

《黃庭經》云：「泥丸百節皆有神。」又云：「腦神精根字泥丸。」又云：「一面之神宗泥丸，泥丸九真皆有房。方圓一寸處此中，但思一部壽無窮。」所謂方圓一寸者，即釋迦摩頂受記❽之處也。此處乃玄中之玄，天中之天，鬱羅蕭臺❾，玉山上京，腦血之瓊房，魂精之玉室，百靈之命宅，津液之山源。此正在兩耳交通之穴，前明堂，後玉枕，上華蓋❿，下絳宮，北極太淵之中，乃真一元神所居之室也。

昔黃帝上峨嵋山，見天真皇人⓫於玉堂，請問真一之道⓬。皇人曰：「此道家之至重其經，上帝秘在崑崙五城之內，藏以玉函，刻以金札，封以紫泥，印以中章。吾聞之經云：『一在北極太淵之中，前有明堂，後有玉枕，上有華蓋，下有絳宮。巍巍華蓋，金樓穹窿。左罡右魁[13]，激波揚空。紫芝被崖，朱草朦朧。白玉嵯峨，日月垂光。歷火過水，經玄涉黃。城闕交錯，帷帳琳琅。龍虎列衛，神人在傍。不施不與，一安其所。不遲不疾，一安其室。能暇能預，一乃不去。守一存真，一乃通神。少欲約食，一乃留息。白刃臨頭，思一得生。知一不難，難在於終。守之不失，可以無窮。』此真一秘旨之略[14]也。」

故《道德經》曰[15]：「天得一以清，地得一以寧，神得一以靈，谷得一以盈，萬物得一以生，王侯得一以為天下貞。」

所謂神以知來，知以藏往也。所謂大而化之之謂聖，聖而不可知之之謂神也。分之為二，陰陽之根柢也。分之為五，五行之樞紐也。又分之為八，八八六十四，而為《河圖》之數也。又分之為九，九九八十一，而為〈洛書〉之數也。又散之為萬，生生化化，萬物之綱維也。

羲、文得其一，而《周易》興焉[16]。禹、箕得其一，而〈洪範〉疇焉[17]。周茂叔得其一，而〈太極圖〉[18]焉。邵堯夫得其一，而《經世》作焉[19]。老子得其一，而萬事畢焉。釋迦得其一，而萬法歸焉。歸根者，歸此也。復命者，復此也。

《西昇經》曰：「人能守一，一亦守人。思一至饑，一與之糧。思一至渴，一與之漿。」

《靈樞經》曰：「天谷元神，守之自真。」又曰：「子欲長生，抱一當明。」又曰：「抱一守真，神自通靈。」

人能握神守一於本宮，則真氣自昇，真息自定，真精自朝，靈苗自長，天門自開，元神自現。頂竅開而竅竅齊開，元神居而神神聽命。神既居其竅而不散，則人安得而死乎？即《黃庭經》所謂「子欲不死修崑崙」是也。

故丘處機云：「久視崑崙守真一，守得摩尼[20]圓又赤。清虛浩曠陀羅門[21]，萬佛千仙從此出。」

《還元篇》云：「悟道顯然明廓落，閑閑端坐運天關[22]。」

此是根本功夫，頭腦[23]學問，撥天關之手段，脫死籍之靈章[24]。此道上蒼所秘，古今仙佛皆不敢明言。真所謂「千人萬人中，一人兩人知」者也。玄哉！玄哉！更有言不盡的口訣。

【注　釋】❶流珠　即離宮中的汞，喻心中之元神。流珠比喻汞的流動性，汞性輕浮，躁而易失，借指人身之靈性虛靈莫測。下句中做了詳解：「曰流珠，曰姹女，皆指靈汞而言。靈汞者，乃太陽之氣也。」❷營營　來來往往的樣子。❸金公者二句「鉛」字的象形可以看作是「金」、「公」兩字組合而成，所以「金公」即鉛的異名。❹玉京　即玉枕關。❺還精補腦　內丹小周天「取坎填離」，大周天「抽鉛添汞」的功夫，都屬於「還精補腦」的功夫。精，即元精。內丹術用真意採運元精沿督脈逆行，穿夾脊，過玉枕，入泥丸，與元神凝合。內丹所說的還精補腦，實際上就是從自我調節人的性激素及內分泌入手，通過增強人的性功能來恢復大腦的青春活力。❻天有七星地七寶　七星即天上的北斗七星；地上七寶，佛教諸經所說的略有不同，《般若經》所說的七寶是金、銀、琉璃、珊瑚、琥珀、硨渠、瑪瑙。《法華經》所說的七寶是金、銀、琉璃、硨渠、瑪瑙、真珠、玫瑰。《阿彌陀經》所說的七寶是金、銀、琉璃、玻璃、硨渠、赤珠、瑪瑙。❼玉都　《黃庭內景經》：「閉塞命門保玉都」。梁丘子注：「身為玉都，閉丹田命門保精也。元陽子曰：命門者，下丹田，精氣出入，神之處也。身為玉都，神聚其所，猶都邑也。」❽摩頂受記　佛家語。摩頂是佛用手撫摩弟子之頂，授記是授將來成佛的預記。❾鬱羅蕭臺　與下句中的「玉山上京」都是傳說中神仙所居之處。鬱羅蕭臺位於清微天玉清境，傳說為元始天尊升座之臺。玉山上京也叫「玉京」，即神仙所居的天上宮闕，道教稱玉京位於無為之天，為神仙中三十二帝所居之都。這裏「玄中之玄，天中之天，鬱羅蕭臺，玉山上京，腦血之瓊房，魂精之玉室，百靈之命宅，津液之山源」與下面的「北極太淵」都是形容「方圓一寸」之處的異名。❿華蓋　指泥丸宮。《元始無量度人上品妙經內義》：「華蓋也名圓蓋，乃百關總會之穴，萬神朝宗之所，即泥丸腦際是矣。」⓫天真皇人　《歷世真仙體道通鑒》中稱其為前劫修真得道的遠古仙人。體貌詭異奇偉，身長九尺，且黑毛披體。軒轅黃帝時，曾隱跡峨嵋山，以蒼玉築室居於絕壁之下。黃帝曾前往拜見問道，授之以「五牙三一之文」。後又於峨嵋山腳下再遇黃帝，授以《太上靈寶度人經》。⓬真一之道　這裏的「真一之道」即「三一之道」，也就是道教的「守一之道」。道教一些經書認為，精氣神為人體生命不可或缺的三個要素，是由一（或道）所生且合而為一者，故守一即守精氣神三者，又稱守三一。《太平經》云：「三氣共一，為神根也。一為精，一為神，一為氣。此三者，共一位也，本天地人之氣。神者受之於天，精者受之於地，氣者受之於中和，相與共為一道。……故人欲壽者，乃當愛氣尊神重精也。」《太平經聖君秘旨》云：「欲壽者當守氣而合神，精不去其形，念此三合以為一。」《道教義樞》卷五引〈洞神經三寰訣〉云：「一者精氣神也。釋曰：精神氣三混而為一。……亦曰夷希微。」另外，一些道書又稱三一為三丹田，故守一、守三一即為守三丹田。《太平經聖君秘旨》云：「夫欲守一，乃與神通，安臥無為，反求腹中。」《雲笈七籤》卷三三「守一」云：「夫守一之道，眉中卻行一寸為明堂，二寸為洞房，三寸為上丹田，中丹田者心也，下丹田者臍下一寸二分是也。」《三元真一經》云：「真人所以貴一為真者，上一為一身之天帝，中一為絳宮之丹皇，下一為黃庭之元王，并監統身中二十四氣，……若能守之彌固，則三一可見。」此外，還有守真一、守玄一之說。所謂守真一，《三元真一經》云：「氣結為精，精感為神，神化為嬰兒，嬰兒上為真人，真人升為赤子，此真一也。」《道樞・虛白問篇》則曰：「真一者，在北極太淵之中，其前有明堂，其後有絳宮，於是華蓋金樓，左杓右魁，龍虎分衛焉。」所謂玄一，《抱朴子・內篇・地真》云：「守玄一，并思其身，分為三人，三人已見，又轉益之，可至數十人，皆如己身，隱之顯之，皆自有口訣，此所謂分形之道。」據此，所謂守真一、玄一，或許是守一時所存守的某個真人、仙境之狀貌或顯現的某種幻覺。⑬左罡右魁　罡、魁都是星名。罡即天罡，也叫杓，北斗七星形成斗柄的三星。魁，北斗七星中形成斗星的四顆星。《晉書・天文志》：「魁四星為璇璣，杓三星為玉衡。」⑭此真一秘旨之略　以上這段是典型的道教隱語，以自然界的現象比喻內丹修真守一之道的內觀景象，當深思，不可拘泥於所舉物象。如崑崙就是上丹田的異名，「日月」、「水火」、「玄黃」等都是內丹內煉術語，詳見前注。⑮道德經曰　以下這段引文出自《老子・三十九章》。詳見前注。⑯羲文得其一二句　傳說伏羲、文王根據〈河圖〉〈洛書〉制八卦，後來演成《周易》。⑰禹箕得其一二句　據說禹在治水時上天所賜「洪範九疇」（傳為箕子作），《尚書・洪範》中稱，大禹傳〈洪範〉，定「常道倫理之次敘」，開「天尊地卑」之濫觴，依「洪範九疇」治水。後聖禹、湯、文、武、周公等以之為「天地大法」。⑱周茂叔得其一二句　周茂叔即宋代周敦頤，傳〈太極圖〉是他所作。⑲邵堯夫得其一二句　邵堯夫即邵雍，作《皇極經世書》一書。⑳摩尼　又作末尼。意譯作珠、寶珠。為珠玉之總稱。佛教傳說摩尼有消除災難、疾病的功能。這裏比喻內丹。㉑陀羅門　陀羅，佛教傳說中的山名。一般以陀羅門泛指佛門。這裏指崑崙穴，即上丹田。㉒天關　這裏指崑崙穴，也即上丹田。㉓頭腦　首要、第一重要的意思。㉔靈章　即靈文。道教齋醮儀式中向神祇稟奏祈求保佑的書文。這裏指明了以上法訣則可以出離生死簿，就如靈文一般有效。

【語　譯】 離宮中的靈物號稱「流珠」，神寄居其中則不停的胡思亂想。精寄居其中過於滿盈反而難以保全。所以葛仙翁寫了〈流珠歌〉，感嘆它難以駕馭容易散失的本性。難道沒有聽魏伯陽也這麼說嗎？「太陽流珠，不時的要離人而去。最後因得了金華，反而互相依賴難分。」又說：「河上姹女，靈妙而最為神奇。想要制伏它，黃芽是根本。」所謂「金華」，所謂「黃芽」，都是指真鉛而言。所謂真鉛，就是太陰（月）之精。所謂「流珠」，所謂「姹女」，都是指靈汞而言。所謂靈汞，就是太陽之氣。

但是這個靈汞，本性猛烈，遇到火就揮發得無影無蹤，要沒有真鉛，怎麼能制伏它呢？所以張紫陽說：「要想制服就要尋找金公。」所謂「金公」，就是鉛。真鉛從下丹田而來，穿過夾脊，透過玉枕，盤旋逆流而上，直達泥丸。雖然叫做抽鉛添汞，實際上是還精補腦的功夫。

丹經上說：「要想不老，還精補腦。」

《翠虛篇》中說：「天上有北斗七星地上有七種寶玉，人有七竅都歸大腦控制。」

《太古集》中說：「金丹運送到泥丸宮，名姓卻在玉都就已經先記了。」

《法寶遺珠》中說：「認識到人本來的真面目，才知道生死的關鍵在泥丸穴。」

《黃庭經》中說：「泥丸穴中所有關鍵部位都有神主宰。」又說：「主宰腦的神和元精之根關鍵在於泥丸。」又說：「各個部位的神都以泥丸為本宗。泥丸中九位真人都有各自的洞房，方圓一寸就處在其中，只要存思這一處就可長生。」

所謂「方圓一寸」，就是釋迦牟尼摩頂受記的地方。這個地方是玄妙中最玄妙的地方，是天上的天，是鬱羅蕭臺，玉山上京，是腦血的瓊房，魂精的玉室，百靈的命宅，津液的山源。這裏正是兩耳相互交通的穴位，前面是明堂，後邊是玉枕，上面是華蓋，下面是絳宮，北極大洲之中，就是真一元神所居住的地方。

過去黃帝登上峨嵋山，在玉堂拜見天真皇人，請教真一之道。皇人回答說：「這是道家最重要的經書。由上帝秘藏在崑崙的五城之中，用玉盒封裝，盒上刻上金字，用紫泥封上，蓋上了官印。」我曾聽道經上說：「真一的『一』在北極大淵之中，前有明堂，後有玉枕，上有華蓋，下有絳宮。巍峨華蓋上面，像穹隆中的金樓。左邊是罡星右邊是魁星，波浪激盪揚上空中。紫芝披滿山崖，朦朧中見朱草。白玉巍峨聳立，日月大放光芒。歷經水火，涉足玄黃。城闕相互交錯，帷帳琳琅滿目。龍虎列隊保衛，神人侍立一旁。既不施加也不給予，『一』才能安坐其所。既不慢也不快，『一』才能安居其室。既能有為又能無為，『一』才不會離去。守一存真，『一』才可以通神。遏制欲念節制飲食，『一』才會停息。就算利劍架在頭上，存思『一』就可以重生。知曉『一』的奧妙並不難，難在於始終如一的存思。固守著『一』而不要失去，就可以壽命無窮。」

這就是真一之道奧秘的大體內容。

所以《道德經》上說：「天得一則清明，地得一則寧靜，神得一則靈妙，山谷得一則充盈，萬物得一則可以生長，王侯得一則天下歸正道。」

這就是所謂神妙得足以預知未來，聰慧得足以含藏過去。這就是所謂推而廣之化育萬物就叫作聖。聖明得使人都無法認識它就叫作神。它化分為二，就是陰陽的根本。它化分為五，就是五行的樞紐。又可以化分為八，八八六十四，正是〈河圖〉中的變數。還可化分為九，九九八十一，正是〈洛書〉中的變數。還可以分散成萬，生生化化無窮，正是萬物各自不斷繁衍化育的法度。

伏羲、文王得了這個「一」，《周易》就產生了。大禹、箕子得了這個「一」，〈洪範〉九疇就成了天地大法。周敦頤得了這個「一」，就有〈太極圖〉產生。邵雍得了這個「一」，就作了《皇極經世書》一書。老子得了這個「一」，就將萬事都歸為這個「一」。釋迦牟尼得了這個「一」，就把萬法都歸為這個「一」。所謂「歸根」，就是歸到這個「一」。所謂「復命」，也就是復返到這個「一」。

《西昇經》上說：「人能固守這個『一』，『一』也就不離人。存思『一』的奧妙時飢餓了，『一』能提供食糧充飢，存思『一』到口渴之時，『一』能提供甘漿解渴。」

《靈樞經》上說：「天谷裏的元神，能夠固守就可以到達真境界。」又說：「若要長生不老，抱守住『一』就能了當。」又說：「抱一守真，心神自然可以通靈。」

人倘若能夠握固元神固守「一」不使其外馳，那麼真氣自然會上升，真息自然會靜定，真精自然會上朝積聚於頂，靈苗自然會生長，天門自然會開啟，元神自然會顯現。頂竅一開則所有的竅穴都相應的打開。元神穩居其位則所有的神都聽它指揮。既然元神居於自己的竅穴中不外馳，那麼人怎麼會死呢？這就是《黃庭經》上說的：「你如果想長生不死就修煉上丹田。」

所以丘處機說：「久視上丹田保守真一，直守到摩尼珠又圓又紅。清靜虛空浩蕩空曠的陀羅門，萬佛千仙就是從這裏產生。」

《還元篇》中說：「悟道顯然要明瞭清靜的道理，舒閒地端坐運轉天關。」

這是根本的功夫，是首要的學問，是撥開天關的手段，是出離生死簿的靈文。此道是天機秘不可傳，古今的仙佛都不敢明說。正如詩所說「千人萬人中，一人兩人知」。玄妙啊，玄妙啊。更有言說不盡的口訣。

再一叮嚀，當其真鉛入鼎之時，須要驅除雜念，奮速精神，目視頂門，用志不分。霎時龍虎交戰，造化爭馳。雷轟電掣，撼動乾坤。百脈悚然，九宮❶透徹。金晶❷灌頂，銀浪沖天。紫陽所謂「以黑而變紅，一鼎雲氣濃。」少頃，玉鼎湯溫，金爐火散❸。黃芽遍地，白雪漫天。夫唱婦隨，龍吟虎嘯。陰戀陽魂，陽抱陰魄。鉛精汞髓，凝結如珠。玉蟾所謂「夫婦老相逢，恩情自留戀。」此際玄珠成象，礦去金存，而一點金液，復落於黃庭舊處矣。

斯時也，溶溶然❹如山雲之騰太虛，霏霏然似膏雨之遍原野，淫淫然若春雨之滿澤，液液然象河水之將釋。百脈沖和而暢乎四體，真箇是「拍拍滿懷都是春」也。

見此效驗，即行卯酉周天❺，進陽火，退陰符，使東西會合，南北混融，則四象五行攢簇一鼎❻，混有靈於天谷，理五氣於泥丸也。

高象先云：「玄珠飛到崑崙上，子若求之憑罔象❼。」

《河車歌》云：「兩物[8]擒來共一爐，一泓神水結真酥[9]。」

《指玄篇》云：「必知會合東西路，切在沖和上下田。」

陳泥丸云：「白虎[10]自茲相見後，流珠那肯不相從？」

段真人云：「四象五行攢簇處，乾坤日月自然歸。」

《漸悟集》云：「因燒丹藥火炎下，故使黃河水逆流[11]。」

《純粹吟》云：「子午爐前分進退[12]，乾坤鼎內列浮沉。」

《玄奧集》云：「金情木性相交合，黑鉛紅汞自感通。」

雲房真人云：「驅回[13]斗柄玄關理，斡轉天關萬象通。片晌虎龍頻鬥罷，二物相交頃刻中。」

《指玄篇》云：「奔歸氣海名朱驥[14]，飛入泥丸是白鴉。昨夜虎龍爭戰罷，雪中微見月鉤斜。」

《醒眼詩》云：「木金間隔各西東，雲起龍吟虎嘯風。二物寥寥天地迴，幸因戊己[15]會雌雄。」

陳泥丸云：「子時氣到尾閭關，夾脊河車透甑山[16]。一顆水晶入爐內，赤龍含汞上泥丸。」

《翠虛篇》云：「醉倒酣眠夢熟時[17]，滿船載寶過曹溪。一纔識破丹基後，放去收來總是伊。」

古仙歌云：「水銀一味是仙藥，從上傳流伏火難[18]。若遇河車成紫粉，粉霜一吐化金丹[19]。」

《玄奧集》云：「移將北斗過南辰[20]，兩手雙擎日月輪。飛趁崑崙山上出，須臾化作一天雲。」

陰長生云：「夜深龍吟虎嘯時，急駕河車無暫歇。飛精運上崑崙頂，進火玉爐烹似雪。」

張元化云：「沂流一直上蓬萊，散在甘泉潤九垓[21]。從此丹田沾潤澤，黃芽遍地一齊開。」

《原道歌》云：「妙運丹田須上下，須知一體合西東。幾回笑指崑山上，夾脊分明有路通。」

《玄奧集》云：「獨步崑崙望窈冥，龍吟虎嘯甚分明。玉池常滴陰陽髓，金鼎時烹日月精。」

《群仙珠玉》云：「一點丹陽事迥別，須向坎中求赤血[22]。捉來離位制陰精，配合調和有時節。」

《金丹集》云：「河車搬運上崑山，不動纖毫到玉關[23]。妙在入門牢閉鎖，陰陽一氣自循環。」

〈無一歌〉云：「到此得一[24]復忘一，可與元化同出沒。設若執一不能忘，大似痴貓守空窟。」

白玉蟾云：「汞心煉神赤龍性，鉛身凝氣白虎命[25]。內外渾無一點陰，萬象光中玉清鏡。」

《純陽文集》云：「盜得乾坤祖，陰陽是本宗。天魂生白虎，地魄產青龍。運寶泥丸住，搬精入上宮[26]。有人明此法，萬載貌如童。」

抱一子〈顯道圖〉云：「造道原來本不難，工夫只在定中間。陰陽上下常升降，金水周流自返還。紫府[27]青龍交白虎，玄宮地軸[28]合天關。雲收雨散神胎就，男子生兒不等閒。」

《玄奧集》云：「要識玄關[29]端的處，兒女笑指最高峰。最高峰，秀且奇，彼岸蒙蒙生紫芝[30]。只此便是長生藥，無限修行人不知。」

許宣平〈玄珠歌〉云：「天上日頭地下轉，海底嬋娟[31]天上飛。乾坤日月本不運，皆因斗柄轉其機。人心若與天心合，顛倒陰陽止片時。虎龍戰罷三田靜，拾取玄珠㉜種在泥。」

《群仙珠玉歌》云：「鉛思汞，汞思鉛，奪得乾坤造化權。性命都來兩箇字，隱在丹經千萬篇。」

【注釋】❶九宮　即頭部九宮，或腦部九宮、上丹田九宮。務成子注《黃庭內景經》中「方圓一寸處此中」句時說：「房有一寸，故腦有九宮」。至於九宮的具體部位，務成子引《大洞經》所說：「兩眉間卻入一寸為明堂宮，卻入二寸為洞房宮，卻入三寸為丹田宮，也叫泥丸宮，卻入四寸為流珠宮，卻入五寸為玉帝宮，明堂上一寸為天庭宮，洞房上一寸為極真宮，丹田上一寸為玄丹宮，流珠上一寸為太皇宮。」本書第三節口訣中「紫中道人答問」中也說：「白祖云：唯人頭有九宮，中一宮名曰谷神，神常居其谷。」❷金晶　與下句中的「銀浪」都指上升聚於頂部的真氣。❸玉鼎湯溫二句　這句跟以下幾段都是描述乾坤交媾去礦留金內煉功夫的景象。內丹家以丹田為鼎爐，以黃芽為鉛，白雪為汞，以汞求鉛，尋黃芽於土，尋白雪於壬，初煉感應土氣而成黃芽，久煉感應金氣而成白雪，二氣相感，雪山吐芽，而結成丹。❹溶溶然　寬廣、盛大的樣子。與以下各句都是描述內煉景象。霏霏然，雨飄落的樣子。淫淫然，雨不停的樣子。液液然，水暢旺的樣子。❺卯酉周天　即金木併，左右升降，進火退符，東西交併之功。下節「卯酉周天口訣」有詳細解釋。❻四象五行攢簇一鼎　即四象和合、五行攢簇。詳見前注。❼罔象　忘掉形象。本書第四節口訣中說：「罔象者，忘形之謂也。必忘形罔象，然後先天一氣可得。」❽兩物　即真陰真陽、元神元精、真鉛真汞。❾真酥　原指從牛羊等乳中提取的精華，即從牛出乳，從乳出酪，從酪出生酥，從生酥出熟酥，從熟酥出醍醐，而醍醐最為上藥。這裏真酥比喻大藥生成，金丹產生。❿白虎　指元氣，後句的「流珠」指元神。詳見前注。⓫黃河水逆流　即大藥產生後，在意的作用下，元氣沿督脈而上升泥丸的過程，比喻為「黃河水逆流」。⓬子午爐前分進退　即所謂「子進陽火」、「午退陰符」的火候功夫。⓭驅回　與下句中的「斡轉」都是逆行、顛倒的意思。⓮朱驥　這裏「朱驥」和下句中的「白鴉」分別代指汞（元神）、鉛（元氣）。⓯戊己　即戊土己土，即真土，也叫真意。⓰甑山　指離峰。一般比喻鼎爐，即丹田。清淨丹法的離峰為頭頂的泥丸宮。甑，煮食用的陶製炊具。⓱醉倒酣眠夢熟時　即「一陽生」、「一陽來復」、「活子時」，內丹家借以表示起火煉丹之候，一陽始生之時就是「立丹基」之時。下句「滿船載寶過曹溪」比喻子時陽氣到尾閭關，曹溪指尾閭關。⑱水銀一味是仙藥二句　汞性輕浮，易上浮，所以很難制伏，須得靠本性沉重的真鉛才能制伏。⑲若遇河車成紫粉二句　紫粉，即紫金，又稱「紫光」、「紫光明」，為金丹法象。金丹由黑鉛紅汞煉製而成，兼有黑鉛紅汞之色，所以金丹也叫「紫金丹」。⑳移將北斗過南辰　即前面所說的撥轉斗柄，撥轉斗柄暗含內丹逆轉之機，「移將北斗過南辰」實際上就是指取坎填離功夫。下句中的「日月」指神氣。㉑泝流一直上蓬萊二句　元精逆流而上直至丹田，所產生的津液潤澤全身。蓬萊，即今山東省蓬萊山，古代傳說中的「三神山」（方丈、瀛洲、蓬萊）之一，傳說上面有仙人及長生不死藥。這裏指蓬萊島，丹田的異名。甘泉，即煉精化氣、任督運轉之際所產生的口中津液。九垓，這裏指全身。垓，極遠之地。㉒須向坎中求赤血　即取坎中之一陽。赤血，這裏指陰中之陽。㉓玉關　即玉枕關，後三關中的上關，為背後督脈的上端，是三關難通之地，故丹家稱過此關須得「牛車」，意謂非牛之力過不去。㉔得一　語出《老子．三十九章》：「昔之得一者：天得一以清，地得一以寧，神得一以靈，谷得一以盈，萬物得一以生，侯王得一以為天下貞。」老子的「得一」、「守一」、「報一」以及孔子的「執一」等都成為道教內丹內煉的基本功夫。「一」在宇宙創生之始為道之根，在人生命降生之初為氣之始，在人體中為心之主，在內丹功法中為元氣生發之處。「得一」後要順其自然，似守非守，即所謂「忘一」，而不能「執一」，即死守。㉕汞心煉神赤龍性二句　汞、神、龍都指元神，鉛、氣、虎都指元氣。這兩句是指鉛汞相遇、身心合一、神氣相合、龍虎交媾、性命相交的功夫。㉖上宮　即上丹田。此句指河車搬運，氣上丹田。㉗紫府　也稱「泥丸宮」、「天宮」，即上丹田。後句中的「天關」也指上丹田。㉘玄宮地軸　應指尾閭關。玄宮，又稱「元宮」，內煉時入靜得氣後身中出現的虛穴，位置多在中丹田附近，有的丹書即認為是中丹田或黃庭，為結丹之地。㉙玄關　即上丹田。下句中「最高峰」、「彼岸」都是上丹田的異名。詳見元集〈反照圖〉。㉚紫芝　一種靈芝草，菌類植物，可入藥。這裏比喻內丹。㉛嬋娟　月亮，這裏指元精元氣。㉜玄珠　指煉成之內丹。

【語　譯】再叮嚀一下：當真鉛進入丹鼎的時候，必須驅除雜念，振奮精神，目光內視頂門，心志靜定不分。霎時元神元氣交合，造化爭馳。雷鳴電閃，撼動乾坤。百脈悚然，頭頂九宮相互透徹。金晶從頂部向下灌，銀浪從下沖向頂部。這就是張紫陽所說的：「從黑變成了紅，鼎中真氣濃。」

過了一會，玉鼎中的藥湯溫度開始下降，金爐中的火也開始散滅。黃芽遍地，白雪漫天。夫唱婦隨，龍吟虎嘯。陰陽魂魄，相戀相抱。鉛汞的精髓，凝結成玄珠。這正是白玉蟾所說的：「夫婦老相逢，恩情自留戀。」這個時候玄珠已經成象，礦已經除去真金已經煉成，一點金液，又復歸到舊居黃庭之中。

這時，氤氳蕩蕩如山雲飛騰入於太虛，飄飄灑灑如及時雨灑遍原野，淅淅瀝瀝如春雨注滿了河澤，汪汪洋洋如河水將要外溢。全身的血脈調和四肢暢通，真如詩中所說「拍拍滿懷盡是春意」啊。

獲得這種效驗以後，要急行卯酉周天功夫，進陽火，退陰符，使東西會合，南北混融，則四象和合、五行攢聚於丹鼎之中，混合百靈正氣於天谷穴中，調理五氣於泥丸之中。

高象先說：「玄珠飛到上丹田，你若想求得它就要忘掉形象。」

〈河車歌〉中說：「把元神元氣擒來共放於一個丹爐之中，化作一泓神水結成金丹。」

《指玄篇》中說：「一定要知道元氣在體內東西會合的途徑，關鍵在於使上下丹田沖虛和諧。」

陳泥丸說：「自從見到元氣以後，元神怎能不跟從？」

段真人說：「在四象和合五行攢聚之時，乾坤日月自然都會歸往。」

《漸悟集》中說：「因為要燒煉丹藥則心火下降，所以要讓元氣逆流而上。」

〈純粹吟〉中說：「在子時午時要分別進陽火退陰符，上下丹田中鉛汞有沉有浮。」

《玄奧篇》中說：「金情木性相互交合，黑鉛紅汞自相感通。」

雲房真人說：「逆轉北斗星的斗柄隱藏著玄關之理，旋轉天關則萬象通順。片刻功夫龍虎交媾結束，神氣結合只在片刻之中。」

《指玄篇》中說：「奔向氣海穴的名叫朱驥（指元神），飛入泥丸穴的是白鴉（指元氣）。昨夜虎龍爭戰結束，白雪中隱隱看到一鉤新月斜掛天空。」

〈醒眼詩〉中說：「木性金情相互間隔為西東，風起雲湧龍吟虎嘯。神氣這二物在寥廓的天地間迴旋，幸虧有了戊己（真土）才使得雄雌相會。」

陳泥丸說：「子時元氣運轉到尾閭關，再駕動河車通過夾脊直達丹田。一顆水晶落入鼎爐內，元氣含著元神直入泥丸。」

《翠虛篇》中說：「醉倒酣睡夢熟之時，正是滿船載寶過曹溪之候。一旦識破丹基的本質之後，放去收來的總是它。」

古代仙人的歌中說：「水銀一味是仙藥，要制伏它從上向下卻很難。若在河車駕動時遇黑鉛則變成紫粉，紫粉吐芽就化成了金丹。」

《玄奧集》中說：「把北斗星斗柄移過南斗，兩手舉起日月使其相合。待飛出上丹田時，片刻之間化成一天雲。」

陰長生說：「夜深龍吟虎嘯之時，急忙駕動河車不要中斷。元精飛騰運行到上丹田，運用火候在玉爐中烹煉得白似雪。」

張元化說：「逆行而上直到丹田，散落甘泉滋潤全身。從此丹田得到潤澤，黃芽遍地內丹煉成。」

〈原道歌〉中說：「靈妙地運氣於丹田須有上有下，須知一身合於西東兩側。幾回笑指上丹田，夾脊分明就是通道。」

《玄奧集》中說：「獨自在上丹田意守窈冥之境，龍吟虎嘯之聲十分清晰。玉池中常滴下陰陽之髓，金鼎中時常烹煉著日月之精。」

《群仙珠玉》中說：「一點煉丹的陽氣與眾不同，必須向坎水中索取這一陽。取坎中一陽代替離中之陰，配合調和都要掌握好火候。」

《金丹集》中說：「河車搬運上到上丹田，絲毫不損地就到達了玉枕關。其奧妙在於入門之後牢牢閉鎖，體內陰陽一氣自相循環。」

〈無一歌〉中說：「到這時得一後須要忘一，就可以同元始造化同生死。倘若執一不能忘，好似痴貓死守著無鼠的空洞穴。」

白玉蟾說：「汞心烹煉元神這是赤龍之性，鉛身凝聚元氣這是白虎之命。直到內外的陰氣煉盡變成純陽，萬象光芒中像玉鏡一樣清淨。」

《純陽文集》中說：「盜取乾坤中之祖氣，陰陽二氣是本宗。天魂化生了白虎（元氣），地魄化生了青龍（元神）。此寶運進泥丸裏，此精搬進上宮中。若是有人明白這個功法，千年萬載後容貌依然如兒童。」

抱一子〈顯道圖〉中說：「修煉金丹大道本不難，功夫只在靜定之中。陰陽二氣常上下升降，金水在體內周流循環自會返還。上丹田裏元神元氣結合，玄宮地軸上通天關。雲收雨散神胎成就，男人也能生兒非同一般。」

《玄奧集》中說：「要想識得玄關究竟在何處，兒女笑指最高峰。最高峰，清秀而神奇，這裏密密生長著紫芝。只有這個才是長生藥，多少修行人都一概不知曉。」

許宣平〈玄珠歌〉中說：「天上的太陽在地下轉，海底的月亮在天上飛。乾坤日月本不運轉，全靠撥轉北斗星斗柄運轉它的機關。人心倘若與天心相合，陰陽顛倒只在片刻之間。元神元氣結合以後三丹田裏一片寧靜，這時拾取玄珠種在泥中。」

《群仙珠玉歌》中說：「鉛思戀汞，汞思戀鉛，奪得天地造化之權。性命總共就兩個字，卻隱含在千萬篇丹經中寫不完。」

卯酉周天口訣

前段乾坤交媾，收外藥也。此段卯酉周天[1]，收內藥也。外交媾者，後上前下，一升一降也。內交媾者，左旋右轉，一起一伏也。兩者循環，狀似璇璣[2]。

故魏伯陽云：「循據璇璣，升降上下，周流六爻[3]，難以察覩。」世人只知有乾坤交媾，而不知卯酉周天，是猶有車而無輪，有舟而無舵，欲望遠載，其可

周天璇璣圖
復臨泰壯夬乾兮六陽從左而上下
虎西龍東建緯卯酉
刑德並會相見懽喜
大道分明見此圖
璇璣卯酉法天然
由中道外中全外
自後推前後即前
陽火進來從左轉
陰符退去往西旋
霎時火候周天畢
煉顆明珠似月圓
河魁臨卯天罡據酉
子南午北亙為綱紀
姤遁否觀剝坤兮六陰往右而迴旋
北斗南辰下眉毛眼底穿
灰心行水火定意採真鉛
陰向鼻端滅陽從眼裏生
這般平易法因甚沒人行

得乎？

故《還元篇》云：「輪迴玉兔與金雞❹，道在人身人自迷。滿目盡知調水火，到頭幾箇識東西？」東者，木性也。西者，金情也。一物分二，間隔東西。今得斗柄之機斡旋，則木性愛金，金情戀木，兩相交結，而金木交併矣。金木交併，方成水火全功。丹經謂之「和合四象」❺者，此也。

故張全一〈鉛火秘訣〉云：「大藥之生有時節，亥末子初正半夜。精神相媾合光華，恍恍惚惚生明月。媾罷流下噴泡然，一陽來復休輕泄。急須閉在太玄關❻，火逼藥過尾閭穴。採時用目守泥丸，垂下左上且凝歇，謂之瞻理腦升玄❼。右邊放下復起折，六六數畢藥升乾❽，陽極陰生往右遷。須開關門以退火，目光下矚守坤田❾。右上左下方凝住，三八數了一周天。此是天然真火候，自然升降自抽添。也無弦望與晦朔❿，也無沐浴⓫共長篇。異名剪除譬喻掃，只斯兩句是真詮。」

其法在乾坤交媾後行之，則所結金丹不致耗散也。先以法器⓬頂住太玄關口，次以行氣主宰，下照坤臍。良久，徐徐從左上照乾頂。少停，從右降下坤臍，是為一度。又從坤臍而升上乾頂，又從乾頂而降下坤臍。如此三十六轉，是為進陽火，三十六度畢。開關以退火，亦用下照坤臍，從右上至乾頂，左邊放下坤臍，是為一度。如此二十四轉，是為退陰符，二十四度畢。

故張紫陽云：「斗極建四時，八節無不順⑬。斗極實兀然，魁杓⑭自移動。只要兩眼皎，上下交相送。須向靜中行，莫向忙裏送。」

所以用兩眼皎者，何也？蓋眼者，陽竅也。人之一身皆屬陰，唯有這點陽耳。我以這一點之陽，從下至上，從左至右，轉而又轉，戰退群陰，則陽道日長，陰道日消。故《易》曰：「龍戰於野，其血玄黃。」⑮又能使其氣上下循環，如天河之流轉，其眼之功可謂大矣。

蓋人初結胎時，天一生水⑯，先生黑睛而有瞳人，屬腎。地二生火，而有兩眥⑰，屬心。天三生木，而有黑珠，屬肝。地四生金，而有白珠，屬肺。天五生土，而有上下胞胎⑱，屬脾。由此觀之，則五臟精華，皆發於目也。因師指竅之後，見婦人小產，牛馬落胎，併抱雞之蛋，俱先生雙目，而臟腑皆未成形。予始知目乃先天之靈，元神所遊之宅也。

《皇極經世書》云：「天之神棲於日，人之神發於目。」大矣哉！「人之神發於目」也。生身處，此物先天地生。沒身處，此物先天地沒。水、火、木、金、土之五行，攢簇於此。肝、心、脾、肺、腎之五臟，鍾靈於此。唾、涕、精、津、氣、血、液之七物，結秀於此。其大也，天地可容。其小也，纖毫不納。茲非吾一身中之大寶也歟？

《內指通玄訣》云：「含光便是長生藥，變骨成金上品仙。」

上陽子云：「玄微妙訣無多言，只在眼前人不顧。」

《崇正篇》云：「搬運[19]有功連晝夜，斡旋至妙體璇璣。」

《火候歌》云：「欲透玄玄須謹獨，謹獨工夫機在目。」

陳泥丸云：「真陰真陽是真道，只在眼前何遠討。」

薛道光云：「分明只在眼睛前，自是時人不見天。」

劉海蟾云：「下降上升循轂軸[20]，左旋右覆合樞機。」

王子真云：「昨宵姹女啟靈扉[21]，窺見神仙會紫微[22]。北斗南辰前後布，兩輪日月往來飛。」

蕭紫虛云：「如龍養珠常自顧，如雞伏卵常自抱。金液還丹[23]在眼前，迷者多而悟者少。」

陳翠虛云：「不是燈光日月星，藥靈自有異常明。垂簾久視光明處，一顆堂堂現本真。」

《翠虛篇》云：「莫謂金丹事等閒，切須勤苦力鑽研。殷勤好與師資論，不在他途在目前。」

《玄奧集》云：「青牛人去[24]幾多年，此道分明在目前。欲識目前真的處，一堂風冷月嬋娟[25]。」

陳泥丸云：「大道分明在眼前，時人不會誤歸泉。黃芽[26]本是乾坤氣，神水根基與汞連[27]。」

《玄學統宗》云：「幾回抖搜上崑崙，運動璇璣造化分。晝夜周而還復始，嬰兒[28]從此命長存。」

觀吾〈判惑歌〉云：「這骨董[29]，大奧妙，妙在常有觀其竅[30]。此竅分明在目前，下士聞之即大笑[31]。」

〈金丹賦〉云：「龍呼虎吸，魂吞魄吐。南北交媾於水火，卯酉輪還於子午。總括乾坤之策，優游[32]變化之主。母子包羅於匡廓[33]，育養因依於鼎釜[34]。」

《群仙珠玉》云：「覺中覺了悟中悟，一點靈光無遮護。放開烈焰照娑婆[35]，法界[36]縱橫獨顯露。這些消息[37]甚幽微，木人[38]遙指白雲歸。此箇玄關口難說，目前見得便忘機[39]。」

南谷子云：「至道不遠兮恆在目前。竊天地之機兮修成胎仙。」

純陽子云：「有人問我修行法，遙指天邊日月輪[40]。」

以上諸仙雅言，皆發明行氣主宰之義也。

蓋此節工夫，與第四節共是一理，承上接下，端如貫珠。採取藥物於曲江之下，聚火載之而上升於乾，乾坤交媾於九宮之上，周天運之而凝結於鼎。

張紫陽云：「都來片晌工夫，永保無窮逸樂。」

輕清者凝於泥丸，重濁者流歸氣穴。逐日如此抽添，如此交媾，汞漸多，鉛漸少。久則鉛將盡，汞亦乾，結成一顆摩尼，是為金液大還丹也。

故馬宜甫云：「收得水中金[41]，採得菩提子[42]。運得崑崙風，長壽無生死。」

蓋坎中之鉛，原是父之真精。離中之汞，原是母之真血。始因乾體一破，二物遂分兩弦。是以常人日離日分，分盡而死。所以至人法乾坤之體，效坎離之用，奪神功，改天命，求坎中之鉛，制離中之汞，取坎中之陽，填離中之陰。陰盡陽純，復成乾元本體[43]。

故張紫陽云：「取將坎位中心實，點化離宮腹內陰。自此變成乾健體，潛藏飛躍盡由心。」

【注釋】❶卯酉周天　卯酉，與「子午」合稱「四正」，指人體內煉的四個時辰。子、午、卯、酉原指年、月、日的節氣、時候的陰陽交合之時。一年之中，冬至為子，夏至為午，春分為卯，秋分為酉；一月之中，晦朔為子，月望為午，初八為卯，二十三為酉；一日之中，夜半為子，正午為午，日出為卯，日入為酉。內丹家借以比喻內煉金丹進火退符的火候。子時一陽始生，宜進火扶此微陽；午時一陰始生，宜行退符抑此陰邪；卯酉之時陰陽參半而平和，宜行沐浴之功。但在實際修煉過程中，丹家既遵子午卯酉這四個時辰，又不拘泥於這四個時刻的限定，對子午卯酉也有靈活的運用。如丹家常以陽生即是子，陰生即是午，此所謂「活子時」、「活午時」，子午時皆指丹家修煉中陰陽升降的景象，實即人體中的時刻。張伯端《悟真篇》就說：「火候不須時，冬至豈在子。及其沐浴法，卯酉亦虛比。」卯酉周天，即金木併，左右升降，進火退符，東西交併之功。❷璇璣　即北斗七星。❸周流六爻　也稱「周流六虛」，內丹指內煉過程中坎水和離火在體內轉移變動而不拘於固定的方所。❹玉兔與金雞　玉兔，也叫月兔，即月。金雞，也叫金烏、日烏，即日。本書元集〈日烏月兔圖〉：「日為烏，烏乃神，神是火，火屬心，心為汞，汞為離。月中兔，兔乃氣，氣是藥，藥屬身，身為鉛，鉛在坎。」❺和合四象　即金（魄）、木（魂）、水（精）、火（神）四象本相間隔，經戊己真土（意）的媒介作用，而能和合於一，凝成真胎。詳見本書元集〈和合四象說〉。❻太玄關　一般指陰蹻，一說尾閭穴。參見元集〈反照圖〉。❼瞻理腦升玄　即採藥時用目內視泥丸，垂目由下到左再上凝聚停歇的調理腦的過程。瞻，往前或望上看。理，調理。升玄即上升泥丸。❽乾　即乾頂，指泥丸穴。❾坤田　即坤臍，也叫「坤宮」、「坤爐」、「坤位」，與上句中的「乾頂」（即乾家）相對，指腹部丹田。丹經認為此處為產藥、溫養之處，真土在此調和鉛、汞，故由稱「坤土」。在人體中，頭為乾，腹為坤，故名。❿弦望與晦朔　弦，半月。望，滿月。晦，月末。朔，月初。⓫沐浴　內丹丹功中緩和火候的洗心滌慮功夫。詳見本書亨集〈退藏沐浴工夫〉。⓬法器　佛教寺院舉行法會之際所使用之器具，又稱佛器、佛具、道具。即指鐘、板、木魚、椎、磬、鐃鈸、鼓等物。伍沖虛《仙佛合宗》：「大藥既生之後，六根即宜遷入中田以化陰神。務先逆運河車而超脫之，尤當六根不漏以及其轉軸，故下用木座抵住谷道，所以使身根不漏也。上用木夾牢封鼻竅，所以使鼻根不漏也。含兩眼之光，勿令外視，所以使眼根不漏也。凝兩耳之韻，勿令外聽，所以使耳根不漏也。唇齒相合，舌抵上腭，所以使舌根不漏也。一念不生，六塵不染，所以使意根不漏也。既能六根不漏，可謂防閑之至密矣。」⓭斗極建四時二句　傳統上以北斗星斗柄按時運行時不同的指向，劃分不同的時節。如指向東方就是春季。所以顯示季節的是北斗星，但傳統觀念認為北斗星拱衛北極星，所以這裏籠統的說是「斗極」。四時，即春、夏、秋、冬。八節，即立春、春分、立夏、夏至、立秋、秋分、立冬、冬至。⓮魁杓　北斗星斗柄。⓯龍戰於野二句　語出《易・坤》。〈文言〉

解釋說：「夫玄黃者，天地之雜也。天玄而地黃。」這裏比喻陰陽相交的景象。⑯天一生水　「天一生水」、「地二生火」、「天三生木」、「地四生金」、「天五生土」等出自〈河圖〉、〈洛書〉、《周易》。比如《周易》中列出十個數字：「天一，地二；天三，地四；天五，地六；天七，地八；天九，地十」，其中奇數代表天之數，偶數代表地之數。金、木、水、火、土五行就是由天地之數生發出來的。這段即四象和合，五行攢簇之意。本書元集〈和合四象圖〉：「天三生木，位居東，其象為青龍」；「地四生金，位居西，其象為白虎」；「地二生火，位居南，其象為朱雀」；「天一生水，位居北，其象為玄武」。⑰眥　眼眶。⑱上下胞胎　這裏指上下眼瞼。⑲搬運　即河車搬運功夫。河車搬運要晝夜不停。⑳轂軸　車輪中心的圓木，外沿與車輻相接，中間插軸的圓孔叫轂。這裏轂軸指河車搬運時沿任督二脈運行。㉑昨宵姹女啟靈扉　指夜間元神寓於目。即所說「目乃先天之靈，元神所遊之宅。」姹女，即元神。靈扉，即目。㉒紫微　天上星座名，道家一般用以指泥丸宮（上丹田）。㉓金液還丹　即肺液還於丹田而結成的內丹。《鍾呂傳道記・論金丹》：「金液乃肺液也，肺液為胎胞，含龍虎，保送在黃庭之中。大藥將成，抽之肘後，飛起肺液，以入上宮，而下還中丹，自中丹而還下田，故曰金液還丹也。」㉔青牛人去　傳說老子出函谷關，關令尹喜見有紫氣從東來，知道將有聖人過關。果然老子騎了青牛前來，尹喜便請他寫下了《道德經》。後以老子騎青牛出函谷關比喻成道。這裏「青牛人去」即此意。㉕一堂風冷月嬋娟　堂前風冷月光皎潔之時，即一陽來復。嬋娟，原指月亮，這裏形容日月交會的美好樣子，比喻陰陽二氣相持相合之象。㉖黃芽　這裏指金丹。㉗神水根基與汞連　即鉛汞交合。神水，即鉛，指元精。㉘嬰兒　即煉養成的「丹母」，又名「真胎」、「金丹」等。明伍沖虛《天仙正理真論》：「胎即神、氣耳，非真有嬰兒也，非有形有象也。蓋大丹之成，先以神入乎其氣，後氣來包乎其神，如胎兒在胞中無呼吸又不能無呼吸，生滅之相尚在，出入之迹猶存，若胎孕之將產時，故比喻之曰懷胎、移胎、出胎。」㉙骨董　即古董。這裏指金丹之道。㉚妙在常有觀其竅　語出《老子・一章》：「故常無，欲以觀其妙；常有，欲以觀其徼。」道教典籍多以「徼」為「竅」。㉛下士聞之即大笑　語出《老子・四十一章》：「上士聞道，勤而行之。中士聞道，若存若亡。下士聞道，大笑之，不笑不足以為道。」這是將聞道之士按不同的品性分為三等。上士指稟賦超群，心胸豁達的人，這類人聞道後，必能身體力行，不敢怠惰；中士指平常之人，雖有慕道之心，但難以持久，時而聞道而喜，時而背道逐欲，其心對於道，若存若亡；下士指稟賦低下，品性不端的人，利欲薰心，迷而難返，其卑瑣鄙俗之心與自然無為之道不可溝通，聞道後難免笑而非之，而下士之笑，反襯出大道之尊，非常人能理解。後「三士」又引申為修道者的三個品級。㉜優游　悠閒自得的樣子。㉝匡廓　這裏指眼眶。匡，同「眶」。眼眶。㉞鼎釜　即丹田。㉟娑婆　娑婆世界的簡稱，即釋迦牟尼進行教化的現實世界。這裏泛指大千世界。㊱法

界 佛家語，這裏法者諸法之義，界者邊際之義，窮極諸法的邊際，故稱法界。㊲消息 原意為消長之意，即萬物的生滅、榮枯。道教內丹指內煉過程中的進火與退符。進火為陽息，退符為陰消，進火與退符都遵循自然節律，又以卦象表示其數度，比如〈十二消息圖〉就是以剛柔二爻的變化，表示陰陽二氣的消長過程。㊳木人 麻木、愚昧之人。㊴忘機 忘掉機巧。機，機巧。㊵日月輪 即元神元氣，是煉丹的丹基。㊶水中金 即陰中之陽。㊷菩提子 比喻金丹。㊸陰盡陽純二句 這段詳解取坎填離功夫。參見元集〈取坎填離說〉。

【語 譯】前段所說的乾坤交媾功夫，是收外藥的方法。這段講卯酉周天功夫，是收內藥的方法。所謂外交媾，是後上前下，一升一降。所謂內交媾，是左旋右轉，一起一伏。內外交媾循環往復，就像北斗星一樣前後左右旋轉。

所以魏伯陽說：「效法北斗星的循環，上下升降，像八卦六爻的變化那樣周轉流行，其奧妙難以看清。」世人只知道有乾坤交媾功夫，而不知道卯酉周天功夫，這如同有車而沒有輪子，有船而沒有舵，希望載物遠行，怎麼能行得通呢？

所以《還元篇》中說：「像日月那樣輪迴升降，道就在人身上人卻自己迷惑不知。眼前看到的都是調水火，但到頭有幾個認得東和西呢？」所謂「東」，就是木性。所謂「西」，就是金情。本來是一體，同為一物卻一分為二，間隔在東和西。現在運用北斗星斗柄旋轉之機的奧妙，則木性愛戀著金，金情愛戀著木，兩者結合，則金和木就交併到一起了。金木交併，就完成了水火結合的全部功用。丹經所說的「和合四象」，正是這個意思。

所以張全一〈鉛火秘訣〉中說：「大藥的產生有一定的時節，就在亥時將盡、子時初始的正半夜。元精同元神結合放出光華，在恍恍惚惚中內丹生成。交媾以後元精噴泡般流下，這是一陽來復的跡象，千萬不要輕易地讓它外泄。要急忙把它封閉在太玄關，以火逼金通過尾閭穴。採藥時要用眼意守泥丸，垂下眼簾意念由左向上內視凝聚然後停歇，這就叫作「瞻理腦升玄」。然後從右邊放下然後又從左轉上，數完六六三十六遍後大藥就升入泥丸，這時陽氣盛極陰氣產生應該往右邊轉移。這時須啟動開關退火，目光向下意守下丹田。

右邊上左邊下剛好凝住，三八二十四數完剛好是一周天。這是天然的真火候，自然升降自然抽添。也不必非要拘泥於弦望與晦朔，也不必著意於沐浴功夫和長篇大論。剪除異名掃除譬喻，只有這兩句才是真詮。」

卯酉周天這個功法要在乾坤交媾之後行功，這樣結成的金丹才不至於消耗散失。進行時，先用法器頂住太玄關口，然後行氣為主宰，向下內視下丹田。過了好一陣子，再慢慢地從左面引導向上照臨泥丸穴。稍停片刻，又從右邊下降到下丹田，這算作一度。然後又從下丹田回升到泥丸穴，又從泥丸穴下降到下丹田。同樣反覆三十六轉，就是「進陽火」，三十六度後停止。然後啟動開關退火，同樣是先向下內視下丹田，再從右邊上升到泥丸穴，再從左邊下降到下丹田，這也算作一度。同樣反覆二十四轉，就是「退陰符」，二十四度後停止。

所以張紫陽說：「北斗星北極星顯示的四時，其中的八個時節沒有不順遂的。北斗星和北極星自己昏沉無知覺，而是斗柄自己在移動。所以要雙眼明亮，目光上下交互相送。要在靜定中行此功夫，不能在忙亂中相送。」

為什麼需要用雙眼明亮之光呢？因為眼睛，是儲存陽氣的孔竅。人的一身全屬於陰，只有眼中這一點陽。我們就用這一點點陽，從上到下，從左到右，不斷旋轉，戰退全身的陰，則陽氣一天天增加，陰氣一天天減少。所以《周易》說：「龍戰於野，其血玄黃」。此法還可使真氣上下循環，像天河一樣流轉，眼睛的功用真是太大了。

人最初結胎的時候，天一生水，先生發出黑睛有了瞳仁，屬腎。地二生火，繼而有了兩眼眶，屬心。天三生木，繼而有了黑眼珠，屬肝。地四生金，繼而有了眼白，屬肺。天五生土，繼而有了上下眼瞼，屬脾。由此看來，五臟的精華，全都由眼中生發出來。在先師指明此竅以後，於是明白，但凡見到的婦女小產，牛馬掉胎，以及毛蛋，都是先生發出了雙眼，而五臟六腑還沒成形。我才懂得了眼睛是先天之靈，是元神進出的宅戶。

《皇極經世書》中說：「天上的神棲息於日中，人身中的神生發於目中。」太對啦！「人之神發於目」。

生身之時，眼睛先於天地而產生。身體死亡時，眼睛先於天地而死。水、火、木、金、土這五行，就攢簇在這裏。肝、心、脾、肺、腎五臟，也集聚靈氣在這裏。唾、涕、精、津、氣、血、液這七種東西，也都集結精華在這裏。說它大，天地都可以容納其中。說它小，一根纖細的毫毛也放不下。這難道不是人身中的大寶嗎？

〈內指通玄訣〉中說：「含眼光便是長生不死藥，就可以變骨成金而為上品之仙。」

上陽子說：「玄微的妙訣不需要多說，只在眼前但人卻看不透。」

《崇正篇》中說：「河車搬運有功要晝夜不停，眼光上下左右迴轉的至妙要參悟北斗星的旋轉之機。」

〈火候歌〉中說：「想要悟透金丹大道的玄妙需要謹慎靜心，謹慎靜心的關鍵在於目。」

陳泥丸說：「真陰真陽是真道，就在眼前何用去遠求。」

薛道光說：「奧妙分明就在眼睛前面，只是如今的人看不到眼前這一片天。」

劉海蟾說：「下降上升循著任督二脈，左旋右轉返回符合樞機之理。」

王子真說：「昨夜姹女打開了靈光之門扉，窺見神仙在紫微相會。北斗和南天星辰前後分布，兩輪日月往來飛。」

蕭紫虛說：「如龍養育龍珠一樣要常常自己照顧，像母雞孵蛋一樣要常常自己孵抱。金液還丹之功就在眼前，迷的人多而悟的人少。」

陳翠虛說：「既不是燈光也不是日、月、星的光芒，大藥靈妙自有不同一般的光明。垂下眼簾長久地內視發光之處，一顆明珠亮堂堂現出本真。」

《翠虛篇》中說：「不要認為修煉金丹是件平常的事，必須勤奮刻苦努力鑽研。要勤學好問多跟師父切磋，金丹之道的關鍵就在雙目不須向別處求。」

《玄奧集》中說：「老子騎青牛出函谷關成道已經好多年，成仙之道分明就在雙目前。要想識得雙目前的確實之處，就在堂前風冷、月亮美好的時候。」

陳泥丸說：「大道分明就在眼前，如今的人不懂誤了時機最終命歸黃泉。黃芽本是由天地之氣凝結而成，神水的根基同汞相連。」

《玄學統宗》中說：「幾回抖擻精神登泥丸，像北斗星一樣的運轉中造化之機萌發。晝夜不停周而復始，從此金丹煉成就可以長生。」

觀吾的〈判惑歌〉中說：「金丹之道這個古董有太多奧妙，其奧妙就在於常在有中觀照此竅。此竅分明就在雙目中，天下世俗之人聽說後反而會不以為然的大笑。」

〈金丹賦〉中說：「龍呼虎吸，魂吞魄吐。南北交媾於水火之中。卯酉輪還於子午之時。囊括天地之間的奧妙，使變動化育之主宰悠閒自得。祖氣與外氣母子會合包藏眼眶中，養育丹胎依於鼎釜丹田中。」

《群仙珠玉》中說：「覺中更覺悟中更悟，一點靈光無遮無攔。放開它讓烈烈光焰臨照婆娑世界，在整個法界縱橫獨自顯露。這些消長的道理非常幽隱微妙，愚人哪裏知曉，卻遙指著白雲歸處。這個玄關難以用語言說清，眼前一見到就會讓人忘掉機巧。」

南谷子說：「大理不遠啊就在眼前。竊取天地之機啊修成仙胎。」

純陽子說：「有人問我修行的方法，我就遙指天邊的兩輪日月。」

以上各位仙人的名言，都是闡發眼睛是氣的運行主宰的道理。

這一節功夫，同第四節講的是同一個道理，承上接下，就像一串珠子。採取藥物於下丹田之下，聚火載金上升到上丹田，乾坤交媾於上丹田九宮之上，卯酉周天運行而凝結丹胎於上丹田內。

張紫陽說：「總共只是片刻功夫，永保無窮的安逸和快樂。」

輕清之氣凝結在泥丸宮中，重濁之氣則流歸氣穴中。每天這樣行抽添功夫，這樣陰陽交媾，則汞就會逐漸增多，鉛就會逐漸減少。時間長了鉛就會被抽盡，汞也會被抽乾，最後凝結成一顆摩尼珠，這就是金液大還丹。

所以馬宜甫說：「收得水中之金，採到菩提子。運載崑崙頂上的風，就會長壽無生死。」

坎中的鉛，原本是來自父親的真精。離中的汞，原本是來自母親的真血。起初因為純陽乾體一破，元氣元神又分成龍虎二弦。由於常人就這樣日離日分，乾體分盡了人也就死了。所以至妙之人效法乾坤之體，效法坎離之用，採奪神功，改變天命，取坎中的鉛，制伏離中的汞，取坎中之陽，填補離中之陰。陰盡陽純，又回復到純陽乾元本體。

所以張紫陽說：「取來坎位中間的陽，點化離當中的陰。從此就變成乾元健體，就可以隨心所欲地潛藏飛躍了。」

【說　明】「乾坤交媾去礦留金」，即內丹所謂大周天功夫。「金丹大道之秘，秘在性命兩字。」乾坤交媾的關鍵在於性命，而丹經萬卷，都在隱含的闡明「性命」二字，文中作者列出了丹經中隱喻「頂中之性」和「臍中之命」的多種異名。「乾坤交媾」就指陰陽交媾，神氣相通，鉛汞入鼎，性命相合的景象。本節對此功夫做了詳細介紹：「當其真鉛入鼎之時，須要驅除雜念，奮速精神，目視頂門，用志不分。」直至龍虎交媾、陰陽和合、鉛汞相抱、性命相合，凝結如玄珠。

功夫效驗至此，就該行卯酉周天功夫。「卯酉」，與「子午」合稱「四正」，原指年、月、日的節氣、時候的陰陽交合之時。內丹家藉以比喻人體內煉的四個時辰。「卯酉周天」指南北以子午為經，東西以卯酉為緯，以意引真氣左右上下前後回旋，使水火交，金木並的修煉功法。也即內煉金丹進符退火的火候。子時一陽始生，宜進火扶此微陽；午時一陰始生，宜行退符抑此陰邪；卯酉之時陰陽參半而平和，宜行沐浴之功。作者對此功法做了詳細的解說：「前段乾坤交媾，收外藥也。此段卯酉周天，收內藥也。外交媾者，後上前下，一升一降也。內交媾者，左旋右轉，一起一伏也。兩者循環，狀似璇璣」。在行卯酉周天功夫時，作者特別強調其關鍵在「目」，並引證諸位仙家丹經中關於「目」的描述，而出現的「眼前」二字，絕非平常意思，皆是強調「目」。

作者以圖文並茂的形式，繪有〈乾坤交媾圖〉和〈周天璇璣圖〉。在〈乾坤交媾圖〉中，列舉了乾頂（即上丹田）的種種異名，並形象地展現了坎離交媾、水火既濟、鉛汞入鼎功夫。〈周天璇璣圖〉中，用「復、臨、泰、壯、夬、乾」六卦和「姤、遯、否、觀、剝、坤」六卦，分別表示陽氣由復卦的一陽到臨卦的二陽一直到乾卦的六陽以及陰氣由姤卦的一陰到遯卦的二陰一直到坤卦的六陰，形象地展現了陽氣從左方、陰氣從右方上下循環的過程。

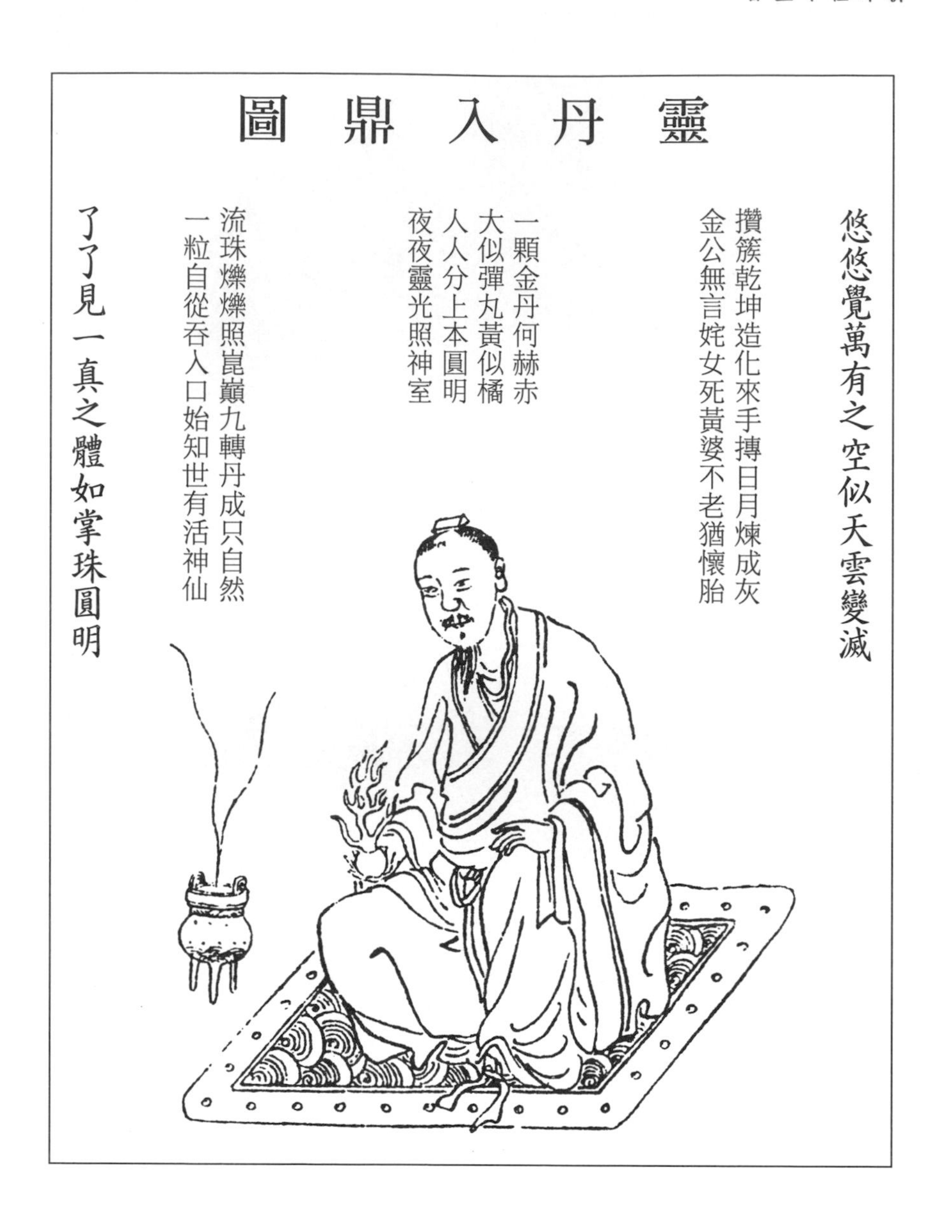
靈丹入鼎圖
悠悠覺萬有之空似天雲變滅
攢簇乾坤造化來手摶日月煉成灰
金公無言姹女死黃婆不老猶懷胎
一顆金丹何赫赤
大似彈丸黃似橘
人人分上本圓明
夜夜靈光照神室
流珠爍爍照崑巔九轉丹成只自然
一粒自從吞入口始知世有活神仙
了了見一真之體如掌珠圓明

第六節口訣

靈丹入鼎長養聖胎 內附火候

【題解】本口訣是九節口訣中的第六節，介紹了「靈丹入鼎長養聖胎」的功法。詳細介紹了靈丹入鼎的時機和修行次第功夫，並強調其要領在於「這段工夫，全以至靜為主。」在此基礎上附以「火候」功夫，詳細介紹了行火候法以長養聖胎的重要性，並指出行火候的關鍵「全在意念上發端」，即要做到「勿忘勿助」、自然而然。

原初那點精金，渾然在礦❶。因火所逼，遂上乾宮。漸採漸積，以烹以熔。損之又損，煉之又煉。直至煙消火滅，礦盡金純，方纔成此一粒龍虎金丹❷。圓陀陀，活潑潑。如露如電，非霧非煙。輝煌閃爍，光耀崑崙。放則迸開天地竅❸，歸兮隱入翠微宮❹。此時藥也不生，輪也不轉，液也不降，火也不炎。五氣俱朝於上陽❺，三華皆聚於乾頂❻。陽純陰剝，丹熟珠靈。

紫陽翁曰：「群陰剝盡丹成熟，跳出樊籠壽萬年。」

是以唐宋尸解❼諸仙，多於此處分路。隨意生身，出沒自由。不肯於百尺竿頭而再進一步。故有七趣⑧之譏，落空之誚⑨。蓋為不知重立我之性命，再造我之乾坤，變種性為佛性⑩，化識神為元神⑪，自造自化之妙也。

若命宗⑫人，不知所以自為造化，就是枯坐旁門⑬，而道非其道也。若性宗人，不知所以自為造化，就是頑空外道，而釋非其釋也。

此法乃仙真佛祖之所深秘，概自從金元以來，而學道之人少有知之者。獨吾師尹公曰：「鼎中有寶非真寶，重結靈胎是聖胎。」

然而珠⑭在崑崙，何由得下而結聖胎？必假神爐⑮，竊靈陽真氣以催之，太陽真火以逼之。催逼既久，則靈丹應時脫落，吞入口中，化為金液，而直射於丹扃⑯之內。

霎時⑰雲騰雨施，電掣雷轟，鏖戰⑱片晌之間，銷盡一身陰滓⑲。則百靈如輻之輳轂，七寶⑳若水之朝宗，皆聚於此矣。

昔無上元君㉑謂老子曰：「神丹入口壽無窮也。」故老子修之，是為道祖。

許宣平曰：「神居竅而千智生，丹入鼎而萬種化。」

陳虛白曰：「我初凝結聖胎時，百脈俱停氣不馳。」

施肩吾曰：「天人同一氣，彼此感而通。陽自空中來，抱我主人翁㉒。」

然我既得靈丹入鼎矣，而內外交修，煉之而復煉之，而必至於天地合德㉓，則太虛中自然有一點真陽，以與我之靈丹合而為一。蓋吾身之靈，感天地之靈，則內真外應，渾然混合。

《金碧經》云：「磁石吸鐵，隔礙潛通。」大同此意。

這段工夫，全以至靜為主。

老子云：「人能常清靜，天地悉皆歸。」㉔

當其兩陽乍合，聖胎初凝，必須常常覺照，謹謹護持。如小龍之乍養珠，似幼女之初懷孕。牢關神室㉕，不可使之滲漏。

故太白真人曰：「固濟㉖胎不泄，變化在須臾㉗。」

更於一切時中，四威儀㉘內，時時照顧，念念在茲，混混沌沌，如在母胞，終日如愚而不違㉙，不可須臾間斷也。

【注釋】❶原初那點精金二句　即指大藥生成之前，先天元陽真氣沒有凝煉時的狀態。內丹的去礦留金功夫，就是指在煉精化氣過程中，在泥丸宮提煉陽氣、去陰求純的功法。內丹以精金出礦比喻大藥生成。精金，比喻先天元陽真氣。❷龍虎金丹　即金丹。因金丹經元神元氣凝煉而成，所以這裏叫龍虎金丹。❸天地竅　這裏指上下丹田。❹翠微宮　即泥丸宮的異名。見本集第五節口訣〈乾坤交媾圖〉。❺五氣俱朝於上陽　即「五氣朝元」，表示內丹修煉到高級階段，五臟之氣轉化為陽神而上朝內院的景象。本書元集〈五氣朝元說〉詳細解釋：「蓋身不動則精固，而水朝元；心不動則氣固，而火朝元；真性寂則魂藏，而木朝元；妄情忘則魄伏，而金朝元；四大安和則意定，而土朝元。此謂五氣朝元，皆聚於頂也。」❻三華皆聚於乾頂　即「三花聚頂」，也叫「三陽聚頂」、「三元合一」，指精、氣、神三寶經過精化氣、氣化神、神化虛的過程。《鍾呂傳道集》：「陰中之陽，陽中之陽，陰陽中之陽，三陽上朝內院，心神以返天宮，是皆朝元者也。」張伯端〈金丹四百字序〉：「以精化氣、以氣化神、以神化為虛，故名曰三花聚頂。」蕭廷芝《金丹大成集》：「神、氣、精混而為一也，玄關一竅乃神、氣、精之穴也。」❼尸解　指留屍於世而自己卻化仙而去，或不留遺體，只假託一物（如衣等）遺世而升天。道教認為尸解而死不是真死，而是托死化仙去。葛洪認為仙有差等，將仙分為三等，依次為天仙、地仙、尸解仙。《抱朴子．論仙》：「上士舉形升虛，謂之天仙；中士游於名山，謂之地仙；下士先死後脫，謂之尸解仙。」本書元集〈飛昇說〉中也說：「仙有五等，佛有三乘，修持功行不齊，所以超脫稍異。飛昇沖舉者，上也；坐化尸解者，次也；投胎奪舍者，又其次也。」可見尸解仙為層次較低的仙。❽七趣　佛家語，指七種眾生所趨，即地獄趣、餓鬼趣、畜生趣、人趣、神仙趣、天趣、阿修羅趣。趣是趣向的意思。《楞嚴經》九曰：「如是地獄餓鬼畜生，人及神仙，天洎修羅，精研七趣，皆是昏沉，諸有為相，妄想受生，妄想隨業。」可見「七趣」仍然是著相，執著於有形之物。後句的「落空」指無所執著，落於頑空。本書第二節口訣〈安神祖竅翕聚先天〉中說：「以有心守之則著相。以無心求之則落空。」常人修煉常常易於落於這兩個極端，這是修煉忌諱的。❾誚　責備、譏責。❿變種性為佛性　種性，是印度自吠陀時代，以出生的身分、階級、職業等的不同，而定其種性。佛教對種性制度是排斥的。佛教提倡平等主義，佛陀否認種性的絕對性，尊重人類主體的實踐，認為人人皆可出家修行，並組成僧團以實現此一平等思想。這裏種性指相對於佛性的旁門邪道。《圓覺經》：「若遇如來無上菩提正修行路，根無大小皆成佛果。若諸眾生雖求善友遇邪見者未得正悟，是則名為外道種性邪師過謬非眾生咎。」⓫化識神為元神　道教內丹學中「神」指意識，有先天後天之分。「識神」指後天的神，即常意識；「元神」指先天的神，即元意識。後天識神有思慮雜念；先天的元神是一種極端清醒卻毫無思慮的狀態，是一點本來自我的虛靈慧光。內丹入手功夫是以精為基礎，氣為動力，神為主宰，以後天返還先天，識神化為元神的過程。⓬命宗　與下句中的「性宗」分別指「以修命為宗」的道家和「以修性為宗」的佛家。本書元集〈性命說〉中說：「乃玄門專以氣為命，以修命為宗，以水府求玄立教。故詳言命而略言性，是不知性也，究亦不知命。禪家專以神為性，以修性為宗，以離宮修定立教。故詳言性而略言命，是不知命也，究亦不知性也。」⓭枯坐旁門　與下句中的「頑空外道」都指相對於正道的旁門邪道。⓮珠　即玄珠，比喻大藥，即由無形之神氣凝結而成的玄而有象的玄丹。⓯神廬　指鼻竅。《黃庭外景經．上部經》：「神廬之中當修理。」梁丘子注：「神廬為鼻，鼻中毛常須修理除去。」《雲笈七籤．

服氣雜法秘要口訣》：「神廬中為外氣。」桑榆子注：「神廬，鼻也。」⑯丹扃　黃中、黃庭穴的別稱。比如後文中說：「鍾離翁云：胎內嬰兒就，勤加溫養功。時時照丹扃，刻刻守黃中。」「靈丹入鼎」的「鼎」即黃庭穴。⑰霎時　時間短，片刻。⑱鏖戰　激烈的戰鬥。⑲陰滓　陰靈渣滓。這裏指陰氣。因為在道教內丹看來，陰氣是體內的污濁之氣，內丹修煉就是煉盡陰氣恢復純陽。⑳七寶　這裏指精、血、氣、髓、腦、腎、心的精華。㉑無上元君　傳說為太上老君（老子）之母。據《歷世真仙體道通鑒後集》中記載，無上元君下凡投身為尹氏之女，懷胎八十一年生下太上老君。太上老君降生後，即行九步，步步生蓮花，左手指天，右手指地說道：天上地下惟我獨尊，我將開揚無上道法，普度一切動植眾生。傳說無上元君傳金丹秘訣七十二篇予老子，即乘坐玉輿升天而去。㉒主人翁　這裏指人身中的先天真氣，相對於外氣就是「主人翁」。㉓天地合德　語出《周易・文言》：「夫大人者，與天地合其德，與日月合其明，與四時合其序，與鬼神合其吉凶，先天而天弗違，後天而奉天時，天且弗違，而況於人乎？」意即天人合一，相互感應。㉔人能常清靜二句　語出《太上老君常清淨妙經》，簡稱《常清淨經》。撰人不詳，約成書於唐代。大旨以清淨為本，勸人澄心遣欲，空無常寂，乃至寂無所寂，則體合於道。因為托為太上老君所說，所以此處引為老子說。另外，老子也是非常推崇主靜功夫的，《老子・四十五章》也曾說「清靜為天下正」，意思不違。㉕神室　位於心腎之間，為丹家煉藥之處。㉖固濟　《金丹問答》釋固濟為：「水火相濟，閉固神室而不可使之泄漏。」《諸真內丹集要》卷中〈金丹類名〉：「外境不入，內境不出，謂之固濟。」㉗須臾　片刻。㉘四威儀　原指人類日常作息的四種動作，即行、住、坐、臥。後泛指日常的起居動作。佛教要求僧眾避免放逸、注意舉止，故以四威儀代表修行者所應遵行的各種規範。㉙終日如愚而不違　貌似愚而實不愚，不可一時違背。原出自《論語・為政》中的一個典故：「子曰：吾與回言終日，不違，如愚。退而省其私，亦足以發，回也不愚。」

【語譯】原初的那點精金，與礦物混合在一起。因為運用陽火逼送，直達上丹田。漸漸採取漸漸積累，一邊烹煉一邊熔化。陰氣一點一點減少，鍛鍊一遍一遍反覆。直到煙消火滅，礦渣淘汰了只剩下純粹的陽精，才煉成這一粒龍虎金丹。圓陀陀，活潑潑，如露又如電，但不是霧也不是煙。輝煌閃爍，照耀上丹田。放開就迸開丹田；收歸就隱藏到上丹田。這時藥也停止再生，河車也停止運轉，津液也不再下降，陽火也不再放出火焰。五氣朝元，三花聚頂。陽氣精純陰氣退盡，內丹圓熟而靈異。

紫陽翁說：「陰氣煉盡金丹成熟，就可以跳出塵世的樊籠長壽萬年。」

所以唐宋時期那些尸解成仙的人，大多都是從這裏分道揚鑣的。儘管這樣可以隨意化身，出沒自由。但終因不肯在這百尺竿頭再進一步，所以被譏誚為「七趣」、「落空」。這都是因為他們不懂得重立自己的性命，再造自身乾坤，改變種性為佛性，化識神為元神，發揮自己創造自己化育的神妙功能。

那些以修命為宗的人，如果不懂得自己創造化育的道理，就屬於枯坐旁門，這種所謂道家不是真正的道家。那些以修性為宗的人，如果不懂得自己創造化育的道理，就屬於頑空外道，這種所謂的佛家不是真正的佛家。

這種自為造化功夫是仙真佛祖們秘而不傳的，大概自從金元以來，學道的人很少有人知道的。唯獨我的師傅尹公說：「鼎中的寶還不算是真正的寶，要重新凝聚靈胎成為聖胎。」

但是玄珠在上丹田，怎樣才能使它下來結為聖胎呢？一定要借助鼻竅，竊奪靈陽真氣催送它，用太陽真火逼迫它。催逼的時間長了，靈丹就會按時脫落，吞入口水，化為金液，直接射入黃庭穴中。霎時間雲騰雨施，電閃雷鳴，在激戰的片刻之間，全身的陰氣銷化一空。於是百靈就像輻條集中於車軸，七寶就像百川歸海，都凝聚在這裏。

從前無上元君對老子說：「神丹入口則長壽無窮。」所以老子依此修煉，最後成了道祖。

許宣平說：「神居其竅內就會有千種智慧產生，靈丹入鼎就可以化育萬物。」

陳虛白說：「我最初凝結聖胎的時候，百脈都停頓內氣不外馳。」

施肩吾說：「天和人共享同一氣，彼此交感相通。陽氣從天上而來，同人身中的先天元氣結合在一起。」

這樣我們既然已經使得靈丹入於鼎中，就要內外兼修，煉而又煉，必須要到同天地合其德，那麼太虛中那一點真陽，自然同體內的靈丹合而為一。人身中的靈氣，感應到天地的靈氣，這樣體內真陽之氣精純且與外部天地之氣相應，渾然結合在一起。

《金碧經》說：「磁石吸鐵，隔著障礙物也能暗中相吸」，與上面的意思非常相同。

這段功夫，全以極靜為主。

老子說：「人如果能做到心中常常清靜，天地之靈氣全都歸附他。」

當內外兩種陽氣開始結合，聖胎剛剛凝結的時候，必須常常靈覺內照，謹慎保護持守。就像小龍剛開始養珠，少女第一次懷孕。牢牢關閉神室，不使它滲漏。

所以太白真人說：「閉固神室水火相濟使不外泄，變化就在眼前。」

更要在任何時間，在行、住、坐、臥中，要時時照顧，念念不離，混混沌沌，如在母親的胞胎之中，整天貌似愚笨而念念不離，不能有片刻中斷。

葛仙翁云：「息息歸中❶無間斷，天真胎裏自凝堅。」

張用成云：「一粒靈丹吞入腹，始知我命不由天。」

石得之云：「將來掌上霞光燦，吞入腹中宮殿新。」

趙緣督云：「神丹飛落黃金室，嬰兒降生極樂國。」

呂純陽云：「刀圭❷餌了丹書降❸，跳出塵籠上九天。」

朱文公云：「刀圭一入口，白日生羽翰❹。」

李清庵云：「一顆寶珠❺吞入腹，作箇全真❻仙眷屬。」

陳希夷云：「邈無蹤跡歸丹扃，潛有機關結聖胎。」

薛紫賢云：「四象包含歸戊己，辛勤十月產嬰孩❼。」

《悟真篇》云：「果生枝上終期熟，子在胞中豈有殊？」

〈醉中吟〉云：「寶珠笑舞辭天谷，纔脫胞胎又入胎。」

張紫陽云：「嬰兒是一含真氣，十月胎圓入聖基。」

呂純陽云：「天生一物變三才[8]，交感陰陽結聖胎。」

白玉蟾云：「雞能抱卵心常聽，蟬到成形殼始分。」

俞石澗云：「虎嘯一聲龍出窟，鸞飛鳳舞入金城[9]。」

《群仙珠玉》云：「一粒餐兮天地壽，死生生死不相干。」

張紫陽云：「相吞相啖卻相親，始覺男兒有孕[10]。」

鍾離翁云：「胎內嬰兒就，勤加溫養功。時時照丹扃，刻刻守黃中。」

陳泥丸云：「男兒懷孕是胎仙，只為蟾光[11]夜夜圓。奪得天機真造化，身中自有玉清天[12]。」

陳抱一云：「大道無私感即來，神仙此語豈虛哉？苟非著意求鉛汞，爭[13]悟天機結聖胎？」

《玄奧集》云：「閬苑[14]蟠桃[15]自熟時，摘來服餌莫教遲。幾回下手潛偷處，無限神仙總不知。」

龍眉子云：「形如雀卵團團大，間似驪珠[16]顆顆圓。龍子脫胎吞入口，此身已證陸行仙。」

紫虛真人云：「初煉還丹須入室[17]，婦人懷孕更無殊。聖胎凝結圓成後，出入行藏豈有拘？」

白紫清云：「秪將戊己作丹爐，煉得紅丸化玉酥[18]。慢守火符[19]三百日，產成一顆夜明珠。」

張真人〈贈白龍洞主歌〉云：「從此根苗漸長成，隨時灌溉抱真精。十月脫胎吞入口，不覺凡身已有靈。」

白玉蟾云：「怪事叫人笑幾回，男兒今也會懷胎。自家精血自交媾，身裏夫妻是妙哉。」

黃元吉云：「鼎內金丹燦爛光，無由摘爾到黃房。忽然夜半天風便，吹送靈兒歸故鄉[20]。」

陳翠虛云：「道要無中養就兒，箇中別有真端的。都緣簡易妙天機，散在丹書不肯泄。」

王重陽云：「閑中偶爾到天臺[21]，忽見霞光五色開。想是金丹初變化，取歸鼎內結嬰兒。」

上陽子云：「玉皇若也問丹材，偃月爐[22]中取下來。馳騁英雄吞一粒，男兒懷了一年胎。」

陳致虛云：「飢餐渴飲困來眠，大道分明體自然。十月聖胎完就了，一聲霹靂出丹田。」

至於釋教教人，亦不外此。

如《楞嚴經》曰：

「行與佛同，受佛氣分。如中陰身[23]，自求父母。陰信冥通，入如來種，名生貴住[24]。

既游道胎，親奉覺胤[25]，如胎已成，人相不缺，名方便具足住[26]。

容貌如佛，心相亦同，名正心住[27]。

身心合成，日益增長，名不退住[28]。

十身靈相[29]，一時具足，名童真住[30]。

形成出胎，親為佛子，名法王子住[31]。

表以成人，如國大王以諸國事分委太子。彼剎利王世子長成，陳列灌頂[32]，名灌頂住㉝。」

夫入如來種者，以種性而為如來之種子，以自造化如來也。故曰道胎，又曰覺胤。其與婦人之胤兒，玄門之胎仙，亦何以異？及至形成出胎，親為佛子，豈不是「真人出現大神通，從此天仙可相賀」耶？

蓋丹書梵典，皆有次序口訣，但人不知，而驀直看過去了。正是珠在路傍人不拾，惜哉！予今略摘此數條，表而出之，以引古之是，而證今之非也。

【注釋】❶息息歸中　即「靈丹入鼎」，即息息歸入黃庭中。後文中的「天真胎」、「黃金室」、「極樂國」等都是指「靈丹入鼎」的「鼎」，即黃庭的比喻用法。❷刀圭　原指古代量取藥沫的用具。內丹家所謂刀圭，則指戊己二土相合。碧虛子《親傳直指》：「戊己二土，合成曰圭。又名水中金。金者曰刀，故號刀圭也。」這裏「刀圭餌」即「飲刀圭」。崔希範《入藥鏡》：「飲刀圭，窺天巧。」玉谿子《丹經指要》：「刀，金之喻；圭者，二土之喻。飲刀圭者，流戊就己也。」丘處機《大丹直指》：「頂為戊土，臍為己土，二土為圭字。所以呂仙翁號刀、圭也，只是性命二物。」❸丹書降　意思是天上降下召去成仙的詔書。這裏比喻靈丹下降入鼎。❹羽翰　羽毛。翰，長而硬的羽毛。❺寶珠　比喻靈丹。❻全真　全真道是中國道教後期的兩大派別之一。創建於金初，後與其他丹鼎小派合併而成，一直流傳至今。全真道的創始人王嘉（西元一一一二～一一七〇年）。原名中孚，字允卿。入道後，改名嘉，字知明，號重陽子。先後收馬鈺、譚處端、劉處玄、丘處機、王處一、郝大通、孫不二等七人為徒，創立全真道。❼辛勤十月產嬰孩　即「嬰兒現形」功夫，指神氣凝成大藥，經十月溫養，丹胎成熟，脫出其胎的景象。詳見本書貞集第七節口訣〈嬰兒現形出離苦海〉。❽天生一物變三才　先天一氣化生為精、氣、神三寶。❾虎嘯一聲龍出窟二句　上下各句都是形象地比喻靈丹入鼎長養聖胎的內煉景象。❿相吞相啖卻相親二句　即前面所說的靈丹入鼎之後，「則太虛中自然有一點真陽，以與我之靈丹合而為一。蓋吾身之靈，感天地之靈，則內真外應，渾然混合。」之意。男兒有孕，本來是不可思議的，但這裏內外「兩陽乍合，聖胎初凝」，所以比喻為「男兒懷孕」，實指聖胎凝結。另外，結胎全憑性命，性命屬於自家，所以無需借助身外別物，即下文中「白玉蟾云：怪事叫人笑幾回，男兒今也會懷胎。自家精血自交媾，身裏夫妻是妙哉。」⓫蟾光　即月光，月亮屬陰，是金水之精，即真鉛。所以有「若問真鉛何物是，蟾光終日照西川」之說，詳見前注。⓬玉清天　即玉清境，與「上清」、「太清」合稱為「三清境」或「三天」。道教指神仙所居的最高仙境。「玉清境」全稱「清微天玉清境」，由始氣化成，元始天尊居於此。這裏泛指仙境。⓭爭　怎麼。⓮閬苑　原指道教仙境，內丹借指大藥成熟、丹胎結成之地。⓯蟠桃　俗有「仙桃」、「壽桃」之稱。傳說西王母瑤池中種植，三千年開一次花，三千年結一次果，吃一顆可以長壽六百歲。中國傳統中常以「蟠桃獻壽」為主題的吉祥圖案表示長壽延年的祝福。這裏也比喻靈丹。⓰驪珠　傳說中驪龍頷下藏有的圓圓的珠。這裏比喻靈丹。⓱入室　指潛心至道，絕塵修持。《元始無量度人上品妙經注・卷上》：「入室者，蓋欲入靖絕塵，身心專注，可與神靈交通者也。」即前面所說「這段工夫，全以至靜為主」之意。⓲煉得紅丸化玉酥　即靈丹入鼎結成聖胎。玉酥，原指從牛羊等乳中提取的精華，即從牛出乳，從乳出酪，從酪出生酥，從生酥出熟酥，從熟酥出醍醐，而醍醐最為上藥。這裏「紅丸」、「玉酥」與下句中的「夜明珠」都是比喻大藥生成，金丹產生。⓳火符　即陽火陰符。《金仙論證》：「以陽用者曰火，以陰用者曰符。」煉養丹藥的功夫，要求火符進退、抽添增減不宜太躁，而須勤節用功，養之以溫溫，存之以綿綿，如龍之養珠、少婦之初孕。⓴忽然夜半天風便二句　形容子時陽氣始生，急忙用真意採取，採藥歸壺。詳見前面相關注。㉑天臺　也叫「天中」，指鼻。《黃庭內景經・天中章》：「天中之岳精謹修，雲宅既清玉帝游。」唐梁丘子注：「天中之岳謂鼻也。一名天臺。」㉒偃月爐　原指外丹煉丹的工具，內丹借指煉藥的地方，又名「陰爐」，為元始祖氣存在之所。張伯端《悟真篇》：「休泥丹灶費工夫，煉藥須尋偃月爐。自有天然真火候，何須柴炭及吹噓。」陶素耜注：「偃月爐，乃坤爐之象，中有至陽之氣，乃煉藥之具。」㉓中陰身　佛家語，又名中有，即人死後尚未投胎之前，有一個由微細物質形成的化生身來維持生命，此化生身即是中陰身。此中陰身在最初的四十九天中，每七天一生死，經過七番生死，等待業緣的安排，而去投生。㉔生貴住　佛教「十住」的第四住。菩薩修行過程分為五十二階位，其中第十一至第二十階位，屬於「住位」，稱為十住，分別為發心住、治地住、修行住、生貴住、具足方便住、正心住、不退住、童真住、法王子住、灌頂住。「生貴住」屬於第四住，指由前之妙行，冥契妙理，將生於佛家為法王子，與佛同受佛之氣分，彼此冥通，成如來種，名生貴住。㉕覺胤　即大覺法王的後裔。胤，子嗣；後代。㉖方便具足住　佛教「十住」的第五住，指修習無量善根，自利利他，方便具足，相貌無缺，名方便具足住。㉗正心住　佛教「十住」的第六住，指不但相貌與佛相似，且心也與佛同，心念同佛，惟得其正，名正心住。㉘不退住　佛教「十住」的第七住，指既入於無生畢竟空界，心常行空無相願，身心和合，日日增長，身心增長，無有退缺，名不退住。㉙十身靈相　指佛、菩薩的十種身，又作「十佛」：聲聞身、緣覺身、菩薩身、如來身、法身、智身、虛空身、業報身、眾生身和國土身。㉚童真住　佛教「十住」的第八住，指自發心起，始終不倒退，不起邪魔破菩提之心，至此，佛之十身靈相，一時具足，如童真之可貴，名童真住。㉛法王子住　佛教「十住」的第九住，自初發心住至第四生貴住，稱為入聖胎；自第五之方便具足住至第八之童真住，稱為長養聖胎；而此法王子住則相形具足，於焉出胎；猶如從佛王之教中生解，乃紹隆佛位，名法王子住。㉜灌頂　原為古代印度於國王即位時皆行灌頂儀式，以四大海之水灌新王之頂，表示祝福。佛教密教效此世法，修密者受學密法時，必先設壇而行灌頂之儀式。密教所謂灌頂法，灌者大悲護念義，頂者佛果最上義，意思是諸佛以大悲水灌頂，能使功德圓滿之意，有種種不同的儀式。㉝灌頂住　佛教「十住」的第十住，指菩薩既為佛子，堪行佛事，故佛以智水為之灌頂，猶如剎帝利王子之受權灌頂。

【語　譯】葛仙翁說：「息息都歸入丹田不間斷，在先天本真丹胎裏自然會凝結堅固。」

張用成說：「一粒靈丹吞入腹中，才明白我命在我不由天。」

石得之說：「把手掌上放出燦爛霞光的明珠，吞入腹中後就像宮殿煥然一新。」

趙緣督說：「神丹飛落黃金室中，嬰兒降生在極樂國。」

呂純陽說：「刀圭飲了詔書降下，跳出塵世的樊籠飛上九天。」

朱文公說：「刀圭一入口，就像白日長上了羽翅。」

李清庵說：「一顆寶珠吞入腹中，就可以成為全真派神仙的眷屬。」

陳希夷說：「靈丹邈無蹤跡歸入黃庭中，暗中有機關結成聖胎。」

薛紫賢說：「四象和合歸於戊己二土，辛苦十月產下嬰兒。」

《悟真篇》中說：「果實生在枝頭上到了時間就會成熟，子在胎胞中有什麼兩樣呢？」

〈醉中吟〉中說：「寶珠笑吟吟地跳著舞離開天谷穴，才脫離胞胎又入鼎結聖胎。」

張紫陽說：「嬰兒就是一股真氣，十月懷胎胎圓就結成聖胎。」

呂純陽說：「天生先天真氣一物變成精、氣、神三件，陰陽交感結成聖胎。」

白玉蟾說；「雞能抱蛋孵化心要常聽，蟬到成形殼才分開。」

俞石澗說：「虎長嘯一聲龍就飛出窟洞，鸞飛鳳舞進入金城。」

《群仙珠玉》中說：「服了一粒靈丹就同天地齊壽；從此或死或活或活或死都與我毫不相干。」

張紫陽說：「相互吞食卻又相親相愛，才知道男人有了身孕。」

鍾離翁說：「胎內嬰兒煉就，就要勤加溫養功夫。時時內照黃庭，刻刻意守著黃庭。」

陳泥丸說：「男人懷孕便是仙胎，只因為蟾光夜夜圓滿。奪得天機造化之妙，身中自會有玉清天。」

陳抱一說：「大道無私誰有了感應它就來，神仙說的這話難道是假話不成？如果不著意去求得鉛汞，怎麼能悟得天機凝結聖胎呢？」

《玄奧集》中說：「神仙的園林中蟠桃成熟的時候，摘來服食千萬不要耽誤。好幾次暗中可以下手偷取的好時機，可惜多少神仙都不知曉。」

龍眉子說：「形狀像麻雀卵個個大，有時又像驪龍珠顆顆圓。龍兒脫胎以後把它吞入口中，自身已經證得陸行神仙。」

紫虛真人說：「起初修煉還丹必須要入靜室，女人懷孕更是如此。聖胎凝結胎圓之後，出入行藏哪還有什麼限制？」

白紫清說：「只把戊己二土合成意土當作煉丹爐，煉得紅丸化成玉酥。慢守火候溫養三百天，產出一顆夜明珠。」

張真人〈贈白龍洞主歌〉中說：「從此以後根苗逐漸成長，隨時灌溉抱持真精。十月脫胎吞入口中，不知不覺中凡身已顯靈。」

白玉蟾說：「這種怪事直叫人笑上幾回，男兒如今也會懷胎。自己體內的精血自己交媾，自身內自有夫妻真奇妙。」

黃元吉說：「鼎內金丹放出燦爛的光芒，無法把它運到黃房。忽然子時元氣暢通，吹送靈丹歸故鄉。」

陳翠虛說：「大道就是要從無中生出嬰兒，其中別有一番奧妙。都因簡單易行的玄妙天機，分散在無數丹書中卻不肯洩漏明白。」

王重陽說：「閒暇的時候偶爾來到天臺，忽然看見五色霞光開放。想必是金丹剛起變化，採取放回到鼎內結成嬰兒。」

上陽子說：「玉皇倘若也問丹材，就從偃月爐中取下來。馳騁戰場的英雄吞下一粒，男兒也會懷上一年胎。」

陳致虛說：「餓了吃渴了喝困了就睡，大道分明體現得順其自然。十月懷胎聖胎完就，霹靂一聲迸出丹田。」

至於佛教教導人，也不外乎以上這些。

如《楞嚴經》中說：

「所修妙行已與佛相同，領受了佛陀的真如氣分。這就如同（死後尚未投胎之前）中陰身，自求同業於父母一樣。（既然積德圓滿）陰信冥通妙理，就可以入如來種，這叫『生貴住』。

既游入諸佛的胎藏（得為佛種），就是大覺法王的後裔，（方便智慧漸漸具足）如胎已長成，人相不缺（佛相圓滿），這叫『方便具足住』。

容貌如佛（具三十二相、八十種好），（內照真如）心相圓滿也和佛一樣，這叫『正心住』。

身心都合成，日益增長（沒有退卻），這叫『不退住』。

佛十身靈妙的法相，一時都具備了（但還未顯著，如胎方成，體力尚未充沛），這叫『童真住』。

佛的容貌已完全形成出胎，便是佛的嫡子（從佛口生，從法化生），這叫『法王子住』。

形貌舉動已經成人，如同國王把國家的大事委派給太子管理。就像那位剎利王世子長成一樣，同弟子們一起排列，行灌頂禮，叫作『灌頂住』。」

所謂「入如來種」，就是把種性化為如來種子，使自己造化為如來，所以叫作「道胎」，又叫「覺胤」。這同婦人孕育胎兒，道家孕育仙胎，又有什麼區別呢？等到形體長成脫胎而出，成為佛子，這不正是呂純陽祖師所說的「真人出現大神通，從此天仙可相賀」嗎？

丹書佛典，都有修煉的次序和口訣，但一般人不知道，就匆匆的直接看了過去。這正是珠寶放在路旁路人不拾，可惜啊！我現在大略摘引以上數條，特意寫出來，通過摘引古人的真理名言，來論證今天大家的錯誤所在。

行火候法

火候最秘，聖人不傳，今則露之。藥非火不產，藥熟則火化矣。火非藥不生，火到則藥成矣。

且火候之奧，非可一概而論。

故未得丹時，須藉武火以凝之。既得丹時，須藉文火以養之。文火者，結實之火也。其養之之法，節其寒溫消息是也。

故《參同契》曰：「候視加謹慎，審察辨寒溫。」

審其火之未燃也，須藉巽風❶以吹之。察其火之既燃也，須資神水❷以沃之。

若太過則損之，若不及則益之。俾得中和，而無火燥、火寒之病❸矣。

蓋火之寒燥，全在意念上發端。

陳虛白曰：「念不可起，念起則火燥。意不可散，意散則火冷。」

火候崇正圖

從來真火本天然
何事迷途妄指傳
若將方木投圓竅
醜姹爭教得少年

玉爐靄靄騰雲氣
金鼎濛濛長紫芝
神水時時勤溉灌
留連毋使火龍飛

契論經歌講至真
不將火候著於文
要知口訣通玄處
須共神仙仔細論

真橐籥
真鼎爐
無中有
有中無

元始天尊霜
太上老君櫻

火候足
莫傷丹
天地靈
造化慳

神仙不作參同契
火候工夫那得知
千載晦翁拈一語
可憐無及魏君時

玉爐煉就長生藥
金鼎燒成不死丹

有象有爻皆是妄
無盈無昃亦成空
試且為君通一線
看看日出嶺東紅

惟❹只要一念不起，一意不散。含光默默，真息綿綿。圓明❺覺照，常自惺惺。此長養聖胎之真火候也。

故白玉蟾曰：「採藥物於不動之中，行火候於無為之內。」

張三丰曰：「以默以柔存火性，勿忘勿助養靈胎。」

劉海蟾曰：「兀兀❻無為融至寶，微微文火養潛龍❼。」

張紫陽曰：「自有天然真火候，不須柴炭及吹噓❽。」又曰：「謾守❾藥爐看火候，但安神息任天然。」

此四翁乃列仙中之錚錚者❿，皆以天然真火，自然妙用，而成無上至真之道。又何嘗用卦、爻、斤、兩、年、月、日、時者哉？

【注　釋】❶巽風　即鼻息。《入藥鏡》：「起巽風，運坤火，入黃房，成至寶。」《修真辨難參證》：「巽風即鼻息，心靜至極，鼻微若閉，導成胎息之法。」風在八卦中代巽，所以稱「巽風」。❷神水　即木液，指心火中真陰，即汞，性。性易動像水，所以叫神水。也指口中津液，這裏應指後者。❸俾得中和二句　火燥指用意太急，火寒指用意太緩，所以都算「病」。火候之法，在於不急不躁，勿忘勿助，持守中和。俾，使。❹惟　語氣詞，用於句首表示希望、祈求的語氣。❺圓明　即靈丹。詳見本書第一節口訣中「玉液煉形法則」。❻兀兀　昏昏沉沉的樣子。❼潛龍　指丹胎未成之前的狀態，即前面所謂「未得丹時，須藉武火以凝之」之時。❽吹噓　道家導引吐納功夫。❾謾守　似守非守的樣子。謾，通「慢」。❿錚錚者　形容有名聲之人。

【語　譯】火候的方法最為隱秘，聖人輕易不傳，現在我把它表露出來。藥沒有火不能產生，大藥生成火也就熄滅了。火沒有藥也不能生成，火候到了大藥就煉成了。

但火候的奧妙，不可以一概而論。

在尚未成丹的時候，必須借助於武火來凝聚它。已經成丹以後，要借助於文火來溫養它。所謂文火，就是結成丹胎的火。溫養的方法，就是調節控制溫度、消長情況。

所以《參同契》上說：「看候要多加謹慎，審察要辨別冷熱。」看到火還沒燃起的時候，要借助於巽風吹動它（指武火）。看到火已經燃起的時候，要靠神水來澆灌它。倘若火力太猛就減損它，倘若火力不足就要增益它。使它達到中和，就沒有火燥或火寒的毛病了。火的冷熱，全在意念上發端。

陳虛白說：「雜念不可以起，雜念一起火就會燥。意不能散亂，意散亂則火就會冷。」只要一絲雜念不起，一點意不散亂。含光默默內照，真息綿綿不斷。圓明覺悟內照，常常保持清醒。這就是長養聖胎的真火候。

所以白玉蟾說：「採藥物於不動之中，行火候於無為之內。」

張三丰說：「以默以柔存火性，勿忘勿助養靈胎。」

劉海蟾說：「昏昏無為可以融通至寶，微微文火可以長養潛龍。」

張紫陽說：「自然就有天然的真火候，不需要柴炭和吹噓。」又說：「藥爐要似守非守以此看火候，只求安定神息因任天然。」

這四位老翁是眾仙中響噹噹的名人，全都以天然之真火，自然之妙用，從而修成了無上至真之道，何曾用卦、爻、斤、兩、年、月、日、時這些東西呢？

今時之人，錯會仙師本意，泥象執文，認指為月❶。而必欲推算卦體之策數，求合卦畫之陰陽。吾恐終身役役❷，而不見其成功，倏然疲斃，而不知其歸處。豈不見張平叔云：「此中得意須忘象❸，若究群爻謾役情。」高象先云：「晝夜屯蒙❹法自然，焉用孜孜看火候？」

陳沖素云：「火雖有候不須時，此些子機關我自知。」

彭真一云：「從來真火無形象，不得師傳也大難。」

蕭紫虛云❺：「藥物調和，悟者甚易。火候消息，行之恐難。一十月工夫，存杳杳綿綿之息。三萬年氣數，在來來往往之間。所以養丹田之寶，此寶長在。奪丹鼎之珠，此珠復還。駕動河車，離塵世尾閭之海。移居天谷，上崑崙蓬島❻之山。」

前數句，謂煉丹之時，脫胎而入口。末二句，謂功成之後，脫胎而出殼。中間兩句，謂溫養子珠，長養聖胎。

張三丰曰：「年月日時空有著，卦爻斤兩亦支離。若存會得綿綿意，正是勿忘勿助時。」

白紫清曰：「流俗淺識，末學凡夫，豈知元始天尊與天仙地仙，日日採藥物而不停，藥物愈採而無窮也？又豈知山河大地與蠢動含靈❼，時時行火候而無暫住，火候愈行而不歇也？」

神凝則精氣聚，而百寶結者，結胎之藥物也。真息往來，而未嘗少有間斷者，溫養之火候也。

圖 胎 聖 養 長
若雙修性命者必須重開混沌再立胞胎而自造化此性命也夫
性命既造化矣則於父母性命中而自然養出一點性命如在母
腹而為我之性命也夫既為我之性命矣則又自然於我之性命
中而還我於無而為我之太虛也夫既為我之太虛矣則又自然
於我之虛空中再造乾坤而為我之真性命也夫既為我之真性
命矣則又自然於我真性命中露出端倪而為我本來之元神也
小小房兒
藏舍利些
些芥子納
須彌邇來
煉今無生
體後去知
渠有所歸
圓覺經偈曰金剛藏當知如來寂滅性未嘗有終始若以輪迴心思維
即旋復但至輪迴際不能入佛海譬如銷金鑛金非銷故有雖復本來
金終以銷成就一成真金體不復重為鑛蓋金鑛非金也銷之而後成
金者以有金之性也種性非佛也煉之而後成佛者以有佛之性也

陳虛白曰：「火候之要，尤當於真息求之。」

丘長春曰：「一念不離方寸是真空❽。」

此養胎之真火也。夫真火者，我之神也，而與天地之神、虛空之神同其神也。真候者，我之息也，而與天地之息、空虛之息同其息也。

左元放曰：「火候無為合自然，自然真火養胎仙。但存神息居丹扃，調燮❾先天接後天。」

王重陽曰：「聖胎既凝，養以文火。安神定息，任其自如。此以神感，彼以神應。天機妙用，故自然而然。」

予於是而知，神息者，火候也。孟子之所謂「勿忘勿助」❿，老子之所謂「綿綿若存」，釋氏之所謂「不得勤不得怠」者，是皆神息之自然，火候之微旨也。故曰：「神仙不肯分明說，說得分明笑殺人。」

【注釋】❶認指為月　佛經中有關能指與所指的譬喻。如《楞伽經》卷四：「如愚見指月，觀指不觀月。計著名字者，不見我真實。」《楞嚴經》卷二：「如人以手，指月示人。彼人因指，當應看月。若復觀指以為月體，此人豈唯亡失月輪，亦亡其指。何以故？以所標指為明月故。」手可指月，而月不在指，或者說指不是月。聰明的人能夠因指而見月，糊塗的人始終只是把手指頭當成了月亮。後世禪宗遂借「指月」之喻，批評常人只知執著名相，卻不能見到名相所指的真如實際。這裏「認指為月」和前面的「泥象執文」都指拘泥於物的相狀，不得其真諦。❷役役　勞苦不休。❸得意須忘象　《莊子・外物》：

「筌者所以在魚，得魚而忘筌。蹄者所以在兔，得兔而忘蹄。言者所以在意，得意而忘言。」王弼受莊子的得魚忘筌、得意忘言譬喻的啟發，認為「言不盡意」，主張「得意忘言」、「得意忘象」。即不拘泥於字句言辭，既得其意，則忘其言、忘其象。這裏「象」取卦象之意。❹屯蒙　內丹家進火、退符的內煉火候卦象。在六十四卦中，除了乾（䷀）、坤（䷁）兩卦，屯（䷂）、蒙（䷃）兩卦處於開始的兩卦，所以丹術家用來比喻開端。混然子《還真集》上：「夫屯蒙二卦者，聖人假象以明進火、退符之謂也。陽從下生，乃曰屯；陰從上退，乃曰蒙。是屯下震而上坎。……。蒙下坎而上艮。丹家寓言朝屯暮蒙之說，本意不過指此以論吾身火候之分明啟閉，呼吸消息之妙。」❺蕭紫虛云　此段出自《金丹大成集》卷一，原文中「奪丹鼎之珠，此珠復還」後多「既得此超生之訣，常開其生死之關」句。❻崑崙蓬島　崑崙、蓬島與前面的「天谷」都指泥丸宮，即上丹田。❼蠢動含靈　泛指各種生靈。❽真空　佛教以真如之理遠離一切迷情所見之相，杜絕「有」、「空」的相對，故稱真空。也即小乘的涅槃。❾調燮　調協。燮，協和；協同。❿勿忘勿助　與下句中的「綿綿若存」、「不得勤不得怠」，詳見第四節口訣「聚火載金訣法」中相關注。

【語　譯】現代的一些人，錯誤地領會了仙師的本意，拘泥於卦象和經文，把指向月的手指誤以為是月。而且還要推算卦體的陰陽爻策數，推求符合卦畫的陰陽符號。我怕他們這樣終生勞碌，但不見成功，一旦突然累死，而不知道歸於何處。

難道沒見張平叔說：「修煉丹道得意後必須忘掉卦象，如果一味的在各個卦爻上下功夫就會誤事。」

高象先說：「火候的晝屯夜蒙都效法自然，哪兒用得著孜孜不倦地看守火候呢？」

陳沖素說：「火雖然有火候的不同但不必拘泥於具體時間，其中的一點機關我自知。」

彭真一說：「從來真火無形無象，得不到師傳就很難知曉。」

蕭紫虛說：「藥物的調和，很容易悟得。火候的消長，施行起來恐怕較難。十月懷胎的功夫，在於微弱綿綿的氣息。三萬年的氣數，在於氣息來來往往之間。所以保養丹田之中的寶，此寶就能常在。採奪丹鼎之中的靈珠，此珠就能復還。駕動河車，離開尾閭這個塵世之海。移居到天谷，登上崑崙、蓬島之山。」

前幾句，是說煉丹的時候，丹胎脫胎後吞入口中的過程。結尾兩句，是說功成之後，靈丹脫胎出殼的過程。中間兩句，是講溫養靈珠，保養聖胎的過程。

張三丰說：「年、月、日、時雖有卻是空的，卦、爻、斤、兩更是支離破碎。若要領會氣息綿綿不盡的真意，正在勿忘勿助之時。」

白紫清說：「那些見識短淺，不學無術的凡夫俗子，哪裏懂得元始天尊和天仙地仙們，日日採藥物而不停歇，藥物越採越不盡的情況呢？又哪裏懂得山河大地以及各種生靈，時時不停地調火候而一刻不停，火候越調而越不停的情況呢？」

神凝則精氣凝聚，百寶凝結，這是結胎的藥物。真息往來，不曾稍有間斷，這是溫養的火候。

陳虛白說：「火候的關鍵，尤其應當在真息中去尋求。」

丘長春說：「一絲念頭都不離開方寸之地就是真空。」

這是長養聖胎的真火。所謂真火，就是身中之神，這與天地的神、虛空的神是同一個神。所謂真候，就是身中的氣息，這與天地的氣息、虛空的氣息是同一氣息。

左元放說：「火候無為合乎自然，自然真火保養胎仙。只要保存神息居於黃庭中，就可以調協後天返先天。」

王重陽說：「聖胎既然已經凝結，就要用文火溫養。安定神止住息，任其自然。此以神感，彼以神應。天機妙用，所以在於自然而然。」

我由此而明白，所謂神息，即是火候。孟子所說的「勿忘勿助」，老子所說的「綿綿若存」，佛家所說的「不得勤不得怠」，這些都是講關於神息的自然，火候的微妙原理。

所以說：「神仙不肯明白說，說得太明白了讓人笑死。」

【說　明】「靈丹入鼎，長養聖胎」，這是繼「乾坤交媾，去礦留金」之後的結胎功夫。就是將乾坤交媾、神氣凝結成的龍虎金丹，自泥丸經十二重樓，送入小鼎黃庭之中，運用火候長時間溫養，最終結成聖胎的過程。

道教認為，這是成仙作聖的始基，有如孕婦之懷胎，所以稱為「聖胎」。靈丹入鼎「這段工夫，全以至靜為主。」在「兩陽乍合，聖胎初凝」之時，就必須常常覺照，謹慎護持，這就是「長養聖胎」的過程，也即火候功夫。火候的運用，是道教內丹修煉中一個非常重要又難以說情的問題。「火候最秘，聖人不傳。」歷來就有「聖人傳藥不傳火」之說。火候有文火、武火之分，武火表示未得丹時加強意念及呼吸的內煉方法，文火則表示運煉過程中不用意念而持續輕緩的呼吸，任其自然無為，為已得丹時的沐浴溫養之火。所謂文火、武火，「全在意念上發端」。「火候之要，尤當於真息求之。」意念和真息二者缺一不可，「予於是而知，神息者，火候也。」火候的關鍵就是神氣。

作者特別批評了行火候功夫時「泥象執文」，「認指為月」的錯誤，提出應該「得意而忘象」。作者還大量載引諸位仙真有關火候的秘訣，並一一揭破其中的奧秘。比如「孟子之所謂『勿忘勿助』，老子之所謂『綿綿若存』，釋氏之所謂『不得勤不得怠』者，是皆神息之自然，火候之微旨也。」作者以圖文並茂的形式，繪有〈靈丹入鼎圖〉和〈火候崇正圖〉，形象地揭示了這一功法。

圖形現兒嬰
此時丹熟更須慈母惜嬰兒
氣穴法名無盡藏
藏包於竅竅包空
我問空中誰是子
他云是你主人翁
夫蝟蝓之蟲
孕螟蛉之子
傳其情交其
精混其氣和
其神隨物大
小俱得其真
行住坐臥
抱雄守雌
綿綿若存
念茲在茲
神水溶液
溉灌根株
內外無塵
長養聖軀
潛龍今已化飛龍
變現神通不可窮
一朝跳出珠光外
湧身直到紫微宮
他日雲飛方見真人朝上帝

第七節口訣

嬰兒現形出離苦海內附真空煉形法則

【題解】本口訣是九節口訣中的第七節，介紹了「嬰兒現形出離苦海」的功法。這是繼第六節「長養聖胎」之後的丹胎即將成熟階段的功法，詳細介紹了嬰兒現形出離苦海的時機和防護功夫。

前面火候已足，聖胎已圓，若果之必熟，兒之必生，彌歷十月，脫出其胞。釋氏以此謂之法身，又曰實相。玄門以此謂之赤子，又曰嬰兒。嬰兒當移胎換鼎之時，躍然而出，潛居氣穴之間，又重開一混沌也。

蓋此穴原是神仙長胎住息之鄉，赤子安身立命之處。因是熟境，順路而歸。

嬰兒既冥坐靜室，安處道場❶，須藏以玄玄，守以默默。始則藉坤母黃芽❷以育之，繼則聚天地生意以哺之。此感彼應，發邇❸見遠。其中自呼自吸，自合自開，自動自靜，自由自在，若神仙逍遙於無何鄉❹，似如來禪定❺於寂滅海。

即到此大安樂處❻，仍須密守關元，無令外緣六塵魔賊❼所侵，內結煩惱奸臣所亂。若坐若臥，常施瑩淨❽之功。時止時行，廣運修持之力。遂得六門❾不漏，一道常通，真體如如，永固丹基者矣。日夕如此衛護，如此保顧，如龍養珠，如母育子，不可頃刻暫忘，剎那❿失照。

鍾離翁曰：「孩兒幼小未成人，須藉坤娘⓫養育恩。」又曰：「已證無為自在心，更須溫養保全真。」

李清庵曰：「丹從不煉煉中煉⓬，道向無為為處為。息念息緣調祖氣，忘聞忘見養嬰兒。」

呂純陽曰：「腹內嬰兒養已成，且居塵市⓭暫娛情。無端措大⓮剛饒舌，卻入白雲深處行。」

蓋溫養育嬰，乃作仙之一大事。若養育失調，嬰兒就有棄殼離窠之變。此時著實提防，不可輕縱。出去則一出而迷途，遂失舍而無歸。故白玉蟾有「重整釣魚竿，再斫秋筠節」⓯之嘆。

上陽子云：「既達返還九與七⓰，此即木金三五一⓱。氣全神壯換胎時，照護嬰兒休遠出。」

【注釋】❶道場　佛教本意又作「菩提道場」、「菩提場」，指中印度菩提伽耶的菩提樹下之金剛座上佛陀成道之處。一般所謂道場，係指修行佛道的場所。不論堂宇有無，凡修行佛道所在，均稱道場。這裏「道場」和前句中的「靜室」都指氣穴而言。❷坤母黃芽　指腹中真氣。❸邇　近。❹無何鄉　語出《莊子．應帝王》：「予方將與造物者為人，厭，則又乘夫莽眇之鳥，以出六極之外，而遊無何有之鄉。」無何有之鄉，指遠離塵囂的逍遙之境。這裏指竅中之竅。❺禪定　佛家語，即禪那，譯為靜慮。禪與定皆為令心專注於某一對象，而達於不散亂的狀態。❻大安樂處　即氣穴。如前所說，是「神仙長胎住息之鄉，赤子安身立命之處。」❼六塵魔賊　即色、聲、香、味、觸、法等六塵。佛教認為這六種污濁之塵會誘人去善從惡，所以又稱「六賊」。❽瑩淨　清淨之意。❾六門　也叫「六根」，即眼、耳、鼻、舌、身、意。❿剎那　佛家語，譯「一念」，指極短的時間。佛經上說，一彈指之間，即已含有六十個剎那了。⓫坤娘　這裏比喻氣穴。《易．說卦傳》：「乾，天也，故稱乎父；坤，地也，故稱乎母。」氣穴即下丹田，相對於上丹田（為乾，為父）則為坤，為母，所以此處比喻為「坤娘」。⓬丹從不煉煉中煉　與下句「道向無為為處為」都指在煉丹修道中要順其自然，不刻意妄為，是「不煉之煉」、「無為之為」。⓭廛市　古代城市居民住宅的通稱。這裏比喻凡塵俗世。⓮措大　舊稱貧寒失意的讀書人。⓯重整釣魚竿二句　此句在這裏比喻勞而無果，只得重新再來之意。⓰既達返還九與七　即七返九還，也稱七返九轉。語出《周易參同契》「九還七返，八歸六居」句。即以九代金（精），以七代火（神），金火同宮，水火既濟，精氣神互化，復返先天，也就是用內煉丹法煉精氣神，使三寶凝結，由後天重返先天，恢復童貞時期生命充沛的狀態。有的丹經認為，人體精氣之升降與天地之氣升降相同，降時歷九個時辰曰九還（九轉），升時歷七個時辰稱七返。⓱此即木金三五一　張伯端《悟真篇》中有「東三南二同出五」，「北一西方四共之」，「戊己還從生數五」三句。王沐注曰：「東三為木，南二為火，木生火五數成為一家，在人為元神。」「西四為金，北一為水，金生水五數合為一家，在人為元精。」「中宮之土五數，自成一家，調和水火，成為嬰兒。」〈易河圖〉中以內圍一、二、三、四為生數，外圍六、七、八、九、十為成數。五行之生數為：天一生水，地二生火。天三生木，地四生金，天五生土。丹家借此以喻攢簇五行、和合四象、三家相見的結丹過程。

【語　譯】前面所說的功夫一旦火候已經充足，聖胎發育已經圓滿，就像果實必將成熟，嬰兒必將誕生，經過整整十個月，就脫離胎胞而出。

佛門稱之為法身，又叫實相。道家稱之為赤子，又叫嬰兒。當嬰兒到了移胎換鼎的時候，就會一躍而出，潛藏在氣穴之間，又重新開闢了一個混沌狀態。

這個氣穴原本是神仙長養聖胎調息止息的地方，是赤子安身立命的處所。因為是之前熟悉的環境，所以就順路返回。嬰兒既然已經潛居靜室，安然處於道場，就必須隱蔽地保藏它，默默地守護它。開始時靠腹中的元氣來養育它，接著集聚天地之氣來哺育它。此處有感彼處響應，發於近處而見於遠處。在那裏自呼自吸，自合自開，自動自靜，自由自在，像神仙逍遙於無何有之鄉，像如來佛禪定在寂滅海中。

已經到了這種十分安樂的階段，仍然必須密守關元，不要讓外部的色、聲、香、味、觸、法等六塵這類魔賊侵入，也不被內部凝結的煩惱這個奸臣所迷亂。或坐或臥，都要常行清淨之功。時而停止時而活動，都要普遍動用修持的力量。這樣就可以使眼、耳、鼻、舌、身、意等六門不向外洩漏，使內氣循環的道路經常暢通，真體如如常在，丹基則永固了。日日夜夜都這樣護衛，就這樣保養照顧，像龍保養龍珠，像母親保育孩子，不能有片刻的疏忽，不能有片刻的失去照顧。

鍾離翁說：「孩子幼小還沒長大成人，需要依靠母親的養育之恩。」又說：「已經驗證了心意無為自在，更要溫養保持全真之體。」

李清庵說：「內丹是從那種不著意煉的修煉中煉出來的，道是在不可以妄為的行為中探求出來的。排除雜念斷掉外緣的干擾調理先天祖氣，聽而不聞視而不見一心養育嬰兒。」

呂純陽說：「腹內的嬰兒已經養成，暫時居於塵世娛樂情懷。喋喋不休的窮書生們剛開始饒舌，卻入於白雲深處把身行。」

溫養育嬰，是修仙的一件大事。倘若養育失調，嬰兒就會有棄殼離巢出走的變故。這時一定要切實提防，不能有絲毫的放鬆。否則一旦出去就會迷失路途，就會丟了巢窠回無所歸。所以白玉蟾有「重新修整釣魚竿，再次砍斫秋竹節」之嘆。

上陽子說：「已經達到了七返九還，這就是三元五行合為一家。氣全神壯換胎之時，要照看保護好嬰兒不要讓它遠出。」

防護之訣，密固三要❶為緊。

《參同契》曰：「耳目口三寶，閉塞勿發通。真人潛深淵，浮游守規中❷。」

其法只是以眼觀眼，以耳聽耳，以鼻調鼻，以口緘口❸，潛藏飛躍。在正一心。則外無聲、色、臭、味❹之牽，內無意、必、固、我❺之累。自然方寸虛明，萬緣澄寂，而我本來赤子，怡怡然安處其中矣。

雖然外固三要，尤要內遣三害。三害者，邪念、煩惱、嗔恚❻是也。

故道覺禪師曰：「修此戒定慧❼，斷彼嗔貪痴。」蓋貪痴易於制伏，惟有嗔毒難降。

《聖胎訣》云：「嗔恚之火❽一燃，胎真去如奔馬。直待火滅煙消，方纔歸於廬舍。」

宋儒亦曰：「忿火不懲，必有燎原之患。慾水不窒，豈無潰川之災？」

《圓覺道場修證儀》云：「一念嗔起，具八萬障門❾。」

今欲去嗔之法，惟宗《老子》之日損❿，《周易》之懲忿⓫，世尊之覺照⓬。

高僧妙譜曰：「嗔火正燃時，我以覺照之。猶如湯消冰，了了無分別。」

緣⓭此嗔火，非實有體，皆從無明⓮而來。

猶《寶積經》偈云：「如鑽木出火，要假眾緣力。若緣不和合，火終不得生。是不悅意聲，畢竟無所有。知聲性空故，嗔亦不復生。嗔不在於聲，亦不身中住。因緣和合起⑮，離緣緣不生。如因乳等緣，和合生酥酪。嗔自性無起，因於粗惡事。愚者不能了，煩惱自燒燃。應當如是知，究竟無所有。嗔性本寂靜，但有於假名⑯。嗔恚即實際⑰，以依真如起。了知如法界⑱，是名嗔三昧⑲。」

《寶積經》又云：「求自然智⑳，破無明殼。則無明變成慧炬，而嗔火化作心燈。嗔之一毒既消，八萬四千煩惱亦滅。」

佛經亦云：「諸魔平等，煩惱為先。」

又云：「現住菩薩境㉑，煩惱無所有。」

又云：「智者於苦樂，不動如虛空。善觀察煩惱，我我所俱離㉒。」

又云：「無障大悲㉓，觀諸眾生，所有煩惱，皆從虛假妄想而生。知諸煩惱，體性自離。如是隨覺㉔，即是菩提。煩惱之性，即菩提性。」

又云：「煩惱境是佛境界，觀煩惱性空是正修行。」

又云：「欲除煩惱，當行正念㉕。」

四祖亦云：「一切煩惱業障，本來空寂。」

【注　釋】❶三要　即下文中所說「耳目口」三寶。❷規中　也稱「玄牝」、「玄關一竅」。內煉金丹的最要妙處。詳見前「玄關一竅」注。元陳沖素《規中指南・玄牝說》：「夫身中一竅，名曰玄牝。……曰我的妙訣，名曰規中。一意不散，結成胎仙。《契》云：真人潛深淵，浮游守規中。此其所也。老子曰：多言數窮，不如守中。」《玉溪子丹經指要》：「規中者，如居一規之中，不在中間，不在內外也，不泥象也，不著物也，在身中之中，意中之中，如大圓鏡中之一，我但正心誠意，為中心柱子。當萬慮俱泯之時，真人出現，如魚居深淵，游泳自在，而不離方寸，即真人潛深淵，浮游守規中矣。」❸以眼觀眼四句　即下句所說「正一心」，也就是要做到視而不見，聽而不聞，調鼻息不外嗅，緘口不語。❹聲色臭味　即耳、眼、鼻、口四種感官的對象。聲即聲音，色即色彩，臭即氣味，味即味道。聲、色、臭、味是人之大欲，必須克服。比如戴震就認為：「人生而後有欲，有情，有知，三者，血氣心知之自然也。給於欲者，聲色臭味也，而因有愛畏；發乎情者，喜怒哀樂也，而因有慘舒；辨於知者，美醜是非也，而因有好惡。聲色臭味之欲，資以養其生；喜怒哀樂之情，感而接於物；美醜是非之知，極而通於天地鬼神……。是皆成性然也。」❺意必固我　語出《論語・子罕》：「子絕四——毋意、毋必、毋固、毋我。」即孔子所戒絕的四種行為：不要意氣用事，不要太武斷，不要太固執，不要太過於自我本位。❻邪念煩惱嗔恚　與下句中的「嗔貪痴」意思相近。佛教以貪嗔痴為煩惱的根本，認為煩惱是修行的大敵，能障害善根的發展，故稱貪（貪欲）、嗔（嗔恚）、痴（愚痴）為「三毒」；又以「三毒」喻火，指能燃燒眾生的身心，使流轉於生死苦海，無有出期，又稱「三衰」；又這三種根本煩惱，污染身心，猶如塵垢，又叫「三垢」。佛教修行首先要斷除煩惱，即消滅「三毒」。❼戒定慧　佛教稱「三學」，是佛教修行方法的總稱。「戒」即戒律，抑惡修善；「定」即禪定，心於一境，止息萬念；「慧」即智慧，如理思維，照見真理。修戒定慧分別可以斷滅貪、嗔、痴「三毒」，三者的關係是依「戒」而資「定」，依「定」而發「慧」，依「慧」而證理斷惑。❽嗔恚之火　「三毒」之一的嗔恚熱惱如火，比喻為嗔恚火。又嗔恚能燒盡一切功德，故譬之於火。下文中的「忿火」也是此意。❾八萬障門　八萬，又作八萬四千，形容數目很多。這是印度人所常舉的一種習慣語，佛經上也沿習用此句來說數目之多，並非有這麼一個八萬四千的確定數目。煩惱種類極多，喻稱八萬四千煩惱、八萬四千塵勞。佛所說教法及其意義至為繁複，所以也總稱八萬四千法門（或八萬法門）、八萬四千法藏（八萬法藏）、八萬四千法蘊（八萬法蘊）。這裏「八萬障門」即有障於八萬法門的煩惱。障，煩惱的異名。煩惱能障礙聖道，故名障。❿老子之日損　語出《老子・四十八章》：「為學日益，為道日損。損之又損，以至於無為，無為而無不為。」對於日損的意思，河上公注：「道謂自然之道也。日損者，情欲文飾，日以消損。」蔣錫昌說：「言聖人為『無為』之道者，以情欲如損為目的。」⓫周易之懲忿　語出《易・損》：

「山下有澤，損。君子以懲忿窒欲。」這是〈象傳〉對《周易》「損」卦卦名的解釋。高亨解釋說：「損之上卦為艮，下卦為兌。艮為山，兌為澤。然則損之卦像是『山下有澤』，澤水日日浸蝕山根，損害山體，是以卦名曰損。君子觀此卦象及卦名，認為外物浸蝕人，或觸動人的忿怒，或引起人之貪欲，皆損害人之德行，猶澤水之浸蝕山根，損害山體，從而制止其忿怒，杜塞其貪欲，故曰：『山下有澤，損。君子以懲忿窒欲。』」⑫世尊之覺照　即佛教主張克服自迷之心，用覺悟的心來觀照一切。覺，指佛陀所證得之覺知，即證悟涅槃妙理之智慧。⑬緣　這裏是介詞，由於、因為的意思。⑭無明　佛教「十二因緣」的第一支。「明」是智慧、學識；「無明」即是於法無所明，就是「無智」、「煩惱」、「愚痴」。《大乘義章》說：「言無明者，痴暗之心，體無慧明，故曰無明。」人生的生老病死等一切苦痛，都由無明而來。人生就現實來說，充塞著種種迷妄、執著，這都是無明的表現，因而有無盡的苦痛煩惱。佛教所關心的，就是如何對治這現實的無明，使之變為明而得解脫。⑮因緣和合起　「因」是產生結果的內在直接原因；「緣」是資助因的外在間接條件。佛教認為一切萬有皆由因緣的聚散而生滅，稱為因緣生、緣生、緣成、緣起。因此，由因緣生滅的一切法，稱為因緣生滅法；而由因與緣和合所產生之結果，稱為因緣和合。「因」恰如穀物的種子，「緣」則如幫助種子成長的雨露水土。種子為親因，藉雨露水土為助緣，如此方能結果實。一切萬有皆由因緣和合而假生，沒有自性，此即「因緣即空」之理，也即前文所說的「畢竟無所有」、「性空」之意。⑯有於假名　即佛教所說的「三有」之一「假名有」。假名，虛假的名字。諸法本來無名，是人給它假設了一個名字，這個名字既虛假不實，而且名不符實，好像一個貧賤的人取了一個富貴的名字一樣。而多種因緣集合為一物，乃假之存在，稱為假名有。如色、香、味、觸四事因緣和合，假名為酪，此酪無自體，以假名故有。有，生死之境界，有因有果謂之有。⑰實際　佛家語，即真如實際之略稱，意為真實的邊際，也就是真實到極點的意思。⑱如法界　法者諸法，界者邊際之義，窮極諸法的邊際，故稱法界。如法界即窮極真如的奧妙之意。⑲嗔三昧　三昧，佛家語，又稱三摩地、三摩提、三摩帝。意譯為等持、定、正定、定意、調直定、正心行處等。即離諸邪亂，攝心不散的意思，也就是將心定於一處（或一境）的一種安定狀態。一般俗語形容妙處、極致、蘊奧、訣竅等時，都稱之為「三昧」。這裏「嗔三昧」指去除嗔恚的訣竅、奧妙。⑳自然智　佛家語，又作「自然智慧」，指不藉功用、自然而生的佛的一切智慧。《法華經．譬喻品》曰：「自然智，無師智。」這裏指自然本覺之心。㉑菩薩境　菩薩，梵語菩提薩埵的簡稱，漢譯為覺有情，就是覺悟的有情的意思，也就是上求佛道和下化眾生的大聖人。菩薩境即成佛境界。㉒我我所俱離　「我」即本真之我；「我所」即導致失去真我的煩惱之源。「我」與「我所」分離，即返回本真之我。㉓無障大悲　無障，即無礙，佛家語，又作無閡、無障礙、無罣礙、無所罣礙。指自在通達而無礙，自在涉入而無礙，自在融通而為一體。佛如來證知「煩惱即菩提」、「生死即涅槃」，其智融通無礙，故稱無礙人。大悲，救他人苦之心謂之悲。佛菩薩之悲心廣大，故曰大悲。真正的融通無礙，就會有偉大的悲心產生，所以這裏「無障大悲」就指佛菩薩。㉔覺　佛家語，是覺察或覺悟的意思。梵語叫做菩提，指斷絕世間煩惱而成就涅槃之智慧。在事障上，一切煩惱，伺隙侵人，唯至聖能隨緣省察，不為所困，是覺察義；在理障上，凡夫痴迷，顛倒執著，唯至聖能朗然徹悟，燭照無遺，是覺悟義。㉕正念　指真正之念。即時常憶念正道，不使思想行為有錯誤，是佛教的八正道（又名八聖道，即八條聖者的道法：正見、正思惟、正語、正業、正命、正精進、正念、正定）之一。

【語　譯】防護的密訣，以嚴密的封固耳、眼、口「三要」最為緊要。

《參同契》說：「耳、眼、口是三寶，一定要閉塞不要跟外界相通。真人就可以潛藏在深淵中，不即不離浮游守規中。」

其法只是眼不外視，耳不旁聽，調鼻息使其不外嗅，緘口不語，潛藏或者飛躍，都取決於正己之心。己心正則外沒有聲、色、嗅、味四種欲的牽累，內沒有意、必、固、我四種缺點的牽累。自然心中清虛明淨，萬緣澄清寂滅，而我本來的赤子，就和順地安居在裏面了。

雖然對外緊閉耳、眼、口「三要」，但尤其要除掉內部的「三害」。所謂三害，就是邪念、煩惱、嗔恚。所以道覺禪師說：「修煉這戒、定、慧三學，斷絕那貪、嗔、痴三害。」而貪欲、痴迷二毒容易制伏，只有嗔毒難於降服。

《聖胎訣》中說：「嗔恚之火一燃燒，則真胎像奔馬一樣逃逸。直到火滅煙消，才敢返回到廬舍。」宋儒也說：「忿恚之火如不加懲制，必定會有燎原之患。貪欲之水不加窒塞，怎麼會沒有決堤之災呢？」《圓覺道場修證儀》中說：「嗔恚的念頭一起，就會產生八萬煩惱之門。」

如今想要尋求去除嗔恚的方法，只有尊奉老子提出的「日損」之法，《周易》中的「懲忿」之法，釋迦牟尼世尊的「覺照」之法。

高僧妙普說：「嗔恚之火正燃的時候，我用覺悟來關照它。猶如用開水去消融冰塊，於是冰、水就完全沒有差別了。」

由於這個嗔火，並非實有其體，都是無明所致。

正如《寶積經》中的偈語所說：「譬如鑽木取火，要依靠各種因緣的力量。倘若各種因緣不能和諧相合，火最終無法生出來。可見那些使人生出不悅之意的聲音，實際上空無所有。懂得了聲的本性為空的道理，嗔恚也就不會再產生。嗔恚不在於聲，也不住於身中。是由於因緣和合萬物才生起，離開緣萬物也就不會產生。譬如牛奶等等內因元素加上各種外緣，因緣和合就生成了酥油和奶酪。嗔恚是因本性的迷失而生起，是由粗俗醜惡之事引起。愚蠢之人不明瞭此理，煩惱自然就被點燃。正確的認識應該是，它實際上空無所有。嗔恚之性原本是寂靜的，但因為假名也就有了。嗔恚即是真如實際，依憑真如而興起。明瞭知覺真如的道理，這就叫去除嗔的三昧。」

《寶積經》中又說：「要求得自然的本覺的智慧，就要破除無明這個外殼。那麼無明就會化為智慧的火炬。嗔恚之火就會變成心中的明燈。嗔恚之毒既然已經消除，那麼八萬四千種煩惱也就消滅了。」

佛經上也說：「各種魔障都是一樣的，而煩惱是最初的根源。」

又說：「現住於菩薩境界，沒有一切煩惱。」

又說：「覺悟之人面對苦和樂，一心不動猶如面對虛空。善於觀察認識煩惱，我的本覺之心和煩惱之源就會完全分離。」

又說：「沒有煩惱的大悲佛菩薩，靜觀一切眾生，其所有的煩惱，都是從虛假妄想中產生的。認識了這些煩惱，形體和本性就自然會分離。就這樣隨時覺察覺悟，這就是菩提。煩惱之性，也就是菩提之性。」

又說：「煩惱的最高境界即是佛境界，以智慧觀察煩惱自性本空的道理就是正確的修行。」

又說：「想要去除煩惱，應當行正念。」

四祖也說：「一切煩惱的業障，本來就是空虛靜寂的。」

細觀佛祖經旨大概，謂煩惱性空，勿為窒礙。觀如夢幻，不用介懷。設使觸景情動，如響應聲，既應即止。若此，則煩惱塵勞，不待斷而自滅；胎真赤子，弗假修而自靈。

又有經云：「以智慧劍❶，破煩惱賊。以智慧刀，裂煩惱網。以智慧火，燒煩惱薪。」

僧圓照云：「對治煩惱魔，清靜常歡喜。」

龐居士云：「諦觀四大本空❷，煩惱何處安腳？」

晁文元云：「身同夢幻非真有，事比風雲不久留。既能洞達須剛斷，煩惱魔空過即休。」

張紫陽云：「可謂道高龍虎伏，堪言德重神鬼欽。已知壽永齊天地，煩惱無由更上心。」

《六祖壇經》云：「凡夫即佛，煩惱即菩提。前念迷即凡夫，後念悟即佛。前念著境❸即煩惱，後念離境即菩提。」

故《瓔珞經》云：「佛言：我從本來，不得一法。究竟定意❹，始知所謂無念❺。若得無念者，觀一切法，悉皆無形，因此得成無上正真之道❻。」

又云：「世人不能成道而脫生死者，良由妄念❼為輪迴種子耳。」

蓋妄念起處，即是生滅。妄念息處，即是真元。故玄門以止念為本，釋教以無念為宗。無念者，為無邪念，非無正念。念有念無，即名邪念。不念有無，即名正念。念善念惡，即名邪念。不念善惡，即名正念。乃至苦樂、生滅、取捨、冤親、憎愛，……，並名邪念。不念苦樂等，是名正念。但事來不受，一切處無心，即是無念也。無念之念，謂之正念。

佛經云：「善男子❽。我等住於無念法中，得如是金色三十二相❾，放大光明，照無無餘世界。」

高峰禪師云：「茲氏❿受一生成佛之功，不出一念無生性海。」

智常禪師云：「真如無念，非念法能階⓫。實相⓬無生，豈生心能至！無念念者，即念真如。無生生者，生乎實相。」

李之才云：「念之天理⓭，則明月之當空。念之人欲，則浮雲之蔽日。」

寒山子云：「旋乾倒嶽鎮常靜，一念萬年永不移。」

天隱子云：「不覩不聞存覺性，無思無念養胎仙。」

《寶積經》中所說「菩薩安住無所住⓮之念」，非憶非忘。所安住念，即名法界⑮。

是知從上若佛、若祖、若聖、若仙，皆因冥心息念，而得妙道。故《尚書》曰：「惟狂克念作聖。」⑯

然克念之功，須要躬行實踐，方有進步。不然，一片太虛，途路甚遠，少一步定是到不得。昔人所謂「功夫不到不方圓」。工夫若做到極則處，自然入於無念。既得無念真常⑰，則玄竅嬰兒，寂寂然而無擾擾之患矣。

劉虛谷云：「大功欲就三千日，妙用無虧十二時。」

陳朝元云：「含養胞胎須十月，育嬰乳哺要千朝。」

泥丸翁云：「片晌工夫修便現，老成須是過三年。」

三年功夫已完，溫養事畢，即《悟真》所謂「一霎火焰飛，真人自出現。」

真人既現，必由太玄而升天谷⑱，再加冥心滅盡之功，則有通靈變化之妙。

劉海蟾曰：「卦行火候周天畢，孕箇嬰兒鎮下田。霹靂一聲從地起，乾戶⑲擘開光萬里。翻身撞出太玄關，這回方是真仙子。」

【注　釋】❶智慧劍　佛教認為智慧能斷除煩惱和生死，好像利劍能切斷東西一樣，所以比喻為劍、刀；智慧能燒煩惱之薪，故喻以火、光。所以有「智慧劍」、「智慧刀」、「智慧火」、「智慧光」等說法。❷四大本空　四大即地、水、火、風。地以堅硬為性，水以潮濕為性，火以溫暖為性，風以流動為性。佛教認為世間的一切有形物質，都是由四大所造，如人體的毛髮爪牙、皮骨筋肉等是堅硬性的地大；唾涕膿血、痰淚便溺等是潮濕性的水大；溫度暖氣是溫暖性的火大；一呼一吸是流動性的風大。佛教主張世界萬物與人之身體都由地、水、火、風之四大和合而成，皆為妄相，若能了悟此四大本質為空假，終將歸於空寂，而非恆常不變，則可體悟萬物皆無實體之諦理。❸著境　指執著於外事外物。境，心所遊履和攀緣的境界，如色為眼識所遊履，叫做色境，法為意識所遊履，叫做法境等是。❹定意　即定心，指修禪行而遠離亂意也。❺無念　沒有妄念，是「正念」的別名。與下句中的「妄念」相對。❻無上正真之道　至高無上之道，這裏指佛道。❼妄念　即虛妄的心念，指凡夫貪著六塵境界之心。佛教認為，能完全離卻妄念，持守正念，就可以進入覺悟的境界。❽善男子　原意指良家之男子。善女人也是良家女子之義。佛家稱在家修佛的男女為善男子善女人。此處的「善」，是對信佛、聞法、行善業者的美稱。❾三十二相　又作三十二大人相、三十二大丈夫相、三十二大士相、大人三十二相。指轉輪聖王及佛的內德表現在身相上的三十二種殊勝容貌與微妙形相，與八十種好（佛菩薩之身所具足之八十種好相）合稱「相好」。❿慈氏　即彌勒菩薩，繼釋迦牟尼佛之後，為賢劫之第五尊佛。彌勒出生於婆羅門家庭，後為佛弟子，先佛入滅，以菩薩身為天人說法。據傳此菩薩欲成熟諸眾生，由初發心即不食肉，以此因緣而名為慈氏。⓫階　原為臺階，引申為登、升。這裏理解為達到之意。⓬實相　原義為本體、實體、真相、本性等。引申指一切萬法真實不虛之體相，或真實之理法、不變之理、真如、法性等。這是佛陀覺悟的內容，意即本然之真實。舉凡一如、實性、實際、真性、涅槃、無為、無相等，都是實相的異名。佛教認為世俗認識的一切現象均為假相，唯有擺脫世俗認識才能顯示諸法常住不變的真實相狀，故稱實相。⓭天理　與下句中的「人欲」是中國古代哲學很重要的一對範疇。天理即上天賦予人的本性；人欲即人的欲望。以朱熹為代表的宋明理學家大都強調天理人欲之分，主張存天理、滅人欲。⓮無所住　佛教指不滯住善惡、是非、空有、斷常、迷悟等等對待的兩邊，連中道也不住。⓯法界　也叫法性、實相。⓰惟狂克念作聖　語出《尚書・多方》：「惟聖罔念作狂，惟狂克念作聖」。意思是就算聖人只要一絲妄念產生，立即稱為狂夫；而狂夫只要克制欲念也可以作聖人。惟，語氣詞，用於句首表示希望、祈求。狂，狂夫，狂妄無知的人。⓱無念真常　無念，即正念的異名，也叫真如。真常，佛教以如來所得之法真實常住，稱為真常。無念自然常住，所以叫無念真常。⓲由太玄而升天谷　即內煉元陽真氣自尾閭沿督脈上升泥丸的河車搬運功夫。太玄關即尾閭關，天谷穴即泥丸宮。⓳乾戶　即泥丸宮。

【語　譯】細細考察佛祖經書的主旨大概，不外乎都是說煩惱的本質是空寂的，不要被它窒塞妨礙。把它看作如同夢幻一般，不用放在心上。假設已經到了觸景生情的程度，也應該像回聲那樣，回應一聲馬上就停止。倘若能夠這樣，那麼塵世的煩惱，不待你去斷絕它自己就斷滅了；真胎赤子，不需憑藉修煉自然就會顯靈。

又有經書說：「用智慧這把劍，破滅煩惱這種賊。用智慧這把刀，砍斷煩惱這種綱網。用智慧這把火，燒盡煩惱這把柴禾。」

僧圓照說：「對付煩惱這個心魔，應當清淨而常歡喜。」

龐居士說：「仔細觀察人身中四大皆空，煩惱能何處落腳呢？」

晁文元說：「身體猶如夢幻並非真正實有，事情好比風雲不會久留。既然能夠洞明通達這個道理就應該立即斷除煩惱，煩惱這個心魔無所附著的空走也就罷休了。」

張紫陽說：「可以說道行高就可以降龍伏虎，可以說德高望重連鬼神都欽敬。已經知道壽命同天地一樣久長，煩惱就沒有緣由再掛在心頭。」

《六祖壇經》說：「凡夫俗子也就是佛，煩惱也就是菩提。前一念迷時還屬凡夫，後一念覺悟了當下就是佛。前一念執著於外境還是煩惱，後一念脫離外境就得菩提。」

所以《瓔珞經》上說：「佛說：我從一開始，就不曾得過什麼法。直至靜心定意之後，才體悟到了所謂的『無念』。倘若能夠做到無念，則靜觀一切法，都是無形的，就這樣才得以成就至高無上正真之道。」

又道：「世人之所以不能成就大道而超越生死，實在是由於有妄念成為輪迴的種子罷了。」

妄念生起時，就有生有滅。妄念熄滅時，就是真元。所以道門以止念為根本，佛門以無念為宗旨。所謂無念，就是沒有邪念，並不是沒有正念。意念中存在有無分別，就叫作邪念。意念中不存在有無分別，就叫作正念。意念中有善惡分別，就叫作邪念。意念中沒有善惡分別，就叫作正念。一直到有苦樂、生滅、取捨、冤親、憎愛……等等分別，都叫作邪念。意念中沒有苦樂等等分別，就叫作正念。任何的事來了都沒有感覺，任何時候都做到無心，就是無念。無念之念，就叫作正念。

佛經上說：「善男子。我們處在無念之法中，就能得這三十二種金色的身相，放大光明，照亮無餘世界。」

高峰禪師說：「慈氏菩薩持受的一生成佛之功，不超出一念不生這個性海。」

智常禪師說：「真如既然是無念的，就不是意念的方法所能達到的。實相既然是無生的，豈是有生之心能夠達到的！無念之念，就是念真如。無生之生，就是生於實相。」

李之才說：「念及天理，就如同明月當空朗照；念及人欲，就像浮雲遮蔽了太陽。」

寒山子說：「旋天倒山之時鎮定則心自然常靜，一念萬年也不更改。」

天隱子說：「不看不聽保存覺性，無思無念保養胎仙。」

《寶積經》中所說的「菩薩安住在無所住之念」，就是不記起也不忘記。這個安住的無所住之念，就叫作法界。

從以上引述可知這些佛、祖、聖、仙，都是因為息心止念，而得妙道。

所以《尚書》上說：「狂夫只要努力克服欲念也可以成為聖人。」

但是克服欲念的功夫，必須親身實踐，才會有進步。否則，就會像身處一片太虛中，路途遙遠，少一步也無法到達。這正是前人所說的「功夫不到不方圓」。功夫如果做到極致處，自然就會進入無念境界。既然獲得了無念真常，那麼玄竅中的嬰兒，就寂靜地安居其中而無攪擾之患了。

劉虛谷說：「大功要煉成就得需要三千日，妙用要得到就不能少於十二個時辰。」

陳朝元說：「含養懷胎需要十個月，育嬰哺乳需要一千天。」

泥丸翁說：「經過片刻功夫的修煉仙胎就會顯現，要想成熟卻需要超過三年。」

三年功夫已經完成，溫養的功夫也已經完畢，這即是《悟真篇》中所說的「一霎那間火焰騰飛，真人自會顯現。」真人顯現之後，必然從尾閭上升到泥丸，這時再加上冥心滅盡煩惱的功夫，就會有通靈變化的妙用。

劉海蟾說：「卦行火候周天功夫完畢，孕育個嬰兒鎮在下丹田。霹靂一聲從地起，泥丸撥開光照萬里。」

翻身撞出泥丸宮，這回才是真仙子。」

真空煉形法則

普照佛心曰：「鼻端有白我其觀❶，卻嘆人從甕裏盤。最上一乘含蓄遠，好從玄竅覓天寬。」

蓋真空煉形之法，譬與運甕相似。若處甕內，焉能運之？必也處於甕外。身處甕外者，即釋氏所謂「外其身而虛空之」是也。

故老子曰：「外其身而身存，忘其形而形存。」❷

薛道光曰：「若人空此幻化身❸，親授❹聖師真軌則。」

張全一曰：「太虛是我，先空其身。其身既空，天地亦空。天地既空，太空亦空。空無所空，乃是真空。」

《清靜經》曰：「內觀其心，心無其心。外視其形，形無其形。」

形無其形者，身空也。心無其心者，心空也。心空無礙，則神愈煉而愈靈。身空無礙，則形愈煉而愈清。直煉到形與神而相涵，身與心而為一，方纔是神形俱妙❺、與道合真者也。

圖形煉空真
天人一氣相呼吸
以法追來煉形質
竅竅玲瓏五蘊空
霞光萬道連天碧
真空煉形法
五蘊空非空
非以空五蘊
五蘊悉皆空

古仙曰：「形以道全，命以術延。」

此術是竊無涯之元氣，續有限之形軀。無涯之元氣，是天地陰陽長生真精，靈父聖母之氣❻也。有限之形軀，是陰陽短促濁亂，凡父凡母之氣也。故以真父母之氣，變化凡父母之身，為純陽真精之形，則與天地同壽也。

按，孫陀羅尊者云：「世尊教我，觀鼻端白。我初諦觀，經三七日，見鼻中氣，出入如煙，身心內明，圓洞世界，遍成虛靜，猶如琉璃。煙相漸消，鼻息成白，心開漏盡❼，諸出入息，化為光明，照十方界，得阿羅漢❽。」

朱元晦云：「鼻端有白，我其觀之。」

莫認真云：「平生姿韻愛風流，幾笑時人向外求。萬別千差無覓處，得來元在鼻尖頭。」

夫人未生之先，一呼一吸，氣通於母。人之既生之後，一呼一吸，氣通於天。天人一氣，聯屬流通，相吞相吐，如扯鋸然。天與之，我能取之。得其氣，氣盛而生也。天與之，天復取之。失其氣，氣絕而死也。

故聖人觀天之道，執天之行，每於羲馭❾未升暘谷❿之時，凝神靜坐，虛以待之，內舍意念，外舍萬緣，頓忘天地，粉碎形骸。自然太虛中有一點如露如電之陽，勃勃然入玄門⓫，透長谷⓬而直上泥丸，化為甘霖而降於五內。我即鼓動巽風⓭以應之，使其驅逐三關九竅⓮之邪，掃蕩五臟六腑之垢，焚身煉質，煆滓消霾，抽盡穢濁之軀，變換純陽之體。累積長久，化形而仙。

陳翠虛曰：「透體金光骨髓香，金筋玉骨盡純陽。煉教赤血流為白⓯，陰氣消磨身自康。」

丘長春曰：「但能息息常相顧，換盡形骸玉液⓰流。」

張紫瓊曰：「天人一氣本來同，為有形骸礙不通。煉到形神冥合處，方知色相即真空。」

薛復命曰：「不知將謂氣，得後自然真。」⓱

董漢醇曰：「金用礦銷，形由氣煉。」

【注　釋】❶鼻端有白我其觀　佛教的一種正身靜坐、諦觀鼻端白氣的修養方法。下文有詳解：「世尊教我，觀鼻端白。我初諦觀，經三七日，見鼻中氣，出入如煙，身心內明，圓洞世界，遍成虛靜，猶如琉璃。煙相漸消，鼻息成白，心開漏盡，諸出入息，化為光明，照十方界，得阿羅漢。」其，副詞，表未來時，譯為「將」。❷外其身而身存二句　此句正契合《老子》「後其身而身先，外其身而身存」之意，並不是《老子》的原話。意思是只有把身形置之度外，才能顯露真我。❸幻化身　佛教認為人身由四大（地、水、火、風）因緣和合而成，是虛幻不實的，所以叫「幻身」，即這裏所說的「幻化身」。❹授　通「受」。接受。❺神形俱妙　道教指金丹修成、超脫登真、契合大道的一種景象。道教外丹以服食金丹大藥即可形神俱妙，輕舉飛升，即形神俱升，形不壞而神不朽；內丹則認為形神之間可以通過煉精化氣、煉氣化神、煉神還虛等一系列的轉化，形神在「虛」的境界裏達到「俱妙」，但不是其形體現實的輕舉飛升。此處也明確以「神形俱妙」為與道合真的狀態，是指神合大道，而不是形體飛升。❻靈父聖母之氣　即先天元陽真氣。道教修煉就是以先天元陽真氣變化凡父母賦予的後天之氣。❼漏盡　與「無漏」同義。佛教認為凡人的眼、耳、鼻、舌、身、意等六根門漏洩煩惱，所以稱煩惱為漏。漏盡，即斷盡一切的煩惱。❽阿羅漢　指斷盡一切煩惱而得盡智，值得受世人供養的聖者。後世多用來指稱佛教「四乘」（聲聞、緣覺、菩薩、佛）中的聲聞乘中最高果位名，含有殺賊、無生、應供等義。殺賊是殺盡煩惱之賊，無生是解脫生死不受後有，應供是應受天上人間的供養。果，指修行所達到的最高點、覺悟的階位。在小乘佛教，阿羅漢即是斷除了一切煩惱而入涅槃，達到修行的最高階段的人，而小乘所能達到的最高階位，即是阿羅漢果。大乘佛教則認為小乘的阿羅漢並不是修行的最高境界，無法與大乘的境界相比。❾義馭　古代神話以羲和為駕馭日車之神。這裏義馭代指日。❿暘谷　太陽升起的地方。暘，日出。⓫玄門　指鼻。《黃庭外景經‧中部經》：「伏於玄門候天道。」梁丘子注：「門為鼻也，候上部之一神。」⓬長谷　指鼻。《黃庭內景玉經》：「長谷玄鄉繞郊邑。」梁丘子注：「長谷，鼻也。」⓭巽風　即鼻息。《入藥鏡》：「起巽風，運坤火，入黃房，成至寶。」《修真辨難參證》：「巽風即鼻息，心靜至極，鼻微若閉，導成胎息之法。」風在八卦中代巽，所以稱「巽風」。⓮三關九竅　三關，說法不一，一說為內氣由尾閭沿督脈由下上行經過的夾脊關、玉枕關三個難關，這是打通督脈的關鍵三關，稱「後三關」；一說為耳、鼻、口；一說為口、足、手。九竅，中醫指人體的九個孔竅，有陽竅陰竅的區別，陽竅有七，即眼耳鼻口七竅，陰竅有二，即大、小便處二竅。⓯煉教赤血流為白　即道教女丹修煉所謂的「煉赤返白」功夫，又叫「赤龍化白鳳」。指女性通過內煉使月經顏色由紅漸漸變白，預示著女性體內陰血之液正逐漸變為陽氣。丹經上有這樣的說法：「男子修成不漏精，女子修成不漏經。」女性丹功有成，就要通過內煉使月經顏色由紅漸漸變白以至於最後消失，所以女丹修煉又叫「斬赤龍」、「玉液還丹」等。⓰玉液　又稱「醴泉」、「玉漿」、「靈液」、「神水」、「津金」、「玉泉」、「金醴」、「玉英」、「玉津」、「玉池清水」、「金漿玉醴」等，指在修煉過程中產生的口津。詳見本書第一節口訣中的「玉液煉形法則」。⓱不知將調氣二句　語出薛道光《還丹復命篇‧十一》，原句為「不知將調氣，識後自然真。」

【語譯】普照佛心說：「鼻端有白氣我將靜觀，卻嘆人鑽進甕裏想讓甕盤旋。最上一乘佛法含蓄深遠，好從玄竅中尋覓寬廣天地。」

真空煉形之法，同運甕的道理相似。如果人鑽進甕裏，怎麼能運轉呢？所以人必須身處甕外。身處甕外，就是佛家所說的「把身置之度外而使心中空虛」。

所以老子說：「把身置之度外身才能長存，將形置之度外形才可以長存。」

薛道光說：「倘若人能把這個幻化的身體看成是空虛的，那麼就能獲得聖師親授的真法。」

張全一說：「太虛就是我，所以要先空虛自身。自身空了，天地也就空了。天地空了，太空也就空了。空到再無所空，就是真空。」

《清靜經》上說：「內觀其心，心中其實無心。外觀其形，形也無形。」

形無其形，就是身空。心無其心，就是心空。心空就沒有障礙，神也就愈煉愈靈。身空就沒有障礙，形也就愈煉愈清。一直煉到形與神相互包涵，身與心合而為一，這才算得上是形神俱妙、與道合真。

古代仙人說：「形要靠道來保全，壽命依靠術來延長。」

這個術就是竊取無涯天地之間的元氣，來接續我們有限的形體身軀。無涯天地中的元氣，是天地陰陽長生的真精，是先天靈父聖母之氣。而有限的形體身軀，陰陽短促混濁雜亂，是後天凡父凡母之氣。所以，用先天真父母之氣，變化後天凡父母所賦予的身體，使之成為純陽真精的形體，就可以與天地同壽了。

按，孫陀羅尊者說：「世尊教我，靜觀鼻端白氣。我開始細心靜觀，經過三七二十一天，見鼻中的氣息出入如煙一樣，身心內部也逐漸明淨，像一個圓滿洞開的世界，普遍成虛靜，如同琉璃一般。如煙的相狀慢慢消失，息中的氣成為白色，心花開放煩惱除盡，所有的出氣入氣，都化為一片光明，普照十方世界，最後獲得阿羅漢的果位。」

朱元晦說：「鼻端有白，我將要靜觀它。」

莫認真說：「平生追求儀態風韻喜好風流，幾次笑時下之人只知向外求。千差萬別的大千世界沒個尋覓處，得到時原來就在鼻尖頭。」

人在出生之前，一呼一吸，氣都同母親相通。人在出生之後，一呼一吸，氣與天相通。天和人共通一氣，相互聯繫流通，相互吞吐，像拉鋸一樣。天賜予，我能獲取。這樣得到這種氣，氣盛就能生。天賜予，天又收回。這樣就失掉這種氣，氣絕人則死去。

所以聖人觀察天的運行規律，遵循天運行的規律，每天在太陽還未升起的時候，凝神靜坐，虛靜以待，心內排除雜念，身外萬緣放下，頓時連天地都忘卻了，自身形體都粉碎了。這時太虛中自然會有一點如甘露也如閃電的陽氣，洶湧進入鼻子，透過鼻直上泥丸宮，然後化成甘露而降到五臟。這時，我立即鼓動呼吸來與之相應，使它驅除掉三關九竅中的邪氣，掃蕩五臟六腑中的污垢，焚煉身體淨化內質，消除渣滓陰霾，抽盡身軀中的穢濁，變成純陽之體。這樣經過天長地久的積累，終於變化形體而成仙。

陳翠虛說：「金光透體骨髓芳香，金筋玉骨都是純陽。煉得紅血變為白，陰氣消盡身體自然康健。」

丘長春說：「只要能內外息息常相通，脫胎換骨玉液長流。」

張紫陽說：「天人本來同為一氣，只因有人體形骸便阻隔不通了。等煉到形神暗合之時，才知道色相即是真空。」

薛道光在《還丹復命篇》中說：「不知之時只說是氣，得成之後自然真。」

董漢醇說：「金要用礦石銷煉，形要用氣來煉。」

煉形之法，總有六門。其一曰玉液煉形，其二曰金液煉形，其三曰太陰煉形，其四曰太陽煉形，其五曰內觀煉形。若此者，總非虛無大道，終不能與太虛同體。惟此一訣，乃曰真空煉形，雖曰有作，其實無為。雖曰煉形，其實煉神，是修外而兼修內也。

依法煉之，百日則七魄❶亡形，三尸❷絕跡，六賊❸潛藏，而十魔❹遠遁矣。煉之千日，則四大之身，儼如水晶塔子，表裏玲瓏，內外洞徹，心華燦然，靈光顯現。靈光者，慧光❺也。故曰：「慧光生處覺花開」。蓋慧覺花開，非煉形入微，與道冥一者，不能有此。

故《生神經》曰：「身神並一，則為真身。身與神合，形隨道通。」隱則形固於神，顯則神合於氣。所以蹈水火而無礙，對日月而無影。吾亡在己，出入無間。或留形住世，或脫質昇仙。有白日而飛肉屍者，黃帝之謂也。有留形而住世者，彭祖❻之謂也。有受命而居天職者，張天師❼之謂也。有拔宅而上升者，許旌陽❽之謂也。有示疾❾而終者，王重陽之謂也。有入仕而臣者，東方朔之謂也。至於老子為柱史❿，辛鈃為大夫，尹喜為關令，伯矩為卿士，唐典隱毗陵，子休治漆園⓫，留侯⓬帝者師，四皓輔漢惠，仇生仕殷，輔光仕漢，馬丹仕晉，海蟾仕燕，正陽棄官，純陽應舉，常有執鞭⓭，琴高執笏⓮，……。若此者，多不可以枚數。

噫！彼神仙之隱顯去留，豈世之凡夫所能測度者哉？更若憑虛御風之列子⓯，折蘆過江之達摩⓰，若非淘質煉形之功，又安能如此輕舉之身乎？此神形俱妙之道，非坐脫立亡[17]者之所能知。所以不免有拋身入身之失爾。

故學仙佛之流，若獨以煉神為妙，不知煉形為要者，所謂清靈善化之鬼，何可與高仙為比[18]哉？

大抵溫養煉形，無分彼此。雖然在兩處發明，其實是一箇道理。內外兼修，不相違背。若千日功夫無間，乃懸崖撒手時[19]也。自然言語道斷，心思路絕。能所兩亡[20]，色空俱泯[21]。無滯無礙，不染不著。身似翔鴻不可籠，心似蓮葉不著水。光光淨淨，瀟瀟灑灑。騰騰任運，任運騰騰。做一箇無事無為，自在逍遙之散漢也。

此際嬰兒漸露其形，與人無異。愈要含華隱曜，鎮靜心田。若起歡欣，就著魔境。

如陳泥丸云：「我昔工夫行一年，六脈已息氣歸根。有箇嬰兒在丹田，與我形貌亦如然。」

嬰兒既長，穴不能居，自然裂竅而出，貫頂而升。此之謂「出離苦海而超彼岸[22]」也。

永明壽禪師云：「身在苦海中，賴此鐵羅漢[23]。苦海既脫離，捨筏登彼岸。」

圖海苦離出
苦海中業水濟茫
愛河間黑流滉漾
誰施那慈悲慧光
濟沉淪無邊無量
顯慈航昭靈睨現
津梁悉脫眾生諸
業障心颺颺意恍
恍總攝入如來藏

觀吾陳真人云：「此岸波濤已脫離，到彼方知壽可躋㉔。一得歸來宜永得，渡河筏子上天梯。」

【注釋】❶七魄　魄，依附形體而存在的精神。古人認為魄是陰神，魂是陽神；魄是先天的，隨形而生的，魂是後天的，隨氣而生的；魄為附形之靈，魂為附氣之神。詳見本書元集〈魂魄說〉。道家有「三魂七魄」之說，七魄分別為：尸狗、伏矢、雀陰、吞賊、非毒、除穢、臭肺。七魄為人身中的濁鬼，每每於月朔、月望、月晦之夕在人身中流蕩遊走，招邪致惡，所以修道之人，應抵禦七魄。❷三尸　道教對人體內三種作祟之神的稱呼，又稱「三蟲」、「三彭」、「三尸神」。《雲笈七籤》中稱，上蟲居上丹田，使人嗜欲痴滯；中蟲住中丹田，使人貪財，好喜怒，濁亂真氣，魂魄失常；下蟲居下丹田，使人愛衣服，耽酒好色。道教認為，三尸作祟能使人速死，因此必須首先遏制。❸六賊　指產生煩惱根源的色、聲、香、味、觸、法等「六塵」。六塵以眼、耳、鼻、舌、身、意「六根」為媒。這六種污濁之塵會誘人去善從惡，所以稱「六賊」。❹十魔　道教指在內功修煉過程中，因掌握不當而至入魔的一些幻景。關於十魔的具體內容說法不一，《鍾呂傳道集・論魔難》中歸納為：六賊魔、富魔、貴魔、六情魔、恩愛魔、患難魔、聖賢魔、刀兵魔、女樂魔、女色魔。另外《靈寶無量度人上經大法》卷四五所說的十魔為：天魔、地魔、人魔、鬼魔、神魔、陽魔、陰魔、病魔、妖魔、境魔。佛教也把修行佛道的十種障礙稱為十魔，如《大智度論》卷五中所說的十魔為：欲、憂愁、飢渴、愛、睡眠、怖畏、疑、含毒、利養、高慢。又《華嚴經》卷四二中所說的十種魔為：五陰魔、煩惱魔、業魔、心魔、死魔、天魔、失善根魔、三昧魔（著於所得禪定為魔）、善知識魔（慳吝於法為魔）、不知菩提正法魔。❺慧光　佛教指般若（妙智慧）之光。與「慧日」、「慧照」同義。❻彭祖　傳說是上古五帝中顓頊的玄孫。他經歷了堯舜、夏商諸朝，到殷商末紂王時，已七百六十七歲，相傳他活了八百多歲，是世上最懂養生之道、活得最長的人。❼張天師　即道教的創始人張陵，初名陵後名道陵，字輔漢，張良（子房）八世孫，後漢沛國豐縣人，後人尊稱張天師。博學強識，通達五經、天文地理、〈河〉〈洛〉圖緯諸學，尤好老莊。曾擔任巴郡江州令，後棄官入北邙山，修煉長生之道。❽許旌陽　東晉時期的道教真人。據傳說，東晉寧康二年，許旌陽全家四十二口人，家住在南昌西山，最後練功達到拔宅飛升。❾示疾　佛家稱得病為示疾。劉軻〈玄奘塔銘〉：「自示疾至於升神，奇應不可殫記。」❿柱史　即「柱下史」。老子生前在東周做史官，因為記言記事，要寫字，經周王恩准，可以倚在明柱上以方便寫字，後人因之稱老子為「柱下史」。⓫子休治漆園　子休，即莊子，名周，字子休，早年做過漆園吏。⓬留侯　即張良，字子房，西漢傑出的軍事謀略家，與蕭何、韓信同被稱為漢初三傑，被封留侯，人稱張留侯。⓭執鞭　古代指為人持鞭駕車，後形容地位低下的職事。⓮執笏　笏，古代君臣朝見時手中所執的狹長板子，用玉、象牙或竹片製成，用以在上面記事，以備遺忘。古代自天子到士都執笏，後世只有品官執笏，到清代廢止。⓯憑虛御風之列子　即典故「列子御風」，源出《莊子・逍遙遊》。傳說戰國時的列子，修煉得道，能御風而行，被稱為風仙。⓰折蘆過江之達摩　即典故「達摩一葦渡江」。傳說達摩祖師訪問過中國的南朝之後，旋即折下一根蘆葦，乘著它渡過長江到北朝去。⓱坐脫立亡　坐著脫殼、站著亡故，指尸解。尸解仙為層次較低的仙。⓲比　輩；類。⓳懸崖撒手時　比喻功成得道之時，萬念俱灰、心慮澄靜的狀態。⓴能所兩亡　能所，即「能」和「所」的合稱。某一動作的主體，稱為能；其動作的客體（對象），稱為所。例如能見物的眼，稱為能見；為眼所見的物，稱為所見。又被依靠者，稱所依；依靠他人者，稱能依。修行者，稱能行；所行之內容，稱所行。而歸依者，稱能歸；為其所歸依者，稱所歸。教化人者，稱能化；被教化者，稱所化。認識之主體，稱為能緣；其被認識之客體，稱為所緣。總之，能與所具有相即不離與體用因果之關係，故稱能所一體，此處的「能所兩亡」即此意。㉑色空俱泯　色，指一切有形象和占有空間的物質。因緣和合而生的一切事物，究竟而無實體，叫做空，即假和不實的意思。佛家認為，有形的就是色，但形由各種因緣所生，並非真有，所以色就是空。但說「色即是空」，仍然有兩個名稱，還有差別，這裏「色空俱泯」是說連這種差別也空了。㉒彼岸　指超越生死之境界，與「此岸」相對。此岸指迷界，有生死；彼岸指悟界，不生不滅。下文「寂滅海」、「真實地」、「極樂國」、「般若岸」、「西方天堂」等都是其異名。佛教主張修行可以由生死苦惱的此岸，到涅磐安樂的彼岸。㉓鐵羅漢　與下句中的「渡河筏子」、「上天梯」都代指肉身。㉔躋　登；升。

【語譯】煉形之法，總共有六種。其一為玉液煉形，其二為金液煉形，其三為太陰煉形，其四為太陽煉形，其五為內觀練形。以上這些，都算不上是虛無大道，終歸也不能與太虛同為一體。只有這一口訣，叫做真空煉形，雖然說是有為，實質上仍是無為。雖然說是煉形，實質上是煉神，是修外同時兼修內的功法。

依照這個方法修煉，百日之後則體內七魄無影無形，三尸蟲滅絕蹤跡，色、聲、香、味、觸、法等六賊暗中躲藏，十魔也遠逃了。等煉到一千天時，四大和合之身，就像一座水晶寶塔，內外空明洞徹，心中光華燦爛，靈光顯現在眼前。所謂靈光，就是慧光。所以說：「慧光顯露之時，覺悟的花朵就開放了。」而慧覺花開的狀態，倘若不是煉到形入於微妙，與道冥合為一的程度，是不會出現這種現象的。

所以《生神經》中說：「身與神相與為一，就成為真身。身同神相與冥合，身同道貫通。」隱藏時形與神合，顯現時神與氣合。所以入於水火都不能受到損害，面對日月也沒有身影。或存或亡自己主宰，或出或入沒有間隔。有的保留形體住於世間，有的脫離肉身登天成仙。有白天脫離肉屍而飛升的，黃帝就是這樣。有保留形體住於世間的，彭祖就是這樣。有受到上天任命擔任天職的，張天師就是這樣。有舉家成仙升天的，許旌陽就是這樣。有得病而終的，王重陽就是這樣。有入仕途而作臣子的，東方朔就是這樣。至於老子擔任柱下史，辛鈃擔任大夫，尹喜擔任關令，伯矩擔任卿士，唐典隱居毗陵，莊子管理漆園，張良擔任皇帝的老師，四皓輔助漢惠帝，仇生在殷朝做官，輔光在漢朝做官，馬丹在晉朝做官，海蟾在燕做官，正陽棄官不做，純陽應徵入舉，常有做執鞭護駕，琴高執笏稱臣……。這一類人，多得數也數不清。

啊！那些神仙們或隱或顯或去或留，哪是世間凡人能夠想像到的呢？更何況淩空駕風飛行的列子，折一根蘆葦當船渡江的達摩，倘若不是淘洗內質外煉形體的內煉功夫，又怎麼能有如此輕的飛升之身呢？這種形神俱妙之道，不是那些坐著脫殼、站著亡故的人所能夠理解的。所以他們不免有脫離肉身後又投胎到肉身中去的過失。

所以學修仙佛的人，如果只以煉神為奧妙所在，而不懂得煉形的重要，至多成為所謂的清虛空靈善於變化的鬼，怎麼能和高仙為伍呢？

大體上來說，溫養和煉形，本無絕對的區別。雖然分作兩個來說，其實是一個道理。內外兼修，並不相違背。倘若千日的功夫沒有間斷，就是懸崖撒手、得道成仙之時。自然靜默無語、心無雜念。能和所兩相消亡，色與空也一起泯滅。沒有滯障沒有妨礙，不染污不著境。身體像飛翔的鴻雁不能拘於籠中，心境如潔淨的蓮葉一滴水也沾不住。光光淨淨，瀟瀟灑灑，隨意飛騰。做一個無事無為、逍遙自在的散仙。

這時嬰兒漸漸顯露出形象，與人沒有什麼不同。這時就更要韜光養晦，鎮靜心田。倘若一時起了歡喜得意之心，就會入於魔境。

正如陳泥丸所說：「過去我煉功一年之後，六脈停息氣歸丹田。有個嬰兒出現在丹田，同我形貌一模一樣。」

嬰兒一旦長大，丹田穴中就住不下，必然要裂開孔竅出來，一直貫穿頭頂而升，這就叫「出離苦海而超彼岸」。

永明壽禪師說：「嬰兒身在苦海裏的時候，還要依靠這鐵羅漢。已經脫離了苦海以後，就扔下木筏登上對岸。」

觀吾陳真人說：「這邊岸的波濤已經脫離，到達了對岸才知道可以登上長生之境。一經得到就應該永遠保有，再也用不著渡河筏子和上天梯子。」

【說　明】「嬰兒現形」，指神氣凝成大藥，經過十月溫養功夫，丹胎成熟，脫出其胎的景象。作者在這裏做了詳細的介紹。

「出離苦海」，原為佛教術語。佛教認為，生死輪迴的世界，充滿著苦痛煩惱，汪洋無涯，猶如大海。佛道二教以此揭示人世間的痛苦，認為反求諸己，勤於修習，才能擺脫這些痛苦，達到超脫境界。內煉家借喻嬰兒移居上院，陽神出殼。

「真空煉形」，即外身心、忘生死、內外俱無為的煉形法。這裏的「真空」即心空，「心無其心」，心空無所空，就比喻為真空。作者指出，此法「雖曰煉形，其實煉神」，是「修外而兼修內」的一種內修法。作者還將煉形之法概括為六門，即玉液煉形、金液煉形、太陽煉形、太陰煉形、內觀煉形、真空煉形。作者認為前五門「總非虛無大道，終不能與太虛同體」，惟真空煉形，才能夠「直煉到形與神而相涵，身與心而為一」，達到神形俱妙、與道合真的境界。

關於真空煉形的具體方法，作者詳細予以說明：「蓋真空煉形之法，譬與運甕相似。若處甕內，焉能運之？必也處於甕外。身處甕外者，即釋氏所謂『外其身而虛空之』是也。故老子曰：『外其身而身存，忘其形而形存。』」「百日則七魄亡形，三尸絕跡，六賊潛藏，而十魔遠遁矣。煉之千日，則四大之身，儼如水晶塔子，表裏玲瓏，內外洞徹，心華燦然，靈光顯現。」而這種效驗，只有到煉形入微、與道冥一的程度才能顯現。

第八節口訣

移神內院端拱冥心

【題解】本口訣是九節口訣中的第八節，是繼「嬰兒現形出離苦海」的功法之後的高層次的調神功夫。

「移神內院端拱冥心」就是嬰兒移居泥丸、冥心合道的超越功夫，作者詳細介紹了嬰兒出離苦海、移居天谷內院的時機、方法以及景象，並指出此段功夫是在「採藥結丹以了命」的有為功夫基礎上的無為功夫，必須性命雙修，不可獨修一物。

始則有作有為[1]者，採藥結丹以了命也。終則無作無為[2]者，抱一冥心以了性也。

《悟真篇》云：「始於有作人爭覺？及至無為眾始知。但見無為為道妙，不知有作是根基。」

〈證道歌〉云：「到無為處不無為[3]，方知吾道是希夷[4]。」

今之在家凡夫、出家外道，止知有這邊道理，不知有那邊境界。止知有此間之妙，不知有彼岸之玄。止知無事，而不知希有之事。止知無為，而不知有為之法。此乃知其一而不知其二，修其性不修其命者也。

故丹道未成之先，若不知下學之有為，而著於空焉，則謂之落空漢[5]。丹道已成之後，若不知上達之無為，而著於相焉，則謂之守屍鬼[6]。

石杏林曰：「有物非無物，無為合有為。」

陳泥丸曰：「我聞前代諸聖師，無為之中無不為。」

陰長生曰：「無位真人❼居上界，空寂更無塵可礙。有為功就又無為，無為也有工夫在。」

所謂真人居上界者，即嬰兒出離苦海，移居天谷之時也。空寂冥心者，即呂祖向晦宴息，冥心合道之法❽也。

施肩吾曰：「達摩面壁九年，方超內院❾。世尊冥心六載，始脫樊籠。」

夫冥心者，深居靜室，端拱默然❿。一塵不染，萬慮俱忘。無思無為，任運自如。無視無聽，抱神以靜。無內無外，無將無迎⓫。離相離空，離迷離安。體含虛寂，常覺常明。

但冥此心，萬法歸一，則嬰兒安居於清靈之境，棲止於不動之場。色⓬不得而礙之，空不得而縛之，體若空虛安然自在矣。

故達觀禪師云：「色不縛兮空不礙，宴息冥心觀自在⓭。大千萬有總歸無，世界壞時渠⓮不壞。」

譚長真云：「嬰兒移在上丹田，端拱冥心合自然。修到三千功行滿，憑他作佛與昇仙。」

此處是純一不雜的工夫，豈能容纖毫情想！但起希仙作佛之心，便墮生死竅中，不能得出。

所以關尹子云：「若有厭生死心，超生死心，止名為妖，不名為道。」蓋清靜體中，空空蕩蕩，晃晃朗朗，一無所有，一切無住⑮。故〈心要訣〉云：「冥心本乎無住，無住心體，圓融⑯不測。」如《金剛經》云：「不應住色生心，不應住聲、香、味、觸、法生心，應生無所住心⑰。」

金剛齊菩薩云：「我不依有住而住，不依無住而住，如是而住。」

僧肇云：「聖人之心，住無所住其住。」

《坐忘論》云：「不依一法，而心常住。」

《了心經》云：「心無所住，住無所心。了無執著，無住轉真。」

《淨名經》云：「一切法以無住為本。安住無為，名之為住。住無方所，故名無住。無住心者，是為真心。」

《禪源集》云：「夫言心者，是心之名。言知者，是心之體。」

荷澤云：「心體能知，知即是心。心本空寂，至虛至靈。由空寂虛靈而知者，先知也。由空寂虛靈而覺者，先覺也。不慮而覺者，謂之正覺。不思而知者，謂之真知。」

故祖師云：「空寂體上，自有本智能知。即此空寂之知，便是達摩所傳清淨心⑱也。心常寂，是自性體。心常知，是自性用。」

【注釋】❶有作有為　即「有為」，與「無為」相對。這裏指在內煉過程中按步驟、按要求、按層次有意識的進行修煉。❷無作無為　即「無為」，與「有為」相對。這裏指在內煉過程中不強調意念、呼吸、內氣運行等而順其自然，使其返於先天之自然，而合造化之妙諦。所以有：守而不守，不守而守，斯為無守之守；煉而不煉，不煉而煉，斯為無煉之煉等說。❸無為處不無為　源出《老子・三十七章》：「道常無為而無不為」，「無為」反而會達到「無不為」的結果，這個「無不為」其實是大「有以為」。這句話中的「不無為」就是說無所不為意義上的有為。修煉中有時雖以「無為」為主，但也要按需要穿插「有為」的功法；修煉功法本是一種有意識的自我鍛鍊，但「有為」中有「無為」。所以道教修煉即反對「執於有作」，也反對「失於無為」，主張有為、無為相結合的「中道」。這裏體現了道教中派「性命雙修」、堅持「中道」的特徵。以有為了命，以無為了性，即是指有為從命功開始，最終達到了性的目的。❹希夷　語出《老子・十四章》：「視之不見名曰夷，聽之不聞名曰希，摶之不得名曰微。」「希」、「夷」、「微」都是描述道幽而不顯的狀態。後「希夷」並用，指虛廓微妙的意思。❺落空漢　指無所執著，落於頑空。如本書第二節口訣〈安神祖竅翕聚先天〉中說：「以有心守之則著相。以無心求之則落空。」❻守屍鬼　也稱「守屍鬼子」。有時指單純在呼吸上下功夫，有時指在內丹修煉中，到了相當階段，不能繼續提高而著於相者。❼無位真人　指徹見本來面目者。佛教指稱不屬於佛眾行位的露出本來面目的真人。❽向晦宴息二句　即心意澄靜、安然靜息、冥心合道的內煉功夫。晦，幽寂澄靜。宴息，也作「偃息」、「晏息」。意為安然靜息。宴，同「晏」、「偃」。安逸；安閒。❾內院　指泥丸宮。本節「移神內院」就是指陽神已成，移居內院泥丸宮。《鍾呂傳道集》中說：「陰中之陽，陽中之陽，陰陽中之陽，三陽上朝內院，心神以返天宮，是皆朝元者也。」❿端拱默然　指內煉時端坐拱手沉默不語。拱，兩手相合胸前。⓫無將無迎　不送也不迎。《淮南子・覽冥》中說「不將不迎」。將，送。⓬色　佛教指一切有形象和占有空間的物質。因緣和合而生的一切事物，究竟而無實體，叫做空，即假和不實的意思。後句中的「空」即此意。⓭觀自在　佛家語，觀世音菩薩的別名。觀世音，簡稱觀音，因為此菩薩時常觀察世人稱念他的名號或痛苦的聲音而去垂救，故名。觀音又名觀世自在，因觀音菩薩無論是自利或利人，都能得到大自在，故名。後引申為觀一切法很自在的意思。⓮渠　代詞，表示第三人稱。這裏代指「嬰兒」。⓯無住　住，所住之意，意為住著之所。無住，又稱不住，佛教指無固定之實體，或指心不執著於固定對象，不失其自由無礙的作用。⓰圓融　圓滿融通，無所障礙。即各事各物都能保持其原有立場，圓滿無缺，而又為完整一體，且能交互融攝，毫無矛盾、衝突。⓱應生無所住心　即《金剛經》中所謂「無所住而生其心」之意。無所住是不滯住善惡、是非、空有、斷常、迷悟等等對待的兩邊，連中道也不住。而生其心者，即是生其空寂靈知妙明真如之心。⓲清淨心　佛教指無疑淨信之心、遠離煩惱之無垢心、自性清淨之心。即指無執著之心。

【語　譯】開始的時候有作有為，採藥結丹以達到了命。到最後就無作無為，抱一冥心以達到了性。

《悟真篇》中說：「開始時有作有為人們怎麼能覺出其高妙？等到了無作無為時人們才意識到。人們只知道無為是大道之妙，但不知其實有為是根基。」

《證道歌》中說：「到無為的境界並不是無所作為，這樣理解才能懂得我道的寂虛微妙。」

當今在家修行的凡夫，以及出家修行的旁門外道，只知道有這一方面的道理，不知道有另一方面的境界。只知道有這裏的奧妙，不知道有彼岸的玄妙。只知道無事，不知道希有之事。只知道無為，卻不知道有為之法。這些人是只知其一不知其二，只知修性不知修命。

所以在丹道還沒煉成之前，倘若不懂得需要初級層次的有為之法，而只執著於空，就叫作「落空漢」。丹道已經煉成之後，倘若不懂得需要高級層次的無為之法，而只執著於相，就叫作「守屍鬼」。

石杏林說：「有物並非無物，無為中有有為。」

陳泥丸說：「我聽說前代的各位聖師，無為之中無所不為。」

陰長生說：「無位真人居於上界，空虛冥心再也沒有塵事妨礙他。有為功夫成就之後，還需要無為功夫，無為功夫中也有有為功夫。」

這裏所說的真人居上界，就是指嬰兒出離苦海，移到天谷泥丸的時候。空寂冥心，就是呂祖所說的向著幽深靜寂處安然靜息，冥心合於大道的內煉之法。

施肩吾說：「達摩祖師面壁修煉九年，才移神內院。釋迦世尊冥心靜坐六年，才出離塵世的樊籠。」所謂冥心，就是深居在靜室中，端坐拱手冥心默然無語。心中一塵不染，萬念俱失。沒有思慮無所作為，聽任自然。無視無聽，靜默守神。沒有內外的區別，沒有送也沒有迎。不著於相也不著於空，遠離痴迷也遠離虛妄。身中虛寂，心內常覺常明。

只要這樣做到冥心，使萬法歸一，這樣嬰兒就會安居於清靈之境，棲息於安然不動的場所。色妨礙不了它，空束縛不了它，身體猶如空虛一樣安然自在。

所以達觀禪師說：「色不束縛它空不妨礙它，安息冥心內觀自在。世界萬物總歸於無，世界毀滅時它也不壞。」

譚長真說：「嬰兒移到上丹田，端坐拱手冥心合於自然。修到三千天的功行完滿，任他作佛與成仙。」

這段是純一不雜的功夫，豈能容絲毫的思慮雜念！只要一起希冀成仙作佛念頭，就會墮入生死輪迴之中，脫離不了。

所以關尹子說：「倘若有了厭惡生死、超脫生死之心，就只能叫作妖，不能算是道。」

清靜之身中，原本空空蕩蕩，晃晃朗朗，一無所有，一切無所住著。

所以〈心要訣〉中說：「冥心在於無住，無住心體，圓滿融通深不可測。」

如《金剛經》說：「不應該讓心住著於色上，不應該讓心住著於聲、香、味、觸、法上，應該生無所住之心。」

金剛齊菩薩說：「我既不依賴有住所而住心，也不依賴無住所而住心，就如此而住心。」

僧肇說：「聖人之心，就是住於無所住之處。」

《坐忘論》中說：「不依賴於任何一法，而心總能常住。」

《了心經》中說：「心住於無所住之處，所住之處無心住。無所執著，這樣的無住就是真無住。」

《淨名經》中說：「一切法以無住為根本。安住無為，就叫作住。住心於無所住之處，就叫作無住。無所住之心，就是真心。」

《禪源集》中說：「說到心，是指心的名字。說到知，是指心的本體。」

荷澤說：「心的本體能夠有所知，有所知就是心。心體本來是空寂的，是至虛至靈的。由這種空寂虛靈之心所知，就是先知。由這種空寂虛靈之心所覺，就是先覺。不思慮而有所覺，叫作正覺。不思慮而有所知，叫作真知。」

所以祖師說：「空寂的心體中，自然有本來之智能有所知。這種空寂心體之知，就是達摩所傳的清淨心。心體常空寂，是自性之體。心體常有所知，是自性之用。」

所以六祖云：「一切萬法，不離自性。自性自知，自性自見，自性自悟，自性自度。」

悟性還易，了心甚難。故了心也者，了此心也。了心，則心無其心矣。無心之心，是謂真心。真心是性，真性是心。

太上云：「了心真性，了性真心。空無空處，無處了真。」

此謂真空不空，空無所空，即是了見本心也。

龐居士云：「十方同聚會，箇箇學無為。此是選佛場，心空及第❶歸。」

與夫空覺極圓，空所空滅，即是了見本性。《華嚴經》云：「法性本空寂，無取亦無見❷。性空即是佛，不可得思量。」

原夫性體本空，心體本定。無空無無空，即名畢竟空❸。無定無無定，即名真如定❹。雖修空，不以空為證。不作空想，即是真空也。雖得定，不以定為證，不作定想，即名真定也。空定衡❺極，通達無礙。一日天機透露，慧性靈通，乍似蓮花開，恍如睡夢覺，忽然現出乾元境界❻，充滿於上天下地，而無盡藏❼也。

此是心性常明，焰炯不昧。晃朗宇宙，照徹古往今來。變化無方，神妙莫測。雖具肉眼，而開慧眼❽之光明。匪易凡心，便同佛心之知見。乃是見性見到徹處，修行修到密處，故得一性圓明，六通❾頓足。

何謂六通？按玉陽大師曰：

坐到靜時，陡然心光發現。內則洞見肺腑❿，外則自見鬚眉。智神踴躍，日賦萬言，說妙談玄，無窮無極，此是心境通也。

不出廬舍，預知未來事情。身居室中，又能隔牆見物。此是神境通也。

正坐之間，霎時迷悶，混沌不分。少頃，心竅豁然大開，地理山河，如同掌上觀紋，此是天眼通也。

能聞十方⑪之音如耳邊音，能憶生前之事如眼前事，此乃是天耳通也。或晝或夜，入於大定，上見天堂，下見地獄，觀透無數劫來，宿命⑫所更，此是宿命通也。

神通變化，出入自如。洞鑒十方眾生，知他心內隱微之事。他雖意念未起，了了先知。他雖意念未萌，了了先覺，此是他心通也。

子思曰：「心之精神之謂聖。」⑬

故心定而能慧，心寂而能感，心靜而能知，心空而能靈，心誠而能明，心虛而能覺。

四祖道信曰：「一切神通⑭作用，皆是自心感現。」

《瓔珞經》曰：「神名天心，通名慧性。天然之慧，徹照無礙，故名神通。」

神通具足，愈加韜光，慧而不用。若露圭角⑮，恐染邪魔。

古云：「道高一尺，魔高一丈。」

正定之時，或聞種種善惡之聲，或現種種違順之境。總是魔障，不可著他。又須反觀，一身四大，俱是假合，如夢如幻，全體非真。但正此心，魔自消自滅。

古語云：「見怪不怪怪自亡，見魔非魔魔自滅。」

或腦中有霹靂之聲，或眼中有金星燦耀，或頂下紅霞繚繞，或眉間湧出圓光。此皆幻景，心莫受他。但行工夫，休證效驗。所以古仙云：「頂上有光猶是幻，雲生足下未為仙。」又於靜中忽見樓臺珠翠，女樂笙簧⑯，異草奇花，觸目如畫。彼人不悟，將謂實到天宮⑰，不知自身內院，認作真境，因循而不出入。此際須用虛空觀⑱而擴充之，則我天谷之神升入太虛，合而為一也。

【注釋】❶及第　科舉考試中選。❷無取亦無見　取，佛家語，煩惱的別名，指對所愛的境界，執取貪著，不能捨離。見，指由眼所見或推想，而對某事產生一定之見解。無取亦無見指不貪戀執著、不心生妄念。❸畢竟空　佛教十八空之一，又稱「至竟空」。指徹底的、究竟的空。❹真如定　指像真如一般，真實不虛，如常不變的定。定，佛教指令心專注於一對象而不散亂的精神作用，或指其凝然寂靜之狀態。❺衠　真；純粹。❻乾元境界　即性體顯露的景象。乾元，本來妙覺之性體。❼無盡藏　原指貯藏無限財寶之藏。佛教轉指廣大無窮之功德。又作無盡藏海、無盡法藏。即真如法性之理海廣闊無邊，包藏一切萬象。❽慧眼　佛教五眼之一，慧能觀照，故名眼。慧眼指智慧之眼。❾六通　又叫「六神通」。佛教指佛菩薩依定慧力所示現的六種神通，即神足通、天眼通、天耳通、他心通、宿命通等五通及漏盡通。而文中則稱六通為：心境通、神境通、天眼通、天耳通、宿命通、他心通。稱法有異，但意思接近。❿肺腑　指內心。⓫十方　佛經稱東西南北、東南西南、東北西北、上下，為十方。這裏泛指四面八方。⓬宿命　宿世的生命。佛教認為世人在過去世都有生命，或為天，或為人，或為餓鬼與畜生，輾轉輪迴。能知宿命者，謂之宿命通。⓭心之精神之謂聖　語出《孔叢子》。《孔叢子》是記述孔子及其後代言行的一部書，作者不詳，《隋書・經籍志》中題為陳勝博士孔鮒撰，後世爭議較多，也有人認為是偽書。這裏說「子思曰」是因為書中大量記述了子思言行，這句話就是記述為子思的。這裏「聖」是神秘莫測的意思。⓮神通　變化莫測謂之神，無拘無礙謂之通，合起來說，就是既能使人莫測他之所以，又能為所欲為而了無障礙。⓯圭角　圭的稜角。比喻鋒芒。⓰笙簧　古代一種簧管樂器名。⑰天宮　即泥丸宮。⑱虛空觀　即「空觀」，佛教指觀想一切諸法皆空之理。下文有詳細解釋。

【語　譯】所以六祖說：「一切萬法不離自性。自性可以自知，自性可以自見，自性必須自悟，自性必須自度。」悟透自性還算容易，了心卻很難。所以說了心，就是了卻這個心。了心，就是心中無心。無心之心，就是真心。真心就是性，真性就是心。

太上說：「了卻了心就是真性，了卻了性就是真心。空到無處再空，了到無處再了就是真。」這是說真空已經無處可空，空已經無處可空，就是了見到了本心。

龐居士說：「十方人士同聚會，個個都在學無為。這是選佛的場所，心空才能被選中而歸。」對於空的覺悟已經達到極端圓熟的程度，把所空的內容都空滅了，就是了見到了本性。

《華嚴經》中說：「法性原本是空寂的，無法執取也無法見想。性空了就是佛，這無法靠思慮量度理解。」探討本源，性體原本是空寂的，心體原本是靜定的。無所空甚至連無所空都無了，就叫作畢竟空。無所定甚至連無所定都無了，就叫作真如定。雖然修的是空，但不求以空為證。心中沒有空的念頭，就是真空。雖然修的是定，但不求以定為證。心中沒有定的念頭，就叫作真定。空、定達到極致，就可以通達無礙。一旦天機透露出來，慧性就顯出靈通，突然間像蓮花開放，恍然如睡夢中剛醒，忽然現出乾元境界，充滿天地之間，無窮無盡含藏一切。

這是心性常明，明亮而不暗昧。晃晃朗朗充滿宇宙，照徹古往今來。變化不定，神妙莫測。雖然長著肉眼，但放出慧眼的光明。並未換掉凡心，卻與佛心的智慧見識相同。這是見性見到了透徹的地步，修行修到隱密之處，所以修得心性圓明，六通立即出現。

什麼叫六通？按照玉陽大師的說法：

坐到入靜之時，忽然心光出現，向內能夠洞察到自己的肺腑，向外能夠看見自己的鬍鬚眉毛。神智活躍，一天可以著述萬言，談論玄妙，無窮無盡，這是心境通。

不出屋門，就能預知未來的事。身居室內，又能夠隔牆見外物，這是神境通。端坐之間，忽然陷入迷悶之中，混沌不分。一會兒，心竅豁然開朗，山河地理就在眼前，如同觀看手掌上的紋路，這是天眼通。

能聽到四面八方的聲音就如在耳邊，能回憶起前生的事就如在眼前，這是天耳通。

不管是白天或黑夜，入於大定之後，上能見天堂，下能見地獄，觀透了無數劫運以來，宿命更替的過程，這是宿命通。

神通變化，出入自如，洞察十方眾生，知道他心中隱秘之事。他雖然念頭還沒生起，已經清楚的事先知道了。他雖然念頭還沒萌生，已經清楚的事先覺察，這是他心通。

子思說：「心的精神叫作聖。」

所以說心定了就能睿智，心寂了就能有所感，心靜了就能有所知，心空了就能靈通，心誠了就能明瞭，心虛了就能覺悟。

四祖道信說：「一切神通作用，都是自心有所感才顯現出來的。」

《瓔珞經》中說：「神表示天然之心，通表示慧性。天然的慧性，徹照四方無礙，所以叫作神通。」

神通具備，就更要含藏不露，韜光養晦，慧而不用。倘若鋒芒畢露，恐怕會招惹上邪魔。

古語說：「道高一尺，魔高一丈。」

正定之時，有的會聽到種種或善或惡的聲音，有的會出現種種或順或逆的幻境。其實這些都是魔障，不要著意於它。同時必須返觀自己，原來人身四大，都是假合之物，如夢如幻，全部都不是真實的存在。只要如此正心，魔障自己就會消亡。

古話說：「見怪不怪怪自己就會消亡，見魔非魔魔自己就會滅亡。」

有的腦中好像有霹靂之聲，有的眼內好像有金星燦耀，有的頭頂下面好像有紅霞繚繞，有的兩眉間好像湧出圓光。這些都是幻境，心裏不要去接受它。只須下修行功夫，不要去驗證其效。

所以古仙說：「頭頂上有光出現仍然屬於幻覺，雲霞生於腳下還不算成仙。」還有的在入靜之時忽然看見樓臺珠翠，女樂笙簧，奇花異草，觸目如畫。那人要是不覺悟，就會以為已經到了天宮，不知這是自身泥丸宮，把幻境當成真境，沉溺其中而走不出來。這種時候必須用虛空觀來進一步擴充，那麼泥丸宮中的元神就會升入太虛，與之合而為一。

其虛空觀者，應觀自心。心本不生，自性成就。本來空寂，光明遍照，猶如虛空。瑩徹清淨，廓然周遍。圓明皎潔，成大月輪。量等虛空，浩然無際。

復應觀察自身，則心之虛空而通於身之虛空，身之虛空而通於天地之虛空，天地之虛空而通於太虛之虛空。虛虛相通，共成一片，豈不與太虛混之而為一耶！

始而虛其心也，既而虛其身，又既而虛天地。虛而無虛，無虛而虛，虛也不知，無虛也不知，則我陽神沖虛❶出入而無障礙矣。然後方可與天地合德，太虛同體，而為混虛氏❷之人歟！

此處只言到太虛之階梯，未曾造到❸太虛之實際❹。謂之煉神❺則可，謂之出神則未也。欲要高奔帝境，須當煉養谷神。常以靈知寂照為心，虛空不住為觀。抱本還元，復歸太極。

由此進進不已，及至無上可上，玄之又玄，無象可象，不然而然。則一靈之妙有❻，遍法界而圓通，貫雲漢❼以高躋，與穹昊❽而俱合。此天谷元神煉到至極至妙之處也。

故章思廉曰：「得太極全體，見本來面目。先天一點真，後天卻是屋❾。」

瑩蟾子曰：「煉陽神了出陽神，自色界起無色界。」

既然證成妙道，須要混俗和光❿。雖處塵凡，而不同流俗。雖居濁世，而莫測行藏。日惟銷隱慝⓫，積陰功，開誠心，施法乳⓬。汲引⓭後學，普度眾生。上報佛恩，下資群品⓮。

《金剛經》曰：「所有一切眾生之類⓯，若卵生、若胎生、若濕生、若化生、若有色、若無色、若有想、若無想、若非有想非無想，我皆令入無餘涅槃⓰而滅度⓱之。如是滅度無量無數無邊眾生，實無眾生得滅度者⓲。」

故世尊成道之日⓳，發普度眾生之悲⓴，乃曰：「先度眾生，然後作佛。」

肇法師曰：「性本無生，故亦無滅，此實千聖同然之真心。眾生度盡，方入涅槃，此亦千聖同歸之實際。」

王方平曰：「鸞鶴來時乘紫霧，玉皇有敕登仙路。九玄七祖盡昇天，度了群生方自度。」

噫！試觀古佛高仙，何等運心之普！如今人有一法一訣者，秘密珍藏，猶恐漏泄，較之古人，可不愧死！

【注釋】❶沖虛　淡泊虛靜。沖，虛。❷混虛氏　這裏表示人與太虛同體，與太虛混合為一，所以作者用「混虛氏」稱呼之。❸造到　達到。造，至；到。❹實際　佛家語，真實到極點的意思，是真如法性的別名。❺煉神　與下句中的「出神」都是指內煉的不同階段和不同程度。煉神即虛寂入定、氣定神住的狀態；出神即氣定神住、元神出殼。❻一靈之妙有　這裏指元神。妙有，表面像是有，實際卻是空，也就是非有之有之意。❼雲漢　有時指銀河、天河，有時泛指高空。這裏應該是後者。❽穹昊　指天。❾先天一點真二句　先天一點真靈，卻要依賴後天身為屋。屋，指身。《雲笈七籤》卷三八〈說戒〉：「身死神逝，喻之如屋。屋壞則人不立，身敗則神不居。」❿混俗和光　即《老子・四章》：「和其光，同其塵」之意。混同塵世，含斂光耀。⓫隱慝　潛在的隱蔽的邪惡。慝，惡；邪惡。⓬法乳　佛教認為佛法如乳，能夠長養人們的慧命，所以稱為法乳。⓭汲引　薦舉；提拔。⓮群品　指一切眾生。品，類。⓯所有一切眾生之類　佛教按出生方式把眾生歸為十一類。即卵生、胎生、濕生、化生、有色生、無色生、有想生、無想生、非有想生、非無想生等十生，加總之一生為十一生。卵生，由卵而生，如鳥；胎生，指從母胎出生，如人、畜；濕生，由濕氣中生，如飛蛾等；化生，由過去的業力忽然而生，如地獄的眾生。有色生，指具有感覺、認識、意志、思考等意識作用的有情眾生，如色界四禪天的眾生。無色生，指沒有感覺等的眾生，如無色界四空處的眾生。非有想非無想，介於有想、無想之間的眾生。⓰無餘涅槃　涅槃分類很多，一般分為「有餘涅槃」和「無餘涅槃」兩種：有餘涅槃指仍然殘留著生命軀體而證得的涅槃；無餘涅槃指死後不再受生而證得的涅槃，是涅槃的最高境界。⓱滅度　即涅槃。《涅槃經・二十九》曰：「滅生死故，名為滅度。」⓲實無眾生得滅度者　意思是其實並沒有眾生可以滅度。《金剛經》中緊接的一句就是對這句的解釋：「何以故，須菩提，若菩薩有我相人相眾生相壽者相，即非菩薩。」所以說「滅度無量無數無邊眾生，實無眾生得滅度」。⓳旦　日；天。⓴悲　同情救拔他人痛苦的心。佛教把願給一切眾生安樂叫做慈；願拔一切眾生痛苦叫做悲，二者合稱為慈悲。

【語　譯】所謂虛空觀，首先就應該觀照自心。自心本來不生幻境，自性圓熟成就。自心本來空寂，光明遍照，猶如虛空。光亮透徹清淨，廣闊周遍一切。圓明皎潔，猶如一輪明月。與虛空等量，浩浩然沒有邊際。其次應該再觀照自身，這樣心的虛空就貫通於身的虛空，身的虛空就貫通於天地的虛空，天地的虛空貫通於太虛的虛空。虛虛相通，連成一片，豈不就同太虛混而為一了嗎？

開始時使心虛空，接著使身體虛空，接著又和天地同虛。由虛到無所再虛，由無所再虛到虛，不知道有虛，也不知道無虛，那麼身中的陽神就沖虛出入而毫無障礙了。然後才能與天地合德，與太虛同體，而成為混同於太虛之人！

這裏只說到登升太虛的階梯，還沒深入到太虛的實際。說這是煉神還可以，說這是出神那還不行。想要升到成仙作佛的境界，必須煉養天谷元神。常以靈知寂照來正心，常以虛空不住為正觀。抱本還原，復歸太極。

由此前進不止，一直到達最高無法再上，玄而又玄，無象可作為象，自然而然。那麼這一靈之妙有，遍及法界而圓滿融通，就可以貫穿雲漢而登天，同昊天合而為一。這就是天谷元神煉到至極至妙之時的境界。所以章思廉說：「得見太極的全體，顯現本來面目。先天的一點真靈，卻依賴後天之身為屋。」瑩蟾子說：「煉陽神煉到了陽神出殼，從色界超升到無色界。」

既然已經證成妙道，就要混同塵世含斂光耀。雖然身處塵世，卻不混同於塵世流俗。雖然身居濁世，卻神秘莫測含藏不露。每天只不斷的消除隱微而危險的邪惡念頭，積累陰德，大開誠心，廣施法乳。指引後學，普度眾生。上報佛恩，下助眾生。

《金剛經》上說：「所有一切眾生之類，如卵生的、胎生的、濕生的、化生的、有色的、無色的、有想的、無想的、非有想非無想的，我都引度他們入於無餘涅槃而得滅度。像這樣滅度無量無數無邊的眾生，其實並無眾生可以滅度。」

所以世尊成道之日，發出普度眾生的悲心，於是說：「先度眾生，然後作佛。」

肇法師說：「自性本來就沒有生，所以也就不存在滅，這實在是千聖同樣的真心。眾生度盡後，方能進入涅槃，這也是千聖同歸涅槃之實際。」

王方平說：「鸞鶴乘著紫霧飛來，玉皇有敕令讓登仙路。雖然九玄七祖都已經升天，我要度完眾生方能自度。」

啊！試看古佛高仙，心胸多麼開闊！像現在的有些人一旦得到一法一訣，就秘密珍藏，還怕洩露，比起古人，怎能不慚愧死呢！

予之無念也久矣，但未得自度，先要度人。一念存心，不能頓釋。今之此作，盡泄天機。惟末後一著❶，尚未發明，今再言之。

道書曰：「陰神❷能見人，陽神使人見。」

蓋獨修一物者，所出乃陰神也。陰神則有影無形，世所謂鬼仙❸是也。若雙修性命者，所出乃陽神也。陽神則有影有形，世所謂天仙是也。

故曰：道本無相，仙貴有形。

然而出神太早，丹經之所深訶❹。既得其母❺，當返其始。常留神於天谷，復歸如嬰兒。不識不知，唯深唯寂。陽光無漏，則愈擴愈大，彌遠彌光，自然變化生神。生之再生，則生生而無盡。化之又化，則化化而無窮。子又生孫，百千萬億。

張紫陽曰：「一載生箇兒，箇箇會騎鶴。」

陳泥丸曰：「一載胎生一箇兒，子又孫兮孫又枝。」

白玉蟾曰：「一體遍多，猶明月而影分千水❻。多身入一，若明鏡而光寓萬形。」

仙家謂之分身，佛氏謂之化身。如世尊之不離菩提樹下，而遍昇天宮說法。又如善財❼之不出莎羅林❽，歷一百十城而遍參諸友。

東華帝君曰：「法身剛大通天地，真性圓明貫古今。若未頂門開其眼，休教散影與分形❾。」

分形散影，非不妙也。奈何還滯幻軀❿中，尚未超脫。而欲千變萬化，豈不反傷於本體⓫耶？

直到九載功完，純亦不已。忽然跳出五行之外⓬，返於無極之初。證實相⓭妙之更妙，得真功全之又全。成金剛不壞之體⓮，作萬年不死之人。自覺覺他⓯，紹隆⓰佛種。三千功滿而白鶴來迎，八百行圓而丹盡宣詔。飛昇金闕⓱，返佩帝鄉。

即鍾離翁云：「九載功成人事盡，縱橫天地不由親。」

蕭紫虛云：「功成須是出神京⑱，內院繁華勿累身。會取古仙超脫法，飄然跨鶴覲三清⑲。」

諸仙棄殼⑳，各有不同。有從寶塔出者，有從紅樓出者，有看月而出者，有對鏡而出者，有衝頂門而出者。

所以《玄奧集》云：「塞斷黃泉路，衝開紫府門㉑。如何海蟾子，化鶴出泥丸。」

《中和集》云：「成就頂門開一竅，箇中別是一乾坤。」

蓋頂門一竅，豈易開哉？先發三昧火㉒透之，不通。次聚太陽火㉓衝之，略啟。二火騰騰，攻擊不已。霎時，紅光遍界，紫焰彌天，霹靂一聲，頂門開也。

故呂純陽曰：「九年火候直經過，忽爾天門頂中破。真人出現大神通，從此天仙可相賀。」

真人出現，乘雲氣，御飛龍，升玉京，遊帝闕。飄搖雲際，翔翱太空。鳳篆金書，朝赴九陽之殿。蟠桃玉液，位登萬聖之筵。適意則鸞輿前引，登雲則龍駕前迎。紫府鼇宮，欲去而頂中鶴舞。丹臺瓊苑，擬遊而足下雲生。劫火洞燒，我則優游於真如之境。桑田變海，我則逍遙於極樂之天㉔。聚則成形，散則成氣。隱顯莫測，變化無窮。入水火而不溺不焚，步日月而無形無影。刀兵不能害，虎兕不能傷㉕。陰陽不能遷變，五行不能陶鑄㉖。閻羅㉗不能制其死，帝釋㉘不能宰其生。縱橫自在，出入自由。信乎！

紫陽云：「一粒靈丹吞入腹，始知我命不由天㉙。」

此大丈夫得意之秋，功成名遂之日也。人生到此，寧㉚不快哉！

上陽子云：「總皆凡世播英雄，做盡功名到底空。唯有金丹最靈妙，大羅天㉛上顯神通。」

【注釋】❶著　比喻計策。❷陰神　即識神。神有先天神和後天神之分。先天神為元神，後天神為識神。識神可凝煉為陰神，元神可凝煉為陽神。❸鬼仙　道教認為仙有差等，如葛洪認為仙有三等，從高到低依次為天仙、地仙、尸解仙。鍾離權和呂洞賓又提出仙有五等之說，依次為天仙、神仙、地仙、人仙、鬼仙。王重陽也將仙分為五等，依次為天仙、神仙、地仙、劍仙、鬼仙等。鬼仙，又稱「靈鬼」，指修道者未能煉至純陽，死後出陰神，聚而不散，靈而不慧，為最下乘。天仙，又稱「飛仙」，修道者煉至純陽，死後出陽神，居於天府，能舉形飛升的，為最上乘。❹訶　大聲喝斥。❺既得其母　指移神內院，嬰兒移居天谷（泥丸宮）中溫養，如嬰兒找到母親。❻朗月而影分千水　即佛教「月印萬川」的比喻：「一月普現一切水（月），一切水月一月攝。」❼善財　即善財童子，印度覺城的年輕佛教徒，由於前生善因緣的果報，因此當他初住母胎之時，他家裏就自然而有七大寶藏。出生之時，又有五百寶器出現，因此他父母替他取名為「善財」。他曾沿著南方而下，經歷一百一十城，參訪五十五位善知識。如果扣除其中重複的文殊菩薩，以及同在一處的德生童子與有德童女，則為五十三處。因此，我

化身五五圖

圖霄凌鳳跨

國都稱之為「五十三參」。❽莎羅林　即娑羅林。娑羅，堅固的意思，所以娑羅林又叫「堅固林」。傳說佛在娑羅樹四方各二株雙生中間入滅，所以佛的入滅處稱為「娑羅林」。❾散影與分形　即前面所說的「分身」。❿幻軀　即幻身，人身由四大（地、水、火、風）假合而成，無有自性，虛幻不實，所以叫幻身。《四十二章經》：「當念身中四大，各有自名，都無我者。我既都無，其如幻耳！」⓫本體　這裏指陽神。⓬跳出五行之外　古代民間常用「跳出三界外，不在五行中」形容得道成仙。⓭實相　原義為本體、實體、真相、本性等。引申指一切萬法真實不虛之體相，或真實之理法、不變之理、真如、法性等。這是佛陀覺悟的內容，意即本然之真實。舉凡一如、實性、實際、真性、涅槃、無為、無相等，都是實相的異名。佛教認為世俗認識的一切現象均為假相，唯有擺脫世俗認識才能顯示諸法常住不變的真實相狀，故稱實相。⓮金剛不壞之體　佛教本指佛身如金剛般堅固不壞滅。後常把成佛後之身比喻為「金剛不壞之身」。⓯自覺覺他　指大乘菩薩自己覺悟所修之法，且令他人覺悟。佛教有「三覺」之說，即自覺、覺他、覺行圓滿。自覺是使自己覺悟，但要斷盡三界內的見思惑和三界外的塵沙無明惑，才能算是達到自覺的地位；覺他是將自己所覺悟的真理傳播給別人，使他人也覺悟；覺行圓滿指所覺悟的程度，已經達到究竟圓滿的境界。⓰紹隆　繼承和發揚。紹，接續；承繼。隆，隆盛；興盛。⓱金闕　與下句中的「帝鄉」都指仙境。在內煉中，金闕指絳宮，即中丹田。⓲神京　也叫「玉京山」，即泥丸宮。⓳覲三清　朝拜三清神。三清，本指道教天神所居的聖境。即：玉清聖境、上清聖境、太清聖境。從道教後來的發展來看，後有三位至上神居於三清境，即：元始天尊（又稱「玉清大帝」）、靈寶天尊（又稱「上清大帝」）、道德天尊（又稱「太上老君」、「混元老君」、「太清大帝」），也稱為「三清」。覲，古代諸侯秋天朝見天子。引申為拜見、會見。⓴棄殼　指陽神出殼拋棄肉身成仙。㉑紫府門　也稱「泥丸宮」、「天宮」，即上丹田。㉒三昧火　三昧，指將心定於一處，不令散亂，而保持安靜的一種安定狀態。三昧火，是比喻用法，指調心使之不亂，猶如運火。㉓太陽火　前面幾節講過的太陽之氣，也叫離火。㉔極樂之天　佛家語，即極樂世界，又稱極樂淨土、安樂淨土、安樂世界、安養淨土、安樂國、安養國、西方淨土、西方極樂，或單稱為西方。原指阿彌陀佛的國土名，因其國只有快樂而無痛苦，故名。後引申為佛教徒所信仰的沒有苦難的理想世界，是相對於世俗眾生所居的「穢土」、「婆娑世界」而言。㉕刀兵不能害二句　源出於《老子・五十章》：「蓋聞善攝生者，陸行不遇兕虎，入軍不被甲兵。兕無所投其角，虎無所用其爪，兵無所容其刃。夫何故？以其無死地。」兵，兵器。兕，犀牛。㉖陶鑄　造化。取意於《莊子・大宗師》「大冶鑄金」的典故。詳見前注。㉗閻羅　全稱為「閻摩羅」，俗傳為地獄王，掌管人的死。㉘帝釋　佛教指忉利天的天主，俗稱為玉皇大帝，掌管人的生。㉙我命不由天　即道教名句「我命在我不在天」，語出《抱朴子內篇・黃白》：「我命在我不在天，還丹成金億萬年。」

《老子西昇經》中也有：「我命在我，不屬天地。」道教人士一反儒家「生死有命，富貴在天」的觀念，提出了這一思想。道教內煉就是奪天地之造化掌握自己的命運。㉚寧　副詞。豈；難道。㉛大羅天　道教指天界最高層神仙居住的地方。

【語譯】我做到心中無念已經很久了，但盡管還沒能自度，卻想到先應度化別人。這個念頭存在心裏，短期內都不能釋然。現在寫的這本書，把天機完全洩露。但最後一招，還沒有闡明，現在補充如下。

道書上說：「陰神能夠看見別人，陽神顯現別人就能看見。」那些只修性不修命的獨修者，所出的是陰神。陰神則有影無形，世人所說的鬼仙屬於此類。如果是性命雙修的，所出的是陽神。陽神則有影有形，世人所說的天仙屬於此類。

所以說：大道本身是無形無相的，而神仙可是有形有相的。

然而出神太早，是丹經中強烈批評的。既然找到了母體，就應當返回到初始狀態。常常留神於泥丸宮，復歸到嬰兒的狀態。無識無知，深藏靜寂。陽光不外漏，就會越擴越大，越遠越亮，自然就會變化生神。生而又生，就生得沒有盡頭。化了又化，就會變化無窮。子又生孫，直至百千萬億個子子孫孫。

張紫陽說：「一年生一個兒，個個都乘鶴成仙。」

陳泥丸說：「一年胎生一個兒，子又生孫孫又分枝。」

白玉蟾說：「一個身體可以遍布多處，猶如同一輪明月的影子分散在千江萬河中。很多分身又可以歸於一體，如同一面明鏡中可以照見萬物。」

仙家叫做分身，佛家叫做化身。如釋迦世尊未曾離開菩提樹下，卻升到各處的天宮去說法。又如善財童子不出莎羅林，卻歷經一百一十城而普遍參訪眾佛友。

東華帝君說：「法身剛硬高大直通天地，真性圓滿光明貫通古今。倘若頂門沒有開天眼，不能教他散影和分形。」

分形散影，並非不妙。無奈陽神還滯留在假肉身中，還沒有超脫出來。這時就想千變萬化，豈不反而傷害了陽神嗎？

直到九年功夫圓滿，純到不能再純。忽然跳出五行之外，返回無極之初。驗證了妙而更妙之實相，得到全而又全的真功。煉成金剛不壞之體，作萬年不死的長壽之人。自己覺悟且令他人覺悟，繼承光大佛種。三千功德圓滿白鶴就會來迎接，八百道行圓滿丹書就會宣詔。可飛升仙家金闕，返歸天帝之鄉。

即鍾離翁所說：「九年功成人事已盡，縱橫天地不由自己。」

蕭紫虛說：「功成應該離開神京，內院繁華不要累身。薈萃古代仙人的超脫之法，就可以飄然跨上仙鶴去朝拜三清。」

諸位仙人陽神出殼的方式，各有不同。有從寶塔飛升的，有從紅樓飛升的，有看著月亮而飛升的，有照著鏡子飛升的，有衝破頂門飛升的。

所以《玄奧集》中說：「塞斷黃泉死路，衝開紫府門。為何海蟾子，化成仙鶴飛出泥丸。」

《中和集》中說：「大功告成之時頂門開一個竅，其中另有一番天地。」

頂門的一竅，難道那麼容易開嗎？先用三昧之火衝透，打不通。然後聚集太陽真火衝擊，略微打開一點。三昧之火和太陽真火兩股火騰騰，不停地攻擊。剎時間，紅光遍地，紫焰滿天，霹靂一聲，頂門衝開。

所以呂純陽說：「九年的火候一直經過，忽然天門自頂中衝破。真人出現大神通，從此天仙可以相賀。」

真人出現，乘著雲氣，駕著飛龍，升入玉京，遨遊帝闕。飄搖在雲間，翱翔在太空。鳳篆金書上，召他到九陽之殿朝見。蟠桃玉液的盛筵，邀他登赴萬聖聚會的筵席。想要隨意閒遊就有鸞車前引，想要登雲就有龍駕來迎。紫府鼇宮，想去時頂上就有仙鶴飛舞來載。丹臺瓊苑，想遊時腳下就有白雲生。劫運之火燒遍世間，我卻悠閒地在真如之境遊玩。桑田變成海洋，我卻逍遙於極樂之天。聚則成形，散則成氣。隱顯莫測，變化無窮。入於水火之中則淹不死也燒不著，步入日月之間則無形無影。刀兵不能加害，虎兕不能傷害。陰陽不能使之變遷，五行不能陶冶融鑄。閻羅不能控制他的死，帝釋不能主宰他的生。縱橫自在，出入自由。千真萬確啊！

張紫陽說：「一粒靈丹吞入腹中，才知道我命在我不在天。」

這是大丈夫得意之時，是功成名就之日。人生到這種地步，難道不痛快嗎！

上陽子說：「總之凡是在世間廣為傳播的所謂英雄，功成名就之後到底還是成空。只有金丹之道最靈妙，可以在大羅天上顯示神通。」

【說　明】「移神內院端拱冥心」是繼「嬰兒現形出離苦海」的功法之後的高層次的調神功夫。「移神內院」就是嬰兒出離苦海之後，陽神已成之時，脫出其胎，移居天谷內院（上丹田）。「端拱冥心」就是空寂其心、冥心合道的功夫。這段功夫屬於丹道已成之後的無為之法，無為之法是以採藥結丹等有為功夫為基礎的，最後以無為功夫達到抱一冥心以了性也。作者指出，世人往往只知其一而不知其二，修其性不修其命。其實，有為和無為是不能分開的，往往是「有為功就又無為，無為也有工夫在」，所以必須性命雙修，不可獨修一物。

所謂冥心，就是心無所住，「冥心本乎無住」，就是心空，也即佛教所謂「清淨心」。也就是如〈端拱冥心圖〉中所說「無心於事，無事於心，超出萬幻，確然一靈」，做到萬慮俱忘、無視無聽的冥心合道的境界，「色不得而礙之，空不得而縛之，體若空虛安然自在矣。」冥心合道之後，則心性常明，神妙莫測，就會出現佛教所謂「六神通」，即心境通、神境通、天眼通、天耳通、宿命通、他心通。而這一切的神通作用，都是自心的感現。俗話說，「道高一尺，魔高一丈」，這時如果心不靜，就容易被邪魔侵入，出現種種幻境，即所謂的走火入魔。「見怪不怪怪自亡，見魔非魔魔自滅」，對付種種幻境的辦法就是要用「虛空觀而擴充之」，使天谷元神與虛空合為一體。

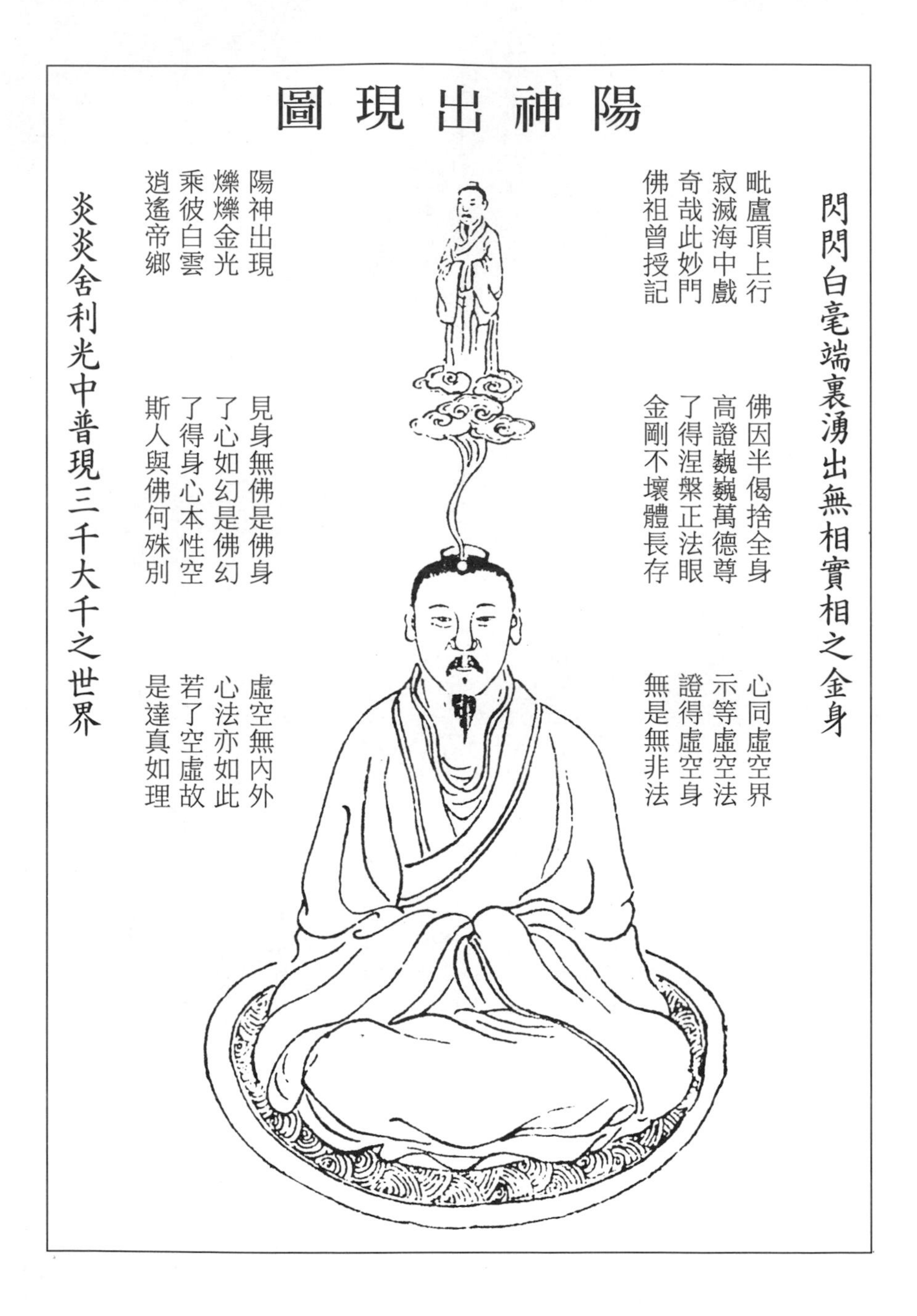
陽神出現圖
閃閃白毫端裏湧出無相實相之金身
毗盧頂上行
寂滅海中戲
奇哉此妙門
佛祖曾授記
佛因半偈捨全身
高證巍巍萬德尊
了得涅槃正法眼
金剛不壞體長存
心同虛空界
示等虛空法
證得虛空身
無是無非法
陽神出現
爍爍金光
乘彼白雲
逍遙帝鄉
見身無佛是佛身
了心如幻是佛幻
了得身心本性空
斯人與佛何殊別
虛空無內外
心法亦如此
若了空虛故
是達真如理
炎炎舍利光中普現三千大千之世界

第九節口訣

本體虛空超出三界

【題解】本口訣是九節口訣中的第九節，即全套內丹性命雙修功法的最後一節。作者詳細介紹了「本體虛空超出三界」功夫的時機、關鍵以及內煉景象，並指出此段功夫就是「煉虛合道」，是末後一段功夫，是「聖修詣極，自是少此一段不得」。此節也即「陽神出竅」功夫，作者附有〈陽神出現圖〉加以形象化地說明。

按，《梓潼化書》云：「予之在朝也，以聞方外❶之言，辭榮而歸。道逢隱者，指予以心印❷，授予以正訣，曰：『此西方大聖人歸寂❸法也。子能念而習之，可度生死，死而不亡，終成正覺❹。若中道而廢，則猶能擇地而處，亦可為神仙。』」

予於是歷觀漢、唐諸仙，多在此處超脫而去者，豈非《化書》所謂「中道而廢」耶！

又覽〈龍牙頌〉云：「學道如鑽火，逢煙未可休。」

予又歷觀宋、元諸仙，多在此處尸解而去者，豈非〈龍牙〉所謂「逢煙而休」耶！

雖則仙去，然缺卻末後一段工夫，畢竟有些欠穩處。

猶傳大士云：「饒❺經八萬劫，終是落空亡。」

亦不知壽命有限而不及修耶，抑亦不知不得此法而不能修也。

命宗❻人只知煉精化氣、煉氣化神、煉神還虛而止，竟遺了煉虛合道❼一段。

是以無上師曰：「養得金丹圓似月，未免有圓還有缺。何如煉箇太陽紅？三界十方俱洞徹。」

蓋聖修詣極，自是少此一段不得。緣❽丹經子書，皆不曾言及末後一著，唯李清庵曾說到這裏。

如門人問：「脫胎後還有造化麼？」

清庵曰：「有造化在。聖人云：『身外有身，未為奇特。虛空粉碎❾，方露全真。』所以脫胎之後，正要腳踏實地，直待與虛空同體，方為了當。」

又云：「更有煉虛一著，當於言外求之。」

其見趣可謂度越諸仙矣，但不肯說箇實際出來。云何煉虛，作何歸著，竟自朦朦朧朧虛應過去。亦不知是不會祖師意而不能說耶，抑亦不知是怕泄漏天機而不敢說也。

故水丘子嘆曰：「打破虛空消億劫，既登彼岸捨舟楫。閱盡丹經萬萬篇，末後一段無人說。」

蓋此秘藏⑩心印，皆佛佛授手⑪，祖祖相承。迄至六祖⑫，衣缽⑬止而不傳。諸佛秘藏，於茲塞矣。自此而下，鮮有知者。

故曰：「七祖如今未有人。」

直到吾師尹公者出，以其夙植靈根⑭，更得教外別傳⑮之旨。忽一日禪關參透，豁然貫通，而千佛秘藏，又復開於今日矣。

故〈悟道偈〉曰：「把箇疑團打破時，千佛心華⑯今在茲。下大竿頭取進步⑰，虛空真宰天人師⑱。」

我今又承師指而得此法，如獲無價寶珠。即劍南和尚云：「自從說⑲得此明珠，釋梵凡輪王⑳俱不要。」

【注釋】❶方外　與「方內」對稱。語出《莊子‧大宗師》：「彼，遊方之外者也。而丘，遊方之內者也。」「方」指世俗秩序或邦國律法。一般人都在世俗秩序及邦國律法的限制之內，所以稱為方內之人。在此世俗價值體系規範之外的人，稱為方外之人。所以方外之人，即指捨世之人、世外之人。後世則專指佛教徒或道教徒之出家者而言。❷心印　佛教禪宗術語，又名「佛心印」。禪宗認為，以語言文字無法表現的佛陀自內證，稱為佛心。其所證悟的真理，如世間的印形固定不變，故稱為心印。《祖庭事苑》卷八云：「心印，達磨西來，不立文字，單傳心印，直指人心，見性成佛。」❸歸寂　又曰入寂。歸於寂滅入於寂滅之義。寂滅為涅槃的譯語，原為生死共滅之義。後用來表示對僧侶之死的尊稱。《釋氏要覽》下：「釋氏死謂涅槃，圓寂，歸真，歸寂，滅度，遷化，順世。皆一義也。隨便稱之，蓋異俗也。」❹成正覺　正覺，意指真正的覺悟。又指證悟一切諸法的真正覺智，即如來的實智，所以成佛又稱「成正覺」。❺饒　任憑；儘管。❻命宗　與「性宗」分別指「以修命為宗」的道家和「以修性為宗」的佛家。本書元集〈性命說〉中說：「乃玄門專以氣為命，以修命為宗，以水府求玄立教。故詳言命而略言性，是不知性也，究亦不知命。禪家專以神為性，以修性為宗，以離宮修定立教。故詳言性而略言命，是不知命也，究亦不知性也。」❼煉虛合道　傳統道教一般將內丹功法概括為「煉精化氣、煉氣化神、煉神還虛」三個階段，將「虛」視為內丹修養的最高境界。而內丹修煉還有「煉虛合道」的最上一乘功法，必須經煉虛（合於太虛）才能契合大道，但煉虛主要在於粉碎虛空心，即無心於虛空，本體虛空，才能合於大道。❽緣　介詞。由於；因為。❾虛空粉碎　指行煉虛合道撒手之功，抱本還原，與虛空同體。下文中有詳細的解釋：「蓋本體，本虛空也。若著虛空相，便非本體。虛空，本粉碎也。若有粉碎心，便不虛空。故不知有虛空，然後方可以言太虛天地之本體。不知有粉碎，然後方可以言太虛天地之虛空。」❿秘藏　隱而不傳於人，稱為秘；蘊蓄於內，稱作藏。秘藏，佛教指稱佛的妙法，要善為守護，不妄宣說。⓫授手　佛教指傳授教法之意。⓬六祖　禪宗衣缽相傳共有六世，即初祖達磨，二祖慧可，三祖僧璨，四祖道信，五祖弘忍，六祖慧能。這裏指慧能大師，因慧能是禪宗第六祖。⓭衣缽　衣，指袈裟。缽，指出家人用來盛施主供養食物的容器。二者都是出家人重要的法物，並可作師承的信證，衣缽的授受即代表著心法的授受。禪宗的傳法就是傳其衣缽於弟子，稱為「傳衣缽」，因此也引申為祖師將佛法大意傳授予後繼者。⓮夙植靈根　平素一直培養慧根。夙，向來。靈根，靈性；慧根。⓯教外別傳　佛教禪宗用語，又稱「單傳」。指禪宗不施設文字，不安立言句，直傳佛祖心印。意思是在如來言教之外的別傳。⓰心華　比喻人之本心。以本心之清淨比喻為華，故稱心華。佛經中經常用「心華開敷」表示豁然大悟的意思。⓱下大竿頭取進步　即百尺竿頭取進步之義。⓲天人師　原指如來佛的十號之一，指佛陀為天與人類的教師，指導一切應作不應作、是善是不善，如果能依教而行，不捨道法，就能解脫煩惱。正是因為天與人無不以佛為教師，所以稱佛為天人師。這裏是泛指主宰之義。⓳說　通「悅」。喜悅；高興。⓴釋梵輪王　釋，釋迦的簡稱，是世尊的姓。晉時道安法師提倡佛子應以世尊的姓為姓，即姓釋，從此凡是出家人都姓釋。梵，為印度正統婆羅門教思想之最高原理，這裏指梵王。輪王，轉輪聖王的簡稱，為世間第一有福之人。

【語　譯】按，《梓潼化書》中說：「我在朝廷做官的時候，由於聽到了世俗之外有關仙家的言論，於是辭官歸故里。途中正巧碰到一位隱者，指點給我心印，傳授給我正訣，說：『這是西方大聖人歸於涅槃之法。你如果能經常念誦並親身實踐，就可以超越生死，雖死而不亡，最終會成仙成佛。倘若半途而廢，也還能找到一個安身立命的處所，也可以成為神仙。』」

我於是普遍考察了漢、唐諸位仙人成仙的情況，發現他們大多正是煉到這個程度就超脫去的，這豈不正是《化書》中所說的「半途而廢」嗎？

我又瀏覽到〈龍牙頌〉中說：「學道就如同鑽木取火，見到有煙產生的時候還不能就此罷休。」我又普遍考察了宋、元諸位仙人成仙的情況，發現他們大多也正在這種時候就尸解而去，這豈不正是〈龍牙頌〉中所說的「逢煙而休」嗎？

雖然他們成仙而去，但是卻缺少了最後一段功夫，畢竟有些欠妥之處。

正如傅大士所說：「儘管經歷了八萬次劫難，最終還是落空而亡。」

也不知道他們是因為壽命有限而來不及修煉呢，還是沒有得到這個方法而不能修煉。

以修命為宗的這一派人只知道煉精化氣、煉氣化神、煉神還虛就此而止，竟然遺漏了煉虛合道這一段。所以無上師說：「把金丹溫養得圓如月亮，但未免還有月圓月缺的遺憾。怎麼不把內丹煉成太陽那般紅？三界十方都能照徹。」

金丹大道的修煉要達到登峰造極的程度，自然不能少了這一段。因為丹經子書中，都不曾提及這最後一段，只有李清庵曾經說到這裏。

如門人問：「脫胎以後還有進一步的造化嗎？」

李清庵說：「當然有造化在。聖人說：『身外還有身，還不算奇特。把虛空粉碎，才能顯露全真之體。』所以脫胎之後，正要腳踏實地，直到與虛空合成一體，才算了當。」

又說：「還有煉虛這一著，應當從言外之意去探求。」他的見地可以說已經超出眾仙了，但還是不肯說個實際出來。至於怎樣煉虛，歸向何處，竟然模模糊糊地敷衍過去了。也不知道他是沒有領會祖師的深意而說不清呢，還是怕洩露天機而不敢說。

所以水丘子嘆息道：「打破虛空清除億萬劫難，已經登上彼岸就捨棄了船和槳。閱盡丹經子書萬萬篇，最後一句始終沒人提到。」

這個秘藏心印，都是佛與佛之間傳授，祖與祖之間相承。直到六祖的時候，衣缽就此不再相傳。諸位佛祖傳授這個秘藏的渠道，到此阻塞了。從此以後，很少有人知道。

所以說：「七祖到現在還沒有人。」

一直到我的師傅尹公站出來，因為他平素注意培養靈根，又得到教外別傳的要旨。忽然一日參透禪機，豁然貫通，使千佛之秘藏，今天又重見天日。

所以〈悟道偈〉中說：「把這個疑團打開以後，眾佛的心華就在當下顯露。百尺竿頭又進一步，虛空成了真宰和天人之師。」

我如今又承蒙師傅的指點而得了這個法，如同獲得了無價之寶。正如劍南和尚所說：「自從喜歡上了這顆明珠，即使把佛祖、梵王、輪王的位子給我我都不要。」

然佛之地步甚高，而必至於虛空本體。本體虛空，方成無上正等正覺❶而入涅槃。

故邵康節曰：「聖人與太虛同體，與天地同用。」❷

今人求其義而不得，乃億❸之曰：「體太虛之體以為體，用天地之用以為用。」此言大似隔窗窺日，不過見其光影而已。

若言體太虛之體以為體，便是有箇太虛在，而著於體矣，何以能太虛？若言用天地之用以為用，便是有箇天地在，而著於用矣，何以能天地？然而太虛其知有體乎？其不知有體乎？天地其知有用乎？其不知有用乎？

太虛不知有體，而天地之用在於太虛之體。天地不知有用，而太虛之體在於天地之用。體其所體者，體其所用也。用其所用者，用其所體也。

乃至於粉碎虛空，方為了當，何以故？

蓋本體，本虛空也。若著虛空相，便非本體。虛空，本粉碎也。若有粉碎心，便不虛空。故不知有虛空，然後方可以言太虛天地之本體。不知有粉碎，然後方可以言太虛天地之虛空。

究竟到此，已曾窺破虛空之本體，但未得安本體於虛空中。

即《華嚴經》云：「法性如虛空，諸佛於中住。」

到這裏自知道，虛空是本體，本體是虛空。必須再加功而上上勝進，進進不已，直到水窮山盡，轉身百尺竿頭❹。至必至於不生不滅之根源，終必終於不生不滅之覺岸❺，於中方是極則處。此處無他，不過是返我於虛，復我於無而已。

返復者，回機❻也。故曰：「一念回機，便同本得。」

究竟人之本初，原自虛無中來。虛化之為神，神化之為氣，氣化之為形，順則生人也。今則形復返之為氣，氣復返為神，神復返之為虛，逆則成仙也。

古德云：「何物高於天？生天者是。何物大於虛空？運虛空者是。」

蓋大道乃虛空之父母，虛空乃天地之父母，天地乃人物之父母。天地廣大，故能生萬物。虛空無際，故能生天地。空中不空，故能生虛空。而曰生天地生萬物，是皆空中不空者之有以主之也。以其空中不空，故能深入萬物之性，以主張❼萬物而方便❽之。汝毋謂空中不空，能深入萬物之性，以主張萬物而方便之也。抑亦能深入天地之性，以主張天地而方便之也。汝毋謂空中不空，能深入天地之性，以主張天地而方便之也。抑亦能深入虛空之性，以主張虛空而方便之也。

夫空中不空者，真空也。真空者，大道也。今之煉神還虛者，猶落在第二義❾，未到老氏無上至真之道也。煉虛合道者，此聖帝第一義，即是釋氏最上一乘之法也。

《華嚴經》云：「雖盡未來際⑩，遍遊諸佛剎⑪。不求此妙法，終不成菩薩。」

【注　釋】❶無上正等正覺　佛教阿耨多羅三藐三菩提的新譯，意思是宇宙間至高無上真正平等普遍的覺悟，亦即究竟圓滿的佛果。佛陀從一切邪見與迷執中解脫開來，圓滿成就上上智慧，周遍證知最究極之真理，而且平等開示一切眾生，令其到達最高的、清淨的涅槃。此種覺悟為言語所不能表達，非世間諸法所能比擬，所以稱無上正等正覺。❷聖人與太虛同體二句　「體用」是中國古代哲學的一對重要哲學範疇。體，本體。用，效用。對這句話一般的理解就是「體太虛之體以為體，用天地之用以為用」之義，本文作者顯然反對這種理解，批評這是「隔窗窺日」。作者的解釋是「太虛不知有體，而天地之用在於太虛之體。天地不知有用，而太虛之體在於天地之用。」要粉碎虛空，不知有虛空在。❸億　意料；猜測。❹百尺竿頭　佛家語，比喻極高的境界。《傳燈錄》招賢大師偈曰：「百尺竿頭不動人，雖然得入未為真。百尺竿頭須進步，十方世界是全身。」意思是儘管已經到了登峰造極的地步，還須增添功夫，向上進一步。❺覺岸　佛家語，覺悟的彼岸，即佛的境界。迷譬如海，覺猶如岸，破迷而開悟，即稱為登覺岸。即一般所說的涅槃、彼岸。❻回機　即回轉機用之意。佛教指傳持佛心印者，回轉自己的機用，而赴於三界六道輪迴苦界，以救度眾生、引導他們。❼主張　主宰。《莊子．天運》：「天其運也？地其處乎？日月其爭於所乎？孰主張是？孰維綱是？」❽方便　方者方法，便者便用，佛教指隨方因便，以利導人，使眾生領悟佛法。❾第二義　佛家語，全稱「第二義門」。佛教一般把真實絕對悟境的佛道究極之旨，或不執於世緣的上求菩提之修行道法，稱為第一義門。相對於此，方便權巧，假借名言而設立的教義法門，或隨順世情以教化眾生的菩薩行，則屬第二義門。❿盡未來際　佛家語。窮盡無限未來的生涯、邊際，稱為「盡未來際」，與「無限」同義，有永恆的意思。未來際，即未來世的邊際。⓫佛剎　原指佛所住的國土。又作佛國土、淨土。剎，土之義。後泛指一般寺院的堂宇，即佛塔、佛閣、佛龕、僧剎、伽藍等，專供修行的處所。

【語　譯】然而佛的境界很高，必須達到虛空本體。本體虛空了，才能成無上正等正覺而進入涅槃境界。所以邵康節說：「聖人與太虛同體，與天地同用。」

如今的人沒有掌握其真正涵義，就臆測說：「體太虛之體以為體，用天地之用以為用。」這話很像隔著窗戶看太陽，不過只看見它的光影罷了。

如果說「體太虛之體以為體」，就是真有個太虛存在，這樣就執著在體上了，怎麼還能成為太虛呢？如果說「用天地之用以為用」，就是真有個天地存在，這樣就執著在用上了，怎麼還能成為天地呢？然後太虛知道自己有體呢？還是不知道自己有體呢？天地知道自己有用呢？還是不知道自己有用呢？

太虛不知道自己有體，而天地之用就在於太虛之體。天地不知道自己有用，而太虛之體就在於天地之用。體太虛之體以為體，就是以天地之用以為體。用天地之用以為用，就是以太虛之體以為用。

一直到粉碎虛空，才算了當。為什麼？

本體，原本就該是虛空。如果執著在虛空相上，就不是本體了。虛空，原本就該是粉碎的。如果起了粉碎的心念，就不虛空了。所以不知道有虛空，然後才可以談太虛天地的本體。不知道有粉碎，然後才可以談到太虛天地的虛空。

探討到這一步，已經看破了虛空的本體，但還沒有把本體安在虛空中。

這正是《華嚴經》所說的：「法性就如虛空，眾佛住其中。」

到這一步就自然會知道，虛空是本體，本體是虛空。還必須再用功夫更進一步，前進不已，直到山窮水盡，轉身又百尺竿頭。到就必須到達不生不滅的根源，終就必須終結在不生不滅的覺悟的彼岸，這才是最高的境界。這個境界不是別的，只不過是返回到虛空中，復歸到元始無的狀態而已。

所謂返復，就是回轉機用。所以說：「一有回轉機用的念頭，就如同回到了本初狀態。」

推究人的本初，原本就是從虛無中來的。虛化為神，神化為氣，氣化為形，這是順則生人的過程。如今形又復返為氣，氣復返為神，神復返為虛，這是逆則成仙的過程。

古德說：「什麼東西比天高？就是產生天的那個東西。什麼東西比虛空還大？就是運轉虛空的那個東西。」大道是虛空的父母，虛空是天地的父母，天地是人和萬物的父母。天地廣大，所以能產生人和萬物。虛空沒有邊際，所以能產生天地。空之中其實不空，所以能產生虛空。而說「生天地」、「生萬物」，這些都是「空中不空」的大道在主宰。正因為它空中不空，所以能深入萬物之性，主宰萬物而隨機應變地引導它。你不要認為空中不空的大道只能深入萬物之性，主宰萬物而隨機應變地引導它。而且還能深入天地之性，主宰天地而隨機應變地引導它。你也不要認為空中不空的大道只能深入天地之性，主宰天地而隨機應變地去引導它。而且還能深入虛空之性，主宰虛空而隨機應變地去引導它。

所謂空中不空，就是真空。所謂真空，就是大道。如今的那些所謂煉神還虛的人，還只是落在第二義上，沒有達到老子無上至真的道的境界。煉虛合道，這才是聖帝老子的第一義，也就是佛家最上一乘之法。《華嚴經》上說：「雖然窮盡未來之際，遊遍了所有佛寺。但求不得這個妙法，終究也不能成為菩薩。」

此法只是復煉陽神，以歸還我毗盧性海❶耳。所以將前面分形散影之神，攝歸本體。又將本體之神，銷歸天谷。又將天谷之神，退藏於祖竅之中。如龍養頷下之珠，如鶴抱巢中之卵。謹謹護持，毋容再出。併前所修所證者，一齊貶向無生國❷裏，依滅盡定❸而寂滅之。似釋迦掩室於摩竭❹，如淨名杜口於毗耶❺。

此其所以自然造化，而復性命之，而復虛空之之不可以已也。而復性命，而復虛空，至此已五變化矣。變不盡變，化不盡化，非通靈變化之至神也。故神百煉而愈靈，金百煉而愈精。煉之而復煉之，則一爐火焰煉虛空，化作微塵。萬頃冰壺❻照世界，大如黍米。少焉，神光滿穴，暘❼焰騰空，自內竅達於外竅。外大竅九，而九竅之中，竅竅皆有神光也。小竅八萬四千，而八萬四千竅之中，竅竅皆有神光也。徹內徹外，透頂透底，在在皆有神光也。如百千燈照耀一室，燈燈互照，光光相涉。而人也物也，莫不照耀於神光之中矣。是則是矣，猶非其至也。

然不能塞乎天地之間，則未滿東魯聖人乾元統天[8]之分量也。又斂神韜光，銷歸祖竅之中。一切不染，依滅盡定而寂滅之。寂滅既久，則神光如雲發電，從中竅而貫於上竅。大竅小竅，竅竅皆有神光也。光明洞耀，照徹十方。上徹天界，下徹地界，中徹人界。三界之內，處處神光。若秦鏡[9]之互照，猶帝珠[10]之相含。重重交光，歷歷齊現。而神也鬼也，莫不照耀於神光之中矣。妙則妙矣，猶非其至也。

然不能遍入塵沙法界[11]，則未滿西竺聖人毗盧遮那[12]之分量也。再又斂神韜光，銷歸祖竅之中。一切不染，依滅盡定而寂滅之。寂滅既久，而六龍之變化全[13]，則神光化為舍利光矣。如赫赫日輪，從祖竅之內一湧而出，化為萬萬道毫光，直貫於九天之上。若百千杲日，放大光明，普照於三千大千世界[14]。而聖也賢也，及森羅萬象[15]，莫不齊現於舍利光之中矣。

故大覺禪師云：「一顆舍利光熠熠，照盡億萬無窮劫。大千世界總皈依，三十三天⑯咸統攝。」

而舍利光既遍滿於三千大千界內，猶未盡其分量。又自三千大千界中，復放無量寶光，直充塞於極樂世界⑰。既而又升於袈裟幢界，又升於音聲輪界，復直沖於勝蓮華世界，得與賢聖如來相會也。自從無始分離，今日方纔會面。彼此舍利交光，脗合一體。如如⑱自然，廣無邊際。

【注釋】❶毗盧性海　佛家語，指毗盧遮那佛的體性廣大無限，猶如大海，所以稱為「毗盧性海」，又作「毗盧藏海」。毗盧又作毗盧遮那，是佛真身的通稱。佛有三身，就有三個名號，毗盧遮那是釋迦牟尼佛法身的名號，盧舍那是釋迦牟尼佛報身的名號，釋迦牟尼是應身的名號。毗盧遮那漢譯為遍一切處，是光明遍照一切的意思。盧舍那漢譯為淨滿，是清淨圓滿的意思。毗盧遮那的簡稱，也是法身佛的通稱，所以毗盧性海也通法性界、佛性界。❷無生國　比喻無生無滅、靜寂的狀態。❸滅盡定　佛家語，又稱滅盡等至、滅受想定、滅定。指心與心所皆滅盡之定。在此定中，以滅受、想二心所為主，最後六識心所也滅，即六識之心作用皆滅盡的精神統一狀態。❹釋迦掩室於摩竭　佛教典故「摩竭掩室」。摩竭，國名。傳說如來成佛七日中而不說法，意思如同掩室。《祖庭事苑》中解釋說：「掩室，言世尊禪定普光法堂也。《西域記》云：昔如來於摩竭陀國初成正道，梵王建七寶堂，帝釋建七寶座。佛坐其上，於七日中思惟是事。義同掩室也。」可見，此處「掩室」跟下句的「杜口」同義，都指息心靜慮、緘默不語。❺如淨名杜口於毗耶　禪宗公案「毗耶杜口」。毗耶，為維摩居士所居住的城市。維摩曾就不二法門問眾菩薩，大家都紛紛用言說討論不二之義，最後文殊問維摩，維摩閉口不言，默而不答，文殊於是嘆服。因為不二法門並非言語所能及，所以維摩的沉默勝於眾菩薩的言說。❻冰壺　盛冰的玉壺。比喻潔白純淨。❼暘　同「陽」。太陽。❽東魯聖人乾元統天　東魯聖人，即孔子，相傳孔子是春秋末期魯國陬邑（今山東曲阜東南）人，所以這裏稱為「東魯聖人」。「乾元統天」語出《易・乾》：「〈彖〉曰：大哉乾元，萬物資始，乃統天。」即乾元是萬物賴以生長的依據。❾秦鏡　晉代葛洪所著的《西京雜記》一書記載：相傳秦始皇得到一面長方形銅鏡，高五尺九寸，寬四尺，表裏明亮。據說此鏡能照見人的五臟六腑，並能照出人心中的邪念。因為此鏡出於秦地，故被稱為「秦鏡」。秦始皇得到這面寶鏡後，常用它來照宮中人，一旦發現了誰心存邪念，就嚴厲懲處。因為此鏡功能奇特，後來人們以「秦鏡高懸」來比喻當官的人明察是非、斷獄清明。由於人們對「秦鏡」的典故不太熟悉，所以就將「秦鏡」改為「明鏡」，於是「秦鏡高懸」便演變為「明鏡高懸」了。❿帝珠　又叫「摩尼寶珠」，傳說為帝釋天所持物碎落而來。所以又稱「帝珠」。佛教帝釋天以網張空而為莊嚴，網孔有摩尼寶珠。孔多珠也多，珠珠各攝森羅萬象，而互攝互融。一般傳此珠有消除災難、疾病，以及澄清濁水、改變水色之德。⓫塵沙法界　佛家語。塵沙，如塵如沙，比喻數量極多。《行事鈔》上說：「法界塵沙。」《資持記》上說：「法界者十界依正也，塵沙者喻其多也。」這裏法界泛指整個大千世界。⓬西竺聖人毗盧遮那　西竺聖人，即毗盧遮那佛，釋迦牟尼佛的法身，詳見前注。西竺，古代印度的稱呼。⓭六龍之變化全　即坎離交媾，取坎卦（☵）的一陽爻補上離卦（☲）的一陰爻，變為六爻全為陽的純陽之乾。詳見本書元集〈大道說〉、〈取坎填離說〉等中的相關內容。六龍，即六爻。《周易》乾卦（☰）的爻辭中六爻都用「龍」比喻，所以這裏稱「六龍」。⓮三千大千世界　古代印度人的宇宙觀。又稱「三千世界」、「一大三千大千界」或「一大三千世界」。指由小、中、大等三種「千世界」所成的世界。以須彌山為中心，周圍環繞四大洲及九山八海，稱為一小世界。此一小世界以一千為集，而形成一個小千世界，一千個小千世界集成中千世界，一千個中千世界集成大千世界。此大千世界因由小、中、大三種千世界所集成，故稱三千大千世界。據佛經典所述，此三千大千世界為一佛所教化的領域，所以又稱「一佛國」。⓯森羅萬象　指宇宙間存在之各種現象，森然羅列於前。⓰三十三天　佛教的宇宙觀中，此天位居欲界第二天，在須彌山頂上。中央為帝釋天，四方各有八天，合成三十三天。⓱極樂世界　佛教術語。也稱淨土、樂邦。佛教徒所信仰的沒有苦難的理想世界，是相對於世俗眾生所居的「穢土」而言。佛教認為時間無始無終，空間無邊無際，佛土（世界）無窮無盡，每一佛土中都有一位佛在那裏教化眾生。極樂世界即是這無窮無盡世界中的一個。如後文中的「袈裟幢界」、「音聲輪界」、「勝蓮華世界」都屬於佛土（世界）中的不同層次。⓲如如　佛家語，如於真如，即「真如」。是不動、寂默、平等不二、不起顛倒分別的自性境界。引申為常在。

【語　譯】這個功法只是再煉陽神，恢復我光明遍照的真如法性。所以要將前面分形散影的神，收攝回到本體。又將本體之神，收攝歸到泥丸宮。又將泥丸宮中的神，退藏到祖竅之中。如同龍養護頷下的龍珠，又像鶴孵抱著巢中的卵。小心謹慎加以護持，不准它再外漏。連同前面所修煉驗證的，一齊抛到無生無滅的地方，按照滅盡的禪定方法使之歸於寂滅。就像釋達牟尼在摩竭靜心禪定，淨名在毗耶閉口不言一樣。

這就是自然造化，復返性命，復返虛空而不可以停止的原因。而復返性命，復返虛空，至此已經經歷了五次變化。如果變沒有變到底，化沒有化到盡頭，就不是通靈變化神妙無比的神的境界。所以神經過百煉就更靈，金經過百煉就更精純。煉而又煉，就像一爐火焰煉到虛空，終於化成微塵。如同萬頃冰壺照耀著世界，只有黍米那麼大。一會兒功夫，神光滿穴，太陽之光焰騰空，從內竅一直通達到外竅。外面大竅有九個，九竅之中，竅竅都有神光。小竅有八萬四千不等，而八萬四千竅中，竅竅都有神光。徹內徹外，透頂透底，處處都有神光。如同千百盞燈照耀著一間房子，燈與燈相互輝映，光與光相互涉入。人啊萬物啊，都無不處在神光的照耀之下。這樣的境界已經算很高了，但還沒有達到極致。

然而還不能充塞天地之間，就達不到孔子所說的「乾元統天」的分量。再收神韜光，銷化祖竅之中。一切不污染，按照滅盡的禪定方法使之歸於寂滅。寂滅的時間久了，神光就如同雲中發出的閃電，從中竅貫通到上竅。大竅小竅，竅竅都有神光。光明普照，照徹十方。向上照徹天界，向下照徹地界，向中照徹人界。三界之內，處處都有神光。就像秦鏡那樣互相輝照，如同帝珠那樣相攝相含。重重交相映照，歷歷齊現。神啊鬼啊，都無不處在神光的照耀之中。這樣的境界已經算很奇妙了，但還沒有達到極致。

然而還不能普遍地進入大千世界，就達不到印度聖人毗盧遮那佛的分量。再收神韜光，銷化祖竅之中。一切不污染，按照滅盡的禪定方法使之歸於寂滅。寂滅的時間久了，六爻完全變為純陽，那麼神光就變化成舍利佛光。像炎炎的一輪紅日，從祖竅之內一湧而出，化成萬萬道毫光，直穿入九天之上。像千百個耀眼的太陽，放射出大光明，普照三千大千世界。聖啊賢啊，以及森然羅列的萬象，無不呈現在佛光之中。

所以大覺禪師說：「一顆舍利光芒燦爛，遍照億萬無窮劫難。大千世界全都歸依於它，三十三重天全都受它統轄。」

儘管舍利佛光已經遍布於三千大千世界，但還沒有達到最高分量。又從三千大千世界中，再放出無量寶光，一直到充滿極樂世界。接著再上升到袈裟幢界（佛家觀念，從此以下，一層更比一層大），又升到音聲輪界，又直沖入勝蓮華世界，得以同賢聖如來相會。自從在無始狀態時分離，今日方才會面。彼此舍利之光交映，吻合成一體。如如自然，廣闊無邊。

所以經頌云：「諸佛似一大圓鏡，我身猶若摩尼珠。諸佛法身入我體，我身常入諸佛軀。」

五祖弘忍云：「一佛二佛千萬佛，總是自心無別物。昔年親種善根❶來，今日依然得渠❷力。」

荷澤禪師云：「本來面目是真如，舍利光中認得渠。萬劫迷頭今始悟，方知自性自文殊❸。」

自性清淨，便是無垢佛。自性如如，便是自在佛。自性不昧，便是光明佛。自性堅固，便是不壞佛。各各諸佛，自身俱有。說亦不盡，惟一性耳。性即是心，心即是佛。新佛舊成，曾無二體。以報身❹就法身，如出模之像。像本舊成，一體無異。新成舊佛，亦無二形。以法身就報身，如金成像。昔未成像金，故今成像竟。諸佛如已成像之金仙，眾生如未成像之金礦。成與未成，似分前後，則金體始終更無差別。

故《圓覺經》曰：「既已成金，不重為礦。經無窮時，金性不壞。」原此金性，人人本有，箇箇不無。至於十方眾生，皆我金剛佛性。而天地萬物，咸囿❺我如來之法身矣。

到此地位，方知天地與我同根，萬物與我一體。遍法界是箇如來藏❻，盡大地是箇法王身❼。實際❽無差，與三世佛❾而一時成道。真空平等，共十類生❿而同日涅槃。法身其大也，虛空且難籠其體。真心其妙也，神鬼亦莫測其機。窮未來際為一晝夜，盡微塵海為一剎那⓫。前乎古而後乎今，無不是這箇總持。上乎天而下乎地，無不是這箇充塞。

二祖慧可曰：「囫囫圇圇成這箇，世世生生不變遷。」

太上所以云：「天地有壞，這箇不壞。」

這箇纔是真我，這箇纔是真如，這箇纔是真性命，這箇纔是真本體，這箇纔是真虛空，這箇纔是真實相。這箇纔是菩提道場⓬，這箇纔是涅槃實地，這箇纔是不垢不淨⓭，這箇纔是非色非空，這箇纔是自覺聖智⓮，這箇纔是無上法輪⓯。這箇纔是本性虛無虛無實體，這箇纔是常住真心隨心自在，這箇纔是佛之妙用快樂無量，這箇纔是煩惱業⓰淨本來空寂，這箇纔是一切因果皆如夢幻，這箇纔是生滅滅已[17]寂滅為樂，這箇纔是金剛不變不壞[18]之真體，這箇纔是無始不生不滅之元神，這箇纔是不可量、不可稱、不可思議[19]無邊功德，這箇纔是清淨法身、圓滿報身、千百億化身、毗盧遮那佛。

故說偈曰：「天上天下無如佛，十方世界亦無比。世界所有我盡見，一切無有如佛者。」

圖果證盧毗

【注　釋】❶善根　又稱「善本」、「德本」，即產生諸善法的根本。將善以樹根為喻，所以稱「善根」。❷渠　代詞，表示第三人稱。❸文殊　即文殊菩薩，為我國佛教四大菩薩之一。一般稱文殊菩薩與普賢菩薩同為釋迦佛的脅侍，分別表示佛智、佛慧。所乘的獅子，象徵其威猛。❹報身　佛教所說「三身」（法身、報身、應身）之一。佛教認為釋迦牟尼佛有此三身，法身又名自性身，或法性身，即常住不滅、人人本具的真性，不過我們眾生迷而不顯，佛是覺而證得了；報身是由佛的智慧功德所成的，有自受用報身和他受用報身的分別，自受用報身是佛自己受用內證法樂之身，他受用報身是佛為十地菩薩說法而變現的身；應身又名應化身，或變化身，即應眾生的機緣而變現出來的佛身。❺囿　局限。❻如來藏　指於一切眾生的煩惱身中，所隱藏的本來清淨（即自性清淨）的如來法身。如來藏雖覆藏於煩惱中，卻不為煩惱所污，具足本來絕對清淨而永遠不變的本性。❼法王身　即如來之身。法王，指如來。❽實際　真實到極點的意思，是真如法性的別名。❾三世佛　即佛經所云三世諸佛：過去佛、現在佛、未來佛。過去佛為迦葉諸佛。現在佛為釋迦牟尼佛。未來佛為彌勒諸佛。❿十類生　佛教按出生方式把眾生歸為十類。即卵生、胎生、濕生、化生、有色生、無色生、有想生、無想生、非有想生、非無想生等十生。加總之一生稱「十一生類」。⓫一剎那　指極短的時間。佛經說在人的一個念頭中就含有九十個剎那。⓬菩提道場　指佛成就菩提的道場。釋迦牟尼在摩竭陀國尼連禪河邊，菩提樹下的金剛座上成道，所以稱為「菩提道場」。⓭不垢不淨　不染污也不清淨。垢，煩惱的別名。佛教以染身之垢比喻心之煩惱。⓮自覺聖智　指如來之智。即密教所說大日如來自然覺知「諸法本不生」之智，為無師自悟，所以稱之為「自覺聖智」。佛教顯教諸宗通常將佛智分為大圓鏡智、平等性智、妙觀察智、成所作智等四種，稱為四智。密教則加上法界體性智，而提出五智之說，認為五智是大日如來內證之智。五智之中，法界體性智是前四智的根本總體，也是世間、出世間等一切諸法體性之智。就此而言，如來自然覺知諸法本源之聖智即概括以上全部五智。⓯無上法輪　佛教比喻如來的說法。如《法華經．譬喻品》中說：「轉無上法輪，教化諸菩薩。」《長阿含經》一中也說：「佛於鹿野苑中轉無上法輪。」其中的「無上法輪」都指佛如來說法。⓰煩惱業　又名惑業，佛教指人由於貪嗔痴等煩惱而造的業。⓱生滅滅已　指生和滅都歸於寂滅。⓲金剛不變不壞　比喻如金剛般堅固不壞。佛經中常見金剛不壞之身、金剛不壞勝地等語，均取其堅固不壞之義。⓳不可量不可稱不可思議　不可量、不可稱，與不可思議、不可說同義，指佛的大功德超絕殊勝，非言語所能稱讚。佛教指不可思慮言說的境界，主要用以形容諸佛菩薩覺悟的境地，與智慧、神通力的奧妙。

【語　譯】所以經頌說；「眾佛好像一面大圓鏡，我身如同摩尼珠。眾佛法身進入我的身體，我的身體又常進入眾佛的軀體中。」

五祖弘忍說：「一個佛兩個佛以至千萬個佛，總是自己本心沒有別的東西。往年親自種下的善根，今天依然得借助它的力量。」

荷澤禪師說：「本來面目就是真如，舍利光中認得它。萬種劫難迷惑了頭腦現在才開始覺悟，方才知道自性來自文殊菩薩。」

自性清淨，就是無垢佛。自性如如，就是自在佛。自性不昧，就是光明佛。自性堅固，就是不壞佛。各種各樣的佛，自身中全都有。說也說不盡，只不過是一個性罷了。性就是心，心就是佛。新佛是從舊佛成就的，並非有二體。以報身成就法身，如同從模具中脫出來的像。像本來就是從舊模子裏脫出來的，二者一體沒有差別。新成就的舊佛，也並非兩個形狀。以法身成就報身，如同用金子塑成像。過去沒成像時是金子，所以如今塑完了就成像。眾佛就如同已成像的金仙，眾生就如同沒有成像前的金礦。完成和未完成，似乎有前後的分別，而金之自體卻始終沒有差別。

所以《圓覺經》上說：「既然已成了金子，就不再是金礦了。經歷無窮劫，金性始終不變。」推究這個金性，人人本來就有，個個不會沒有。至於十方眾生，都是我金剛不壞之佛性。而天地萬物，都包含在我如來佛的法身中。

到了這樣的地步，才知道天地與我同根，萬物與我一體。整個法界是個如來藏，整個大地是個法王身。實際沒有差別，與三世佛同時得道。真空平等，與十類生物一起涅槃。法身之大，虛空都難以籠罩它。真心之妙，鬼神也難以預測它。窮盡未來際成一晝夜，窮盡微塵海成一剎那。往前推到古代往後推到現在，無不是由這個總持。往上推到天往下推到地，無不是由這個充塞。

二祖慧可說：「囫囫圇圇變成這個，世世生生不再變遷。」

所以太上說：「天地有毀壞的時候，這個不會毀壞。」

這個才是真我，這個才是真如，這個才是真性命，這個才是真本體，這個才是真虛空，這個才是真實相。

這個才是菩提道場，這個才是涅槃實地，這個才是不垢不淨，這個才是非色非空，這個才是自覺聖智，這個才是無上法輪。這個才是本性虛無虛無實體，這個才是常住真心隨心自在，這個才是佛的妙用快樂無量，這個才是煩惱業除淨本來空寂，這個才是一切因果皆如夢幻，這個才是不生不滅寂滅常樂，這個才是金剛不變不壞的真體，這個才是無始的不生不滅的元神，這個才是不可量、不可稱、不可思議的無邊功德，這個才是清淨法身、圓滿報身、千百億化身、毗盧遮那佛。

所以有偈子說：「天上天下沒有比得上佛的，十方世界也沒法比。世界所有的我都有，一切沒有比得上佛的。」

【說　明】傳統道教一般都是以煉精化氣、煉氣化神、煉神還虛的三關修煉作為內丹修煉的基本程序。在這一程序中，將「虛」視為內丹修養的最高境界。傳統的「煉神還虛」的境界儘管以空靈之「虛」為最後附著處，但總有滯於虛的嫌疑，滯於「虛」，就仍然有個實在的去處，境界仍然不夠高玄。而內丹修煉還有「煉虛合道」最後一段功夫，煉虛合道，為內丹修煉的最上一乘功法，也是其終極目的。

作者在這一節集中討論了這一問題。作者認為，煉神還虛還只是「第二義」，還沒有達到老子至上至真的道的境界，煉虛合道才是修道的「第一義」。因此他明確提出修煉不能僅滯於虛空，最後要連虛空也粉碎，「虛空粉碎，方露全真」、「與虛空同體，方為了當。」並進一步提出「更有煉虛一著，當於言外求之。」也就是說，必須經煉虛（合於太虛）才能契合大道，但煉虛主要在於粉碎虛空心，即無心於虛空，本體虛空，才能合於大道。

將傳統的性命雙修基礎上的「三關」修煉擴展到四個階段，在「煉神還虛」的基礎上加了「煉虛合道」這一環節，並以最後打破虛空、與道合一作為最終的超越境界，進一步拓展了內丹道的終極境界。

「超出三界」本為佛教術語，本書借以比喻煉虛合於大道的神仙境界，認為修煉到元神上徹天界，中徹人界，下徹地界時，「妙則妙矣，猶非其至也。」而直貫於九天之上，普照三千大千世界，「猶未盡其分量」。

「直充塞於極樂世界。既而又升於袈裟幢界，又升於音聲輪界，復直沖於勝蓮華世界」，才算得上修煉的最高境界。這也就是「出陽神」的功夫，作者專門附有〈陽神出現圖〉，進一步形象地描述了這段功夫的景象：「陽神出現，爍爍金光。乘彼白雲，逍遙帝鄉」，「閃閃白毫端裏湧出無相實相之金身，炎炎舍利光中普現三千大千之世界。」這段功夫的關鍵，是「心同虛空界」。

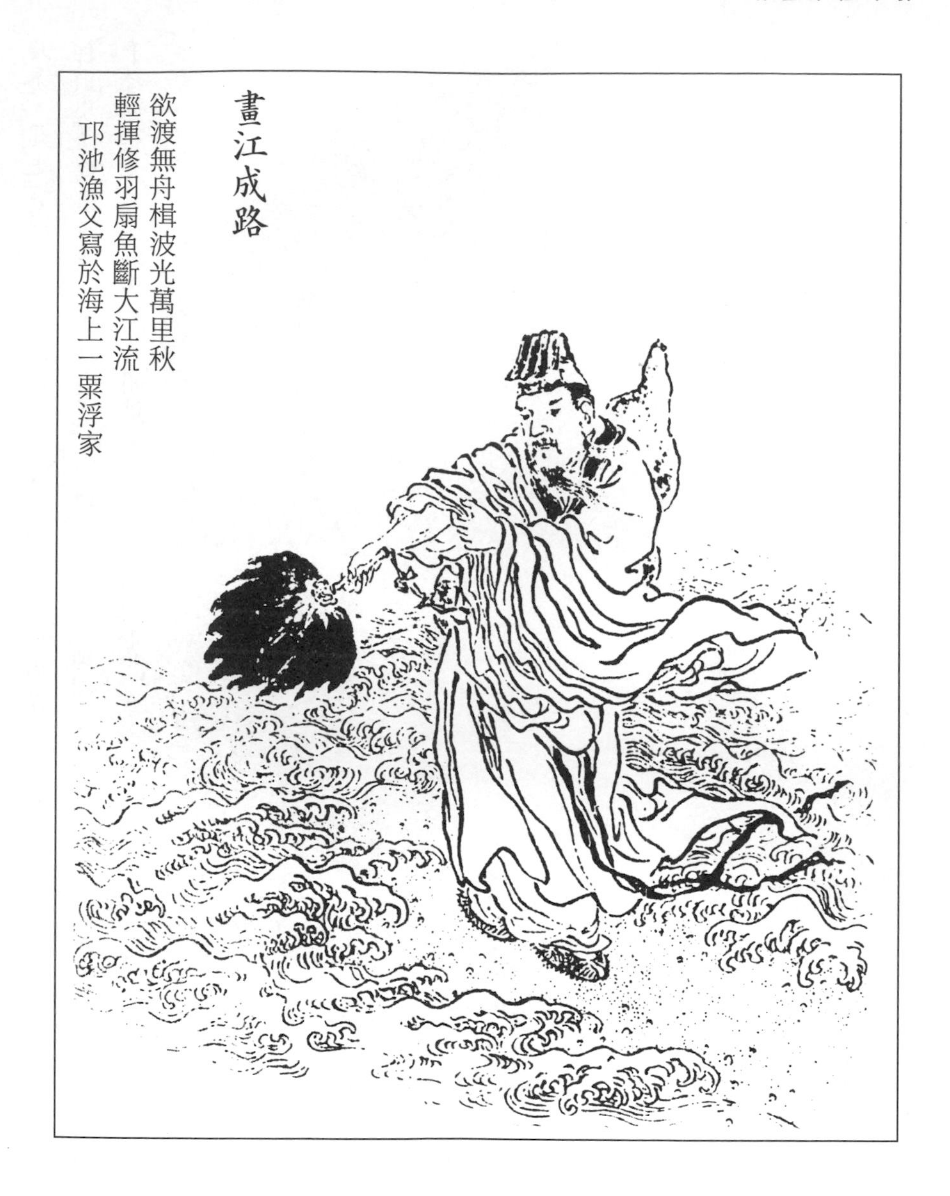
畫江成路
欲渡無舟楫波光萬里秋
輕揮修羽扇魚斷大江流
邛池漁父寫於海上一粟浮家

第九成博迦尊者
誦經齋戒總皆空何必參禪枉費工
堪笑名山奔走客不知佛在己心中　馬駘題

垢面蓬頭跛一腳遍行天下真快樂神仙
本有長生術豈議葫蘆藏甚藥　馬駘並題

精室焚香坐蒲團讀道經薰修袪翳障
流覽盡箴銘 環中子馬企周寫

主要參考書目

《中華道教大辭典》，胡孚琛主編，中國社會科學出版社，一九九五
《道藏要籍選刊》，胡道靜等主編，上海古籍出版社，一九九五
《藏外道書》，胡道靜等主編，成都巴蜀書社，一九八九
《佛學大辭典》，電子版，緣起工作室
《大正藏》，（日）高楠順次郎等主編，昭和五十四年（一九七九）
《佛藏輯要》，吳立民等主編，成都巴蜀書社，一九九三
《性命圭旨》影印本，蕭天石主編，臺北自由出版社，一九九〇
《白話尚書》，周秉鈞譯注，岳麓書社，一九九〇
《詩經今注》，高亨注，上海古籍出版社，一九八〇
《四書章句集注》，朱熹撰，齊魯書社，一九九六
《周易古經今注》，高亨著，中華書局，一九八四
《周易大傳今注》，高亨著，齊魯書社，一九七九
《老子注釋及評價》，陳鼓應著，中華書局，一九八四
《莊子今注今譯》，陳鼓應著，中華書局，一九八五
《參同契闡幽》，蕭天石主編，臺北自由出版社，二〇〇〇
《悟真篇淺解》，張伯端著、王沐淺解，中華書局，一九九七
《抱朴子內篇校釋》，王明著，中華書局，一九九六

《道教與養生》，陳攖寧著，華文出版社，一九八九
《內丹養生功法指要》，王沐著，北京東方出版社，一九九〇
《道學通論》（增訂版），胡孚琛、呂錫琛合著，社會科學文獻出版社，二〇〇四
《中國佛教哲學要義》，方立天著，中國人民大學出版社，二〇〇二

◎新譯悟真篇

劉國樑、連遙／注譯

《悟真篇》為道教氣功內丹術專著，內容融儒、道、釋三家內修之說為一爐，並繼承《周易參同契》之學，詳論內丹由初生到丹成之修煉經過與方法，將丹法及丹訣總結為築基、煉精化氣、煉氣化神、煉神還虛四個階段，論述全面而準確，是內丹學重要經典。本書注釋詳盡，並附以流暢的白話語譯，有助於讀者跨越文言的限囿，是閱讀與研究的最佳選擇。

◎新譯道門觀心經

王卡／注譯　黃志民／校閱

本書從《道藏》中特別選出十篇短小的、與道教心性修持有關的經文，加以題解、校釋、語譯，以便讀者了解隋唐道教哲學和修持理論。本書對言簡意賅的原文，有時還大段引證同時代的其他道書，疏解經義。所有引證都儘量標明出處。且本書的語譯明白曉暢、切近原經旨義，更易幫助讀者了解經文真意與道書之美。

◎新譯養性延命錄

曾召南／注譯　劉正浩／校閱

《養性延命錄》是著名的道教養生著作，輯錄了上自神農、黃帝，下至魏晉諸賢的養生言論，內容十分豐富。在主要思想方面，提出人與天、形與神、動與靜、多與少等命題和原則，具有積極意義。不過由於受其世界觀和所處時代的限制和影響，不可避免地會存在若干錯誤和缺點，故本書在注釋上，採取了《千金要方》、《至言總》等書的內容，對它進行了詳盡的注解與校勘，值得讀者參考。